DİJİTALLEŞME EKSENİNDE İLETİŞİM, KÜLTÜR VE MEDYA

Editör:
İbrahim Halil YAŞAR

LITERATÜRK
academia

Dijitalleşme Ekseninde İletişim, Kültür ve Medya

© LITERATURK academia 321
İnceleme-Araştırma 299

Mayıs 2021

Yayınevi Editörü: **Zuhal AKMEŞE**
Genel Yayın Yönetmeni: **İsmail ÇALIŞKAN**

ISBN 978-625-7606-00-4

T.C.
Kültür ve Turizm Bakanlığı
Yayıncı Sertifika No: **16195**

Kapak Tasarım: **DIZGIMIZANPAJ.com**
Baskı Öncesi Hazırlık: **Mehmet ATEŞ**
meh_ates@hotmail.com

Baskı & Cilt: **Şelale Ofset**
Fevzi Çakmak Mh. Hacı Bayram Cad. No. 22 Karatay/KONYA
Tel: +90.532.159 40 91 selalemat2012@hotmail.com
KTB S. No: **46806** - Basım Tarihi: **MAYIS 2021**

KÜTÜPHANE BİLGİ KARTI
- Cataloging in Publication Data (CIP) -

YAŞAR, İbrahim Halil
Dijitalleşme Ekseninde İletişim, Kültür ve Medya

ANAHTAR KAVRAMLAR
İletişim Çalışmaları, Dijitalleşme, Kültür, Medya
- key concepts -
Communication Studies, Digitalization, Culture, Media

"LITERATURK academia", **Nüve Kültür Merkezi kuruluşudur.**
www.literaturkacademia.com
/ Nkmliteraturk

M. Muzaffer Cad. Rampalı Çarşı Alt Kat No: 35-36-41
Meram / KONYA Tel: 0.332.352 23 03 Fax: 0.332.342 42 96

Ул. М. Музаффер, рынок Рампалы, нижний этаж № 35-36-41
Мерам, КОНЬЯ, тел.: +90 332 352 23 03,
факс: +90 332 342 42 96

Dağıtım: **EMEK KİTAP**
Akçaburgaz Mah. 3137. Sk. Ali Rıza Güvener İş Merkezi No: 28
Esenyurt / İSTANBUL
www. emekkitap.com - Telefaks +90 212 671 68 10
Дистрибьютор: **EMEK KITAP**
Район Акчабургаз, ул. Али Рыза 3137, бизнес центр «Гювенер» № 28,
Эсеньюрт / СТАМБУЛ
www.emekkitap.com – Телефакс: +90 212 671 68 10

ORTA ASYA OFFICE:
Mikrareyon Kok Jar/23 Bishkek / KYRGYSZTAN
Tel: +996 700 13 50 00 - Telefaks: + 996 552 13 50 00
ОФИС В ЦЕНТРАЛЬНОЙ АЗИИ:
Микрорайон Кок Жар/23 Бишкек / КЫРГЫЗСТАН
Тел.: +996 700 13 50 00 – Телефакс: +996 552 13 50 00

DİJİTALLEŞME EKSENİNDE İLETİŞİM, KÜLTÜR VE MEDYA

Editör:
İbrahim Halil YAŞAR

LİTERATÜRK
academia

BAŞLARKEN

Kore'nin başkenti Seul' deyim. 15 gün sürecek seyahatimde, dünyanın en bilinen çevrimiçi konaklama şirketi üzerinden Seul' de konaklayacağım daireyi tutuyor, sanal kredi kartımla kirasını ödüyorum. Kullanıcı oyları ile elde edilen bir unvan olan "Süper ev sahibi" ev sahibem apartman ve daire kapısı şifrelerini cep telefonuma yolluyor ve belirtilen saatte eve giriyorum. Uzun bir uçak yolculuğunun yorgunluğunu atamamış biri için oldukça erken bir saatte, evin içi Korece konuşan bir sesle yankılanıyor. İçeri biri mi girdi diye irkilmişken konuşmanın İngilizce versiyonu başlıyor. Aynı anda cep telefonuma bir mesaj düşüyor ve blokta yapılacak tamirattan dolayı çıkabilecek gürültü nedeniyle site yönetimi hem diyafondan hem SMS aracılığı ile özür diliyor.

Mesajlar, o dilden bu dile, o iletişim ortamından bu ortama uçuşup giderken kimse kimseyi görmeden, kimse kimse ile temas etmeden para değiş-tokuş ediliyor, özür dileniyor ve aslında hayat akıyor. Seul sokaklarında dolaşırken adres sorduğum Koreli, elindeki akıllı telefonu ile İngilizceye çevirdiği cevabını bana okutuyor. Süpermarket raflarında duran ve ne olduğu anlaşılmayan onlarca paketin ambalaj yazıları üzerine tutulan telefon uygulaması sayesinde, Kore mutfağına bir keşif başlıyor. Yapay zekanın kültürlerarası iletişimde bariyerleri ortadan kaldırıcı rolü gözler önüne seriliyor.

Düşünüyorum da ülkeler arasındaki mesafeler artık ne kadar yakınlaştı. Moskova'da Bolşoy Balesi'ni, Paris'te Louvre Müzesi'ni oturduğumuz yerden ziyaret etmek mümkün. Tokyo'lu eğlence şirketi First Airlines, Japon tatilcilere aslında Tokyo'da bir apartman dairesinde gerçekleşen uçak yolculuğu deneyimi yaşatıyor. Yolcular gerçek bir uçaktaymış gibi hosteslerin sunduğu ikramları afiyetle yerken, taktıkları sanal gerçeklik gözlükleri ile, İtalya, Paris, New York gibi şehirleri geziyorlar.

Dijitalleşme, medya tüketim alışkanlıklarımızdan, satın alma niyetimiz/satın alma davranışımız, tercihlerimiz kısaca yaşam biçimlerimizi etkilerken aslında iletişim alanına özgü dinamikleri de dönüştürüyor. Tek taraflı kitle iletişiminden iki taraflı iletişime geçtiğimizi söyleyen W. Russel Neuman dijital fark olarak açıkladığı bu olgunun bilgisayar esaslı medya teknolojilerinin seyirciyle medya arasındaki ve aracılı sosyal iletişim ağlarında insanlar arasındaki ilişkiyi nasıl adım adım fakat temelden değiştirdiğinden söz ediyor.

Dijitalleşme, iletişim disiplini içerisinde gazetecilikten sinemaya, reklamdan halkla ilişkilere kadar birçok alanı kaçınılmaz olarak etkiledi. Umberto Eco'nun Jean Claude Carriere ile birlikte kaleme aldığı Kitaplardan Kurtulabileceğinizi Sanmayın adlı kitabın ismi gibi, dijitalleşme ile birlikte gazeteden, reklamdan veya radyodan kurtulmak mümkün olmayacak. Aksine dijitalleşme bu gibi iletişim formları ve alıcıları arasındaki ilişki de dahil olmak üzere birçok olguyu değiştirip, dönüştürüyor. Dijitalleşme ile gelen etkileşim, geribildirim ve özgürlük, kitle iletişiminin tek yönlü yapısını çift yönlüye eviriyor ve alıcıyı güçlendiriyor.

1990'lı yıllarda pazarlama iletişimi formlarından bir olan reklamcılığın teknolojik gelişme karşısında ölüm döşeğinde olduğu yönünde çıkan akademik makaleleri hatırlarsınız. Oysa, geçtiğimiz on yıllar bize reklam tanımını meydana getiren bileşenlerin zamanın ruhuna uyarak güncellendiğini, belli formları etkililik konusunda güç kaybı yaşasa da bir iletişim disiplini olarak varlığını daha uzun yıllar sürdüreceğini gösterdi. Kurumsal bir kaynak tarafından üretilen, ücreti ödenen medya içerikleri, alıcının ürettiği, yaydığı, yaygınlaştırdığı içeriklere dönüştü.

Teknoloji mi yaşam biçimlerimizi değiştirdi yoksa yaşam biçimlerimiz mi bu teknolojiyi doğurdu sorusu, aslında teknolojik determinizmin temel tartışma sorularından biridir. İletişimin ve dolayısı ile iletişimi oluşturan alt disiplinlerin kültürel bir olgu olduğu gerçeğini göz önüne alarak, toplumun, kültürün ve dolayısı ile siyasetin teknolojinin tasarlanmasındaki rolünü yadsıyamayız. Dijitalleşmenin iletişim alanında değiştirip dönüştürdüğü bu yapıyı anlama çabası, içinde radikal bir tekno-determinist perspektif barındırmamaktadır. Dolayısı ile, dijitalleşmenin iletişim pratikleri, kültür ve medya boyutlarındaki yansımalarını anlatma amacı taşıyan bu kitapta, dijitalleşme ile birlikte izleyicinin, okuyucunun, tüketicinin, alıcının iki yönlü, etkileşimli iletişim süreci içindeki yerine değinen birbirinden farklı okumalar bulacaksınız.

Editörlüğünü kıymetli öğrencim, doktorantım, Dr. Öğretim Üyesi İbrahim Halil Yaşar'ın üstlendiği, Dijitalleşme Ekseninde İletişim, Kültür ve Medya isimli bu kitap TV yayıncılığından sinemaya, online oyunlardan tüketiciye, kültürel diplomasiden halkla ilişkilere değin dijitalleşmenin izlerini bulabileceğiniz toplam on dört bölümden oluşuyor. Her biri iletişim alanın değerli akademisyenlerinin elinden çıkan bu seçme çalışmalardan oluşan derleme kitapta iletişim, medya ve kültür bağlamında dijitalleşme olgusunu keyifle okuyacaksınız.

İletişim dünyasına ilgi duyan, iletişimin farklı alanlarında çalışmalar gerçekleştiren, merak eden, öğrenmek isteyen siz sevgili okuyuculara yararlı olması dileğimle.

Prof. Dr. Rasime Ayhan YILMAZ
Eskişehir, 18 Mart 2021

İÇİNDEKİLER

SANAL ETKİLEŞİMDE ONLİNE OYUNLARIN ŞİDDETE YÖNLENDİRİCİ YANSIMALARI: "PUBG MOBİLE" OYUN İNCELEMESİ

Abdurrahman AKYILDIZ[*]
Ece KARAÇAY ARIN[**]

Giriş

Teknolojide meydana gelen gelişmeler, bireylerin gündelik yaşamlarında da önemli ölçüde değişikliğe yol açmaktadır. Özellikle teknolojinin taşınabilir hale gelmesi ve yeni kullanıcı yapılarının ortaya çıkmasıyla birlikte teknik alanda meydana gelen gelişmeler, günlük hayatla bütünleşmiş davranışların ortaya çıkmasına yol açmıştır. Bu bağlamda, bireyler ihtiyaçlarını dijital alanda karşılamak amacıyla dijital dünyanın her türlü işlevini kullanmaya başlamışlardır. İnsanlık tarihi kadar eski bir tarihe sahip olan oyun, antropoloji, sosyoloji, psikoloji ve iletişim bilimleri gibi pek çok farklı disiplin içerisinde incelenmektedir. Bireylerin iş yaşamı dışında kalan bir serbest zaman etkinliği olarak oynanan oyun, yeni iletişim teknolojilerinin gelişmesiyle birlikte geçmişteki anlamından farklı bir boyut kazanmıştır. Akıllı telefonların teknik özelliklerinin artması ve internet bağlantı hızlarının yükselmesiyle birlikte çevrimiçi oyunların oynanma biçimleri farklılaşmıştır. Kullanıcıların geçmişteki çevrimdışı bilgisayarlara karşı verdiği mücadele artık boyut değiştirerek bir ağ üzerinden gerçek insanların sanal karakterlerinin mücadelesine dönüşmüştür. Kullanıcılar bu mücadele alanında

---

[*] İstanbul Üniversitesi Radyo, Televizyon, Sinema Doktora Programı (Orcid: 0000-0002-6688-2275), akyildiz.91.a53@gmail.com

[**] İstanbul Üniversitesi Radyo, Televizyon, Sinema Doktora Programı (Orcid:0000-0001-6665-9076), ecekaracay.92@gmail.com

etkileşim kurma şekillerini de ağın sağladığı özellikler bağlamında zamansız ve mekânsız bir düzlem üzerinde, eşzamanlı bir şekilde gerçekleştirmeye başlamışlardır.

PUBG (PlayerUnknown's Battlegrounds) kullanıcıların ortak alan içerisinde oyun üzerinden etkileşim kurmalarına imkân sağlayan bir çevrimiçi oyundur. PUBG Mobile'ın gerçek yaşamda oynanan paintball tarzı bir sanal oyun olması, kullanıcıların oyunla özdeşlik kurması açısından önemli bir unsurdur. Oyun, bir harita üzerinde dünyanın herhangi bir yerinden yüz oyun kullanıcısının katılımıyla gerçekleşen bir hayatta kalma oyunudur. Bireysel veya kolektif olarak oynanabilen çevrimiçi oyunlar, günümüzde en önemli sosyalizasyon araçlarından biri haline gelmiştir. Bu bağlamda online oyunlar ve şiddet ilişkisi göz ardı edilmemesi gereken bir nokta olarak karşımıza çıkmaktadır. PUBG gibi mobile (taşınabilir) oyunlarda amaç hayatta kalmak olduğu için, hayatta kalma dürtüsü her türlü şiddet eylemini eğlence odaklı olarak meşrulaştırabilmektedir. Dolayısıyla gündelik yaşamlarının büyük bir kısmını online oyunlarda harcayan bireyler için, sanal ortamda var olan şiddet, kazanma dürtüsü ve hırs geçek yaşama taşınabilmekte, normalleşebilmekte ve online şiddet gerçek şiddete evrilebilmektedir. Bu bağlamda çalışmada, PUBG Mobile oyununda oyunu cazip kılan oyunlaştırma unsurları ortaya koyularak kullanıcıların çatışmacı rolleri ve şiddet arasındaki bağlantıyı ortaya çıkarmak amaçlanmaktadır. Çalışma ile alan yazına ve bilimsel birikime katkı sağlamak ve uygulamadaki eksikliklere dikkat çekerek bu alanda çalışma yapan diğer araştırmacılara kolaylık sunmak hedeflenmektedir.

Oyunun Tarihsel ve Kavramsal Çerçevesi

Gündelik yaşamın içinde var olan ve farklı disiplinlerin inceleme alanına dahil olan oyun, insanlık tarihi kadar eski bir olgu olarak karşımıza çıkmaktadır. Sahra Çölü'nde 5000 yıl önce taşa kazılmış Mancala oyunu (Yılmaz ve Çağıltay, 2004: 1), Antik Yunan filozoflarının eserlerinden ulaşılan ve arkeolojik çalışmalardan elde edilen bulgularla ortaya konan tabla, top oyunları, beş taş gibi oyunların oynandığı bilgileri oyunun kültür tarihi kadar eski bir olgu olduğunu gözler önüne sermektedir (Öz Pektaş, 2017: 479). Huizinga oyunun; sanat, entelektüel yaşam, siyaset gibi kültürün tüm alanlarında ve hatta savaşlarda dahi var olduğunu ifade etmektedir (akt. Anchor, 1978: 63). Bu bağlamda oyunu kültürün ayrılmaz bir parçası olarak değerlendiren Huizinga, oyun olgusunun kültürel süreçteki konumunu şu sözlerle özetlemektedir: *"Oyunu kültürün içinde, bizzat kültürden önce var olan, kültüre eşlik eden ve bu kültüre başlangıcından içinde yaşadığımız döneme kadar damgasını vuran verili bir bizatihilik olarak buluruz"* (Huizinga, 2006: 20).

Oyunlar; körebe, saklambaç, yakar top gibi geleneksel çocuk oyunlarından, satranç, tavla gibi masa oyunlarına, tetris gibi bilgisayar oyunlarının öncüllerinden çok oyunculu çevrimiçi oyunlara kadar geniş bir yelpazede ele alınabildiği için tanımları da farklılık göstermektedir. Cengiz, *"oyunun insan tarafından sürekli yeniden üretilmesi ve bu süreçte oyunun sürekli yenilenmesi"* nedeniyle tek bir oyun tanımı yapılamamasının zorluğuna dikkat çekmektedir (akt. Akbulut, 2009: 25). Oyun, Platon'dan günümüze kadar gelen süreçte pek çok filozofun ve sosyal bilimcinin ilgi alanlarından biri olmuştur. Platon ve Aristoteles gibi filozofların oyun kavramına yönelik bakış açıları farklılık göstermektedir. Platon oyunu ruh ve bedenin belirli bir düzene uygun hale getirildiği bir *"terbiye süreci"* olarak değerlendirirken; Aristotales *"insansal özgürlüğün ifade alanı bulduğu bir etkinlik alanı"* olarak nitelemektedir (Yengin, 2012: 92). Oyunu gönüllü bir eylem olarak ele alan Huizinga'ya göre ise, oyun boş zamanlarda keyif almak için gerçekleştirilen bir edimdir. Huizinga oyunun iki temel özelliği olarak özgürlüğü ve serbestliği işaret etmektedir. Oyunun bir diğer özelliği ise yalıtılmış ve sınırlı olmasıdır. Dolayısıyla oyunun özgürlüğü ve serbestliği, zaman ve mekân olarak belirli bir sınır içerisinde gerçekleşmektedir (Huizinga, 2006: 25-26).

Kültürel bir olgu olarak ele alınan oyun, her çağın gereksinimlerine göre farklılık göstermektedir (Akbulut, 2009: 74). Günümüzde oyunların gelişen teknolojiler ile bilgisayar ortamına taşınması, geleneksel ve dijital oyunlar olmak üzere oyunların iki genel kategoride sınıflandırılmasını gerekli kılmıştır. Geleneksel oyunlar ile dijital oyunlar karşılaştırıldığında temel yapısal özellikleri açısından benzerlik göstermektedir. Bununla birlikte, oyun oynama alanı, oyun oynama araçları, oyuncu sayısı, oyunun biçim ve içeriği ve oyunun anlamı açısından dijital ve geleneksel oyunlar birbirlerinden farklılaşmaktadır (Hazar vd. 2017: 180). Geleneksel oyunlar *"bireylerarası iletişim temelli, fizikselliğe ve yaratıcılığa dayanan oyunlar"* (Yengin, 2012: 107) şeklinde nitelenirken; dijital oyunlar, *"oyun, monitör, fare, klavye ya da joystick gibi arabirimlerin bilgisayar yazılımları ile etkileşiminin sağlandığı, kuralları ve amaçları olan sistemler bütünü"* (Hazar vd. 2017: 180) şeklinde tanımlanmaktadır.

İnsanlık tarihinin başlangıcından günümüze kadar sürekli var olan oyun, teknolojinin gelişmesiyle birlikte dijital ortamlarda oynanmaya başlamıştır. Etkileşim özelliği taşıyan ilk elektronik oyun, 1962'de Steve Russel ve arkadaşları tarafından geliştirilen Spacewar isimli oyundur. Bilgisayar programcısı olan Russel'in asıl amacı uzay araştırmalarında kullanılacak bir araç elde etmekken; söz konusu çalışma, uzay savaşı içerikli ilk etkileşimli oyun olarak tarihe geçmiştir. Elektronik oyunların Türkiye'deki tarihine göz atıldığında ise, ülkemizin 1980'li yıllarda elektronik oyunlarla tanıştığı ortaya çıkmaktadır (Yılmaz ve Çağıltay, 2004: 1-2). Bu bağlamda, teknoloji alanında yaşanan gelişmeler, gündelik yaşamda pek çok olgu ve alışkanlığı değiştirdiği gibi oyun oynama alışkanlıklarımızı da değiştirmiş ve oyunlarda sanal ile gerçekliği bir arada kullanarak üç boyutlu bir oyun sahası meydana getirmiştir. Bilgisayar oyunları, video oyunları ve mobil olarak cep telefonları aracılığıyla oynanabilen online oyunlar; macera, spor, savaş, zekâ veya strateji gibi farklı içeriklerde bireylere sunulmaktadır. Teknolojinin gelişmesiyle oyun oynama şekillerimizde meydana gelen en büyük değişiklik, söz konusu oyunların çevrimiçi bir şekilde oynanabilir hale gelmiş olmasıdır (Kars, 2010: 1-2).

Freeman (2018: ix-11) dijital oyunlar arasında yer alan, çok fazla sayıda oyuncunun birlikte oynamasına imkân veren çok oyunculu çevrimiçi oyunların (MOG); kullanıcı etkileşimi ile gelişen bilgisayar aracılı ortamda iletişim ve eğlenceyi bütünleştiren yeni bir "oyun kültürü" yarattığını ifade etmektedir. Çevrimiçi oyunlar;

oyun konsolları, cep telefonları, tabletler ve kişisel bilgisayarlar gibi çeşitli internet erişim teknolojilerini kapsamaktadır. Bu nedenle çevrimiçi oyunlar dünyanın farklı bölgelerinde oyuncular tarafından tüketilen ve giderek daha popüler hale gelen bir yeni medya etkinliğidir. Çok oyunculu çevrimiçi oyunlar, teknolojik olarak internet bağlantısı ile çevrimiçi olmaları nedeniyle doğaları gereği geleneksel oyunlardan farklıdır. Bununla birlikte çok oyunculu çevrimiçi oyunlar, diğer tek oyunculu internet tabanlı oyunlardan da farklıdır. Bu oyunlar, hareketli sanal dünyalar inşa etmek için birlikte oynayan binlerce oyuncuyu aynı anda barındırabilen uygulamalardır. Söz konusu oyunların, geleneksel oyunlara oranla daha uzun süreye yayıldığını vurgulayan Freeman, dijital oyunların ısrarcı, kararlı ve geri getirilebilir sanal dünyalar olduğunu ifade etmektedir (Freeman, 2018: 20). Bu bağlamda, Huizinga'nın *"sınırlandırılmış bir zaman ve mekânda"* (Huizinga, 2006: 31) gerçekleştiğini ifade ettiği geleneksel oyunların aksine, dijital oyunlarda zaman ve mekân sınırı bulunmamakta ve oyun siber-uzama taşınmaktadır.

Gerçek Dışı Alanda Kullanıcı Yaratımı

İnternetle birlikte kullanıcılara ya da bu ağın katılımcılarına sunulan çoklu ortam özelliği, iletişim parametrelerinin de değişmesine yol açmaktadır. İnternet, kullanıcılara yeni alanlar yaratırken buradaki gösteri unsurunu da değiştirerek kullanıcı kapsamlı olarak figüratif formların ortaya çıkmasına öncü olmaktadır (Bourriaud, 2005: 42). Simüle edilmiş oyun ortamları oyunculara belli özerklik alanları sunmaktadır. Oyuncular kendi istekleri ile eylemlerde bulunurken kendi kontrollerini sağlayabilmek için öz yansıtımlarıyla hareket etmektedirler (Burnett, 2007: 264). Oyunlar, kullanıcı eylemleriyle gerçekleşen, kullanıcıların belli bir senaryo ve sonuca sahip olan hikâyenin gerçekleştirilmesini sağlayan sahnelerden oluşur. Bu bağlamda gerçek dünyadan belli farklılıkları olsa da sosyal olarak farklı değillerdir. Castronova oyuncuların oynadığı simüle edilmiş sanal dünyaları, kişilerarası insan fenomenlerinin dijital alana evrilmesi şeklinde açıklamakta ve bu dünyaları "sentetik dünyalar" şeklinde nitelendirmektedir (Castronova, 2005: 29-34).

Huizinga ise oyunu, anlam bakımında güçlü bir niteliğe sahip olan insan yaşamının ihtiyaçlarını aşan ve yapılan eylemlere anlam katan bağımsız bir unsur olarak tanımlamaktadır. Oyunlar kendi bağlamları içerisinde özerklik yaratarak kendi anlamlarını yaratmaktadır. Oyun olağan dışı hayattan koparak özgür ama kurmaca bir alan yaratmakta ve belli kurallar etrafında kendini şekillendirmektedir. Bu nedenle oyun bir mücadele alanı ve temsil oluşturma ortamıdır (Huizinga, 2006: 31).

Oyun kavramı sayısallaşan ve sanallaşan dünyada oyunlaştırma kavramıyla kullanılan bir alan açmaktadır. Zicherman ve Gunningham oyunlaştırmayı, oyun paralelinde ve oyun tekniklerine bağlı olarak kullanıcıların ilgilerine hitap ederek etkileşim yaratılması şeklinde tanımlamaktadırlar (akt. Yılmaz, 2015: 19). Yılmaz ise oyunlaştırma kavramını, gerçek fiziksel hayat süreçlerinden etkilenerek tasarlanan, katılımcıların oyuncu olarak kendi motivasyonlarını yarattığı ve durağan olmadan aktivitelerin parçası haline geldiği uygulamalar şeklinde nitelemektedir (Yılmaz, 2015: 19-20). Huizinga, oyun oynamayı her şeyin başında gönüllü bir eylem olarak tanımlamaktadır. Oyunu, kullanıcılara motivasyon yaratan, liyakata bağlı olmayan katılımcı özgürlüğü olarak görmektedir. Bu bağlamda oyun, oluşturulan soyut alan içerisinde kişiye sağlanmış özgürlüklerin motivasyonudur (Huizinga, 2006: 24-25).

Oyunlaştırmayla Sağlanan Kullanıcı Motivasyonu

Oyun düşüncesinin temelinde, katılımcıları istenilen davranışlara yönelik motive etmek yatmaktadır. Oyunu deneyimleyen katılımcılar, dâhil oldukları alan içerisinde kendilerini sınayan davranışlarla mücadele etmekte ve başarıyı hedeflemektedirler (Werbach ve Hunter, 2012: 41). Online oyunlar, çok oyunculu olarak çevrimiçi deneyimlenen hem kullanıcıların kendi kültürel deneyimleri hem de diğer kullanıcıların kültürel deneyimlerinin paylaşıldığı bir etkileşim alanıdır (Bainbridge, 2010: 84). Oyuncular oyun ortamlarında deneyimlerini gerçekleştirirken -gerçek dünyada olduğu gibi- kendi düşünce ve deneyimleri paralelinde tarzlar, alışkanlıklar ve değerler geliştirmektedirler. Bu bağlamda bireyselleşmiş bu alanlarda kendi kişiliklerini yaratmaktadırlar (Bainbridge, 2010: 47). Online oyunların kullanıcılar üzerinde motivasyon yaratan en temel unsuru, alan üzerinde online olarak mücadele ettikleri diğer oyuncuları alt edebilme düşüncesidir. Çevrimiçi oynanan bütün oyunların temel prensibinde meydan okuma vardır (Burnett, 2007: 75). Meydan okuma, oyunlarda kazanma hissi doğuran en önemli dinamik unsur olarak karşımıza çıkmaktadır. Bu durum gerçek yaşamda da birey idealleriyle örtüşen bir unsurdur. Kazanmak, oyunlarda bireysel olabildiği gibi, bireyden belli bir gruba doğru da olabilmektedir. Kazanmak, bir nevi ötekine karşı girilen mücadelenin üstünlüğü olarak elde edilen motivasyondur (Huizinga, 2006: 75).

Oyunlar kullanıcıları motive etmek için belli özellikler içermektedir. Bu özellikler kullanıcılara deneyim yaşatmak için motivasyon sağlamaktadır. Kullanıcılar motivasyonlarını oyunun grafikleri ve fütüristik tasarımı ile yaratabilecekleri gibi, oyun içi yaratılan karakterlerde sunulan seçenekler, oyunun zorluk seviyesi, yüksek puanlama ile de elde edebilmektedir (Aldrich, 2009: 23). Ödül, oyunlaştırma ile kavramsallaştırılan bir kazanımdır ve kullanıcıların oyun oynama istemlerinin yaratılmasında önemli bir unsurdur. Oyunlar kullanıcılara yaptıkları eylemler üzerinden içsel ve dışsal olmak üzere iki tür motivasyon sağlamaktadır. Dışsal motivasyon, kullanıcıların oyun içerisinde sunulan büyük ödülü elde etmek için, istemeseler de eylemlerini ödül odaklı olarak gerçekleştirmeleridir. Yani asıl amaç yerine amacın gerçekleşmesi için sunulan maddi değere odaklanılmasıdır. İçsel motivasyon ise bireyin sunulan amacı içselleştirerek o amaç için gerçekleştirmesi gerekenleri yerine getirmesidir. İçsel motivasyon daha çok manevi niyetleri içermektedir (Yılmaz, 2015: 27-29). Bartle, oyunları ödüllendirici alanlar olarak görmekte ve bu alanları dışsal motivasyon unsurları ile bağlantılandırmaktadır. Oyunlaştırma, ödül odaklı olarak, elde edilecek bir kazanım şeklinde oyunlarda ortaya konulmaktadır. Bartle, oyunların kullanıcıları ödüllendirici olması gerektiğini savunmaktadır. Kullanıcılar, içsel olarak eğlenceli görse de dışsal olarak bir şeyleri elde ederek onları harcama isteğine sahiptir (Bartle, 2015: 21). Bu bağlamda oyunlaştırma, keşif eksenli olarak kullanıcıların sınama ve araştırma eylemlerini iç içe geçiren, kullanıcıların bunun sonucunda ulaştıkları bilgileri ve nesneleri bağlantılandırarak kendilerini oyuncu formuna çeviren, onları süreçten motive ederek gerçek hayattaki gibi belli hazları yaşamalarını sağlayan uygulamalardır (Akyıldız, 2018: 84).

Oyunlaştırma, kullanıcıların günlük deneyimlerinin hayata entegre edildiği uygulamalar olarak karşımıza çıkmaktadır. Kullanıcılar uygulamaları kullanırken bir misyon üzerinden değil, ortaya koyulan hikâyede yeni bağlantılar oluşturarak ulaşılmak istenen hedefe erişmek için kendilerini şartlandırmaktadırlar (Palmer ve Petroski, 2016: 96). Oyunlaştırma temel prensibi içerisinde üç unsuru sağlamak zorundadır. Bunlar; oyunun bileşenlerini oluşturan ve oyuncunun eylemlerini gerçekleştirmesine katkı sağlayan, oyuncunun uygulama ile etkileşime geçtiği unsurlar, *mekanikler;* oyunun mekaniklerle etkileşimini sağlayan ve oyuncunun bireysel veya diğer oyuncularla yaptığı eylemleri belirleyen, oyuncuların oyunla kendisini içselleştirmesini sağlayan tasarımsal unsurlar, *dinamikler* ve oyuncunun oyun deneyimini gerçekleştirirken oyunla bağ oluşturmasını sağlayan mekanik ve dinamik unsuların birleşimi olarak karşımıza çıkan *bileşenler* (*estetik)* unsurlarıdır (Werbach ve Hunter, 2012: 78-80; Zicherman ve Cunningham, 2011: 36; Yılmaz, 2015: 109-130).

Bainbridge, çok oyunculu olarak oynanan çevrimiçi oyunları yeni kültürler, sosyal normlar ve iletişim mekanizmaları üreten uygulamalar olarak tanımlamaktadır. Bu bağlamda, yaratılan sanal etkileşim alanı gerçek dünyaya benzer yararlar ve zararlar ortaya koymaktadır (Bainbridge, 2010: 6). Richard Bartle, oyun psikolojisinin anlaşılması amacıyla "Bartle Testi" olarak adlandırdığı kavramını çok oyunculu çevrimiçi oyunlarda yer alan oyuncuları sınıflandıran bir model olarak ortaya koymuştur. Bu model dört temel oyuncu tipinden oluşmaktadır. Bunlar, Killer (Katiller), Achiever (Başaranlar), Socializer (Sosyalleşenler) ve Explorer (Keşfedenler)'dir (Palmer ve Petroski, 2016: 55; Yee, 2014: 29). Kısaca tanımlamak gerekirse (Zichermann ve Linder, 2010: 144; Yılmaz, 2015: 97-98):

1. **Killer (Katiller):** Bu tip oyuncular oyunlardaki ödüllerden çok, oyunun içerisinde yer alan diğer oyunculara odaklanmaktadır. Rakip oyuncuları yenmek üzere kendilerine hedef belirlerler. Temel amaç ne olursa olsun diğer oyunculara karşı güç elde etmek, onları tahakküme uğratmak temel amaçtır.
2. **Achiever (Başaranlar):** Bu tip oyuncular oyundaki görevleri yerine getirmeyi öncelik sayan kullanıcılardır. Sonuç odaklı olarak kendi başarılarına odaklanan ve oyun içi belirlenmiş hedefleri kısa sürede gerçekleştirmeyi hedefleyen oyuncu tipleridir.
3. **Socializer (Sosyalleşenler):** Bu tip oyuncular Killer gibi diğer oyuncularla bağlantı kurmayı hedeflemektedir. Ancak Killer'dan farkı oyuncuları alt etmekten çok, onlarla oyunun sağladığı teknik imkânlar doğrultusunda iletişim kurmaktır.
4. **Explorer (Gezginler):** Bu tip oyuncular ise oyundaki görevler veya diğer oyuncularla ilgilenmek yerine, oyunun kendi yapısal imkânlarıyla ilgilenmektedirler. Oyun içerisinde yer alan farklılıkları keşfetmeye çalışmaktadırlar.

Çok Kullanıcılı Çevrimiçi Oyunlar

Bainbridge, çok oyuncuyla oynanan online (multiplayer) oyunların, sosyal normları ve iletişim mekanizmalarını üreten yapılar olduğuna dikkat çekmektedir. Bu nedenle bu alanların sosyal yönlerini keşfetmenin, bireylerin sanallaşmalarının ve diğer sosyal işlerle meşgul olmalarının zeminini ortaya koyduğunu ifade etmektedir. Çevrimiçi oyunların, belli tarzlarda üretilmiş -öldürmek gibi- eylemlerle hareket edilen bir ortam olduğunu söylemektedir (Bainbridge, 2010: 36). Castronova, online oyunları insanların sentetik dünyaları olarak görmekte ve gerçek dünyanın bir benzetimi olarak bu dünyaların ortaya çıktığını düşünmektedir. Online oyunları, oyun içi unsurların belli kurallara göre hareket etme özelliğinden dolayı fiziksel, diğer çevrimiçi olan kullanıcılarla beraber olarak aynı anda oynandığı için etkileşimli ve oyundan ayrılıp çevrimdışı olsak bile oyunun yaşamsal sürecinin devam etmesi açısından kalıcı dünyalar olarak tanımlamaktadır (Castronova, 2005:

104). Freeman online oyunların, etkileşimin yarattığı pratikle uygulamanın amacının katılımcılara bir iletişim eylemi yaratmaya imkân sağladığı, katılımcıların pasif değil aktif olarak hareket etmesinin temel felsefe olduğu ve bu nedenle katılımcıların ihtiyaçlarına göre aktif eylemde bulundukları bir süreç olduğunu savunur (Freeman, 2018: 44-45).

Çevrimiçi oyunlar iki veya daha fazla bilgisayar arasında bağlantıya imkân veren ağ bileşimidir. Çoklu olarak oynanan oyunlar, oyuncuların fiziksel olarak birbirinden ayrıldığı, ancak bilgisayarlar, oyun konsolları veya telefonlar aracılığıyla internetin sağladığı bir ağ üzerinden oynanan oyunlardır (Armitage vd., 2006: 5). Çevrimiçi oyunlar, oyundan çıkılsa dahi oyun içi hayatın devam ettiği kalıcılığa sahip olan, fiziksel olarak dünyadakine benzer kurallar içeren bir yapıya sahiptir. Ayrıca oyunlar, diğer oyuncularla yaptığımız davranışlar üzerinden etkileşim kurabileceğimiz bir alana sahiptir (Castronova, 2005: 80). Çevrimiçi oyunlar, oyunun sağladığı özelliklere bağlı olarak, oyuncuların yarattıkları karakterler üzerinden kendi kararları ekseninde gerçekleştirdikleri açık uçlu sanal dünyalardır. Dolayısıyla bu dünyada yer alan bireyler pasif alıcılar değil; aktif katılımcılar ve yaratıcılardır (Freeman, 2018: 26). Çevrimiçi oyunlar, gerçek zamanlı oyun oynama imkânı veren, belli internet protokolleri üzerinden bilgi-eylem trafiğinin gerçekleşmesini sağlayan gerçek zamanlı etkileşim ortamlarıdır (Armitage vd., 2006: 151). Çevrimiçi oyunlar bilinen oyun pratiklerinden farklı olsalar da, temelinde oyun pratiklerine benzer yapıya sahiptir. Oyuncular çevrimiçi oyunlarda oluşturdukları karakterleri yavaş yavaş tecrübe kazandırarak daha güçlü hale gelene kadar ilerletmeye çalışırlar. Bu süreç içerisinde yarattıkları karakterlerle birlikte kendilerini de geliştirirler (Yee, 2014: 17).

Çevrimiçi oyunlardaki eylemlerin çoğu diğer oyuncular tarafından oluşturulan karakterleri "öldürmek" ve onlar üzerinden puanlar veya ürünler kazanmakla ilgilidir (Bainbridge, 2010: 36). Oyunlar, kullanıcılara haz duygusu yaşatmakla birlikte aynı zamanda öğretici bir işlev görmektedir. Kullanıcılar oyun esnasında diğer kullanıcılara karşı güç sağlayabilmek ve oyunu kazanabilmek için savaşmak zorundadır. Bu durum gerçek savaş simülasyonunun oyun alanı üzerinden eğlendirici ve teşvik edici şekilde sanallaştırılmasıyla sağlanmaktadır (Castronova, 2005: 230). Bu bağlamda, kazanmaya giden yolda ötekine zarar vermenin normal olduğu bu tür oyunlar, şiddetin normalleşmesine ve meşrulaştırılmasına neden olmaktadır.

Bainbridge (2010: 1), çok oyunculu dijital oyunları, salt bir oyundan ziyade bireylerin sosyalleşebildikleri, keşif yapabildikleri ve savaş veya düallolara katılabildikleri sanal ortamlar şeklinde tanımlamaktadır. PUBG gibi diğer oyuncular tarafından ya da program tarafından yönlendirilen diğer karakterleri öldürmek üzerinde temellenen sanal oyunlarda, Bainbridge'nin ifade ettiği gibi *"ahlakın temelinin ne olabileceğini söylemek zordur"* (2010: 36). Her ne kadar bazı kurallar tüm oyuncular tarafından kabul edilecek şekilde kullanıcı sözleşmesine yazılıyor olsa da "öldürmek, kazanmak, rekabet etmek" gibi eylemleri gerçekleştirdiği oranda başarılı olan oyuncu için, bu tür eylemler meşru bir zemine oturtulmaktadır. Bu bağlamda çalışmanın temelini oluşturan PUBG Mobile oyununa yakından bakmak yararlı olacaktır.

Pubg Mobile Oyununun Şiddete Yönlendirmesi Üzerine Bir Değerlendirme

2017 yılında piyasaya sürülen "Player Unknown's Battleground" (PUBG), bir harita üzerinde yüz oyuncunun hayatta kalmak amacıyla diğerlerini yok etmeye çalıştığı, bireysel, ikili ya da dörtlü grup halinde oynanabilen *"aksiyon tabanlı ve çok oyunculu"* bir oyun şeklinde tanımlanmaktadır (https://wmaraci.com/nedir/pubg, E.T:21.12.2020). Şiddetin sanal mekândan gerçek mekânlara taşınmasına sebep olabilecek özellikler taşıyan PUBG, bilgisayar temelli ortaya çıkmakla birlikte oyunun mobil sürümü 2018'de piyasaya sürülmüştür. Hem bireysel hem de ikili veya dörtlü gruplar halinde oynanabilen PUBG Mobile, etkileşim özelliğini ön plana çıkarmaktadır. PUBG oyunu bilgisayar ortamında oynanmak istendiği takdirde belirli bir ücret karşılığında satın alınması gerekirken, mobil versiyonunda, internet erişimi ve akıllı cep telefonu olan herkes uygulamayı indirerek ücretsiz bir şekilde bu oyunu oynayabilmektedir (Uz, https://listelist.com/pubg-nedir, E.T.:

21.12.2020). Söz konusu oyunlarda kullanılan silahların gerçek yaşamdaki silahların temsili olması, oyuncuların öldürdükleri diğer oyuncuları "leş" olarak nitelemesi ve öldürme üzerinde temellenen motivasyonun kazanılan ödüllerle arttırılması, bu oyunu şiddet eksenine oturtmaktadır. Amacın hayatta kalmak olduğu oyunda, amaca ulaşabilmek için öldürmek veya diğer oyuncuları saf dışı bırakmak gerekmektedir. Söz konusu oyunda, gerçek yaşamda var olan silahlara yönelik ayrıntılı bilgiler verilerek "en iyi silah"lar önerilmektedir. Bu bağlamda, PUBG oyununda olduğu gibi, dijital oyunlarda "öldürmek, kan dökmek, vurmak" gibi eylemler sıradanlaştırılarak normalleştirilmektedir.

İnsanlık tarihi kadar eski bir olgu olan şiddet, bireysel ve toplumsal pek çok öğe ile ilişkisi olan karmaşık bir olgu olarak karşımıza çıkmaktadır. Teknolojik gelişmelerle birlikte gündelik yaşamlarımızın ayrılmaz bir parçası olan kitle iletişim araçları ve internetin gelişimi şiddet olgusunu da değişime uğratmıştır. Şiddet, Türk Dil Kurumu tarafından "*1. Bir hareketin, bir gücün derecesi, yeğinlik, sertlik. 2. Hız. 3. Bir hareketten doğan güç: Rüzgârın şiddeti. 4. Karşıt görüşte olanlara kaba kuvvet kullanma. 5. Kaba güç. 6. . Duygu veya davranışta aşırılık*" (http://www.tdk.gov.tr, E.T: 01.01.2021) şeklinde tanımlanmaktadır. Yengin şiddet kavramının teknolojik gelişmeler ve yeniliklerle birlikte genişlediğini ve karmaşık bir yapıya büründüğünü ifade etmektedir (Yengin, 2012: 60). Karmaşık ve kesin bir tanımı bulunmamakla birlikte H.L Niebur tarafından "*kişileri veya malları yaralamaya ya da yok etmeye yönelik doğrudan, dolaylı eylem*"(akt. Yengin, 2012: 60) şeklinde yapılan şiddet tanımı, içerisinde bulunduğumuz dijital çağda dijital oyunlar aracılığıyla maruz kalınan şiddete işaret eder görünmektedir.

Bireylerin şiddet konusunda sahip oldukları düşünceler sosyalizasyon süreci içerisinde edinilmektedir. Bu noktada göz ardı edilmemesi gereken noktalardan biri, özellikle çocukların ve gençlerin sosyalizasyon sürecinde dijital oyunların çok büyük bir rol oynuyor olmasıdır. "*İçerisinde yer alan karakterlerin kendilerine ve/veya diğer öğelere bilerek ve isteyerek fiziksel ve psikolojik zarar verici nitelikte gerçek veya muhtemel (tehdit içeriği dâhil) davranışlar sergiledikleri*"

(Dolu vd., 2010: 55) oyunlar, şiddet içerikli dijital oyunlar şeklinde kavramsallaştırılmaktadır. Özellikle çocukların ve gençlerin aktif tüketici olarak katıldıkları online oyunlarda var olan şiddet olgusu, bireylerin gerçek davranışlarına yansımaktadır. Bireylerin eylemlerine yansıyan saldırganlığın yanı sıra, sözel şiddet olarak nitelenebilecek nefret söylemleri, özellikle cinsiyetçi söylem şeklinde online oyun mecralarında sıklıkla karşımıza çıkmaktadır. Bununla birlikte nefret söylemleri, yeni medya ortamlarında oynanan dijital oyunlarda, yeni medyanın sahip olduğu hız ve etkileşimsellik özelliği dolayısıyla çok daha hızlı bir şekilde üretilmekte, dolaşıma sokulmakta ve yayılmaktadır (Bayraktutan Sütçü, 2010: 181-182). Online oyunlar, şiddet içermekle birlikte, cinsiyet rollerini pekiştirecek nitelikte hazırlanmakta ve dolayısıyla toplumsal yapıda var olan eşitsizlikler dijital oyunlar aracılığıyla yeniden üretilmektedir.

Çevrimiçi oyunlar kolektif hareket alanları yaratan, ağlar arası alanda etkileşim imkânı sunan bir anlama sahiptir. Bu bağlamda bireyler, ortaklık üzerinden oluşturdukları hikâyelerin unsurlarıdır. Kullanıcılar bu alanlarda diğer kullanıcıların zihinlerinin ortak noktaları üzerinden hareket ederek kendi öz bilinçlerini yaratmaktadır (Zeaman, 2006: 373). PUBG Mobile oyununun özellikle kullanıcılara sunduğu "tekli, ikili, dörtlü" oyuncu moduyla kullanıcıların ortak anlam ve zihin oluşturmalarını sağlamaktadır. Bu ortaklıklar gerçek yaşamda karşılaşamayacak bedenlerin ağ üzerinde etkileşim yaratabilme potansiyelini göstermektedir (EK-1).

Ağların oluşturduğu teknoloji çağı hem bireysel hem de toplumsal olarak bir birleşim alanı sunmaktadır. Özellikle bireysel bütünlerin gösterileri üzerine çeşitlenen ve reel dünyanın bedenlerinin kendi iç veya dış deneyimleriyle ürettiği içeriklerle can bulan ağ alanı bir gösteri zemini olarak karşımıza çıkmaktadır. Bu anlamda ağların temel anlamı imajların bütünlükçü alanı değil, kişisel imajların kendini var ettiği ve çeşitlediği kolektif toplumsal bütünleşmedir (Debord, 1996: 14). Oyunlar, gösterinin kendisini çeşitlediği duyumsal alanın anlamını içermektedir. Özellikle online oyunlar, bilgisayar aracılığıyla yaratılan dijital rakiplerden sıyrılarak, ağ üzerinden birleştirilmiş diğer gerçek karakterlerin sanal unsurlarına karşı mücadele alanı sunmaktadır. Aslında bu da gösterinin ortaya koyduğu duyumsal ve meta olabilme anlamlarını yaratmaktadır. Yani ağ üzerinden gerçek karakterlerin sanallıklarına karşı girilen mücadele kendi içerisinde mükemmel olmanın anlamını ortaya koymaktadır (Debord, 1996: 25). PUBG kendi yaratım dünyası içerisinde belirlenmiş harita alanında öldürme üzerinden ödüllendirilen bir anlama sahiptir. Oyun içerisinde kullanıcıların yarattığı karakterlerin, diğer kullanıcıların sanal yaratımlarıyla girdikleri mücadele; rekabetin ve mükemmelliğin bu alanın sonunda herkesi öldürerek ayakta kalma üzerine temellendirilmesi, aslında oyunun duygular üzerinden hareket etmesine vurgu yapmaktadır (EK-2).

Goleman, insan ruhunun merkezi olarak duyguya yer verdiğini tartışırken kendisi ortaya koyduğu kavramsal zeminde, insan kalbinin aklına olan gücünü ortaya koymuştur. Duygu, kitlesel hareketliliğin önemli merkezi unsurudur. Bireyler arasında iletişimin müşterek bir anlam oluşturması duyguların harekete geçirilmesi ile sağlanmaktadır (Goleman, 2010: 30). PUBG Mobile oyunu kendisini birliktelik duygusu üzerinden çeşitlendiren bir anlam üzerine oturtmaktadır. Özellikle ortaklıklar üzerinden hareket etmesi, oyun içi girilen çatışmada bireylerin birbirlerini kurtarabilmesi aslında bu ortamdaki kolektif zekânın anlamını göstermektedir (Ek-3). Ancak sanal mecralarda ortaklık duygusu yaratan bu oyunlar, hedefe ulaşmada temel yöntem olarak kullanılan şiddet olgusunu da normalleştirmektedir.

Durkheim'e göre kolektif etkinlikler bireylerin bir araya gelmesini ve toplumsal örgütlenmesini sağlayan etkinliklerdir. İlkel toplumlarda oyun yoluyla kolektif etkinliklere katılım, kalıplaşmış toplumsal rolleri ortadan kaldırarak geniş toplumsal katmanların bir parçası olma duygusu vermektedir. Oyun oynama, modern döneme kadar ev içinde, tüm ev halkının katılımıyla gerçekleşen yaratıcı bir serbest zaman etkinliğiyken; modern dönemle birlikte ev içi serbest zaman etkinliğinin merkezine oturan televizyon, temel serbest zaman etkinliği haline gelmiştir. Dijital teknolojilerin gelişmesiyle birlikte yaşamlarımızın ayrılmaz bir parçası haline gelen internet ise, bireylerin birbirlerinden izole olmasına neden olmaktadır. Dolayısıyla geleneksel, yaratıcı ve paylaşımcı oyunların yerini, bireyselliği arttıran, kapitalizmin temel nosyonlarından biri olan rekabet odaklı oyunlar almaktadır. Bu bağlamda, siber alanda oynanan oyunlar, kapitalist sisteme özgü bir serbest zaman etkinliği haline gelmektedir (Aydoğan, 2019: 605-606).

Bununla birlikte içinde bulunduğumuz dijital çağda, siber alanda oynanan oyunlar eğlence endüstrisi tarafından hazırlanarak kitlelere sunulmaktadır. Serbest zaman etkinliği olan oyun, günümüzde kültür endüstrisinin bir parçası haline dönüşmüştür. Bireyler serbest zamanlarında kültür endüstrisinin metalarını tüketerek, kapitalist sistemin yeniden üretimine neden olmaktadırlar. Adorno ve Horkheimer tarafından literatüre kazandırılan kültür endüstrisi, serbest zamanı diğer bir deyişle özgürlük alanını, kapitalist sistemin nitelikleriyle uyumlu hale getirerek örgütlemektedir. Çünkü eğlence geç kapitalizm çağında çalışmanın uzantısıdır. Mekanikleştirilmiş emek sürecinden kaçmak isteyen birey, eğlence istemektedir. Ancak mekanikleştirme, serbest zamanı olan bireyler üzerinde öyle bir güce sahiptir ki, eğlence metalarının üretimini temelden belirlemekte ve bireylere serbest zamanlarında emek süreçlerinden farklı bir deneyim yaşatmamaktadır (Adorno, 2016: 68). Gündelik yaşam aktivitelerini dijital ortama taşıyan internet, hem boş zaman yaratan bir araç hem de yaratılan boş zamanı tüketime uygun hale getirerek boş zaman ekonomisine dönüştüren bir alan olarak nitelenmektedir (Çizmeci, 2015: 90). Ağlarla birlikte bireyin yaşamındaki zaman da belirsiz bir mefhum olarak dönüşmektedir. Değişen zaman boyutu homojen insan yaşamının algısındaki nitel unsurları da değiştirmektedir (Debord, 1996: 85). PUBG Mobile hareket halindeyken kullanıcıların internet bağlantısı aracılığıyla eğlence ihtiyaçlarını karşılamalarına imkân sunan bir oyundur. Kullanıcıların bulundukları alanda kısa süreli de olsa zaman geçirmelerine olanak sağlamaktadır. Oyunla bağlantı sağlandığı andan itibaren bireylere zamansız bir zaman ortamında eğlence imkânı sunarak aslında metaya dönüşmüş tekniğin kullanıcı zihnindeki eylemini göstermektedir (EK-4).

Huizinga oyunda kazanılacak bir şey olduğuna vurgu yaparak, kazanılanın maddi bir unsurdan çok, oyun eyleminin gerçekleştirilmiş olması ve idealize edilmiş bir başarı duygusu olduğunun altını çizmektedir. Oyundan alınan hazzın kazanma duygusuyla arttığını belirten Huizinga'ya göre, öteki karşısında üstünlüğünü belli etmek bireye itibar ve onur vermektedir. Oyundan maddi bir getiri elde etmek de mümkündür ancak, Huizinga prestij ve onur duygusunun maddi kazanımlara ağır bastığına işaret etmektedir (Huizinga, 2006: 75-76). Diğer yandan *"Oyuncu için mücadele, oyunu ele geçirip kontrolü ele alma fantezisiyle ilgilidir"* (Burnett, 2007: 142). Dijital olarak inşa edilmiş oyun dünyaları, çeşitli duyulara hitap eden haz duygusunda temellenmektedir. Bu bağlamda haz, bireylerin ağ üzerinde yaptıkları eylemlerin eğlence temelinde sunulmasına öncülük etmektedir (Burnett, 2007: 142-144). Giderek bir endüstri haline gelen dijital oyunlar, oyuncuya prestij ve onur gibi duygulanımlar yaşatırken bireylerin emeklerini de kâra dönüştürmektedir. Bu bağlamda serbest bir zaman etkinliği olarak görülen ve maddi bir özü olmayan geleneksel oyunların, PUBG Mobile oyununda görüldüğü gibi bireyler arasındaki çatışmanın bir nüvesi olarak bir teknolojik metaya dönüştüğü ortaya çıkmaktadır.

Ağlarla birlikte ortaya çıkan gösteri alanı aslında satın aldırmanın diğer yüzü olarak karşımıza çıkmaktadır. Kullanıcıların diğer kullanıcılara karşı girdikleri eylemlerde kendilerini üstün çıkarabilmeleri, ancak metaya dönüşmüş anlamları satın alarak sağlanabilmektedir. Bu anlamda oyun alanı, bütünleştirilmiş kapital zemin sunmaktadır (Debord, 1996: 30-31). PUBG bu bağlamda kendi içerisinde oyuncularına satın alacakları alanlar sunmaktadır. Oyun kendi dilini ve edimini kullanıcılara sunduğu başarı ödülleri dışında oyun içi satın alınabilecek belli ürünleri sunarak gerçekleştirmektedir.

Sonuç

İnsanlık tarihi kadar eski olan oyun toplumsal, ekonomik, sosyolojik ve teknolojik alanlara bağlı olarak gelişimini sürdürmüştür. Gelişen oyun teknolojisi diğer teknoloji kollarının yakınsamasıyla birlikte kendisine yeni alanlar yaratmakta ve bu bağlamda oyun kavramı değişime uğramaktadır. Oyun günümüzde bir ağ üzerinde sayısal formlarda küresel alanlar yaratmakta ve kullanıcıları bu alan üzerinde sayısal temsillerle bir araya getirmektedir. Taşınabilir mobil cihazların artması ve buna bağlı olarak internet hızlarının belirli seviyelere ulaşmasıyla birlikte, online (canlı) oyun oynama deneyimleri ortaya çıkmaktadır. Artık internet kullanan her bir birey hareket halindeyken kendi kullanıcı deneyimini yaratabilmektedir. Bu da kullanıcının çeşitlenebilir alanı içerisinde kendi pratiklerini diğer var olan kullanıcılarla paylaşabilmesinin önünü açmaktadır.

Online oyunlar belirli oyunlaştırma pratiklerini içerisinde barındıran ve kullanıcıya ödüller üzerinden aktif alan açan bir yapıya sahiptir. Özellikle yaşanabilir bir oyun dünyası için kullanıcının oyun içerisinde diğer kullanıcılara karşı elde ettiği başarılar, oyun üzerinden ödüllendirilerek istek ve arzunun artmasını sağlamaktadır. Bu da kullanıcının oyunun deneyimleri ve yönlendirmeleri üzerinde belli öğrenimler kazanmasına neden olmaktadır. Bu anlamda bu araştırmada incelenen PUBG Mobile oyunu, öğretici nitelikler üzerinde belli konseptler sunmaktadır. Oyunda sınırları belli olan bir kayıt çizgisi olmaması ve oyun hikâyesinin öldürme üzerinden gerçekleşmesi, önemli bir veri olarak karşımıza çıkmaktadır. Özellikle reel dünyada var olan silahların kopya unsurlarını kullanıcılara sunması ve bunların özelliklerinin oynayarak bilinebilir hale gelmesi şiddeti meşru bir zemin üzerine oturtmaktadır. Sonuç olarak; araştırma içerisinde de sunulduğu gibi oyunlar öğretici formlar olarak karşımıza çıkmaktadır. PUBG Mobile oyunu da kullanıcıyı belirli unsurlar üzerinde motive ederken, kazanımlarını şiddet üzerinde temellendirmektedir. Bu da oyunun öğreticiliğinin gerçek dünyaya yansımasında önemli problemlerin ortaya çıkmasına neden olmaktadır. Oyunların giderek bir endüstri haline gelmesi ve şirketlerin online oyunlar üzerinden kâr elde etmeleri oyunu bir metaya dönüştürmüştür. Bu bağlamda PUBG gerek bilgisayar oyunu gerek mobil versiyonuyla yaratıcılarına kâr kazandırırken, kullanıcılarına çeşitli motivasyon unsurları aracılığıyla şiddeti öğretmektedir. Özellikle çocuk ve gençlerin bu oyunlar karşısında çok fazla vakit geçirmeleri, internet ve dijital oyunların da birer sosyalizasyon aracı haline dönüşmesi bireylerin bu şiddeti öğrenmelerinin yanı sıra içselleştirmelerine ve normalleştirmelerine yol açmaktadır. Yeni iletişim ortamlarının sağladığı etkileşim ve hız unsurları da bu şiddetin giderek yayılmasına neden olmaktadır.

Kaynakça

Adorno, H. (2016). Kültür Endüstrisi Kültür Yönetimi, Çev: N. Ülner, M. Tüzel ve E. Gen, İstanbul: İletişim.

Akbulut, H. (2009). "Gelenekselden Dijitale, Mekândan Uzama Oyun Kültürü", Dijital Oyun Rehberi, Der: M. Binark, G. Bayraktutan-Sütcü ve I. B. Fidaner, İstanbul: Kalkedon Yayınları, 25-81.

Akyıldız, A. (2018). "Sosyal Ağlarda Fantastik Etkileşimin Sunduğu Olanaklar: Yeni Nesil Şöhretler", Yayımlanmamış Yüksek Lisans Tezi, İstanbul: Marmara Üniversitesi Sosyal Bilimler Enstitüsü Radyo Televizyon Ve Sinema Anabilim Dalı Radyo Televizyon Bilim Dalı.

Aldrich, C. (2009). Learning Online with Games, Simulations, and Virtual Worlds : Strategies for Online Instruction, United Kingdom: John Wiley and Sons Ltd.

Anchor, R. (1978). "History and Play: Johan Huizinga and His Critics", History and Theory, 17(1), ss. 63-93.

Armitage E, G., Claypool M. ve Branch, P.. (2006). Networking and Online Games: Understanding and Engineering Multiplayer Internet Games: JohnWiley& Sons.

Aydoğan, F. (2019). Medya ve Serbest Zaman, İstanbul: Der.

Bainbridge W. S. (2010). Online Multiplayer Games: Morgan & Claypool Publishers.

Bartle, R. (2015). MMOs from the Outside In. The Massively-Multiplayer Online Role-Playing Games of Psychology, Law, Government, and Real Life: Apress.

Bayraktutan Sütçü, G. (2010). "Dijital Oyunlarda Cinsiyetçilik", Yeni Medyada Nefret Söylemi, Hzl: T. Çomu, İstanbul: Kalkedon. 181-191.

Bourriaud, N. (2005). İlişkisel Estetik, Çev: S. Özen, İstanbul: Bağlam Yayıncılık.

Burnett, R. (2007). İmgeler Nasıl Düşünür?, Çev: G. Pusar, İstanbul: Metis Yayınları.

Castronova, E. (2005). Synthetic Worlds: The Business and Culture of Online Games: University of Chicago Press.

Çizmeci E. (2015). "Yeni Medya ve Serbest Zaman", İletişim Çalışmaları, Ed: Filiz Aydoğan, İstanbul: Derin, 81-99.

Debord, G. (1996). Gösteri Toplumu, Çev: A. Ekmekçi ve O. Taşkent, İstanbul: Ayrıntı Yayınları.

Dolu O., Büker, H. ve Uludağ, Ş. (2010). "Şiddet İçerikli Video Oyunlarının Çocuklar ve Gençler Üzerindeki Etkileri: Saldırganlık, Şiddet ve Suça Dair Bir Değerlendirme", Adli Bilimler Dergisi, 9 (4), 54-75.

Freeman, G. (2018). Multiplayer Online Games, Origins, Players and Social Dynamics, New York: Taylor &Francis Group..

Goleman, D. (2010). Duygusal Zeka, (33. Baskı), Çev: B. S. Yüksel, İstanbul: Varlık Yayınları.

Hazar Z., Tekkurşun Demir, G., ve Dalkıran H. (2017). "Ortaokul Öğrencilerinin Geleneksel Oyun ve Dijital Oyun Algılarının İncelenmesi: Karışlaştırmalı Metafor Çalışması", SPORMETRE, 15 (4), 179-190.

Huizinga, J. (2006). Homo Ludens, (2.baskı), Çev: M. A. Kılıçbay, İstanbul: Ayrıntı Yayınları.

Kars, G. B. (2010). "Şiddet İçerikli Bilgisayar Oyunlarının Çocuklarda Saldırganlığa Etkisi", Yayımlanmamış Yüksek Lisans Tezi, Ankara: Ankara Üniversitesi Sağlık Bilimleri Enstitüsü.

Öz Pektaş, H. (2017). "Geleneksel Çocuk Oyunlarının Modern Eğitimde Kullanılması", Uluslararası Sosyal Araştırmalar Dergisi, 10(49). 478-490.

Palmer, C., & Petroski, A. (2016). Alternate Reality Games: Gamification for Performance: CRC Press.

Uz, A. O. (2018). Oyun Dünyasını Battle Royale Esareti Altına Alan PUBG Nedir?, listelist.com: https://listelist.com/pubg-nedir/ (E.T.: 21.12.2020).

Werbach, K., & Hunter, D. (2012). For The Win: How Game Thinking Can Revolutionize Your Business: Wharton Digital Press.

www.wmaraci.com/. (2017). PUBG Nedir? Nasıl Oynanır ve Fiyatı Ne Kadar?, wmaraci.com: https://wmaraci.com/nedir/pubg (E.T.:21.12.2020).

http://www.tdk.gov.tr (E.T.: 01.01.2021).

Yee, N. (2014). The Proteus Paradox : How Online Games and Virtual Worlds Change Us-And How They Don't: Yale University Press.

Yengin, D. (2012). Dijital Oyunlarda Şiddet, İstanbul: Beta.

Yılmaz, E. A. (2015). Oyunlaştırma, İstanbul: Abaküs Kitap Yayın Dağıtım.

Yılmaz, E., Çağıltay, K., (2004). Elektronik Oyunlar ve Türkiye, http://simge.metu.edu.tr/conferences/TBD04-ElektronikOyunlar.pdf, (E.T.:23.12.2020).

Zeaman, A. (2006). Bilinç Kullanım Klavuzu, Çev: G. Koca, İstanbul: Metis Yayınları.

Zicherman, G., & Cunningham, C. (2011). Gamification By Desing, Canada: O'Reilly Media.

Zichermann, G., & Linder, J. (2010). Game-Based Marketing: İnspire Customer Loyalty Through Rewards, Challenges And Contests: John Wiley & Sons.

EKLER

EK-1: Pubg Mobile Oyun İçi Görüntüsü

EK-2: Pubg Mobile Oyun İçi Çatışma Görüntüsü

EK-3: Pubg Oyun İçi Çatışma Fotosu

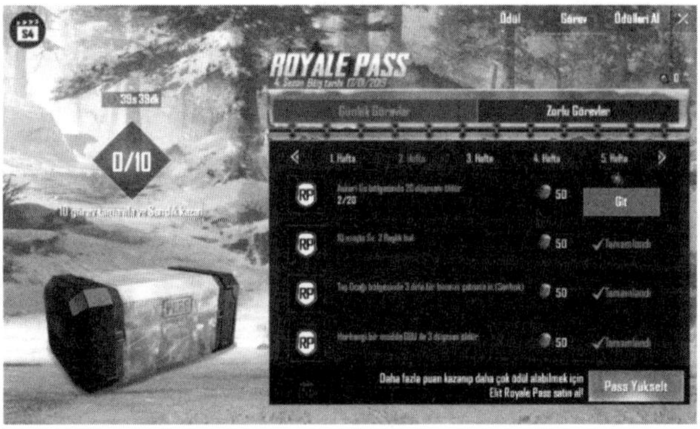

EK-4: Pubg Oyun İçi Kazanım

FUTBOLDA IRKÇI SÖYLEMİN DİJİTAL HALKLA İLİŞKİLER BAĞLAMINDA DEĞERLENDİRİLMESİ

*Atalay BAHAR**

Giriş

Genel anlamda ırkçılık, toplumsallaşma süreçlerine ve bireylerin doğuştan kazanılan yaşamsal hakları aksine, küçümseyici tutum ve davranışların gösterilmesidir. Denkler arasında önde geldiklerini ve görece üstün olduklarını varsayanların, tarafgirlik oluşturarak çeşitli nedenlerle daha güçsüz ya da farklı olanları tahakküm altına almasıdır. Birçok özellik ve kabiliyetleri nedeniyle yalnızca kendilerinin başarılı olduğunu düşünenler, aynı veya benzer başarıları başkalarının elde etmelerine engel olmaya çalışmakta ya da başarılarını hakir görmektedir. Bu egosantrik düşünce sistemi, bireylere ve toplumlara ciddi zararlar vererek kalıcı düşmanlıklar oluşturmuş ve telafisi güç mağduriyetler meydana getirmiştir. Yoğunlaşan etnosentrik görüşlerin toplamı, bir grubun önemsediği değerleri daha nitelikli ve yüksek düzeyde bularak, diğerlerini ötekileştirmektedir. Bu bakımdan karmaşık ve çok boyutlu doğası gereği ırkçılık, birçok disiplin tarafından incelenmektedir.

Futbol ırkçılığı ise oluşum süreci, nedenleri ve mücadele koşulları bağlamında araştırılması gereken, özellikli bir alan haline gelmiştir. Ten renkleri, etnik ve bölgesel ayrımcılık üzerinden, futbol camiasını rencide eden ırkçı söylem ve eylemler sosyo- kültürel nedenlerle, özellikle Avrupa'da artarak devam etmektedir (Rowe ve Garland, 2012:32). Bu kapsamdaki tutum ve davranışların çeşit-

* Dr. Polis Başmüfettişi, Emniyet Genel Müdürlüğü, Teftiş Kurulu Başkanlığı, Ankara (Orcid: 0000-0002-3146-1833), atk199@hotmail.com

lenmesi ve yeniden üretilmesi, başta ırkçılığa maruz kalan futbolcular olmak üzere futbolu takip edenlerde, ırkçı saldırılara karşı eylemsizlik ve cezasızlık algısı, oluşturmaktadır. Bu bakımdan çalışmanın temel verisini oluşturan, 8 Aralık 2020 tarihinde Paris'te oynanan, Paris Saint-Germain (PSG)Fubol Klubü (FK)-İstanbul Başakşehir Futbol Klubü (FK) Şampiyonlar Ligi müsabakası, futbol ırkçılığına yeni bir bakış açısı kazandırmıştır. Karşılaşmada gerçekleştiği öne sürülen ırkçı söyleme karşı duruş, aynı zamanda futbol ırkçılığına karşı gösterilen ortak tepkinin miladı olarak kayıtlara geçmiştir. Sahada başlayan tepki, sanal ortam örgütlenmeleriyle toplumun tüm katmanlarına yayılarak, kullanıcıları dijital halkla ilişkiler uygulayıcılarına dönüştürmüş ve Avrupa Futbol Federasyonları Birliği (UEFA)'nın anlık kararlarını etkilemiştir.

Güncel çalışmalarda dijital halkla ilişkiler, sanal ortamların kullanım sıklığına bağlı olarak geliştirilen, yeni kitle etkileşim faaliyetleri olarak yorumlanmaktadır. Pelenk ve Sert, (2014), "Dijital Halkla İlişkiler Aracı Olarak Kurumsal Bloglar" adlı çalışmalarında dijital halkla ilişkileri, dijital platformlar üzerinden gerçekleştirilen tüm halkla ilişkiler faaliyetleri olarak tasvir ederken, Peltekoğlu (2012), "Halkla İlişkiler" başlıklı eserinde, dijital halkla ilişkilerin birincil araç ve yöntemi olarak, sosyal medyayı işaret etmektedir. Şirzad ve Turancı (2019). "Dijital Halkla İlişkiler ve Müşteri İlişkileri Yönetimi Bağlamında Müşteri Memnuniyet Unsurlarının İncelemesi" isimli araştırmalarında, dijital halkla ilişkileri internet vasıtasıyla gerçekleştirilen, yayılım hızı ve etki düzeyi yüksek bir alan olarak tanımlamaktadır. Bu araştırmada ise; tekil bir vakadan yola çıkarak, ırkçı yaklaşımların futbolda oluşturduğu tahribata karşı, dijital halkla ilişkiler fonksiyonlarının tesiri vurgulanmaktadır.

Çalışma örneklemi PSG FK-İstanbul Başakşehir FK karşılaşması, birçok açıdan futbol ırkçılığına ilişkin ilklerin yaşandığı bir müsabakayı temsil etmektedir. İstanbul Başakşehir FK Yardımcı Antrenörü Pierre Webo'nun itirazı sonrasında, maçın 4. hakemi Constantin Sebastian Coltescu, kendi dilinde orta hakem Ovidiu Hategan'ı kart göstermesi için uyarmıştır. Rumence "negru" sözcüğünü telaffuz ettiğini öne süren futbolun en üst kademesindeki hakemin, yaygın anlamıyla bilinen "negro (siyah)" kelimesini çağrıştıran bir sözcüğü kullanması, futbol tarihinde ilk defa gerçekleşmiştir. İstanbul Başakşehir FK teknik ekip ve yöneticilerinin ırkçı söylem karşısındaki tepkileri, her iki takım futbolcularının birlikte sahayı terk etmeleri ve hakemler değişmediği sürece maça devam etmeme kararları, futbolun diğer ilkleri arasında yer almıştır. Ayrıca en önemli ilklerden biri de UEFA'nın, ırkçı söyleme yönelik tutum ve davranışlarında gözlenmiştir. UEFA, sahayı terk etmekten takımları diskalifiye eden disiplin yönetmeliği hükmünü uygulamayarak, bir gün sonra farklı hakemlerle müsabakanın oynanmasına onay vermiş ve hakemler hakkında soruşturma açarak, futbol tarihinde daha önce tanıklık edilmemiş bir karara imza atmıştır.

Irkçılık karşıtlığına yönelik canlı yayında yaşananlar, çoklu sanal ortamlarda futbol ırkçılığına karşı kollektif bilinç oluşmasına temel teşkil etmiştir. Dijital halkla ilişkiler uygulayıcılarından rol çalan kullanıcılar; web ve haber sitelerindeki yorumları, sosyal medya, blog ve forumlardaki paylaşımlarıyla futbol ırkçılığına yönelik tarihi kararların alınmasında başat rolü oynamışlardır. Futbolda ırkçı söylem ve eylemlerin reddine yönelik sanal ortam iletileri hızlıca dolaşıma sunularak, sosyo-kültürel bağlamda vazgeçilmez insan hakları, adalet ve eşitlik kavramlarına vurgu yapılmıştır. Bu yönüyle çalışmada toplumsallaşma süreçlerinin sosyal ağlara taşındığına değinilerek, dijital halkla ilişkiler uygulamalarının önemi betimlenmektedir. Paris'te oynanan PSG FK-İstanbul Başakşehir FK müsabakasında gerçekleştiği iddia edilen ırkçı söyleme ilişkin olayların, iletişim kuramları ve dijital halkla ilişkiler bağlamında tespiti ve analizi, bu niteliksel çalışmanın amacın oluşturmaktadır. Araştırmanın yöntemi müsabakadaki ırkçı söylemin oluşum sürecini, tepkileri, dijital ortam yansımalarını ve paydaş davranışlarının yorumlarını kapsamaktadır.

Bir insanlık suçu olan ırkçılık, futbolun küreselleşmesi ve izlenme oranının artışıyla, kitlesel bir etki alanı bulmuştur. Çalışmada futbolun evrensel değerlerine zarar veren ten rengi, etnik ve bölgesel farklılıklar nedeniyle maruz kalınan ırkçılık, futbolda ırkçılığın dinamikleri ve futbolun gündem oluşturan ırkçı söylemleri başlıkları altında incelenmektedir. Bununla birlikte PSG FK-İstanbul Başakşehir FK futbol müsabakasında, ırkçı söyleme dair yaşananların oluşturduğu toplumsal farkındalığa değinilmektedir. Süreç yönetimine dikkat çekilerek, dijital halkla ilişkiler uygulamalarına örneklem teşkil eden ve ırkçı söylemlere karşı oluşan paydaş refleksleri değerlendirilmektedir. Dünya gündeminin en güncel futbol ırkçılığı olayını, dijital halkla ilişkileri paradigmalarıyla analiz eden bu çalışma, özgünlüğüyle alanyazına katkı sunmaktadır.

1.1. Irkçı Yaklaşımların Etimolojisi

İnsanlık tarihinin tüm evrelerinde çeşitli nedenlerle oluşan ben ve öteki algısı, ırkçılığı olgusallaştıran referans noktası olarak görülmektedir. Bu faaliyetlerden önceki dönem, ırkçılık öncesi olarak tanımlanmaktadır. Henüz ırkçılık terminolojisi literatürde yerini almadan, rakip veya düşman olarak görülen taraflara gösterilen küçümseme tutum ve davranışı, ayrımcılık olarak betimlenmektedir. İdeolojik farklılıkların ve zenginliklerin karşılaştırıldığı formasyonlar öne çıkmış ve ilk dönemlerden başlayarak günümüz ırkçı anlayışın temelleri atılmıştır. Toplumlar gücü elinde bulunduranlarca, sınırları belirlenen sınıflamalarla kendilerini farklılaştırmıştır.

Antik Yunan ve Roma, imparatorluk vatandaşı olanlar ve barbarlar olmak üzere ikiye ayrılmış ve medeniyetin olanaklarından yararlananlar tarafından bu ötekileştirme korunmuştur (Ekinci, 2016:162; Sumbas, 2009:264). İnsanlık tarihinin en erken uygarlığından biri olan Mısır'da suç işleyenler ve savaş esiri olanlar köleleştirilmiş; Hindistan'da ise bireyler, kast sistemi olarak isimlendirilen toplumsal durumlarını belirleyen ve değiştirilmesi mümkün olmayan, katı bir sınıflandırmaya tabi tutulmuşlardır (Taş ve Günay, 2015:144; Özer, 2007:70). Toplumsal yaşamda, otorite ve aidiyetler kapsamında dışlanma sıradanlaşmış ve ayrımcı davranışlar sürdürülmüştür.

Dönem düşünürlerinin de statü değişkenliğini ve toplumsal eşitsizliği destekleyen ifadelerine rastlanmaktadır. Platon'un madenler denklemi, insan doğasını doğuştan belirlemektedir. Sınıfsal egemenliği dayalı bu anlayış altın-soylu, gümüş-bekçi ve demir-işçi ayrımıyla betimlenmektedir. Aristoteles yönetme ve yönetilme düzleminde insanların doğuştan farklı olduklarını, efendi ve köle ayrımıyla yaratıldığını savunmaktadır (Kıran, 2019:350; Işık, 2018:11; Burkaz, 2014:101). Bu yaklaşımlar sonraki dönemlerde, görece üstün grubun diğerlerini aşağılamasını meşrulaştıran ve ırkçılığı özendiren benmerkezci düşünce sistematiğine kapılarını aralamıştır.

Yayılmacı politikalar ve keşif çalışmaları, Afrika ve Amerika kıtasında farklı fiziksel özelliklere sahip toplumlar ile tanışmaya imkan sağlamıştır. Dünya haritasının barındırdığı bu değişik ırklarla tanışma, önemli kırılmalara yol açmıştır. Amerika'da Kızılderililer, Afrika'da Siyahi tabirleriyle alt kategorizasyonu çağrıştıran tanımlamaları yapılmıştır. Avrupa ve Amerikan tarihinde derin izler bırakan ırkçılığa, bilimsel açılımlarla haklılık aranmıştır. Fiziksel, filolojik ve sosyo-kültürel farklılıklar, bu toplulukların köleleştirilmesini ve topraklarının sömürülmesini kolaylaştırmak amacıyla "vahşi, barbar, yaratık, insan altı," gibi kavramları kullanan ırksal kuramlarla açıklanmıştır (Kaya ve Durgun, 2020:84). Bu kuramların Avrupa'nın yöneten bir millet olduğunu savunan, Pan-Cermenizm ya da Avrupa Enternasyolizmi olarak nitelenebilecek bir akımdan kaynaklandığı görülmektedir.

Aydınlanma düşünürleri F. Bernier, C. Linneaus, G. Buffon, I. Kant, F. Bluemanch ve F. Hegel gibi tanınmış düşünürler ırkçılığın yayılmasında etkili olmuştur (Taş, 1999:44; Fortney,1977). İnsanlar arasındaki farklılıklar ve istisnalar göz önünde bulundurulmadan savunulan ırkçı yaklaşımlar, bilimsel niteliği olmayan patolojik argümantasyonlara dönüşmüştür. Henri Boulainvilliers (1732), "Soyluluk Üzerine Deneme" adlı eserinde Fransa'nın Cermen atalarından gelen soylu bir kan bağına sahip olduğunu savunmaktadır. David Hume (1748), "Ulusların Kökenleri" adlı çalışmasında, tüm ırkların beyaz ırktan daha aşağıda olmasının doğal olduğunu küçümseyici bir biçimde belirtmiştir (Şenel, 1984:22). Joseph-Arthur de Gobineau (1855), "İnsan Irklarının Eşitsizliği Üzerine Deneme" isimli çalışmasında; diğer ırkların vasıfsızlığını ve beyaz ırkın; başta zeka, ahlak, irade olmak üzere tüm olumlu sıfatlara sahip olduğunu vurgulamaktadır (Aktaş, 2019:1869; De Fontette, 1991:22). Bu temelsiz ırkçı çalışmaları yürütenler, Aydınlanma Dönemi'nin karanlığını temsil eden filozoflar olarak tarihteki yerini almıştır.

Sanayi devriminden sonra ırkçılık söylemleri daha da belirginleşmiş, ucuz işgücü sağlamak için Avrupa'da savunulan eşitlik, "yalnız eşitler arasında eşitlik vardır" söylemine indirgenerek, köleliği ve sömürge eylemlerini meşru kılan uygulamalara yerini bırakmıştır (Kaya, 2015:24). Portekizliler tarafından rehin alınan 20 kadar Angolalı'nın İngiliz sömürgecilerce, 1619'da İngiliz sömürgesi olan Virginia'ya getirilmesi, Amerikan tarihinde ırkçılık ve köleliğin başlamasına neden olmuştur. 1865 yılındaki kuzey-güney iç savaşını kuzeyin kazanmasıyla, kölelik kaldırılsa da siyahlar vatandaş haklarına tam olarak kavuşamamıştır. 1877'de son federal askerin güneyden çekilmesiyle Ku Klux Klan gibi ırkçı örgütler ortaya çıkmış ve ayrımcı regülasyonlar tekrar gündeme gelmiştir (Akyıldız, 2020). Şekillenen ve şiddetlenen ırkçılık kavramsallaştırılarak, ırkçılığa dayanak oluşturan bilimsel araştırmalar hız kesmeksizin yayınlanmıştır.

Çeşitli bölgelerde uygulanan testlerle, Avrupa'da yaşayanların daha zeki olduğunu ispatlamaya yönelik çalışılmalar yapılmıştır.18. ve 19 yy'ın ürünü olan bu kuramlar, Avrupalıları beyaz ve makbul bir ırk olarak nitelemekte, onların dışındaki kalanları ise siyah ve sarı ırk olarak betimlemektedir. Dünyadaki ırklar, Ural Dağları ve Himalaya Dağlarının coğrafi konumu merkez kabul edilerek bölünmüştür. Ural Dağlarının batısı beyaz, doğusu sarı Himalaya Dağlarının güneyi ise, siyah ırkın yaşadığı coğrafyalar olarak tasvir edilmektedir (Durgun, 2014:105). Siyah ırk beceriksiz ve yönetilmeye muhtaç, Asya'da bulunan sarı ırk ise çıkarcı ve yönetme vasıfları gelişmemiş olarak tanımlanmaktadır.

Irksal klasifikasyonlar saç formu, ten rengi, coğrafi ve iklimsel özelliklerden destek almakta ancak kendi içerisinde tutarsızlıklar barındırmaktadır (Ünlütürk, 2015:100; Özbek, 2001:447). Dünyanın çeşitli yerlerinden alınan örneklerden, antropoloji gibi önemli bir disiplinin de bu çalkantılı sürece katılmasıyla; kafatası ölçümü, yüz ve burun şekli ile göz, saç, ten rengi ve kan gruplarından tespit yapılarak, beyazların diğer ırklardan üstün olduğu vurgulanmıştır.

Beyaz adamın ırklar hiyerarşisinin en tepe noktasında görülmesi; ırkçılık olgusunun sistematik bir ideolojiye dönüşerek, Avrupa'nın 20. yüzyılın ilk yarısında kendi ürettiği Faşizm ve Nazizm deneyimleriyle karşılaşmasına neden olmuştur. (Türkan, 2015:15). 1922 yılında Benito Mussolini'nin İtalya'da, 1933 yılında Adolf Hitler'in Almanya'da ve 1939 yılında Francisco Franco'nun İspanya'da yönetime geçmesiyle şiddetlenen ırkçı ve saldırgan tutumlar, II. Dünya Savaşı'nı getirmiştir (Asker, 2012:80). İkinci Dünya Savaşı'ndan sonra ırkçılık etkisini kısmen yitirse de doktrinlerin zemin oluşturduğu ırkçı davranışlar yerleşik kalıpları kullanarak devam etmiştir.

Amerika Birleşik Devletlerindeki ırkçılık odaklı siyah-beyaz çatışmaları, ayrımcılığın önemli örneklemlerini teşkil etmektedir. Beyaz ve siyahlar için ayrı okullar, toplu ulaşım araçları, tiyatrolar, oteller, restoranlar gibi uygulamalar 20.yy ortalarına kadar sürmüş; 1955 yılında Alabama'da siyahi Rosa Parks'ın otobüste oturduğu koltuğu beyaz birine vermemesi nedeniyle tutuklanması, Martin Luther King'i Amerikan kamuoyu ile tanıştırmıştır. (Wodak ve Reisigl, 1999:181; Garrow, 1987:438). King'in, Washington'da "I have a dream", "bir rüyam var" mottolu tarihi konuşması, siyahların oy kullanma yasasının kabul edilmesine ve kendisinin de 1968 yılında suikast sonucu hayatını kaybetmesine sebep olmuştur. Bu dönem ile birlikte daha sonraki düşünce sistematiğini etkileyecek olan, kültürel ve etnik ayrımcılığı hedefleyen, ırkçı yaklaşımlar görülmektedir. Özellikle ABD'de siyahilerin tembel ve şiddet eğilimli olduğu algısı oluşturulmuştur (Virtanem ve Huddy 1998:313). Sosyal hayatta kutuplaşma artmakta, ilişki niteliğini yabancı düşmanlığı ile harmanlanan önyargılar belirlemektedir.

Kolonizasyon, ucuz işgücü ve Amerikan iç savaş üçgeninden pekiştirilen ırkçılığı engellemeye yönelik birçok hukuksal düzenleme yapılmıştır. Bu süreç belirgin olarak 1876 yılında tüm insanların eşit olduğunu savunan, Amerikan Bağımsızlık Bildirgesi ile başlamıştır (Agar ve Tate, 1936:50). 1948 yılında, Bileşmiş Milletler tarafından duyurulan İnsan Hakları Evrensel Beyannamesi, önemli köşe taşlarından biridir. Bu çalışmaların yanında Avrupa Konseyi,

Avrupa Birliği, Afrika Birliği gibi uluslarası örgütler, ırkçılığa karşı önemli faaliyetleri yürütmektedir. Ancak hukuksal eşitliğin uygulamada karşılık bulamadığına yönelik ırkçılık düzlemindeki örnekler, toplumun mesafeli ve şüpheli yaklaşmasının haklı gerekçesini oluşturmaktadır. Günümüzde toplumun tüm ilgi alanlarına doğrudan veya dolaylı olarak sirayet eden ırkçılığa, geçmişe nazaran daha hızlı tepki verilmektedir. Fakat tepkiler, ırkçılığın bertaraf edilmesinde yeterli görülmemektedir. Bu travmatik durum, çalışmanın içeriğinde detaylandırılan futbol sosyolojisi kapsamında irdelenmektedir.

1.2. Futbolda Irkçılığın Dinamikleri

Ortaya çıkışı ile ilgili çeşitli görüşler bulunmakla birlikte, futbolun İngiltere'de geliştirildiği ve zaman içerisinde oyun kurallarının belirlendiği kabul edilmektedir. Futbolun günümüzde takip edildiği biçimde bir saha oyununa dönüşmesi, 19.yy'ın ikinci yarısına denk gelmektedir. 11 kulüp temsilcisi tarafından Londra'da Futbol Federasyonunun kurulduğu1863 yılı, aynı zamanda modern futbolun doğuş tarihi olarak kabul edilmektedir (TFF, 2020). Bu dönemden itibaren futbol toplumun tüm katmanlarında benimsenerek dünyaya yayılmış, bölgesel ve ülkesel yeni yapılanmalarla genişleyerek popüler hale gelmiştir. Uluslararası Futbol Federasyonları Birliği (FIFA)'nin 1904 yılında kurulmasıyla, futbol organizasyonlarının üst düzeyde standartları ve faaliyetleri belirlenmiştir (Cenikli vd., 2017:59). Koşullar çerçevesinde gerçekleşen yenileşme ve kurumsallaşmanın yanında; 20 yy'ın çalkantılı savaşları, ittifakları, gruplaşmaları ve farklılaşmalarının, futbol içerikli mecralara da yansıdığı görülmektedir. Politik, toplumsal ve ekonomik eğilimlerin oluşturduğu tarafgirlik ve ayrımcılık davranışları, hafızalarda yer edinmiş ırkçı yaklaşımların, futbol platformlarına taşınmasına neden olmuştur.

Kitlelerin yoğun ilgisini fark eden iktidar sahipleri tarafından futbol, çeşitli ırkçılık tavırlarında manipülasyon aracı olarak kullanılmıştır. Brezilya Başkanı Epitacio Pessoa'nın 1921 yılında Arjantin'de düzenlenen Güney Amerika Şampiyonasına, ülke itibarının zedelenmemesini gerekçe göstererek koyu tenli futbolcu göndermeme talimatı, bu patalojik düşünceyi destekleyen önemli bir veri olarak kayıtlara geçmiştir (Galeano, 1995:56). Dünya politiğinin rekabetçi ve kaotik yapısı, Avrupa'daki önemli aktörlerin ve devletlerin de futbolda ırkçılığı özendiren tutumlarına sahne olmuştur. Bu süreçte totaliter rejimleri benimseyen ülkerlerde önemli ırkçılık örnekleri görülmüştür.

Futbolun da yer aldığı 1936 yılındaki Almanya Olimpiyat Oyunlarında; spor etkinliğinden daha çok ırkçı tutumlar gündem oluşturmuş, Nazizm ideolojisinin benimsediği ırksal teori tüm dünyaya duyurulmuştur (Gülada, 2019:342; Sengupta, 2004:586). 1938 yılında Dünya Futbol Kupası'na katılan İtalyan kadrosuna Benito Mussolini'nin verdiği "kazanın ya da ölün" mesajı ile baskı altına alınan futbolcular, maç öncesi seremonilerde tribünlerin protestolarına aldırmadan, tüm takımları ötekileştiren faşist selamı vermişlerdir (Akbulut ve Kopuz 2020:47; Işık, 2020). Portekiz'de (1932-1968) Antonio de Oliveira Salazar'ın ve İspanya'da (1939-1975) Francisco Franco'nun uzun iktidarlarının muhafazasında, futbol üzerinden uygulanan ayrımcı politikalar dikkat çekmiştir.

İspanyada merkezi otorite Real Madrid futbol takımıyla özdeşleştirilmiş, FC Barcelona futbol takımı ve taraftarları ise, rejim karşıtı olarak Katalan kimliğinin ve ayrılıkçı hareketlerin simgesi olarak nitelendirilmiştir (Göksu, 2019:412; İnce, 2016:459). Mozambik'ten, 1961 yılında İspanya'nın tanınan takımı Benfica'ya transfer olan ünlü futbolcu Eusebio da Silva Ferreira'nın yıllar sonra "Salazar, kaçarım korkusuyla beni askere aldı. Üç ay dış dünyayla irtibatımı kesti. Futbol oynuyordum ama Salazar'ın askeriydim. Bir diktatör hayatımı kararttı" ifadeleri, baskıcı yönetimlerin futbol bileşenleri üzerindeki etkisini örneklemektedir (Asker, 2013). Bununla birlikte 1990 yılında, Yugoslavya'nın uzun süredir birlikte yaşayan halkları, ırkçı hezeyanlara kapılmıştır. Dinamo Zagreb-Kızılyıldız futbol müsabakası, çıkan olaylar yüzünden oynanamamış ancak futbol ve ırkçılık bağıntısının endişe verici sonucunu ortaya çıkarmıştır (Çongur, 2020; Güzelipek, 2020:67). Bu müsabaka, Hırvat ve Sırp ırkçılığını iç savaşa dönüştüren ve Yugoslavya'nın dağılmasına neden olan önemli köşe taşları arasında sayılmaktadır.

2000'li yıllardan itibaren küreselleşme ve dijital çağın olanaklarıyla, futbolun içeriği koşullara göre geliştirilmekte ve izlenirliği arttırılmaktadır. Futbol paydaşlarının anlık hareketliliği taşınabilir akıllı cihazlarla takip edilmekte ve çoklu sanal ortam paylaşımlarıyla geniş kitlelere ulaştırılmaktadır. Bu gelişmişlik ölçütleriyle, futbolda ırkçılığın belirgin olarak azalma eğilimi göstermesi gerektirmektedir. Ama futbol otoritelerinin kurumsal düzenlemeleri ve cezalandırma sistemlerini güncellemelerine rağmen, özellikle Kıta Avrupasında futbol merkezli ırkçılık söylem ve davranışlarının sürdürüldüğü görülmektedir (Llopis, 2009:39). Poljud Stadı'nda oynanan, 2016 Avrupa Futbol Şampiyonası (EURO, 2016) Hırvatistan-İtalya eleme karşılaşmasında saha zeminine çizilen Gamalı Haç, futbolda ırkçılığın devam ettiğine yönelik görüşleri doğrular niteliktedir (TRT, 2015). Farklı yeşil tonlarıyla futbol sahasının renklendirilmesiyle oluşturulan bu sembol, kurumsal çabaları etkinsiz kılarak canlı yayınla tüm dünya tarafından izlenmiştir.

Son yüzyılda, siyasi erk ve ideolojilerin futbolda ırkçılığın sürdürülmesinde, etnik ve bölgesel ayrımcılığın biçimlendirilmesinde etkili olduğu gözlenmektedir. Şekillendirilen ve öteki konumlandırması ile şiddetlendirilen kollektif aidiyet duygusu, futbol stadyumlarını ırkçı davranışların sergilendiği elverişli platformlara dönüştürmüştür. Müsabakaların öncesinde, esnasında ve bitiminde ırkçılık kapsamındaki karmaşık tutumlara tanıklık edilmektedir. (Garland ve Rowe 2001:4). Tribünlerde ve sahada, futbolun mağduriyet oluşturan ırkçı söylem ve davranışları yoğunlaşmaktadır. Futbolun temel aktörleri olan futbolcular, oyun kaynaklı nedenlerle hakaret uğramaktadır. Günümüzde futbolcular, ten rengi, etnik ve bölgesel farklılıkları öne çıkartılarak, gündem oluşturan ırkçı söylemlere maruz kalmaktadır.

1.3. Futbolun Gündem Oluşturan Irkçı Söylemleri

Futbol, tüm aktiviteleri yoğunlukla izlenen ve geniş taraftar kitlelerine sahip bir saha oyunudur. Bu hali ile birey, toplum ve medyanın ilgisini çekmekte, müsabakalarda yaşanan olumlu ve olumsuz olaylardan ivedilikle bilgi sahibi olunmaktadır. Tüm bileşenleri sürekli ivme kazanarak gelişen futbolda, kamuoyu kınamalarına ve sportif cezalara rağmen, ırkçı söylem ve tutumlara rastlanmaktadır. Futbolun karanlık tarafı olan ırkçılık içerikli tavırlar, tüm çevrelerde rahatsızlık oluşturmaktadır. Futbolda ırkçı söylem ve eylemlere karşı önemli çalışmalar gerçekleştiren Kick It Out'un yayınladığı rapora göre; 2019-2020 futbol sezonunda ırkçılık kapsamındaki olaylar, 184'den 282'ye ulaşarak, bir önceki yıla göre yüzde 53 artış göstermiştir (Kickitout, 2020). Futbol ırkçılığının niceliksel yükselişi, futbola karşı mesafeli duruşları ve endişe ile yaklaşımları haklı çıkarmaktadır.

En çok bilinen ırkçı söylem ve davranışlara, Avrupa kıtasında oynanan müsabakalarda rastlanmaktadır. Barcelona'nın Kamerunlu futbolcusu Samuel Eto'o, 2005 yılında oynanan Real-Zaragoza maçında topa her dokunduğunda, Zaragoza taraftarları maymun sesi çıkartarak sahaya fıstık atmıştır (Durkal, 2014). İtalyan takımı Milan'ın Ganalı futbocusu Kevin-Prince Boateng, 2013 yılında Pro Patria ile oynanan hazırlık karşılaşmasında ırkçı söylemlerin hedefi olmuştur. Topu tezahüratın yapıldığı tribüne atan Boateng, daha sonra sahayı terk etmiştir. Aynı sezonda Milan-Roma takımları karşılaşmasında, Roma taraftarlarının Milan'ın siyahi futbolcuları Mario Balotelli ve Kevin-Prince Boateng'e yönelik ırkçı tezahüratları nedeniyle, oyun durdurularak uyarı anonsu yapılmış ve birkaç dakikalık aradan sonra maça devam edilmiştir (Kaymaz, 2018). 2011 yılında Roberto Carlos'a Anji Mahaçkala forması giydiği dönemde Zenit tribünlerinden; aynı yıl Brezilyalı Neymar da Silva Santos Junior'a İskoçya-Brezilya maçında, İskoçya taraftarı tarafından muz atılmıştır. Çok sayıda siyahi futbolcunun maruz kaldığı bu türden ırkçı saldırılar, 2014 yılında oynanan Barcelona-Villarreal müsabakasında Dani Alves'in de başına gelmiş, yıldız futbolcu Villarreal tribünlerden atılan muzu yiyerek tepkisini göstermiştir.

Doğu Avrupa ülkelerinde futbol ırkçılığı, bireysel ayrımcılık söylemleri ve ideolojik davranışları içermektedir. Gana asıllı İtalyan vatandaşı Mario Balotelli, 2012 yılında oynadığı İtalya-Hırvatistan maçında, Hırvat taraftarların maymun sesleri çıkarmalarına maruz kalmıştır. Aynı yıl İngiltere Milli Takımının, Bulgaristan ile deplasmanda oynadığı maçta Ashley Young ve Theo Walcott'a karşı taraftarlar, maymun sesi çıkartmış ve Nazi selamı vermişlerdir. CSKA Moskova'nın 2013 yılında Viktoria Plzen'le oynadığı UEFA Şampiyonlar Ligi grup karşılaşmasında, yapılan çeşitli ırkçı tezahüratlar ve gösterilen Nazi sembolleri yüzünden bir sonraki Avrupa kupası maçına seyircisiz çıkmak zorunda kalmıştır (Demirer, 2014). Tribünlerin dışında da ırkçı söylemlere, davranışlara ve tepkilere tanıklık edilmiştir. 2004'te İspanya Milli Takımı Teknik Direktörü Luiz Aragones'in, Jose Antonio Reyes'e, Fransız oyuncu Thierry Henry'i kastederek "kara dışkı" ifadesini kullanması uzun süre medyada yer almıştır (Hamarat, 2008).

Son dönemde de futbolun ırkçılığına yönelik tavırlar dikkat çekmektedir. 2019 yılında Den Bosch ile Excelsior kulüpleri arasında oynanan müsabakada, ev sahibi kulüp taraftarları Excelsior futbolcusu Ahmad Mendes Moreira'ya ırkçı tezahüratta bulunmuş ve müsabaka 30 dakika süreyle durdurulmuştur. Sonraki hafta, Hollanda'da futbol kulüplerinin oyuncuları çıktıkları müsabakalarda bir dakika süreliğine topa dokunmamış ve söz konusu olay protesto edilmiştir (Kahraman, 2020). 2020 yılı başında Portekiz'de Guimaraes ile Porto kulüpleri arasında oynanan müsabakada Porto kulübünün oyuncusu Moussa Marega'ya yapılan uzun süreli ırkçı tezahüratlar karşısında hiçbir eylemde bulunmayan hakemlere bireysel tepkide bulunarak, sahayı terk etmiştir. Karşılaşmadan ziyade, Marega'ya yapılan ırkçı saldırı gündem oluşturmuştur.

Avrupa ülkelerine nazaran Türk futbol organizasyonlarında, ırkçı söylemlerin daha düşük seviyede olduğu görülmektedir. Galatasaray'ın Fildişi Sahilli oyuncu Emmanuel Eboue, 2011 debisinde Beşiktaş taraftarlarının kendisine maymun taklidi yaptığını ileri sürmüş ancak Beşiktaş tarafından bu iddialar yalanlamıştır (Möller, 2020; NTV, 2011). Trabzonsporlu futbolcu Didier Zokora, 2012 yılındaki Fenerbahçe müsabakasında, Emre Belözoğlu'nun kendisine "kara dışkı" diyerek hakaret ettiğini ileri sürmüş, Belözoğlu ise; "Maçın içinde tansiyon yükseldiğinde, birbirimize ağır sözler söyledik. Söylemiş olduğu kelimeyi de sarf etmiş olabilirim. Ancak sahada barışmıştık" şeklinde açıklama yapmıştır (CNN,

2012) Profesyonel Futbol Disiplin Kurulu tarafından ırkçılık kapsamı dışında olduğu değerlendirilerek, hakaret ve tehdit ihlalinden dolayı oy çokluğuyla iki maç oynamama cezası verilmiştir.

2013'deki Fenerbahçe-Galatasaray müsabakasında, Fildişi Sahili vatandaşı olan Didier Drogba ve Emmanuel Eboué'ya maç öncesi ısınma sırasında bazı Fenerbahçe taraftarları tarafından muz gösterilmesi, medya tarafından görüntülenmiştir. Fenerbahçe yönetimi ırkçı saldırıda bulunduğu iddaa edilen taraftarlar ile birlikte basın toplantısı düzenlemiş ve taraftarlar; ırkçı davranışta bulunmadıklarını, Galatasaray kalecisi Muslera'nın tribünlere doğru bir hareket yaptığı esnada, ellerinde muz varken tepki gösterdiklerini ifade etmişlerdir. Taraftarlar, ırkçı düşünce ve kültüre sahip olmadıklarını medya aracılığıyla açıklamışlardır (Cem, 2020; YouTube, 2013). Adli süreçler ve bilirkişi raporları da aksine bir sonuca ulaşmamıştır.

Yakın tarihlerde stadyum dışına taşan ve toplumsal reflekslere neden olan ırkçı söylemlere de rastlanmıştır. 2017 yılında sosyal medya fenomeni Hakan Hepcan'ın, Galatasaraylı futbolcu Bafetimbi Gomis hakkında sosyal medyada "maymun" tabirini kullanması, takım ayırt edilmeksizin futbol taraftarı, Gomis'e destek olmuştur (Ağır, 2020; Gerçeker, 2017). Hepcan hakkında, "Halkı Kin Ve Düşmanlığa Tahrik Veya Aşağılama" ile "Sporda Şiddet ve Düzensizliğin Önlenmesine Dair Kanuna Muhalefet" suçlarından soruşturma açılmıştır. (SKORER, 2017). 2021 yılının ilk ayında, Galatasaray Divan Kurulu Üyesi Cem Emiroğlu'nun, futbolcuları Younes Belhanda ile ilgili "Bu bedevi ile mi sözleşme uzatılacak?" şeklindeki sosyal medya paylaşımı, muhatabı tarafından gecikmeksizin yanıtlanmıştır. Belhanda'nın, Instagram'dan "Yeter artık! Bu ırkçılık nereye kadar gidecek?" tepkisi, Emiroğlu'nun istifa ile sonuçlanmıştır (Demirtaştan, 2021).

Seçilmiş örneklemeler, futboldaki ırkçılığın kaygı verici boyutlara ulaştığını ve küresel bir meseleye dönüştüğünü ortaya koymaktadır. Dünya hemen her platformda gelişirken, paradoksal bir biçimde ırkçılık merkezli söylem ve eylemler de artmaktadır. Futbol paydaşlarının karşılaştığı ırkçılık, futbol özelinden çıkarak, genel gündemi meşgul eden bir mücadele alanı haline gelmektedir. Günümüzde birçok ötekileştirme parametreleri kullanan ırkçı yaklaşımlar; etnik, toplumsal ve ten rengi farklılığını kullanarak, hiç yol alınmamış gibi insanlığı sözde bilimsel karinelere konu olan, 19. yüzyıl bağnazlığına geri götürmektedir. Bu bakımdan evrensel ırkçılığın yansımaları görülen futbol organizasyonları, önem teşkil etmektedir. İletişimsel perspektif gerektiren bu kapsamdaki çalışmalarda, dijital ortamlar giderek önem kazanmaktadır. Dijital ortamdaki halka ilişkiler faaliyetleri, kaçınılmaz olarak futbol odaklı uygulamaları da kapsamaktadır.

1.4. Futbolda Dijital Halkla İlişkiler Uygulamaları

Halkla ilişkiler; örgütsel amaçlara ulaşmak maksadıyla hedef kitle ile karşılıklı anlayışın geliştirilmesi, iletişimsel tıkanıkların tespit edilerek giderilmesi ve sürdürülebilir etkileşimin sağlanmasına yönelik süreçleri kapsamaktadır. Günümüzde dijital mecraların yapısal ve organizasyonel faaliyetlerde yoğun olarak kullanılması, anlık olarak bireysel ve toplumsal etkileşime açık olması, halkla ilişkiler uygulamalarının bu platformlar üzerinden gerçekleştirilmesini zorunlu kılmaktadır. Geleneksel halkla ilişkiler paradigmaları yadsınmadan, kurumsal fayda ve stratejiler doğrultusunda başta örgütün website tasarımı ve aktivasyonu olmak üzere, sosyal medya, arama motorları, haber siteleri, bloglar ve forumlar gibi çevrimiçi iletişim kanallarının takip edilmesi ve aktif olarak kullanılması, dijital halkla ilişkilerin temel bileşenlerini oluşturmaktadır. Bu bağlamda aracısız olarak paydaşlar bilgilendirilmekte ve doğrudan hedef kitleyle etkileşim sağlanmaktadır (Mert, 2018:726; Gifford, 2010:63). Dijital halkla ilişkiler uygulamalarıyla, geniş kitlelere internet hızı ile ulaşmakta, ölçülebilir geri bildirimler düşük maliyetlerle ve ivedilikle alınabilmektedir,

Dijital ortamlar bir taraftan eklemlenerek büyümekte ve karmaşıklaşmakta, diğer taraftan da halkla ilişkiler uygulayıcılarına hedef kitlenin ihtiyaç, alışkanlık ve beklentilerinin tespitine yönelik elverişli bilgiler sunmaktadır. Ayrıca bu mecralar dünyadaki tüm kullanıcılarla irtibat kurulmasını kolaylaştırmaktadır (Grunig, 2009:6). Kitle iletişim araçları üzerinden yapılan klasik basın duyuruları, yerini kurumlara özgü sitelere bırakmıştır. Değişen iletişim metodolojisiyle birlikte; kurum kimliği hakkında farkındalık oluşturmak ve marka değerini arttırmak amacıyla, halkla ilişkiler birimleri tarafından sosyal ağlarda bilgi, görsel, video içerikleri paylaşılmaktadır. Geleneksel yöntemlerden farklı olarak, dijital ortam kullanıcı ve takipçileri, halkla ilişkiler elçisi rolü üstlenmekte ve yayılımını desteklemektedir. Dolayısıyla proaktif olarak dijital ortam hareketliliğinin takip edilmesi, zamanında bilgilendirme yapılması, kurumsal imaj ve itibarın korunması, halkla ilişkiler uygulayıcılarının temel görevleri arasında yer almaktadır.

İkincil önemli işlevleri ise; takiplere rağmen ürün, görev, fiyat gibi kurumsal değerler hakkında, dijital platformlarda oluşan olumsuz yorumlara karşı aksiyon almak ve süreci bilgilendirmelerle yürüterek, olumlu bir aşamaya evrilmesini temin etmektir. Bir adım sonraki dijital halka ilişkiler uygulaması da reaktif yaklaşım gerektiren kriz dönemi iletişimidir. Bu anlayış, aynı zamanda halkla ilişkiler stratejilerinin, yeni koşullara uygun olarak yapılandırılması anlamına gelmektedir (Brown, 2009:113). Kamuoyuna yansıyan kurumsal krizlerde, dijital mecraların elverişli tüm platformları kullanılası gerekmektedir. Online kriz yönetimini kapsayan bu zorlu süreç; kurumsal websitesinde yayınlanan basın duyurusundan başlamak üzere, kitle iletişim araçları, sosyal medya bileşenleri, bloglar ve forumlarda sürdürülmektedir. Yenidünyanın geliştirdiği yeninormal koşullarında, hiçbir şeyin gizli kalmayacağı gerçeği bilinerek, gerekli çalışmalar yürütülmektedir. Bu nedenle dijital halkla ilişkiler uygulayıcıları oluşan krizi sahiplenerek, gerekli çabanın gösterildiğini takipçilerine hissettirmektedir.

Dijital halkla ilişkiler uygulamaları, futbol endüstrisinde yer alan paydaşlar, örgütler ve görev alanlar arasında anlayışın, kabulün ve etkileşimin sağlanmasında önemli katkılar sunmaktadır. Dar anlamda futbolda dijital halkla ilişkiler, çoklu sanal ortamlardan azami derecede yararlanarak; takımların, futbolcuların, kulüplerin ve organizasyonların tanıtımını içermektedir. Küresel popülariteye sahip futbolun aktiviteleri, sıklıkla gündemi meşgul ettiğinden, toplumun tüm katmanlarınca merakla takip edilmektedir. Dijital ortam bileşenlerindeki paylaşımlar, birçok kullanıcı tarafından eş zamanlı dolaşıma sunulmakta, olumlu sonuçlar alındığı gibi telafisi güç sorunlara da neden olabilmektedir. Daha kapsamlı bir yaklaşımla, halka ilişkiler uygulamacılarının futbol odaklı dijital ortam faaliyetlerinde sorumlulukları arttırmakta; açıklık, hesap verilebilirlik ve güvenirlilik parametreleri doğrultusunda hareket etme zorunluluğu oluşmaktadır.

Futbolun dijital halkla ilişkiler uygulamalarında takımlar, kurumlar ve taraftarlar önemli paydaşlar olarak görülmektedir. Dijital mecralarda gerçekleştirilen halkla ilişkiler faaliyetlerinde etkinliğin arttırılması için, koşullara uygun platformun seçilmesi ve içeriklerin takip edilerek yönetilmesi gerekmektedir (Danış ve Yengin, 2020:89). Takımlar, kulüplerin halkla ilişkiler birimleri tarafından sanal ortam iletişimini sürdürmektedir. Bu birimler websitelerini sürekli güncelleyerek, takım ve kulüp hakkındaki tüm gelişmeleri bu iletişim kanalından aktarmaktadır. Ayrıca sitelerinde kurumsal kimliklerini betimleyen ve kulüp marka değerlerini yükselten mesaj, veri ve görsel iletimleriyle de görünürlüklerini arttırmaktadırlar. Dijital dünyanın çok bilinen sosyal medya, blog ve forumlarında yer alan hedef kitle paylaşımlarının karşılanarak yanıtlanması, bu birimlerin varlık sebeplerinden biridir. Bununla birlikte kulüplerin etkileşim temsilcileri olarak dolaşıma sundukları iletilerin beklenen biçimde algılanması, imaj ve itibarının yükseltilmesi amacıyla kesintisiz bir iletişim sistematiği oluşturmaktadırlar.

Kuramlar dijital halkla ilişkiler kanallarını kullanarak takımları ve taraftarları bilgilendirmekte ve resmi açıklamalar yapmaktadırlar. Futbolun global ölçekteki en üst kurumu Uluslararası Futbol Federasyonları Birliği (FIFA)'ya bağlı altı kıta konfederasyonu bulunmaktadır. Bunlardan Avrupa Futbol Federasyonları Birliği (UEFA), Türkiye'nin de içinde bulunduğu en büyük mali ve sportif altyapıya sahip konfederasyondur (FIFA, 2020; UEFA, 2020). Türkiye'de ise, Türkiye Futbol Federasyonu (TFF), tüm profesyonel liglerin futbol faaliyetlerini yürüten, futbolun gelişmesi için gerekli çalışmaları yapan, uluslararası organizasyonlarda paydaş olarak yer alan tek yetkili futbol kurumdur (TFF, 2020). Bu organizasyonların kurumsal iletişimlerinde dijital halkla ilişkiler paradigmalarından yararlanılmaktadır. Geleneksel kitle iletişim araçlarıyla birlikte yürütülen bu dijital faaliyetler; futbola özgü değerlere dikkat çekilmesi, gelişmelerin ve değişen kuralların duyurulması ile meydana gelen olaylarda kamuoyunun bilgilendirilmesi ve paydaşlarla etkileşimin sürdürülmesini içermektedir.

Farklı sosyo-kültürel çevre ve etnik kimliklerden, politik ve ideolojik alanlardan oluşan, karar verici mekanizmaları hareketlendiren taraftarlar, futbolun dijital halkla ilişkilerinde önemli rol ve fonksiyonları üstlenmektedir. Futbol sektörünün çimentosu olan ve takımlarını destekleyen taraftarlar, aslında kulüplerin ve kurumsal futbolun varlık sebebidir. Taraftarlık, diJital uygulamalarla seyirci edilgenliğinden sıyrılarak; yorum yapan, paylaşan, talep ve beklentilerini ileten ayrıca sanal ortam örgütlenmeleriyle üzüntülerini, sevinçlerini paylaşan ve baskı grupları oluşturan, etkin bir futbol örgütlenmesine dönüşmüştür. Gruplar oluşturmakta, pankart, tezahürat ve koreografiler hazırlanmakta, müsabakada yaşananlara ilişkin destekleri ya da karşıtlıları sanal ağ etkileşimlerine aksetmektedir.

Taraftar hiyerarşisinin en üstünde bulunan tribün liderleri, taraftarlar arasındaki işbölümünü de belirlemektedir. Stadyum dışına taşan bu etkileşim süreci, günümüzde doğrudan dijital ortamlar üzerinden gerçekleştirilmektedir. Bundan dolayı taraftarlar, futbol gündemini belirleyebilmekte ya da kamuoyuna yansıyan futbol olaylarını, sanal ortam paylaşımlarıyla geniş kitlelere yayabilmektedir. Halkla ilişkiler kampanyalarına dönüşen bu süreçlerde, takım, kurum ve rakip taraftar gruplarıyla etkili iletişim kurma yöntemleri belirlenmektedir. Bu bakımdan futbol odaklı dijital halkla ilişkiler; olayların iletişimsel bakış açısıyla koordinasyonunu, stratejilerin üretilmesini ve uygulanmasını içermektedir.

2. Amaç ve Yöntem

2.1. Amaç

Dijital mecraların yoğun kullanımıyla medyada tespit edilen ırkçı söylemlerin, ırkçılığı yeniden üreten ve ırkçılığı kamusal alanda çoğaltan bir etkiye neden olduğu düşünülmektedir. Bilim insanları da sosyo-ekonomik sebepli ırkçılığın, yükselen bir olgu olduğuna dikkat çekmektedir. Medya bileşenlerinde karşılaşılan ırkçılık düzlemindeki tüm paylaşımlar anlık olarak kitlelere ulaşmakta, önyargı ve ayrımcı yaklaşımlardan destek alarak, halkla ilişkiler fonksiyonlarına ve toplumsal etkileşime zarar vermektedir. Araştırmanın amacına dayanak oluşturan, futbol etkinliklerine ilişkin medya gündeminde yer alan, kültürlerarası etkileşimi olumsuz etkileyen ve ötekileştiren ırkçı söylemler ve eylemler değerlendirilmektedir. Bu paradigmadan hareketle, Paris'te 8 Aralık 2020 tarihine oynanan Paris Saint-Germain FK-İstanbul Başakşehir FK Şampiyonlar Ligi Futbol Müsabakasında gerçekleştiği öne sürülen ırkçı söyleme ilişkin olayların, iletişim kuramları ve dijital halkla ilişkiler bağlamında tespiti ve analizi, çalışmanın amacını oluşturmaktadır.

2.2. Yöntem

Bu betimsel yönteme dayalı kalitatif çalışmada, iletişim kuramları çerçevesinde ve dijital halkla ilişkiler fonksiyonları kapsamında, Paris'te 8 Aralık 2020 tarihine oynanan Paris Saint Germain-İstanbul Başakşehir FK Şampiyonlar Ligi Futbol Müsabakasında gerçekleştiği iddia edilen, söz konusu ırkçı söylem ve devamındaki olaylar, tespit edilmekte ve yorumlanmaktadır. Müsabaka esnasındaki ırkçı söylemin oluşum süreci ve sonrasındaki paydaşların yaklaşım ve davranışsal tepkileri değerlendirilmektedir. Bununla birlikte çalışmada, konu hakkında literatür taraması ve medya etkileşimlerine ilişkin yapılan incelemelerle, futbolda ırkçılık ve ayrımcılık sosyolojisini işaret eden önemli çıkarımlar elde edilmiştir.

2.3. Evren ve Örneklem

Medya gündemini meşgul eden ve kamuoyunca en çok bilinen futbolun ırkçı söylemleri ve davranışları, bu niteliksel çalışmanın evrenini oluşturmaktadır. Dijital çağ medyasının gözlemelerine dayanan bu araştırmada, öncelikle futbol gündeminde rastlanan ırkçı paylaşımlar betimlenmektedir. Bu bağlamda medya bileşenlerinin, Parc de Prince stadında 8 Aralık 2020 tarihine oynanan Paris Saint Germain-İstanbul Başakşehir FK Şampiyonlar Ligi Futbol Müsabakasında önemle dikkat çektiği ırkçı söylem, araştırmanın örneklemini oluşturmaktadır. Müsabakanın 14. dakikasında, Başakşehir Yardımcı Antrenörü Pierre Webo'nun hakem tarafından alınan karara itirazda bulunmasıyla 4'üncü hakem Constantin Sebastian Coltescu, orta hakem Ovidiu Hategan'ı uyararak, Webo' ya kart gösterilmesini istemiştir. Coltescu, kendisi gibi Romanyalı olan orta hakem Ovidiu Hategan'a, itiraz eden Webo'yu kastederek kullandığı öne sürülen "negro/zenci" ırkçı ifadeye karşı, Webo ile birlikte saha kenarında bulunan, Teknik direktör Okan Buruk ve yedek oyuncu Demba Ba tarafından ilk tepki gösterilmiştir. Ayrıca İstanbul Başakşehir FK'nün CEO'su Mustafa Eröğüt'ün de onlara destek vererek, söz konusu ırkçı söylemede bulunan hakeme yönelik konuşmaları kamera görüntülerine yansımıştır.

Demba Ba'nın 4. hakeme hitaben "Bir beyaz adamı işaret ettiğinde 'şu adam' diyorsun, 'şu beyaz adam' demiyorsun. Neden siyah bir insandan söz ederken 'şu zenci' diyorsun?" şeklindeki cümleleri futboldaki ırkçılığı betimlemekte ve tarihe not düşmektedir. 4. hakem Coltescu'nun kendisini "Rumencede "negru" hakaret demek değil, siyah demek" biçimindeki açıklama ile savunmuş ve ardından oyundan ihraç edilmiştir. PSG'li futbolcular; Presnel Kimpembe, Kylian Mbappe, Neymar da Silva Santos Junior, İstanbul Başakşehir FK'ne destek vererek, takım arkadaşlarını ırkçı söyleme karşı durmaya davet ettikleri görülmüştür. Her iki takımın oyuncuları, ırkçı söyleme dikkat çekmek ve protesto etmek amacıyla sahayı birlikte terk etmişlerdir.

UEFA Delegesinin 10 dakika ara verildiğini, 4'üncü hakemin maçtan ihraç edilerek Video Hakem Uygulaması (VAR)'dan bir hakem görevlendirileceğini iletmesine rağmen, İstanbul Başakşehir FK tepkisini sürdürmüş ve UEFA bir gün sonra başka hakemlerle oynatılmak üzere, maçın tatil edilmesine karar vermiştir. PSG FK ceza alma riskini göze alarak, İstanbul Başakşehir FK'nün ırkçı söyleme yönelik tutumlarını desteklemiş ve sahaya çıkmamıştır. Maç değişen hakem kadrosuyla, bir gün sonra kaldığı dakikadan itibaren oynanmıştır. Müsabakada yaşanan futbol ırkçılığa ilişkin söylem ve eylemler, tüm paydaşlar açısından ilkleri temsil etmekte ve bu kapsamdaki en güncel vakayı teşkil etmektedir. Bu bağlamda sportif kurumları, müsabaka takımlarını ve taraftar gruplarını, ırkçılığa karşı dijital halkla ilişkiler uygulayıcılarına dönüştürdüğünden, bu araştırmanın örneklemi olarak seçilmiştir.

3. Bulgular

Araştırmanın örneklemini oluşturan ırkçı söyleme ilişkin olay, üç ayrı kategorizasyonda dijital halkla ilişkiler açısından elde edilen bulguları içermektedir. Müsabaka takımlarının tepkilerini, kurumsal otoritelerin yaklaşımlarını ve taraftar aktivasyonlarını içeren bu sürecin gelişimi ve sonuçları, dijital halkla ilişkiler perspektifinde değerlendirilmektedir. Müsabakanın ırkçı söylem nedeniyle tamamlanamadığı 8 Aralık 2020, zaman kısıtında başlangıç tarihi olarak belirlenmiştir. Müsabaka devamının oynatılmasıyla birlikte, dijital medya bileşenlerinde belirtilen eyleme yönelik; takım, kurum ve taraftar paylaşımlarının sürdürüldüğü 10 Aralık 2020, sınırlandırmanın son tarihini temsil etmektedir.

İstanbul Başakşehir FK'nün ırkçı söyleme gösterdiği tepki, birçok yönden futbol ırkçılığına karşı duruşun miladı olarak kayıtlara geçmiştir. Dünyanın en büyük futbol organizasyonlarından biri olan Şampiyonlar Liginde görev alan 4. hakem Coltescu'nun ırkçı söylemi, İstanbul Başakşehir FK'de olaya maruz kalan ve yakın tanıklık edenlerce tepki gösterilerek sorgulanmış, maçın tekrar başlaması engellenmiştir.

Emile Durkheim, normal ve patolojik olanın ayrımında; önceden kınama veya hukuki bir tazminat ile karşılanan eylemlerin, ortak bilinçle tepki gösterilmesi halinde, önemli bir suç kategorisinde yer alacağını ifade etmektedir (Durkheim, 2004:156). Ralph Linton statüyü, hak ve ödevlerin toplamını içeren bir saygınlık ölçütü olarak betimlerken, George Herbert Mead ise rolü, belirli bir statüye sahip olanlarca beklenen davranış biçimi olarak özetlemektedir (Polat, 2016:29; Biddle, 1986:73). Bu bağlamda İstanbul Başakşehir FK, ırkçılığa karşı yetkililerde ve taraftarlarda kollektif bilinç oluşturmuş ve etkin soruşturmanın takibinde paydaş farkındalığı oluşturmuştur. Öte yandan oldukça prestijli bir organizasyon olan Şampiyonlar Ligi'nde görev alan hakemin beklenmeyen iletişimsel kusurluluğu, yalnızca bu statünün ve rollerin değil; aynı zamanda

UEFA'nın görevli seçimi, eğitimi ve işletim sistemlerinde gösterdiği hassasiyet de sorgulanmaktadır.

W. Timothy Coombs ve Sherry J. Holladay, tepki stratejilerini yeni bir bakış açısı oluşturan, Durumsal Kriz İletişimi Kuramı ile açıklamaktadır. Kurumsal itibar tehdit eden olaylarda, gecikmeksizin durumlara uygun krizi karşılama stratejileri üretilmesini tavsiye etmektedir. Sorumluluk yaklaşımıyla krizin kaynağına odaklanılması ve bilgilendirmelerle paydaş etkileşiminin sürdürülmesi hedeflenmektedir (Köroğlu, 2018:50; Dean, 2004:193; Coombs ve Holladay, 2002:170). Kurumsal itibarı tehdit eden ırkçı söylem karşısında İstanbul Başakşehir FK, durumsal kriz iletişimini uygun stratejilerle yönetmiştir. İlk aşamada öncelikle sahayı terk etmiş ve UEFA delegesi ile kurumsal kriz iletişimini sürdürmüştür. 4. hakem ihraç edilse de futbolcuların maça diğer hakemler ile devam etmeme düşüncesi, kulübün kriz hakkında farkındalığı arttıran kararı olarak bildirilmiş ve bir sonraki gün maçın başka hakem dörtlüsü ile oynatılması kararı verilmesinde etkili olmuştur. İstanbul Başakşehir FK Başkanı Göksel Gümüşdağ ve CEO Mustafa Eröğüt'ün canlı yayın bağlantıları ve yönetişimsel kararları, dijital halkla ilişkiler uygulamalarını başlatmıştır.

İstanbul Başakşehir FK medya sorumluları tarafından kulubün sosyal medya hesabından paylaşılan, UEFA'nın "No To Racism, Irkçılığa Hayır" ve "Respect, Saygı" sloganları, çok geniş katılımlı bir dijital halkla ilişikler kampanyasının başlatıcısı olmuştur. Dijital ortam bileşenlerinde İstanbul Başakşehir FK ve Webo 'ya 8-10 Aralık 2020 tarihleri arasındaki destek paylaşımları, 1 milyon 185 bin kullanıcı ve toplam 2 milyon iletiye ulaşmıştır (Adba, 2020). Ayrıca ırkçı söylem karşısında İstanbul Başakşehir FK'nün tepki geliştirmesi ve bu kapsamdaki faaliyetlerin futbol ırkçılığına karşı dijital halkla ilişkiler kampanyasına dönüşmesinde, PSG FK önemli bir paya sahiptir. Kimpembe, Mbappe ve Neymar'ın "Irkçılığa asla izin vermeyiz, Webo'nun yanındayız." anlamındaki cümleleri, PSG FK'nün olası sportif cezaları göze alarak İstanbul Başakşehir FK ile birlikte soyunma odasına gitmesi; PSG FK'nün hakemlerin değişimi ve maçın ertelenmesine dair tüm kararlarında İstanbul Başakşehir FK'ne destek olması, futbol ırkçılığına karşı en kararlı duruşu simgelemektedir.

Alfred Reginald Radcliffe-Brown yapısal işlevselcilik kuramına yönelik görüşlerinde; toplumsal olguların işbirliği, uyum ve karşılıklı ilişkileriyle şekillendiğini ve fonksiyonel olarak geliştirilen bu etkileşimin, daha anlamlı bir yapıyı oluşturduğuna işaret etmektedir (Yolcu ve Mehmet, 2017:14; Erdoğan ve Alemdar, 2010:98). Dijital halkla ilişikler bağlamında takım ve futbolcu eksenli iletiler, medyaya yansıyan tutum ve davranışlar, bu anlamlı etkileşimin dikkat çeken fonksiyonlarını oluşturmaktadır. Mbappe, maçın ardından 5 milyon 600 binden fazla takipçisi bulunan sosyal medya hesabından "Irkçılığa hayır deyin. Seninleyiz M. Webo" ifadelerini kullanmıştır (Çakır, 2020). Bununla birlikte PSG FK'nün #NoToRasicm etiketiyle sosyal medya hesabından "Bu gece harika bir maç oynayalım." paylaşımına, İstanbul Başakşehir FK'nün "Biz bir aileyiz" yanıtı ırkçılığa karşı rakip kulüplerin dayanışmasını ortaya koymaktadır. Geri dönütlerin en üst seviyede karşılandığı iki yönlü simetrik model, futbol bileşenlerinde tezahür etmektedir. Bütün stat ırkçılık karşıtı pankartlarla donatılmış ve maç bir gün sonra farklı hakemlerle oynatılmıştır. Müsabaka öncesi orta sahada diz çöken hakemler ve futbolcular tarafından, Şampiyonlar ligi müziği eşliğinde Siyah Güç Selamı (Black Power Salute) verilerek, futboldaki ırkçılık protesto edilmiştir.

Irkçı söylem karşısında futbol otoriteleri ve kurumsal yetkililerin reaksiyonları, açıklamaları ve çoklu sanal ortam paylaşımları, dijital halkla ilişkilere kaynaklık eden bulgular arasında yer almaktadır. Örgütsel iletişim kuramı üzerinde çalışan Paul Argenti, kurumsal iletişim süreçlerinde, zamanlama ve tavırı ön plana çıkarak, paydaş tutumların koordinasyonu için iletişimin bütünleştirilmesi gerekliliğine değinmektedir (Ertekin vd., 2017:302). Şampiyonlar Liginin organizasyonunu üstlenen UEFA, futbol paydaşlarının iletişimsel faaliyetlerini koordine etmektedir. Irkçı söylemin gerçekleştiği ve tepkilerin yükseldiği andan itibaren, müsabaka delegesinin tespitleri, kurumsal bilgi akışı ve taraflarla sürdürülen iletişim UEFA'nın kararlarında etkili olmuştur. UEFA Şampiyonlar Ligi

Regülasyonunun 28.maddesi oynamayı reddeden veya müsabakadan çekilen kulübün diskalifiye edileceği ve para cezası dahil olmak üzere çeşitli cezalara çarptırılacağı hükümlerini içermektedir (UEFA, 2020). Fakat paydaş iletişiminin bütünleştirilmesi ve koordine edilmesi sonucunda, ırkçı söylem tavrına yoğunlaşılarak sahadan çekilen her iki kulüp hakkında bu hüküm işletilmemiş, UEFA Etik ve Disiplin Kurulu tarafından, hakemler hakkında soruşturma başlatılmıştır.

Türkiye Futbol Federasyonu, İstanbul Başakşehir FK'nün yanında olduğunu ve soruşturmanın takipçisi olduğunu belirterek; "Üyesi olduğumuz UEFA'nın, yıllardır sürdürdüğü ırkçılıkla mücadelesini göz önüne alarak, yaşananları titizlikle inceleyeceğine ve gerekli cezayı vereceğine inanıyoruz" şeklinde geleneksel ve dijital medyada duyuru yayınlamıştır (DHA, 2020). Buna ilaveten müsabaka takımlarının ve görevli hakemlerin ülkelerinden, ırkçı söyleme karşı tepkiler yükselmiştir. En üst makamların açıklamaları sanal mecralarda yayılarak, ırkçı söyleme yönelik dijital halkla ilişkiler fonksiyonlarına katkı sağlanmıştır. Başta T.C Cumhurbaşkanı Recep Tayyip Erdoğan olmak üzere, Fransa ve Romanya Spor Bakanlarının ırkçı söylemi şiddetle kınayan mesajları, sosyal medyada yoğun bir şekilde paylaşılmıştır. T.C. Cumhurbaşkanlığı Kabinesi, siyasi partiler, sivil toplum örgütleri, medya kuruluşları futbol kulüpleri ve çeşitli kurumlar tarafından "insanlık suçu, ırkçılığa hayır, ırkçılığa dur de" gibi mottoları kapsayan iletiler sosyal medyada dolaşıma sunulmuştur.

Dijital halkla ilişkiler aktörleri arasında yer alan medya kuruluşlarınca, bir taraftan canlı yayınlarla gelişmeler aktarılmış, diğer yandan ırkçı söylem gazete manşetlerine taşınmıştır. Everett M. Rogers dijital medyanın, geleneksel iletişim sistemlerini dönüştürerek, kaynak ve hedefin karşılıklı olarak içeriği yönlendirebilen bir etkileşim düzeyine ulaştığını vurgulamaktadır (Yanık, 2016:902). Bu devingenlikle, gazete ve dijital medyanın haber sitelerinde aynı içeriklerin paylaşması, futbol ırkçılığına yönelik bilinirliği ve veri erişilebilirliğini arttırmıştır. Türkiye'de bütün medya kuruluşları ırkçı söyleme karşı kenetlenerek, kamuoyuna bilgi sağlamıştır. Dünya basınını yansıtan örneklemlerde ise; L'Equipe (Fransa) "Bıktık artık", Gazeta Sporturilor (Romanya) "ırkçılık suçlaması", Bild (Almanya) "Paris'te ırkçılık skandalı", AS (İspanya) "ırkçılığı durdurun", La Gazzetta dello Sport (İtalya) "Paris'te şok- dördüncü hakemden ırkçı söylem", The Guardian (İngiltere) "ırkçılık skandalı" ,The New York Times (ABD) "Irkçılık yüzünden Şampiyonlar Ligi maçı ertelendi", şeklinde ırkçı söylemin kabul edilmezliğini betimleyen başlıklar dikkat çekmiştir (Başay, 2020).

Müsabakada meydana gelen ırkçı söylem izleyicileri homojenleştirerek, taraftar üst başlığında toplamıştır. Bireyler ve heterojen gruplar beklenmedik futbol ırkçılığı karşısında, çeşitli kitle iletişim araçlarıyla tepkilerini göstermişlerdir. Harold D. Lasswell, amaçlar doğrultusunda ve uygun kanallarla geniş topluluklara düşünce ve tutumların aktarılması edimlerini, kitle iletişimi kavramı çerçevesinde ele almaktadır. Bu iletişim süreci rasyonellik ve gönüllülük esaslarına dayanmaktadır (Özçetin, 2020:45; Hacıbekiroğlu, 2019:11). Güçlü kitle iletişimi, günümüzde dijital halkla ilişkiler örgütlenmelerinin temel kaynağını oluşturmaktadır. PSG FK-İstanbul Başakşehir FK karşılaşmasında izleyicilerin, futbol ırkçılığına karşı duran birleşik bir taraftar kitlesine dönüşmesinde, dijital ortamlar etkin olarak kullanılmıştır. Taraftar aksiyonları, ırkçı söyleme karşı oluşturulan dijital halkla ilişkiler kampanyasına ivme kazandırmıştır.

Maxwell McCombs ve Donald Shaw'ın kavramsallaştırdığı gündem belirleme kuramı, tutum ve davranış değişikliğinin oluşmasında medyanın etkisine değinmektedir (Tekinalp ve Uzun, 2019:191). Irkçı söyleme karşı duruşun etkin paydaşı olan küresel taraftar grupları, medyadan rol çalarak araştırma örneklemi özelinde gündemi belirlemiştir. Dijital ortamlarda doğrudan örgütlenen taraftar grupları, eşik bekçilerini ortadan kaldırarak, ırkçı söyleme ilişkin farkındalık oluşturmuşlardır (Güçdemir, 2015: 85).

Irkçı söylem, futbolun etki alanını aşarak yüksek yayılımla, sanal ortam tutumlarında belirleyici olmuştur. Adba Analytics, The Brand Age Dergisi ile birlikte hazırlanan sosyal medya analiz raporunda; Yardımcı Antrenör Webo ve İstanbul Başakşehir FK'ne destek mesajları ile ırkçı davranışların son bulmasına yönelik paylaşımlar öne çıkmaktadır. İstanbul Başakşehir FK'nün ırkçı söylem karşısındaki duruşu, sahadan çekilmesi ve futbolcuları Demba Ba'nın tepkisi takdir edilmiş; PSG FK'nün ırkçı söyleme tepkisiz kalmayarak sahadan çekilmesi de sosyal mecralarda olumlu karşılanmıştır. 8 Alık-10 Aralık 2020 tarihleri arasında haber siteleri, sosyal medya platformları, bloglar ve forumlarda ırkçı söyleme yönelik paylaşımlar, 17 milyar 809 milyon görüntülenmeye ulaşmıştır (BRAND, 2020).

Gönüllü dijital halkla ilişkiler uygulayıcısına dönüşen ırkçılık karşıtı taraftarların, sosyal medya paylaşımlarında kullandıkları hashtagler, emojiler ve semboller aldıkları aksiyonun tesirini arttırmıştır. Araştırma tarihleri arasında en çok; #notoracism, #respect ve #psgibfk etiketleri kullanılmıştır, Yüksek orandaki Türkçe, İngilizce ve Fransızca paylaşımlar dikkat çekmektedir. Paylaşımlarda ırkçılığa karşı destek niteliğinde olan tek yumruk ve iki kulübün maça devam etmeme kararına yönelik alkış emojileri ile farklı ülkelere ait bayraklar sıklıkla kullanılmıştır (TRT, 2020). Dünyanın farklı bölgelerindeki kullanıcılar, sanal platformlarda ırkçılığa karşı oluşturdukları sinerjiyle, gerekli işlemleri yapmaları ve kesintisiz etkileşim sağlamaları amacıyla, futbol otoritelerine sosyal bir baskı oluşturmuştur. Bu baskı müsabakadan çekilme eyleminin dikkate alınmamasına, ırkçı söyleme ilişkin iddiaların ise asli kural ihlali kapsamında UEFA tarafından soruşturulmasına neden olan etkenler arasında yer almıştır.

4. Tartışma ve Sonuç

UEFA'nın önemli aktiviteleri arasında yer alan Şampiyonlar Ligi, tüm karşılaşmaları ilgi ile izlenen önemli bir organizasyon olarak görülmektedir. Kulüp, futbolcu, taraftar kitleleri ve görevlilerin, hazırlık ve heyecanı ile oynanan müsabakalar futbol şöleni haline gelmektedir. Bu çok boyutlu rekabet dijital ortamlarda merakla takip edilmekte, paylaşımlarla etkisini arttırmakta ve takipçi örgütlenmelerine sahne olmaktadır. Çalışma kapsamında çeşitli perspektiflerle analiz edilen PSG FK-İstanbul Başakşehir FK Şampiyonlar Ligi karşılaşması ve ırkçı söylem nedeniyle yaşananlar; paydaşların iradeleri ve uyumu ile ırkçılık karşısında tutumların gelişmesine katkı sağlayan, dijital halkla ilişkiler kampanyasına dönüşmüştür. Bu kampanyanın en çok paylaşılan ve görüntülenen içeriklerinin oluşmasında başlatıcı rolü üstlenenler, aslında sahada sportif mücadele vererek müsabakayı izlenebilir kılması gereken futbol aktörlerdir. Tam da bu yüzden ters okumaları ele alan araştırma, daha önce tanıklık edilmemiş ırkçılık düzlemindeki olayları, tutum ve davranışları, dijital halkla ilişkiler pratikleri kapsamında değerlendirmiştir.

Dijital halkla ilişkilere örneklem teşkil eden futbol ırkçılığı olayı, 4.hakem Coltescu'nun kendi beyanına göre, Rumence "negru" kelimesini kullanmasıyla başlamıştır. Coltescu he ne kadar bu kelimenin Rumence'de olumsuz bir ifade olmadığını iddia etse de, uluslararası literatürde küçümseyici anlamda kullanıldığı açıkça bilinmektedir. İnsanlık tarihinde derin yaralar açan ve ayrımcı zihniyeti simgeleyen "negro" sözcüğünü çağrıştıran bir kelimenin, UEFA'da görev alan profesyonel bir hakem tarafından kullanılması hiçbir gerekçe ile açıklanamayacak sansasyonel bir vakadır. Futbolun en üst klasmanında görevlendirilen bir hakemin, futbol sahalarındaki ırkçı söylemleri ve futbolcuların maruz kaldığı ırkçı davranışları yakın takip etmesi beklenmektedir. Yakın tarihlerde ırkçı söylem ve davranışlara tepki gösteren, ağlayarak sahayı terk eden futbolcular UEFA'nın ırkçılıkla mücadelesine konu olurken, 4.hakem Coltescu'nun "negro" kelimesinin yaygın anlamını bilmemesi mümkün görülmemektedir. Bu bakımdan deneyimleri ile kıyaslandığında kendi savunmasıyla dahi çelişen ve anlam karmaşasına yol açan bu kelimenin hakem tarafından kullanılmaması gerekmektedir.

Futbolun dijital halka ilişkilerine kaynaklık eden bu olayda, ilk defa bir hakemin ırkçı söylemde bulunduğu iddia edilmektedir. Müsabakada ırkçılık kapsamında yaşananalar, hakem ile birlikte UEFA'nın da çeşitli yönlerden sorgulanmasını gündeme getirmektedir. Sosyal mecralarda, UEFA'nın sorumluluk ve aksiyon alması yönünde önemli paylaşımlar görülmektedir. UEFA'nın yeterlilik standardı ile görevlendirdiği hakemin ırkçı bir söylemin öznesi olması, hakemleri beklendiği ölçüde eğitemediğini ortaya koymaktadır. Ayrıca orta hakemin yetkilerini kullanmada gecikmesi, UEFA'nın değerlendirmesi gereken önemli bir husus olarak görülmektedir. Irkçılık konusunda futbol sahasında geniş yetkileri bulunan hakemin, prosedürleri katı bir şekilde uygulaması beklenirken, ırkçı söylem dolayısıyla canlı yayında müsabakanın durması ve ertelenmesine neden olması; UEFA'nın personel seçiminde ve eğitiminde stratejik düzenlemelere ihtiyacı olduğunu göstermektedir. UEFA'nın ırkçılık kapsamında eleştirilmesinde ve bu minvaldeki görüşlerin yayılmasında, websiteleri ve sosyal medya platformları, dijital halkla ilişkiler kanalları olarak kullanılmıştır.

Dijital ortamlarda yoğun olarak paylaşılan ve olumlu yorumlarla karşılanan diğer bir olgu da PSG FK ve İstanbul Başakşehir FK futbolcularının ırkçı söylem karşısında birlikte sahayı terk etmeleridir. Bu ırkçı söylem karşısındaki kenetlenme ve sahayı terk etme, futbol tarihinde daha önce benzerine rastlanmamış bir protesto eylemi olarak kayıtlara geçmiştir. Stadyumda yaşanan kriz iletişimi, futbol camiasını ve ırkçılığa karşı duranları çoklu sanal ortamda buluşturarak, bu anlamlı eylemin paydaşı haline getirmiştir. Her iki kulubün aynı hakemlerle oynamama ve sahaya tekrar dönmeme kararı, sosyal ağlarda desteklenmiş ve paylaşım sayılarını arttırmıştır. UEFA prosedürlerine göre maçtan çekilme edimlerine, diskalifiye ve para cezası müeyyideleri verilmektedir (UEFA, 2020) Ancak UEFA, maçın bir gün sonra başka hakemlerle kaldığı yerden devam edeceğini bildirmiştir. Bu bağlamda UEFA normları dışında bir karar almış ve bir ilke imza atarak, kulüpler hakkında herhangi bir cezai işlem uygulamamıştır. Asıl tarihe geçmesi gereken aktörlerden biri de dijital halkla ilişkiler uygulayıcılarına dönüşen, duyarlı sanal ortam kullanıcılarıdır. Çoklu sanal ortam desteği, sıkı kural uygulayıcısı olarak bilinen UEFA karşısında galip gelmiştir. Kullanıcılardan oluşan futbolun dijital ırkçılık bağlamındaki halkla ilişkiler uygulayıcıları, oluşturdukları farkındalık ve baskı ile UEFA'da perspektif ve uygulama değişikliğine neden olmuştur.

Back, Crabbe ve Solomos (1999), "Beyond The Racist/Hooligan Couplet: Race, Social Theory and Football Culture" adlı çalışmalarında, İngiliz futbolunun değişen ırkçılık kültürleri hakkında yapılan son araştırmaları analiz etmektedir. Bradbury ve Williams (2006), "New Labour, Racism and New Football in England" isimi araştırmalarında, 2004 yılında Madrid'de oynanan İspanya-İngiltere futbol müsabakasında yaşanan taraftar ırkçılığını ve sonrasında İngiltere'de oluşan halkın tepkisini incelemiştir. Cashmore ve Cleland (2014), "Racism" adlı eserinde, futbolda ırkçılığın nedenlerine ve gelişimine yönelik gözlemlerini ortaya koymaktadır. Tartak (2019), "The Problem of Racism in European Football" başlıklı çalışmasında, futbolda ırkçılık tutumların şekillendirilmesinde, kitle iletişim araçlarının rolüne işaret etmektedir.

Bu çalışmada ise, dijital ortamlarda geniş kitlelere yayılan futbol ırkçılığına yönelik bütünleşik tepkinin, ayrıcalıklı kararların alınmasındaki rolü incelenmektedir. Bununla birlikte araştırma, milat niteliğindeki futbol ırkçılığı karşısında gösterilen reaksiyonu, sanal ortam örgütlenmeleri ile birlikte sentezlemektedir. Çalışma örnekleminin, daha sonraki müsabakalarda oluşabilecek ırkçılık vakalarında, teknik ekiplere ve futbolculara tutum ve davranış parametresi oluşturacağı düşünülmektedir. Diğer taraftan müfettiş raporuna istinaden, Rumen hakemler Sebastian Constantin Coltescu ve Ovidiu Hategan hakkında; kamuoyuna yansıdığı ve beklendiği gibi UEFA Disiplin Yönetmeliğinin 14. maddesinde belirtilen, "Irkçılık ve Diğer Ayrımcı Davranışlar" kapsamında bir incelemenin olmadığı anlaşılmıştır. Orta hakemin, hakemler arası iletişimi sağlayan cihazdan duyduğu söz konusu ırkçı kelimeye, müdahil olmadığı gerekçesiyle soruşturmaya dahil olduğu tahmin edilmektedir. UEFA resmi websitesinden, aynı yönetmeliğin 11. maddesinde yer alan, "Genel Davranış İlkeleri"nin ihlali nedeniyle soruşturma açıldığını duyurmuştur (UEFA, 2020). Disiplin yönetmeliğinde bulunan caydırıcı hükümlerin uygulanmasında UEFA'nın çekingen davranması, futbolda yükselen ırkçılığın önemli nedenleri arasında yer almaktadır. UEFA'nın yaklaşım ve uygulama metodolojisi ile çelişen bu durum, kurumsal imajını ve itibarını olumsuz etkilemekte, futbol ırkçılığı karşısında yetersizliğini betimlemektedir.

PSG FK-İstanbul Başakşehir FK müsabakasında ırkçı söyleme dair yaşananlar, toplumsal farkındalık oluşturmuştur. Paydaş refleksleri, sanal ortam örgütlenmelerine ve dijital halkla ilişkiler uygulamalarına örneklem teşkil etmektedir. Bu karşılaşmada gösterilen tepkilerle ırkçı söylem ve eylemleri, futbol sahalarından uzaklaştırma fırsat yakalanmıştır. Çalışmanın detaylandırdığı, futbol ırkçılığına yönelik spontane gelişen dijital halkla ilişkiler kampanyası da ortak tepkilerle paradigmal bir değişimin kapısını aralamıştır. Dijital halkla ilişkiler uygulayıcılarına dönüşen kullanıcıların, çarpan etkisi oluşturan çabalarına sahip çıkılması, futbol ırkçılığının önlenmesinde ve kurumların hesap verilebilir kararlar almasında etkili olacaktır. Bu bağlamda en güncel bilgilerle derlenen bu özgün çalışmanın, futbol ırkçılığı olgusuna ve halkla ilişiklerin sanal ortam pratiklerine yeni bir perspektif kazandıracağı düşünülmektedir. İncelenen tüm hususlar dikkate alındığında araştırmanın, futbolda ırkçılık ve dijital halkla ilişkiler kapsamında yapılacak olan yeni çalışmalara yol gösterici olacağı değerlendirilmektedir.

Kaynakça

Adba A. (2020). Paris Saint Germain Başakşehir Irkçı Saldırı Analiz Raporu, https://www.adbaanalytics.com/sosyal-medyada-2020nin-en-cok-konusulanlari-belli-oldu/ (Erişim Tarihi: 11.01.2021).

Agar, H., & Tate, A. (1936). "Who owns America: A new declaration of independence", Boston: Houghton Mifflin and Company.

Ağır, V. (2020). Türkiye'de futbolun ırkçılık karnesi, https://www.haberler.com/turkiye-de-futbolun-irkcilik-karnesi-13790596-haberi/ (Erişim Tarihi: 23.12.2020)

Akbulut, N.& Kopuz Semih. (2020). "Halkla İlişiler Kampanyalarının Toplumsal Sorunları Çözmedeki Rolü", Geleceğin Akademisyenleri Medyaya Bakıyor, Ed: Nesrin Akbulut & Eda Erdoğan, Konya: Eğitim Yayınevi, ss.47-66.

Asker, A. (2012). "Nazi Irk Tasnifinde Türkler ve Ortadoğu Halkları, Çağdaş Türkiye Tarihi Araştırmaları Dergisi, 12(25), ss.79-99.

Asker, S.(2013). Efsane'nin hayatını karartan takım Benfica, https://www.hurriyet.com.tr/ efsanenin-hayatini-karartan-takim-benfica-23034120 (Erişim Tarihi: 22.01.2020).

Aktaş, M. (2019). "Irkçılık ve Milliyetçilik", International Social Mentality and Researcher Thinkers Journal, 5(26), ss.1867-1883.

Akyıldız, S.A. (2020). Amerika'nın Hiç Bitmeyen Sorunu: Irkçılık, https://www.amerikaninsesi.com/a/amerikan%C4%B1n-b%C4%B1tmeyen-sorunu-irkcilik/5452279.html (Erişim Tarihi: 23.01.2021)

Back, L., Crabbe, T., & Solomos, J. (1999). "Beyond the racist/hooligan couplet: race, social theory and football culture", The British journal of sociology, 50(3), ss.419-442.

Başay, E. (2020). Alman basını Webo'nun ırkçı söyleme maruz kalmasına geniş yer verdi, https://www.aa.com.tr/tr/dunyadan-spor/alman-basini-webonun-irkci-soyleme-maruz-kal masina -genis-yer-verdi/2070911(Erişim Tarihi: 24.01.2021)

Biddle, B. J. (1986). "Recent developments in role theory", Annual review of sociology, 12(1), ss.67-92.

BRAND. (2020). Sosyal Medya Futbolda Irkçılığa Karşı Tek Yürek Oldu, Hata! Köprü başvurusu geçerli değil._(Erişim Tarihi: 23. 01.2021)

Bradbury, S., & Williams, J. (2006). "New labour, racism and 'new'football in England", Patterns of Prejudice, 40(1), ss.61-82.

Brown, R. (2009). Public Relations and the Social Web: How to use social media and web 2.0 in communications. London: Kogan Page Publishers.

Burkaz, V. (2014). Platon ve Rousseau'da İnsan Doğası Bağlamında Eğitim, Anemon Muş Alparslan Üniversitesi Sosyal Bilimler Dergisi, 2(2), ss.101-112.

Cashmore, E., & Cleland, J. (2014). Racism. In Football's Dark Side: Corruption, Homophobia, Violence and Racism in the Beautiful Game London: Palgrave Pivot.

Cem, H. (2020). Sporda Irkçılık ve Cinsiyet Ayrımcılığı, https://onedio.com/haber/hayri-cem-yazio-sporda-irkcilik-ve-cinsiyet-ayrimciligi-946517 (Erişim Tarihi: 24.12.2020)

Cenikli, A., Dalkılıç, M., Yiğit, E., & Bozkurt, V. (2017). "Modern Futbolun Tarihi", Diyalektolog

Ulusal Sosyal Bilimler Dergisi Diyalektolog, 2(14), ss.53-63.

CNN. (2012). Emre'den Zokora'ya ırkçı sözler, https://www.cnnturk.com/2012/spor/futbol/04/15/emreden.zokoraya.irkci.sozler/657352.0/index.html (Erişim Tarihi: 28.12.2020)

Coombs, W. T., & Holladay, S. J. (2002). "Helping crisis managers protect reputational assets: Initial tests of the situational crisis communication theory" Management communication quarterly, 16(2), ss.165-186.

Çakır, A. (2020). Paris'te Irkçılığa Ortak İsyan, https://www.amerikaninsesi.com/a/paris-te-irkciliga-ortak-isyan-gelin-cikiyoruz/5692789.html (Erişim Tarihi: 27.12.2020)

Çongur, E. (2020).Var öyle bir şey, https://www.birgun.net/haber/var-oyle-bir-sey-326525_(Erişim Tarihi: 26.12.2020)

Danış, E., & Yengin, D. (2020). "Türkiye'de Spor İletişiminin Futbol Kulüpleri Üzerinden İncelenmesi: Fenerbahçe, Beşiktaş ve Galatasaray Örneği", Yeni Medya Elektronik Dergisi, 4(2), ss.89-105.

Dean, D. H. (2004). "Consumer reaction to negative publicity: Effects of corporate reputation, response, and responsibility for a crisis event". The Journal of Business Communication (1973), 41(2), ss.192-211.

De Fontette, F. (1991). Irkçılık, Çev: Haldun Karyol, İstanbul: İletişim Yayınları.

Durgun, Ş. (2014). Ulus İnşası ve Milliyetçilik, Ankara: Binyıl Yayınevi.

Demirer, H.B. (2014). UEFA'dan ırkçılık cezası, https://www.aa.com.tr/tr/spor/uefadan-irkcilik-cezasi/181461 (Erişim Tarihi: 07.01.2021)

Demirtaştan, M. (2021). Belhanda: Bu ırkçılık ne zamana kadar sürecek, https://www.aa.com.tr/tr/futbol/belhanda-bu-irkcilik-ne-zamana-kadar-surecek/2106557 (Erişim Tarihi: 25.01.2020)

DHA. (2020). TFF'den ırkçılık açıklaması, https://www.dha.com.tr/spor/tffden-irkcilik-aciklamasi/haber-1802179 (Erişim Tarihi: 27.12.2020)

Durkal, K. (2014). Eto'o bile dayanamadı, https://www.hurriyet.com.tr/etoo-bile-dayanamadi-27594245 (Erişim Tarihi: 25.12.2020)

Durkheim, E. (2004). Sosyolojik Yöntemin Kuralları, Çev: Cenk Saraçoğlu, İstanbul: Trend Yayın Basım Dağıtım.

Ekinci, N. (2016). "Antik Yunan'dan Roma'ya Retorikten Propagandaya", Manas Sosyal Araştırmalar Dergisi, 5(4), ss.149-174.

Erdoğan, İ., & Alemdar. K. (2004). Öteki Kuram. İstanbul: Erk Yayınları.

Ertekin, I., Ilgın, H. Ö., & Yengin, D. A. (2017). "Örgütsel İletişim Kuramları", The Turkish Online Journal of Design Art and Communication, 8(2), ss.297-31.

FIFA. (2020). FIFA Member Association, https://www.fifa.com/associations/ (Erişim Tarihi: 26.12.2020)

Fortney, N. D. (1977). The anthropological concept of race. Journal of Black Studies, 8(1), ss.35-54.

Galeano, E. (1995). Gölgede ve Güneşte Futbol, İstanbul: Can Yayınları.

Garrow, D. J. (1987). "Martin Luther King, Jr., and the spirit of leadership", The Journal of American History, 74(2), ss.438-447.

Garland, J., Rowe, M. (2001). Racism and Anti-Racism in Football. New York: Palgrave.

Gerçeker. S. (2017). Irkçı Tweeti Yüzünden Mahkemelik Olan Hakan Hepcan Hakkında Atılmış 14 Tweet, https://listelist.com/hakan-hepcan-gomis/ (Erişim Tarihi: 29.12.2020)

Gifford, J. (2010). "Digital Public Relations: E-Marketing's Big Secret. Continuing Higher Education Review", 74(2), ss.62-72.

Göksu, O. (2019). "Türkiye'nin Ülke Markasının İnşası Sürecinde Kamu Diplomasisi Ekseninde Sporun Rolü", Uluslararası Kültürel ve Sosyal Araştırmalar Dergisi, 5(2), ss.403-433.

Grunig, J. E. (2009). "Paradigms of global public relations in an age of digitalisation", PRism, 6(2), ss.1-19.

Güçdemir, Y. (2015).Sanal Ortamda İletişim, İstanbul: Derin Yayınları.

Güzelipek, Y. A. (2020). "(Neo)Nazizm ve Futbol: Yasaklı Bir İdeolojinin Stadyumlardaki İzdüşümü", Uluslararası Politik Araştırmalar Dergisi, 6(2), ss.63-75.

Gülada, M. O. (2019). "1936 Berlin Olimpiyatları'nda Spor Yayıncılığının Propaganda Amaçlı Kullanımı: Olmaca Filmi Üzerine İnceleme", TRT Akademi, 4(8), ss.326-344.

Hamarat, A.M. (2008). Kulübenin sahipleri: Luis Aragones, https://www.goal.com/tr/news/1620/goalcomprofil/2008/07/02/ 760215/kul%-C3%BCbenin-sahipleri-luis-aragones (Erişim Tarihi: 27.12.2020)

Hacıbekiroğlu, M. (2019). "Sosyal Medya Kullanımına Bağlı Değişen Mahremiyet Algısı ve Dindarlık İlişkisi", Yayımlanmamış Yüksek Lisans Tezi, Konya: Necmettin Erbakan Üniversitesi Sosyal Bilimler Enstitüsü.

Işık, A. (2018). "Platon'un Devlet'inde/Politeia'sında Yalanın Ontolojik Yapısı" Süleyman Demirel Üniversitesi İktisadi ve İdari Bilimler Fakültesi Dergisi, 23(1), ss.1-16.

Işık, B. (2020). Dünya Siyasi Tarihi Işığında Dünya Kupaları, http://plasedergi.com/ hikaye/dunya-kupasi/ (Erişim Tarihi: 27.12.2020)

İnce, M. (2016)." Spor ile Siyasetin İlişkisi Üzerine Bir Analiz; Sporu Siyasete Alet Etmek". Karabük Üniversitesi Sosyal Bilimler Enstitüsü Dergisi, 6(2), ss.456-464.

Kahraman, K. (2020). Sporda Bitmeyen Irkçılık Ayıbı, https://istanbulgundemi.net/kose-yazilari/ sporda_bitmeyen_irkcilik_ayibi-315.html (Erişim Tarihi: 23.12.2020)

Kaya, E. E. (2015). "Erken Cumhuriyet Dönemi Ulus İnşa Sürecinde Irk ve Irkçılık" (1923-1938), Akademik Hassasiyetler, 2(3), ss.21-64.

Kaya, E. E, & Durgun, Ş. (2020). "Irkçılığın Dönüşümü: Kavramsal ve Kuramsal Bir Analiz", The Academic Elegance.7(13), ss.79-102.

Kaymaz, Y. (2018). Sporda Irkçılık Bitmiyor. https://www.aa.com.tr/tr/dunyadan-spor/sporda-irkcilik -bitmiyor/1212215 (Erişim Tarihi: 12.01.2021)

Kıran, A. (2019). "Aristoteles, Devlet, Köleler ve Vatandaşlık", Karadeniz Uluslararası Bilimsel Dergi,2(44), ss.350-359.

Kickitout. (2020). https://www.kickitout.org/pages/faqs/category/reporting-statistics (Erişim Tari hi: 03.01.2021)

Köroğlu, G.T. (2018). "Kriz İletişiminde Kurumsal Savunca Kuramı: Türkiye'deki Krizlerin Özür Metinlerinin İncelenmesi, Yayımlanmamış Yüksek Lisans Tezi, İstanbul; Kadir Has Üniversitesi Sosyal Bilimler Enstitüsü.

Llopis, G. R. (2009). "Racism and Xenophobia in Spanish Football: facts, reactions and policies", Physical Culture and Sport. Studies and Research, 47(1), ss.35-43.

Mert, Y. L. (2018). "Dijital Halkla İlişkiler Araçlarının Yayıncılık Sektöründe Kullanımına Yönelik Bir Araştırma", Uluslararası Sosyal Araştırmalar Dergisi, 11(58), ss.724-737.

Möller, A. (2020). Biraz da Kendimize Bakalım! Türk Sporundan Yıllar Geçse de Unutulmayacak IrkçılıkManzaraları,https://onedio.com/haber/biraz-da-kendimize-bakalim-turk-sporun dan-yillar-gecse-de-unutulmayacak-irkcilik-manzaralari-946164(ErişimTarihi:04.01.2021)

NTV. (2011). Eboue: Beşiktaş taraftarı bana 'maymun' dedi. https://www.ntv.com.tr/spor/eboue-besiktas-taraftari-bana-maymun-dedi,4kZ76tS0nku-YEm8BEBzfQ (Erişim Tarihi: 13.01. 2021)

Özbek, S. (2001). "Irkçılık Nedir?", Cumhuriyet Döneminde Türkiye'de Araştırma Alanı Olarak Felsefe, Ed: Betül Çotuksöken, Ankara: Türkiye Felsefe Kurumu Derneği, ss. 445- 458.

Özçetin, B. (2020). Kitle iletişim Kuramları, İstanbul: İletişim Yayınları.

Özer, S. (2007). "19. Yüzyılda Mısır'da Kölelik ve Köle Ticareti", Fırat Üniversitesi Orta Doğu Araştırmaları Dergisi,1(5), ss.65-84.

Pelenk, Ö. A. Sert, Y. N. (2014). "Dijital Halkla İlişkiler Aracı Olarak Kurumsal Bloglar: Türkiye'nin En Büyük 500 Şirketi Üzerine Bir Araştırma", Global Media Journal: TR Edition, 5 (9), ss.303-321.

Peltekoğlu, F.B. (2012). Halkla İlişkiler Nedir?, İstanbul: Beta Basım Yayın.

Polat, V. (2016). Kitle İletişim Kuramları, İstanbul: İstanbul Üniversitesi Açık ve Uzaktan Eğitim Fakültesi Yayınları.

Rowe, M., & Garland, J. (2012). "Paying the price? Why football still has a problem: Mike Rowe and Jon Garland assess the ongoing presence of racism in football", Criminal Justice Matters, 88(1), ss.30-31.

Sengupta, J. (2004). "Globalizing patriotism? Some lessons from the Cricket World Cup of 2003", The International Journal of the History of Sport, 21(3-4), ss.585-612.

Şenel, A. (1984). Irk ve Irkçılık Düşüncesi, Ankara: Bilim Sanat Yayınları.

Şirzad, N., & Turancı, E. (2019). "Dijital Halkla İlişkiler ve Müşteri İlişkileri Yönetimi Bağlamında Müşteri Memnuniyet Unsurlarının İncelemesi", Akdeniz Üniversitesi İletişim Fakültesi Dergisi, 2(31), ss.421-443.

SKORER. (2017). Hakan Hepcan serbest bırakıldı!, https://www.milliyet.com.tr/skorer/hakan-hepcan-serbest-birakildi-2525679 (Erişim Tarihi: 12.01. 2021)

Sumbas, A. (2009). "Bati Avrupa'da Yükselen Yeni-Irkçılık Üzerine Bir Deneme", Alternatif Politika, 1(2), ss.260-281.

UEFA.(2020). Regulations of the UEFA Champions League. https://documents.uefa.com/r/ Regulations-of-the-UEFA-Champions-League-2020/21-Online (Erişim Tarihi: 05.01. 2021)

UEFA.(2020). What UEFA does, https://www.uefa.com/insideuefa/about-uefa/what-uefa-does/ (Erişim Tarihi: 05.01. 2021)

UEFA.(2020). UEFA Disciplinary Regulation-Edition 2020. https://documents.uefa.com/ v/u/ZNs WJsRSmOuSS2Ql_y8~qQ (Erişim Tarihi: 06.01.2021)

Ünlütürk, Ö. (2015). "Irk Kavramının Tarihsel Gelişimi ve Adli Antropolojide Kullanımı", Antropoloji, 2(29), ss.93-116.

Tartak, J. (2019). "The problem of racism in European football", Kultura Bezpieczeństwa. Nauka–Praktyka–Refleksje, 34(34), ss.155-181.

Taş, M. (1999). Avrupa'da Irkçılık. İstanbul: İmge Yayınevi.

Taş, S, & Günay, E. (2015). "Antik Çağ Toplumlarının Özellikleri, Geleneksel Statüleri ve İktisadi Yapıyı Belirleyen Kurumları", Kahramanmaraş Sütçü İmam Üniversitesi Sosyal Bilimler Dergisi,12(2), ss.141-166.

Tekinalp, Ş., & Uzun, R. (2015).İletişim Araştırmaları ve Kuramları, İstanbul: Beta Basım Yayın.

TFF. (2020) Türk Futbol Tarihi, https://www.tff.org/default.aspx?pageID=703 (Erişim Tarihi: 28.12. 2020)

TFF. (2020). Türkiye Futbol Federasyonu Misyon ve Vizyonu. https://www.tff.org/default. aspx?pageID=168 (Erişim Tarihi: 30.12. 2020)

TRT. (2015). EURO 2016 maçında gamalı haç skandalı, https://www.trtspor.com.tr/haber/ futbol/ dunyadan-futbol/euro-2016-macinda-gamali-hac-skandali-98438.html (Erişim Tarihi:30. 12.2020)

TRT. (2020). Futbolda ırkçılığa karşı sosyal medya tek yürek oldu. https://www.trthaber.com/ haber/spor/futbolda-irkciliga-karsi-sosyal-medya-tek-yurek-oldu-538374.html (Erişim Tarihi: 29.12. 2020)

Türkan, H. (2015). Avrupa'da Yükselen Ayrımcılık Nefret, İslamofobi ve Irkçılık. İstanbul: Uluslararası Hak İhlalleri İzleme Merkezi.

Yolcu, M. A., & Mehmet, A. Ç. A. (2017). "Yapısal İşlevselcilik Açısından Folklorda Değişme ve İşlevsel Zorunluluklar Modeli", Folklor/Edebiyat, 23(92), ss.13-28.

Wodak, R, & Reisigl. M. (1999). Discourse and Racism: European Perspectives, Annual Review of Anthropology, 28(2) 175-200.

Yanık, A. (2016). "Yeni Medya Nedir Ne Değildir?", Journal of International Social Research, 9(45), 898-910.

YÜKSELEN DİKİZLEME KÜLTÜRÜ VE GÖNÜLLÜ GÖZETİM ALANI: SOSYAL MEDYA

Deniz YÜCEER BERKER[*]

Giriş

Yeni medya teknolojileri gözetlenebilir kıldığı kitlelere, kabul görmeyi, beğenilmeyi, sosyalleşmeyi ve özgürlüğü vaat etmektedir. Her şeyin dikizlenebilir olarak kabul edildiği bu dünyada bireylerin hayatı ve hatta bireylerin kendisi de içerik haline gelmiştir. Sosyal medyada paylaşılan içeriklerden maddi ve manevi kâr elde etmek adına dikizlenmeyi ve gönüllü gözetimi kabul eden bireyler özel alanlarını başkalarıyla paylaşabilmektedir. Aynı zamanda yükselen dikizleme olgusu hem bireyin kendi hayatını gözler önüne sermesine hem de dikizlediği hayatlar üzerinde söz hakkı olduğu düşüncesine kapılmasına sebep olmaktadır. Bu bağlamda insanların yeni medya aracılıyla nasıl gönüllü olarak gözetlendiğini ve dikizleme olgusunun geldiği noktayı ortaya koymak çalışmanın temel problemini oluşturmaktadır. Çalışmada anne-çocuk kategorisinde yer alan takipçi sayısı 100 bini aşkın beş adet instagram hesabı seçilmiştir. Çalışma, günümüzde kendi özel alanlarımızı/mahremiyetimizi, kendi rızamız ile nasıl ve hangi amaçlar doğrultusunda gönüllü gözetime açtığımıza ışık tutacaktır.

1. Gönüllü Gözetim

Jeremy Bentham'ın 1785 yılında tasarladığı ve literatüre panoptikon olarak geçen hapishane tasarımı, doğrudan ve sistemli gözetimin koşullarını ve bireylerin davranışlarının nasıl otokontrole

[*] Dr. Öğr. Üyesi, İstanbul Ayvansaray Üniversitesi, Güzel Sanatlar Tasarım ve Mimarlık Fakültesi, denizberker@ayvansaray.edu.tr

alındığını gözler önüne sermektedir (Werret, 2008). Bentham'ın tasarladığı bu hapishane ile hücrenin üç işlevi olan; karanlıkta bırakma, kapatma ve saklama tersine çevrilmektedir (Foucault, 2005). Eski gözetim sisteminin ışıktan mahrum bırakma cezasının tersine yeni gözetim, hedefi sürekli aydınlık içinde tutarak görünür ve izlenebilir kılmaktadır (Bentham, 2008:15).

Foucault' a göre (2007) kapitalizm, sistem içindeki verimli üretime karşı yaratılabilecek direnç veya direnişin mevcut düzeni yıkma olasılığına karşı, her bireyin somut ve kesin olarak gözetlenmesi gerekliliğini savunmaktadır. Bu noktada görmenin tarihsel ve ideolojik dönüşümü ile birlikte görme eylemi tahakküm amacına doğru evrilmeye başlamıştır. Tarihsel süreç içerisinde Ulusal güvenlik söylemi 1. Dünya Savaşı'nın ardından gözetimde arkasına en çok sığınılan gerekçe olmuş, bu söylem zamanla küresel güvenlik söylemine dönüşerek "özgür dünyanın" düşmanlarını belirlemek ve ilan etmek için kullanılmıştır. Fakat güvenliğin veya terörün tanımı hiçbir zaman net olarak yapılmamıştır (Mattelart, 2012:133). Bu noktada 11 Eylül saldırısı güvenlik nedeniyle gözetime dair en büyük kırılma noktası olmuştur. Yeni güvenlik sistemleri, prosedürleri ve protokolleri standartlaştırmak için güçlü bir baskı aracı haline gelmiştir (Mattelart, 2012:222).

Gözetim sosyal hayatın her alanına girerek iktidarın gözü haline gelmiştir. Foucault'nun (2007) da belirttiği gibi, günümüz demokrasilerinde, iktidarda var olabilmek için her türlü bilgiye sahip olmak önem taşımaktadır. Bilgi, günümüz modern toplumlarında merkezi bir güç konumuna gelmiştir. Bilginin egemenliği aynı zamanda iktidarın egemenliği durumundadır. Kapitalist bir toplumda, iş bölümünün net olması, halkın isyan etmemesi ve kapitalist düzenin alt üst olmasını engellemek için keskin bir gözetim gerekmektedir.

Yeni medya sistem ve protokol olarak olağanüstü kalabalık bir kitleyi, görülmeksizin ve dijital bir rıza ile izlenebilir kılmaktadır (Manovich, 2001). Yeni medya aracılığı ile artık gözetimin eş zamanlı olma zorunluluğu ortadan kalkmakta ve gerek görülmesi halinde bireyin geçmiş kayıtlarına bakılabilmekte ve birey geçmişte yaptığı ya da söylediği bir şey sebebi ile baskıya uğrayabilmektedir. Devletler istedikleri takdir de, gözetim pratiklerini kullanarak vatandaşlarını fişleyebilmekte, gündelik yaşam içerisinde insanların davranışlarını kayıt tutabilmektedir. Toplum elektronik gözler aracılığı ile sürekli olarak izlenmekte ve gözetim altında tutulmaktadır (Dolgun, 2005). Bu nedenle günümüzde geleneksel panoptikonun yerini elektronik gözetimin aldığını söylemek yanlış olmayacaktır.

Poster (1990:93), panoptikondan farklı olarak yeni dijital teknolojilerin etkisiyle oluşan "süperpanoptikon" kavramından söz etmektedir. Süperpanoptikon; duvarları, pencereleri, kuleleri veya muhafızları olmayan bir gözetim sistemidir. Hapishane modeli yerini soyut ve gönüllü bir gözetim sistemine bırakmaktadır. Gönüllü gözetim de, gözetleme eylemi ahlak dışı bir davranış iken, süreç içerisinde normalleşmiştir. Böylelikle toplumsal gözetim ve denetim süreklilik arz eden bir uygulama biçimine gelmiştir. Yeni iletişim teknolojilerinin, etkileşimli iletişim medyasının ve sosyal paylaşım ağlarının toplumsallaşması ile gözetim ve teşhir; meşru ve sıradan bir uygulama halini almaktadır (Çaycı ve Çaycı: 2017).

Sosyal paylaşım ağlarının yaygınlaşması ile beraber, medya kullanıcılarının içerik ürettiği bir kültür yaratılmıştır (Dijk, 2016:343-342). Günümüzde kamusal alan ile özel alanda beliren özgürlük ve mahremiyet ihlallerinin temelinde, gözetim teknolojilerinin hayatın her alanına yayılması yatmaktadır. Enformasyon teknolojileri ile gelişen gözetim pratikleri, mahremiyet pelerinini kaldırarak; hayatın her alanının şeffaflaşmasına sebep olmuştur. Bu nokta yaratılan bu yeni dikizleme kültürüne ve mahremiyet olgusuna yakından bakmak faydalı olacaktır.

1.1. Mahremiyet olgusu ve dikizle(n)me kültürü

Bireyler için sürekli kayıt altına alınmak rutin ve sıradan hayatın bir parçası haline gelmiş ve gözetim her gün daha da yaygınlaşmıştır. Akışkan hale gelen gözetim ile birey hem gözetlenen hem de gözetleyen konumuna yerleşmiştir. Yani, bir diğer tabir ile dikizlenirken, dikizlemektedir. Ganascia'nın (2016: 185) söylemi ile yeni dijital teknolojiler herkesin herkesi gözetleyebildiği alttan bir gözetim sistemi ortaya çıkarmıştır. Gözetim gücünün kullanıcıya geçtiği ve birbirini gözetleyen kullanıcılardan oluşan yeni bir gözetim sisteminin oluştuğu bu ortamda panoptikonun hiyerarşik gözetimi artık herkesin herkesi gözetleyebildiği ve hatta zorbalığa varan davranışlar sergileyebildiği katoptikona dönüşmektedir. Katoptik gözetimde saklanmak ve gizlenmekten çok, özel alanı dijital teknolojiler ile ortaya dökmek daha makbul kabul edilmektedir. Mahrem olan her şey artık kamusal alanda yapılmakta ve kamunun tüketimine açık hale dönüşmektedir (Bauman ve Lyon, 2013:36).

Günümüz bireyi tıpkı salyangozların evlerini sırtlarında taşımaları gibi kendi panoptikonlarını kendi bedenleri üzerinde taşır hale gelmişlerdir (Bauman ve Lyon, 2013:73). Yeni iletişim teknolojileri ile beraber, kişinin kendi mahremiyetinden feragat edip başkalarının mahremiyetini de hiçe saydığı, mahrem olan ve mahrem kalması gereken duygularını açığa vurduğu ve karşılıklı açık yürekliliğin talep edildiği bir kültür ortaya çıkmıştır. Günümüzde, eskiden sadece yakın çevreyle paylaşılan mahremiyet alanları, sosyal medya ile hemen hemen hiç tanınmayan yüz binlerce takipçiyle paylaşılmaktadır. Sosyal medya ağlarını mahremiyetin bir içerik olarak sergilenmesini talep ve teşvik etmektedir. Bu noktada da kamusal alan ve özel alan kavramları arasındaki çizgi iyice silikleşmektedir (Bauman ve Tester: 2017). Evin içinin dışarıdan gelecek olan taleplere ve baskılara karşı bir sığınak olduğu düşüncesi, yeni iletişim teknolojileri ile birlikte evin içinden dışarı ve dışarıdan içeri, bazen haberimiz bile olmadan sürekli bir veri akışı ile altüst olmuş durumdadır (Lyon, 2006:37).

Özellikle sosyal medya kullanımı kalabalıklara, kişilerin hayatlarını takip etme, izleme, hayatları hakkında fikir edinme imkânı sunmaktadır. Bu ağlar üzerinden seyredilenler (sosyal medya fenomenleri) hangi konuda konuşurlarsa konuşsunlar, bütün bir hayat tarzı hakkında mesaj vermektedirler (Bauman, 2016:63). Her şeyin medyalaştığı ve içeriğe dönüştürüldüğü bir dünyada bireyin hayatı da içerik haline gelmekte ve metalaşmaktadır. Bu bağlamda belki de günümüzü özetleyen en dikkat çekici açıklamalardan biri Facebook kurucusu Mark Zuckerberg' in *"artık mahremiyet mi kaldı"* söylemidir. Sosyal medya ağları, bireyin mahremiyetini ve bizzat bireyin kendisini içerik haline getirmiş ve bireyin beğeniler yoluyla var olabildiği bir dünya yaratmıştır (Yanık, 2016). Postmodern birey var olabilmeyi, başkalarının dünyasında görünür olmaya yani başkalarının kendisini seyretme durumuna indirgemiştir. Görünür olmayı arzu etmek aynı zamanda kalabalıklar tarafından sürekli olarak gözetlenmeyi de kabul etmek demektir. Dolayısıyla dikkat çekmek ve diğerlerinin arasından sıyrılmak önem taşır hale gelmiştir. Bu amaç doğrultusunda mahremiyet sınırları rahatça aşılabilmektedir. Mahremiyetin yok oluşu olarak tanımlanan sanal dünya ve internet teknolojisi her şeyi gören/görüntüleyen ama görünmez olan bir alan olarak karşımıza çıkmaktadır (Bauman ve Lyon, 2013).

Niedzviecki de (2010:9-15) "Dikizleme Günlüğü" adlı eserinde gözetim ve dikizleme üzerine kurulan günümüz toplum yapısının "*Dikizleme Kültürü Çağı*" olarak adlandırmıştır. Yeni medyanın abartılı paylaşımlara imkân tanımasıyla dikizleme kültürü yayılmaya başlamıştır. Özellikle yeni medyanın bireylere sunduğu imkânlar ve bunun kullanımından doğan aşırılık hem dikizleyen hem de dikizlenen olmaya yol açmaktadır. Tam da bu noktada toplumsal düzende gerçek olanla gerçek olmasına ikna edilmek istenen sahte döngüsel bir sistem ortaya çıkmaktadır. Bu sistem ise tamamen gösteri temeline oturmaktadır. Yukarıda da değinildiği üzere, sosyal ağlar ile oluşan bu sistemsel döngü, beğenilme ve başka hayatların merkezinde bulunmak arzusu ile narsist duyguları besleyen, gönüllü bir dikizleme ve dikizlenme sistemidir (Gezgin, 2017:29). Niedzviecki'nin (2010) belirttiği gibi, dikizlemek kendini teşhir etmeye dayanan narsist bir duygudur. Bireyin kendisini ve yaşantısını sergilediği oranda beğeni ve takipçi kazandığı ve bu sayede dikizleyenin dikizlediği yaşantılara ve bireylere özendiği bir yapı ortaya çıkmaktadır. Sosyal medya araçları bireye sağladığı "görünmeden görme" imkânıyla yeni iktidar alanları yaratmakta ve herkesin birbirini gözetlediğini bildiği ama kimsenin gözetlenmeyi umursamadığı yeni bir durum yaratmaktadır.

1.2. Dijital Emek-Üreten Tüketici

Dijital iletişim çağında kullanıcılar sanal dünyaya bağlanmanın getireceği yararlar uğruna fiziksel dünyada değer taşıyan mahremiyet, güvenlik, kişisel veri gibi bilgilerinden kendi rızaları ile vazgeçmektedir (Schmit ve Cohen, 2014:281). Günümüzde birçok insan sosyal medyadan özel hayatlarını paylaşarak gelir elde etmektedir. Dijital medya, özellikle sosyal medya platformları buna zemin hazırlamaktadır. Hem ticari kuruluşlar hem de bu işten kar eden kullanıcılar açısından oldukça avantajlı bir kategori sunmaktadır. Herhangi bir sosyal medya ağının artı değer veya meta üretirken ihtiyaç duyduğu emek gücü belirli bir mekâna veya belirli bir zamana ihtiyaç duymamaktadır. Bu nokta da emek dijitalleşmiştir (Terranova, 2000:33). Dijital emeğin oluşum süreci temel olarak günümüzdeki sermaye akış modelindeki değişikliğe bağlıdır. Bu sistemde, kullanıcıların karşılığı verilmeyen emekleri, günümüzde internet ekonomisinin kâr üretim kaynakları haline gelmiştir (Fuchs, 2010). Dolayısıyla yeni iletişim teknolojilerinin kültürel ve sosyal boyutunun yanı sıra, bu kavramın doğru bir şekilde çözümlenebilmesi için ekonomik boyutunun da incelenmesi de gerekmektedir. Çünkü yeni iletişim teknolojilerinin getirdiği ticari potansiyel, kültürel ve sosyal boyutunu da kapsayarak kapitalizmin dijital alana yayılmasını sağlamıştır.

Schiller de (1999), yeni medya düzenini kapitalizmin dijitalleşmesi olarak açıklamaktadır. Teknolojik gelişmeler ile hem piyasanın ulaştığı alan genişmiş, hem de piyasayı derinleşmiştir. Ağlar kapitalist ekonominin sosyal ve kültürel genişlemesini doğrudan yaymaktadır. Sosyal medya ağları oluşturdukları kullanıcı havuzlarının potansiyelini büyük ya da küçük işletmelerin ekonomik kazanımlar sağlaması yönünde kullanmaktadırlar. Yeni iletişim teknolojileri ve sosyal medya araçları, kullanıcıların birbiriyle iletişim kurmaları üzerinden onların rızalarını alarak ürettiği içerikleri pazarlama ve satış amaçlı kullanmaktadır (Bauman & Lyon, 2013:150).

Dolayısıyla Smythe'ın belirttiği gibi televizyon izleyicisinin metalaşması gibi sosyal medya ağlarında da metalaşan kullanıcılardır. İzleyici televizyondaki içeriklere ulaşmak için herhangi bir ücret ödememektedir. Çünkü burada önemli olan televizyonun içeriği değil, izleyici sayısıdır. Reklam verenler televizyon içeriğine değil, izleyici sayısına göre ücret ödemektedir. Dolayısıyla burada alınıp satılan meta "izleyicidir" (Fuchs, 2015). Sosyal ağlarda ki içerik üretimleri de ücretsiz ve gönüllü olarak bizzat kullanıcılar tarafından oluşturulmaktadır. Üretilen bu içerikler sayesinde sosyal ağlar diğer kullanıcılar için de cazip hale gelmektedir. Nicel olarak artan kullanıcı sayıları ile oluşturulan içerik sayısı da paralel olarak artmaktadır. İçerik üretimi yoğun olan dijital araçlara reklam alımı da artmaktadır. Başka bir deyişle, içerik üreten kullanıcının verileri hedefli reklam odaklı olarak şirketlere satılarak metalaştırılmaktadır (Fuchs, 2015:136).

Sosyal ağlar toplumsal fabrikalar gibi dijital emek üretmektedir. Üretilen bu emek, herhangi bir sosyal medya profilinin takipçilerini potansiyel birer müşteriye, profil sahibini ise bir satıcıya dönüştürmektedir. Yüksek takipçili sosyal medya hesaplarının, zaman içerisinde sosyal ağ hesaplarına reklam almaları bu durumun en çok karşılaşılan örneğini teşkil etmektedir (Özmakas,2015). Dijk' a göre (2016:319) kullanıcı tarafından üretilen içeriğin yükselişi ile dijital medya kullanıcıları giderek daha interaktif olanaklara sahip ve gönüllü olarak kişisel alanlarını kitlelere açarak kar elde etmektedir. Dolayısıyla İzleyiciler-okuyucular medyanın birer çalışanı haline geldiği bu sistemde, reklam talebi yaratırlar ve medya tüketerek kendi emek güçlerini yeniden üretirler. Günümüzde bireyler sadece fabrikada ücret kazanması neticesinde sömürülmemekte, aynı zamanda özel alanında da sömürüye açık hale gelmektedir (Fuchs, 2015).

Ticari kuruluşlar, çok takipçili hesaplar ile reklam anlaşmaları yapmaktadır. Bu sayede geleneksel medya ile ulaşması oldukça zahmetli ve masraflı olan kitlelere çok daha kolay ulaşabilmektedir. Sosyal medyada etki eden kişiler hatırlı kişiler, ünlüler veya ününü yalnızca sosyal medya araçları üzerinde kazanmış olan çok takipçili bireyler, fenomen olarak adlandırılmaktadır (Yaylagül, 2017:222). Fenomen olarak adlandırılan bu etki alanı geniş bireyler belirli bir kategorideki ürün ve hizmetler hakkında güçlü oranda bilgilere sahip olan ve tavsiyeleri diğer bireyler tarafından dikkate alınan, önemsenen etkileyici kişilerdir. Bu kişiler aynı zamanda diğerlerinin fikirlerine, davranışlarına ve tutumlarına etki etme özelliğine sahip olarak kabul edilirler. Bu nedenle ticari kuruluşlar için "Fenomenleri" kullanmak oldukça cazip bir durumdur (Veissi, 2017:10). Reklam verenler, kullanıcı tarafından oluşturulan bu verilerden yararlanarak, sosyal medyayı kendi reklamları için farklı biçimlerde kullanmaktadır (Kara, 2013: 200)

Sosyal ağlarda sahip olduğumuz arkadaşlar, takipçiler birer sermaye haline dönüşmüştür (Özmakas, 2015). Sosyal medya uygulamalarının ardında küresel büyük bir endüstri oluşmuştur. Bu nedenle sosyal medyayı pazarlama aracı olarak kullanmak isteyen markalar ile uygulamalar arasındaki bağlantıyı sağlayan birçok sosyal medya ajansı ve bir o kadar ölçümleme ve araştırma şirketi ortaya çıkmıştır. Dolayısıyla Fuchs'un da altını çizdiği gibi sosyal medya kullanıcılarının sömürülmediği, onların bu platformları gönüllü olarak kullandığı görüşü oldukça iyimser ve naif bir bakış açısı olarak kalacaktır. Bireylerin yaşayabilmek için sosyal ilişkiler içerisine girmek, iletişim ve arkadaşlık kurmak gibi ihtiyaçları vardır. Günümüz dünyasında sosyal ağlardan uzak kalmak, birçok birey için toplumsal ağlardan yalıtım anlamı taşımaktadır. Dolayısıyla sosyal medya kullanıcıları emekleri için ücret almayan işçileridir (Fuchs, 2015). Çünkü sosyal medya kullanıcıları o platformun öznesi durumundadır. Nasıl ki bir gazete, içindeki haber, yorum, köşe yazısı, fotoğraf gibi unsurlar sayesinde habercilik görevini yerine getiriyorsa, sosyal medya platformları da kullanıcılar sayesinde "sosyal" bir platformdur. Bu nedenle kullanıcısı olmayan bir sosyal medya mecrasının var olabilmesi de mümkün değildir. Kullanıcı tarafından oluşturulan ve terabaytlarca yer kaplayan fotoğraflar, videolar, belgeler, konuşmalar, yorumlar, beğeniler, yer bildirimleri ve paylaşımlardan oluşan veriler, platformlar tarafından hem veri depolama maliyetlerini karşılamak hem de gelir elde etmek amacıyla reklam verenlere pazarladığı hammaddeyi oluşturmaktadır (Kara, 2013:200). Dolayısıyla Schiller'in de belirttiği gibi, sosyal medya platformlarındaki ürün kullanıcının ta kendisidir

(Schiller, 2012). Özetle yeni teknolojilere dayanan tüketim ve gözetim toplumunda birey kendisine bir "imaj" edinmekte ve buna uygun bir kültürel ortam içerisinde yaşamaktadır. Kapitalizmin ürettiği "imajları tüketerek kedisine sahte bir imaj yaratmakta ve kendi varoluşunu nerdeyse tamamen kapitalizme gönüllü olarak teslim etmektedir (Çoban, 2009).

Bu çalışmada fotoğraf, yazı ve hikâye paylaşımlarına izin vermesi ile kullanıcılar açısından ön plana çıkan instagram uygulamasındaki fenomenler ele alınmıştır. İnstagram da sosyal medya anneleri olarak adlandırılan kullanıcıların, sosyal medya fenomeni olarak ön plana çıktığı görülmektedir. Çocukların ailelerin yumuşak karnı olması sebebi ile de ticari kuruluşlar açısından sosyal medya anneleri oldukça önemli bir pazarlama noktası haline gelmiştir. Sosyal medya fenomenleri içinde ne kadar çok takipçi o kadar çok ticari iş birliği-reklam yani o kadar çok gelir anlamına gelmektedir. Fenomen pazarlamasının firmalar ve markalar açısından pek çok avantajı söz konusudur. Bunlarda en etkilisi sosyal medyada kullanılan tüketici onaylı reklamlardır. Bu ticari çıkarlar sebebi ile bireyler mahremiyet haklarını kendi rızaları ile katlettirmekte ve gözetlenmeye rıza göstermektedirler. Dolayısıyla tüm bu bilgilerin ışığında, bireylerin yeni medya aracılıyla nasıl gönüllü olarak gözetlendiğini ve dikizleme olgusunun geldiği nokta instagramda yer alan fenomen anneler üzerinden analiz edilecektir. Çünkü Foucault'nun (2005:251) söylediği gibi, kullanıcılar her ne kadar ara yüzde bir iletişim öznesi gibi görülse de aslında arka planda bir pazarlama sisteminin nesnesi haline gelmiştir ve izleyici emeği ve dijital emek, ticari sosyal medyada kesinlikle sömürülmektedir (Fuchs, 2016:171).

2. Anne-Çocuk Kategorisinde Yer Alan İnstagram Fenomenlerinin İçerik Analizi Yöntemi ile İncelenmesi

2.1. Yöntem

İçerik analizi yöntemi *"her türlü sözel ve yazılı verinin araştırma problemini aydınlatacak şekilde sınıflandırılması, özetlenmesi, veriler içerisindeki belirli değişkenlerin veya kavramlarının ölçülerek anlamlandırılması amacıyla kategorilere ayrılması"* (Arık, 1992:119) olarak tanımlanmaktadır. İçerik analizi yöntemi ile fark edilmeyen, gözden kaçan görülmeyenler tespit edilebilir ve bu sayede toplumsal düzenin nesnel mekanizmalarını yansıtan ve kaydeden örtük özelliklerin ortaya çıkarılması sağlanmaktadır (Morgan, 2014). Bu nedenle çalışmada yöntem olarak içerik analizi kullanılmıştır.

Instagram'ın bir sosyal ağ olarak kullanıcılarına hem görsel hem de metisel malzemeyi bir arada kullanma olanağı vermektedir. Görsel bileşenlerin kullanılan fotoğraflar, yer ve kişi bildirimleri ve çekilen hikâyeler (Story) yer almaktadır. Ancak hikayeler sadece yirmi dört saat görünür olduğu için araştırmaya dâhil edilememiştir. Metinler ise, kullanılan fotoğrafların altında yer alan yazılar ve etiketlerdir (hashtag). İçerik analizi hem görsel hem de metinsel içerikleri birlikte analiz etmeye olanak tanımaktadır. Bu doğrultu da bir kodlama işlemi olan içerik analizi yöntemi (Babbie, 2004:318) ile görsel ve metinsel veriler belirli bir kavramsal çerçeveye oturtularak gruplandırılmıştır.

Verilerin kodlanması öncesinde seçilen instagram hesapları tüm sözlü ve görsel içerik transkript edilmiştir. Bu doğrultu da çalışma kapsamında takipçi sayısı 100 binin üzerinde olan beş anne-çocuk kategorisinde yer alan beş instagram fenomeninin hesabı incelemeye tabi tutulmuştur. İncelenen instagram hesapları şunlardır; Ollaluna, Melinasmom, Turuncubikiz, Pembekoala, Gizemzzor. Seçilen hesapların 20 Şubat 2021 tarihine kadar yaptıkları geriye doğru 30 adet paylaşımları incelenmiştir. Bir paylaşımda bazen iki adet fotoğraf veya video paylaşılmış ve o paylaşımlarda incelemeye dâhil edilmiş ve sayılara eklenmiştir. Hikâye (story) kısmında yapılan paylaşımlar sadece 24 saat görünür olduğu için analize dâhil edilmemiştir. Dolayısıyla hikâye kısmında yapılan reklamlar da çalışmanın kapsamına alınamamıştır. Yapılan inceleme neticesinde tekrarlayan temalar saptanmış ve analiz edilmiştir. Çalışmada tespit edilen temalar; "Sosyal medyada benliğin sunumu; narsizm", "Küçük yetişkinler; çocuklar", "Pazarlama nesnesi olarak sergilenen hayatlar" olarak belirlenmiştir.

2.2. Bulgular

Şekil 1. *İnstagram Fenomeni Anne Profil Hesapları ve Takipçi Sayıları ve Profil Tanıtım Yazıları*

Turuncubikız	Influencer	**117bin takipçi**
Melinasmom	Welcome To Our Life/Mother's Life Köşe Yazarı	**439bin takipçi**
Ollaluna	Kar tanesini mesken tutmuş, oynaşan 3 kedi için yaşarım yalnızca ve lâkin herkes bundan sebeplenir.	**467bin takipçi**
Pembekoala	Story of a koala family	**272 bin takipçi**
Gizemzzor	hello@gizemzor.com	**419bin takipçi**

Şekil 2. *İnstagram Fenomeni Anne Profil Hesapları ve Kategoriler*

İnstagram Fenomeni Anne Hesapları	**Benlik Sunumu**	**Çocukların Kullanımı**	**Sayfada Reklam Sayıları**	**Reklamlarda çocuk kullanımı**
	Paylaşım sayıları	Paylaşım sayıları	Paylaşım sayıları	Paylaşım sayıları
Turuncubikiz	20	11	2	2
Melinasmom	11	19	7	4
Ollaluna	10	13	5	3
Pembekoala	10	14	4	1
Gizemzzor	20	21	8	3

2.2.1. Sosyal Medyada Benliğin Sunumu: Narsistik Eğilimler

Narsisizm kavramı özseverlik veya kişinin kendi imgesine duyduğu aşk anlamına gelmektedir. Narsizm kavramın kökeni Yunan mitolojisindeki Narkissos mitine dayanmaktadır. Narkissos, suya yansıyan görüntüsüne âşık, kendini seven ve bu anlamda kendine mahkûm biridir (Twenge ve Campbell, 2010:44). Narsist kişinin etrafındaki herkes yalnızca onun güzelliğini onaylamak için vardır. Narsisizmde benlik olgusu abartılı bir şekilde öne çıkmaktadır

(Hood, 2014:139). Narsist kişiler öyle olmamalarına rağmen statü, zekâ, yaratıcılık ve güzellik olarak başkalarından çok daha iyi olduklarına inanmakta, kendilerini özel, öncelikli ve benzersiz olarak görmektedirler (Twenge ve Campbell, 2010:44).

Sosyal medya aracılığı ile bireyler yüz yüze olmasa da yoğun bir iletişim sürecinin içerisinde bulunmaktadır. Bir sosyal medya kullanıcısı bu iletişim süreci boyunca diğerlerini etkilemekte ve onlardan etkilenmektedir. Bu anlamda narsisizm epidemisinin sosyal medya kanalıyla yaygınlaştığı söylenebilir. Çünkü sosyal medyanın yapısı, narsist kişinin kendini ortaya koyma ve beğendiği fotoğraflarını seçme, çok sayıda arkadaşa sahip olmak gibi eğilimlerini ödüllendirmektedir (Twenge ve Campbell, 2010:163). Bu noktada tablo 2'de de görüldüğü gibi sosyal medya fenomeni anneler kendi fotoğraflarını oldukça fazla paylaşmakta ve seçtikleri fotoğraflar da benliklerini en etkileyici, en özgüvenli ve en bakımlı halleri ile sunmaktadırlar. Diğer kullanıcıların dikkatini çekme, diğer bireyler tarafından sürekli olarak merak edildiklerini düşünme, beğenilme ve onaylanma güdülerini tatmin etmesi bakımından bireyin narsistik tarafları beslenmekte ve normalleşmektedir.

Narsist bireyler, güçlü olmak, ünlü olmak, diğerleri tarafından görülmek, beğenilmek gibi konularda fazla kafa yormakta ve bu özellikleri sebebiyle de sosyal medyada daha "başarılı" olabilmektedirler. Tablo 2'de de görüldüğü üzere benliklerini sunarlarken bolca "özçekim" yapmakta ve bu yolla diğer bireylerden ilgi ve onay almaktadırlar. Daha öncede yapılan çalışmalar özçekim ve narsizm arasındaki ilişkiyi görmek acısından önem taşımaktadır. Yapılan çalışmalarda, özçekim sıklığı ile narsisizm boyutları arasında pozitif korelasyon tespit edilmiştir (Barry vd., 2017:48; Weiser, 2015:477). Dolayısıyla çalışmada da görüldüğü üzere sosyal medya fenomeni anneler görünür olma arzusunu selfi ile dışa vurmakta ve bu kendini sergileme arzusu da birçok araştırmacı tarafından narsisizm ile bağdaştırılmaktadır.

Narsist kişiler beğenilmek ister ve beğenilme, takdir edilme vb. gibi durumlar dışında hayattan haz almamaktadırlar. Burada bedenin teşhiri narsisizm bağlamında iki doğrultuda ele alınabilir.

İlki kişinin kendi bedenini teşhir etme yoluyla beğenilme ve arzulanma isteği, ikincisi ise bedenin kendisinin doğrudan haz kaynağı olması durumudur. Dolayısıyla içinde bulunduğumuz gösteri toplumu dünyasında sergilenen bedenler metalaşmaktadır (Twenge ve Campbell, 2010:178). Bu kapsamda, çalışmada incelenen anne-çocuk instagram hesaplarında, anneler kendilerini sunarken, oldukça fit ve bakımlı görünmektedirler. Bu noktada takipçilerini de "ideal bir anne" profili çizmektedirler. Kuşkusuz ki bu anne modelleri; çocuk doğurmasına ve ailenin her türlü ihtiyacını karşılayabilen ilgili birer anne ve eş olmalarının yanı sıra her zaman bakımlı ve fit görünmektedirler. Bu bağlamda "anne"lik ve "kadın bedeni" tanrısallaşmaktadır.

Kendileri fotoğraf paylaşımlarında genellikle bir paylaşıma iki fotoğrafı arka arkaya eklemişlerdir. Çoğunlukla takipçileriyle karşılıklı sohbet eder gibi ve koydukları fotoğraflarından tamamen bağımsız iletiler ile kendi fotoğraflarını paylaşmaktadırlar. Buradan açıkça görülmektedir ki; kendi fotoğraflarını sunmalarındaki dinamik, tamamen hoş göründüklerini düşünmeleri ve bunları paylaşarak herkes tarafından beğenilmeyi arzu etme dürtüsüdür.

Bütün paylaşımlarda iyi döşenmiş, temiz ve düzenli ev ortamları dikkat çekicidir. Hiç yaşanmıyormuşçasına tablo gibi duran mekânlar ve hiç yıpranmayan kusursuz insan imgeleri, kuşkusuz gündelik yaşam pratiğine uymamakta, mekânlar ve hayatlar fazlası ile idealize edilmektedir. Bu bağlamda, her yere yetebilen instagram annelerinin yansıttığı hayatı gündelik hayatla karşılaştırdığımızda onları "süper anne, süper eş ve süper iş kadınları" olarak tanımlamak mümkündür. Sonuç itibari ile sosyal medya anneleri aracılığı ile "kusursuz" herhangi bir eksikliği olmayan, hem fiziksel hem de psikolojik olarak mükemmel görünen profiller oluşmaktadır. Bu profilleri takip eden ya da diğer bir deyiş ile dikizleyen bireyler içinse, gördükleri bu "kusursuz" bedenlere ve hayatlara sahip olma arzusu tetiklenmektedir. Aynı zamanda bu kadar idealize edilmiş hayatlar karşısında eksikli hissetme olgusunun ortaya çıkması oldukça olası görünmektedir.

2.2.2. Küçük Yetişkinler: Çocuklar

Çocukların gündelik yaşamlarındaki aktivitelerinin ve kişisel bilgilerinin fotoğraf ve videolar aracılığıyla topluma/kamuya açık olarak paylaşıldığı görülmektedir Sosyal medyada fenomen anneler tarafından paylaşılan çocuk fotoğrafları, oldukça fazla sayıdadır. Fenomen anneler tarafından paylaşılan çocuk fotoğraf veya videolarında reklamlara da oldukça sık yer verilmektedir. Ortaya çocuğunun her halini paylaşan bir dijital ebeveynlik modeli ortaya çıkmıştır Bu kapsamda çocukların yaşlarının oldukça küçük olduğu için henüz bilinçli yaşlara gelmedikleri düşünüldüğünde, çocuk hakları açısından bu paylaşımların ne kadar etik olduğu tartışmalıdır.

Sosyal medya ile annelik deneyimine kamusal bir görünürlük kazandırılmakta ve annelik rolü sosyal medya paylaşımları ile kamuya açık hale gelmektedir (Whitehead, 2015: 129). Bu çalışmada da görüldüğü üzere 'Instagram Anneleri' çocuklarını birer moda ikonu haline getirmekte ve çocuklarını küçük birer yetişkin gibi sunmaktadır.

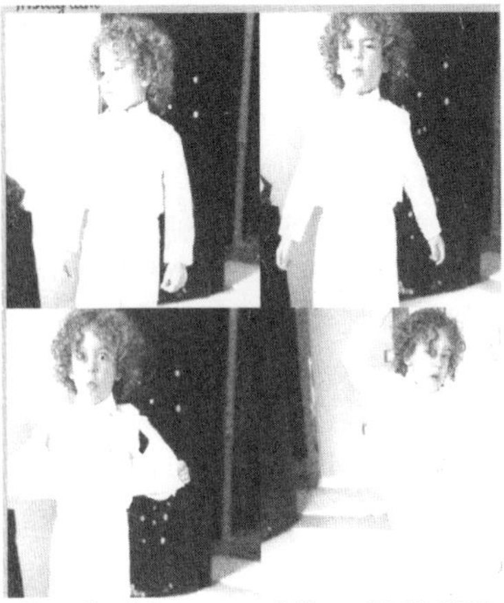

Fotoğraf 1. turuncubikız, 07.12.2020

Fotoğraf 2. Melinasmom, 5.02.2021

Fotoğraf 3. Ollaluna, 17.01. 2021

Fotoğraf 4. gizemzzor, 12.01.2021

Fotoğraf 5. Pembekoala, 13. 12.2020

Yukarıdaki görsellerde de görüldüğü üzere, çocukların fotoğrafları birer mizansen içinde çekilmiş ve paylaşılmıştır. Birer fotomodel gibi giydirilen ve fotoğraflanan çocuklar, küçük yetişkinler gibi resmedilmektedir. Çocukların küçük yetişkinler olarak paylaşılması, birer pedofili öznesi konumuna gelmeleri noktasında da tehlike riski taşımaktadır.

Anneliklerini kamusallaştıran "instagram anneleri" çocuk yetiştirme, moda, sağlık, beslenme, ev kadınlığı gibi konularda en iyisini bilen konumundadırlar. Çok takip edilmenin yetkisi ile her konuda "iyisini bilen" fenomen anneler bir anlamda takipçilerine çocuk yetiştirme, moda, beslenme gibi konularda Parsa ve Akmeşe'nin (2019:178) ifade ettiği gibi "ücretsiz danışmanlık" hizmeti vermektedirler. Bu noktada ortaya yeni bir "annelik" olgusu ortaya çıkmaktadır. Bakımlı, ev içi ve ev dışında her şeye yetebilen bu yeni "annelik" olma durumunu adeta bir meslek gibi sürdüren bir yapı karşımıza çıkmaktadır.

İnstagram annelerinin çocukları ile yaptıkları paylaşım sayısı arttıkça çocuk ürünleri ile alakalı aldıkları reklam sayısı da artmaktadır. Sayfalarına aldıkları reklamların çoğunda çocukları ile beraber video ve/veya fotoğraf çekerek tanıtım yapmaktadır. Çocukları kullanarak oluşturulan içeriklerden hem reklam verenler, hem de ebeveynleri kar elde etmektedir. Sosyal medyada düzenli olarak paylaşım yapan fenomen anneler, abone kazanma, beğeni alma, reklam gelirlerini arttırma amacı ile çocuklarını da içerik üretim noktasında kullanmaktadırlar. Dolayısıyla "annelik" kimliği ticari bir olguya dönüşmekte ve çocukların mahremiyetleri de bu ticari alanlara dönüşmektedir.

2.3.2. Bir pazarlama nesnesi olarak sergilenen hayatlar

Yeni iletişim teknolojilerinin ortaya çıkması ve gelişimi ile beraber, bireylerin yaşamlarının büyük bir çoğunluğunun sanal ortamlara kaymaya başlamıştır. Gündelik yaşamın sürekliliği için ihtiyaç duyulan birçok şeye zaman ve mekân engeline takılı kalmadan sanal ortamlar üzerinden erişilebilmektedir. Dolayısıyla bireylerin sanal ortamlarda geçirdiği zaman dilimi de artmaktadır (Arslan, 2018:409). Dijital teknolojilerin bireylerin hayatındaki yerinin artması sosyal medya fenomenlerini yaratmıştır. Sosyal medya fenomenleri ile birlikte, tüketici onayı ile pazarlama yapma stratejisi ortaya çıkmıştır. Sosyal medya fenomenleri, sosyal medya kanallarının kullanımı vasıtasıyla hedef kitlenin tutumlarını şekillendirmektedir (Freberg vd., 2011:91).

İncelen instagram annelerinin profillerinde de görüldüğü üzere Fenomenler tanıttıkları ve onayladıkları ürünleri kendi günlük hayatlarının içerisine enjekte ederek sunmakta ve böylelikle takipçileri yani tüketiciler ile daha "samimi" bir ilişki kurmaktadırlar. Takipçileri ile tüm yaşam alanlarını, aile hayatlarını paylaşmaları onları tüketici nezdinde güvenilir bir pozisyona getirmektedir.

Bizzat fenomen annenin veya çocuğunun o ürünü kullanması, tüketici algısında televizyonda izlenen bir reklamdan çok daha samimi bir etki yaratmaktadır. Bu hesapları takip edenlerin, reklamı yapılan ürünlerin işlevlerinden çok, kusursuz görünen annelerin ve onların hayatlarına erişebilmek adına ürünleri satın almayı arzu etmeleri şaşırtıcı olmayacaktır. Bireylerin güvenilirliğini kazanan sosyal medya fenomenleri, yapmış oldukları paylaşımlar aracılığıyla bireyleri ihtiyaç dışı birçok tüketim metasını satın almaya teşvik etmektedir. Zira çalışmanın örnekleminde de görüldüğü üzere ürünler, sergilenen hayatlar üzerinden satılmaya çalışılmaktadır. Bu durumun örneği olarak profillerinde kendilerini nasıl tanımladıklarına bakmak yerinde olacaktır (Tablo 1). Kendilerini; "Welcom*e to our life* (Hayatımıza hoş geldiniz", *"Influencer* (etkileyen)", *"Story of a koala family* (Koala ailesinin hikâyesi", *"Üç kedi için yaşarım yalnızca ve lâkin herkes bundan sebeplenir"* sözleri ile tanımlamaktadırlar. Örneğin "Ollaluna" hesabında yazan *"Üç kedi için yaşarım yalnızca ve lâkin herkes bundan sebeplenir"* lafı ile ailesi için yaşadığı fakat herkesin aile yaşantısına ortak olduğunu ve bu yaşantıdan sebeplendiği yazmıştır. "Hayatımıza hoşgeldiniz", "koala ailesinin hikâyesi" gibi sözler ile aile hayatı davetkâr bir şekilde dikizlenmeye açılmaktadır.

Yine tablo 1'deki takipçi sayılarına ve tablo 2'deki reklam alma sayılarına baktığımızda iki değişken arasındaki ilişki, daha çok takipçili hesapların daha çok reklam aldığını göstermektedir. Tablo 1'de görüldüğü üzere en az takipçisi bulunan "turuncubikız" ve "pembekoala" en az reklam alan hesaplar olmuştur. Bu noktada ne kadar çok takipçi o kadar çok reklam geliri anlamına gelmektedir. Çünkü reklam verenlere satılanlar instagram hesabının takipçileridir. Daha çok özel alanın sergilenmesi daha çok takipçi demektir. Dolayısıyla hayatlar bir pazarlama nesnesine dönüşmüştür.

Sonuç

Dijital ortamda var olan instagram anneleri her şeyiyle mükemmeli temsil etmek istemekte ve kendi algılarında var olan, idealize ettikleri yeni bir annelik durumunu ortaya koymaktadırlar. Bu nokta da sosyal medya bireylerin benliğini besleyerek olmak istedikleri sahte kimlikler yaratma imkânı sunmaktadır. Ve bu açıdan narsizm ile sosyal medya kol kola gitmektedir.

Çalışmada da görüldüğü üzere bireyler gönüllü olarak hayatlarını gözetime açmakta ve sosyal medya ağları için içerik üretmektedir. Bireyler gözetlendiğinin ve sömürüldüğünün farkında olmadan, sosyal medyayı bir boş zaman aktivitesi olarak görmektedir. Bu yeni medya kullanımı, ticari bir kaygı ile kullanılsın veya kullanılmasın mahremiyet ve bilgi sömürüsü için oldukça uygun bir ortam yaratmaktadır. Çalışmada incelenen instagram annelerinden de görüldüğü üzere, sosyal medya hesaplarında satılan sadece ürünler değil aynı zamanda hayat tarzlarıdır. Dikizlemek oldukça arzulanan bir dürtü haline gelmiş ve daha çok dikizlenmek uğruna hayatlar teşhir edilmiştir. İnstagram anneleri, çocuklarının video ve fotoğraflarını kullanarak daha çok takipçi kazanmakta ve ticari paylaşımlarda bulunmaktadırlar.

Görünmek ve bilinmek arzusu geleneksel ebeveynlik rollerini alt üst etmiştir. İyi annelik olgusu sosyal medya ağları üzerinden yaratılan kimlikler ile belirlenir hale gelmiştir. İnstagram annelerinin her anı ve hatta çocuklar bile bir meta haline gelmiştir.

Kaynakça

Arık, A. (1992). Psikolojide bilimsel yöntem. İstanbul: İstanbul Üniversitesi Basımevi.

Arslan, C. (2018). Dijital Yeniden Üretim Çağında Sanat Eseri: "Aura" Kavramının Dijital Sanat Bağlamında Yeniden Değerlendirilmesi. Art-Sanat Dergisi, Cilt Sayı:9. ss. 405-413

Atay, T. (2017). Görünüyorum o halde varım. Meşhuriyet çağında kültür ve insan. İstanbul: Can Yayınevi.

Barry, C. T., Doucette, H., Loflin, D. C., Rivera-Hudson, N., and Herrington, L. L. (2017). "Let me take a selfie": Associations between self-photography, narcissism, and self-esteem. Psychology of Popular Media Culture, 6(1), 48-60.

Bauman, Z & Lyon, D. (2013). Akışkan Gözetim. (E.Yılmaz, Çev.) İstanbul: Ayrıntı Yayınları.

Bauman, Z. & Tester, K. (2017). Zygmunt Bauman ile Söyleşiler. (M. Hazır, Çev.) Ankara: Heretik Yayınları.

Bauman, Z. (2016). Küreselleşme. (A. Yılmaz, Çev.) İstanbul: Ayrıntı Yayınları.

Bentham, J. (2008). Mektup II: Hapishane Gözetim-evi için Bir Plan. Panoptikon: Gözün İktidarı (Der.) Barış Çoban, Zeynep Özarslan. İstanbul: Su Yayınevi.103-110

Bilgin, N. (2007). Kimlik İnşası. İzmir: Aşina kitaplar.

Çaycı, A & Çaycı B. (2017). Dijital İletişim Çağında Teknolojinin Açığa Çıkardıkları: Gözetim ve Mahremiyet. The Turkish Online Journal of Design, art and Communication, 7(1).

Çoban, B. (2009), "Yeni Panoptikon, Gözün İktidarı ve Facebook", Yeditepe İletişim Fakültesi Dergisi, sayı:10

Dijk, J. V. (2016). Ağ Toplumu. (Ö. Sakin, Çev.). İstanbul: Kafka Yayınları.

Dolgun, U. (2005). Enformasyon Toplumundan Gözetim Toplumuna. Bursa: Ekin Yayınevi.

Foucault, M. (2005). Hapishanenin Doğuşu. (M. A. Kılıçbey, Çev.). Ankara: İmge Yayınevi.

Foucault, M. (2007). İktidarın Gözü. (I. Ergüden, Çev.). İstanbul: Ayrıntı Yayınları.

Freberg, K., K. Graham, K. McGaughey, L. A. Freberg (2011). Who are the Social Media Influencers? A Study of Public Perceptions of Personality, Public Relations Review, 37, 90-92, DOI: 10.1016/j.pubrev.2010.11.001

Fuchs, C. (2015a). Dallas Smythe and Dijital labor. The Routledge Companion to Labor and Media.

Fuchs, C. (2016). Dijital Emek ve Karl Marx. (T. E. Kalaycı, S. Oğuz, Çev.). İstanbul, Nota Bene Yayınları.

Fuchs, C. 2010. Labour in Informational Capitalism. The Information Society 26 (3): 176-196

Fuchs, C. Mosco, V. (2015b), Marx Geri Döndü Medya, Meta ve Sermaye Birikimi. İstanbul: Nota Bene Yayınları.

Ganascia, J. G. (2016). Genelleştirilmiş alttan Gözetim Toplumu. Himmet Hülür ve Cem Yaşin (Ed.) Yeni Medya, Kullanıcının Yükselişi. Ankara: Ütopya Yayınevi.

Gezgin, S. (2017). Gözetimi ve Magazini Sıradanlaştıran Bir Araç Olarak Sosyal Medya. (İ. S. Gezgin, A. E. İralı Ed.). Yeni Medya Analizleri. Konya: Eğitim Yayınevi.

Hardt, M. & Negri, A. (2001). İmparatorluk (Abdullah Yılmaz, Çev.). İstanbul: Ayrıntı Yayınları.

Hood, B. (2014). Benlik Yanılsaması. (Eyüphan Özdemir, Çev.). İstanbul: Ayrıntı Yayınları.

Kara, T. (2013). Sosyal Medya Endüstrisi, İnsan, Toplum, Ekonomi. İstanbul: Beta Yayınları

Lyon, D. (2006). Gözetlenen Toplum Günlük Hayatı Kontrol Etmek. (G.Soykan, Çev.) İstanbul: Kalkedon Yayınları.

Manovich, L. (2001). The Language of New Media. Cambridge : The MIT Press.

Mattelart, A. (2012). Gözetimin Küreselleşmesi Güvenlileştirme Düzeninin Kökeni. (O. Gayretli, & S.E. Karacan, Çev.) İstanbul: Kalkedon Yayınları.

Morgan, M. (2014). Medyaya Karşı. (Güneş Ayas, Veysel Batmaz, İsmail Kovacı, Çev.).İstanbul, Ayrıntı yayınları.

Niedzviecki, H (2010). Dikizleme günlüğü (G. Gündüç, Çev.). İstanbul: Ayrıntı Yayınları.

Özmakas, U. (2015), "İnsan Sermayesinin Kaynağı: Maddi Olmayan Emek", Toplum ve Bilim, 135, pp.8-26.

Parsa, A. F. ve Akmeşe, Z. (2019). Sosyal Medya ve Çocuk İstismarı: İnstagram Anneleri Örneği. Kadem Kadın Araştırmaları Dergisi, (5) 163-191.

Schiller, D. (1999). Digital Capitalism: Networking The Global Market System, The MIT Press: Cambridge.

Schiller, D. (2012). "Web Economics: The Product is You!", Social Media Today, http://socialmediatoday.com/node/625921 [17.02.2013]

Schmidt, E & Cohen, J. (2014) Yeni Dijital Çağ. İstanbul: Optimist Yayınları

Terranova T, (2000) Free Labor: Producing Culture for the Digital Economy. Social Text 18(2 63)

Twenge, J.M., Campbell, W.K. (2010). Asrın Vebası: Narsisizm İlleti. (Özlem Korkmaz, Çev.). İstanbul: Kaknüs Yayınları.

Veissi, I. (2017). Influencer Marketing on Instagram (Yayınlanmış Lisans Tezi). Haaga- Helia Universty of Applied Sciences. s. 14-16, 19-29.

Walters, N. T., and Horton, R. (2015). A Diary Study of the İnfluence of Facebook Use on Narcissism among Male College Students. Computers in Human Behavior, 52, 326-330.

Werret, S. (2008). Potemkin ve Panaptikon: Samuel Bentham ve On Sekizinci Yüzyıl Rusyasında Mutlakiyetçi Mimari. Paoptikon: Gözün İktidarı. (Der.) Barış Çoban, Zeynep Özarslan. İstanbul: Su Yayınevi, 87-111.

Whitehead, D. (2015). The Evidence of Things Unseen: Authenticity and Fraud in the Christian Mommy Blogosphere. Journal of the American Academy of Religion, 83(1), 120-150.

Yanık, A.(2016). Yeni Medya Nedir Ne Değildir? Journal International Social Research, 9,45,898-910.

DİJİTALLEŞME EKSENİNDE BİREYİN KONUMU: "ÜRETEN TÜKETİCİ" KAVRAMINA ELEŞTİREL BİR BAKIŞ

Ece KARAÇAY ARIN[*]

Giriş

Dijital medya ya da yeni medya olarak adlandırılan iletişim ortamları, gündelik yaşamda bireylerin eylemlerinin vazgeçilmez bir parçası haline gelmiştir. Bu bağlamda dijital medyanın etki alanı da giderek genişlemektedir. Yeni iletişim teknolojilerinin gündelik yaşamlarımızı nasıl etkilediği, içinde yaşadığımız dünyayı nasıl değiştirdiği, teknolojilerin sağladığı olanakların kimler tarafından ne amaçla kullanıldığı ve bireylerin bu yeni teknoloji ortamında konumlarının nasıl değiştiği gibi soruların cevaplarına ulaşma isteği, araştırmacıları bu konularda çalışma yapmaya yönlendirmektedir.

Yeni medya konusunda pek çok sosyal bilimci daha çok teknolojik gelişmelere odaklanarak konuya olumlu perspektiften yaklaşırken; pek çokları ise teknolojilerin toplumsal, kültürel ve ekonomik boyutlarını da dikkate alarak eleştirel perspektifle yeni medyayı değerlendirmektedir. Bu bağlamda kullanıcıların konumu da bu bakış açılarına göre değişiklik göstermektedir. Medya ortamında pasif alıcıdan-aktif kullanıcıya ve özellikle yeni iletişim teknolojileri ile "üreten tüketici"ye dönüşen bireyin konumu, oldukça önemli bir araştırma konusu olarak karşımıza çıkmaktadır. Bu çalışmada yeni medya kavramı ve yeni medya ile dönüşen bireyin konumu,

---

* Arş. Gör., İstanbul Ayvansaray Üniversitesi, Güzel Sanatlar Tasarım ve Mimarlık Fakültesi (Orcid:0000-0001-6665-9076), ecekaracay@ayvansaray.edu.tr

toplumsal, kültürel ve ekonomik bağlam göz önünde tutularak incelenecek ve bireyin konumuna yönelik yapılan çeşitli kavramlar eleştirel bir bakış açısıyla değerlendirilmeye çalışılacaktır.

1. Kavramsal Olarak Yeni Medya

İletişim sosyolojisi açısından bakıldığında, teknik araçların kullanılarak zaman ve mekân içerisinde çok sayıda mesajın çok sayıda izleyiciye iletilebilmesi, kitle iletişim araçlarının ayırt edici bir özelliğidir. Lazarsfeld'e göre kitle iletişimi, homojen bir yapıya sahip olmayan büyük kitlelere yöneliktir. Diğer yandan homojen olmayan bu kitlelere ulaşabilmenin temel aracı teknik araçlardır. Ancak, Geray'ın altını çizdiği gibi iletişim teknolojilerini açıklamaya yönelik bu tanımlamalar, 1960'lara kadar olan, artık geleneksel olarak kabul edilen kitle iletişim araçlarının özelliklerini içermektedir (Geray, 2003:17).

İçinde bulunduğumuz 21. yüzyılda iletişim ve bilgisayar teknolojilerindeki gelişmelere paralel olarak yeni bir medya dönemi başlamıştır. Poster'in "2. Medya Çağı" (Poster'den akt. Aydoğan 2010), Bell'in "Enformasyon Toplumu" (Bell'den akt. Laughey, 2010:107) ve Castells'in "Ağ Toplumu" (2008) olarak adlandırdığı bu yeni medya dönemi, teknolojik değişimlerle birlikte toplumsal, kültürel ve ekonomik dönüşümleri de beraberinde getirmiştir. Yeni medya ortamlarının karşımıza çıktığı siber uzam, yeni bir kültür, yeni iletişim biçimleri ve yeni bir kullanıcı türü ortaya çıkarmıştır (Binark ve Bayraktutan, 2013:17). Bu bağlamda öncelikle yeni medyanın ne olduğunu tanımlamak yerinde olacaktır.

Yeni medya kavramına yönelik çeşitli tanımlar karşımıza çıkmaktadır. Aydoğan ve Kırık (2012:59)'a göre "*Kitle iletişim araçlarının bilgisayar ve internet tabanlı bir hal almasıyla birlikte bu teknolojilere yeni sıfatı verilmiştir.*" Yengin, yeni iletişim ortamlarını, "*Dijital kodlama sisteminde temellenen hipermetinselik ve modülerlik özelliklerini taşıyan yüksek hızda etkileşimin gerçekleştiği (bireylerin aktif olduğu) iletişim araçları*" şeklinde tanımlamaktadır (Yengin'den akt. Turan, 2014:103). Yeni medya kavramının içeriğinin her geçen gün genişlediğine dikkat çeken Binark ve Löker ise, yeni medyayı şu sözlerle tanımlamaktadır:

Günümüzde bilgisayar, bilgisayar ağları, bilgisayar dolayımlı iletişim, İnternet, web 2.0, çevrimiçi habercilik, çevrimiçi sohbet, laflama odaları, wiki, e-ticaret, e-imza, dijital medya, dijital oyun, dijital kültür, dijital imgeleme, avatar, siber uzam, sanal uzam, sanal gerçek gibi birçok kavram ile bu kavramların tanımladığı, açıkladığı toplumsal, kültürel ve ekonomik olgular günlük konuşmalarımızın doğal bir parçası haline gelmiştir. Tüm bu kavramları kapsayan ve birleştiren kavram "yeni medya" olabilir. (Binark ve Löker, 2011:9).

Yeni medyanın sürekli bir değişim içerisinde olduğunu vurgulayan Thompson da yeni medyanın günümüz teknolojileri ile sınırlandırılamayacağına dikkat çekmektedir. Yeni kavramı sabit bir tanım olmaması nedeniyle her teknoloji bir eskisine göre yenidir. Ancak bu noktada dikkat edilmesi gereken Altunay'ın ifade ettiği gibi:

> Yeni medya kavramı sadece eski ile yeni arasındaki farkı ortaya koymakla kalmaz, aynı zamanda geleneksel medya ile arasında yapılanan farklılıkları, daha önce olmayan toplumsal kullanım biçimlerini ve bu kullanım biçimlerinden ortaya çıkan yeni toplum-medya ilişkisini ifade eder" (Altunay, 2015:411).

Flew de yeni medya kavramının ürün ya da hizmet gibi araç bağlamında değil; üretim, tüketim ve dağıtım gibi süreçler ve söz konusu süreçlerin kültür, siyaset, ekonomik, kimlik gibi toplumsal yaşam ve sosyal etkileşim bağlamında yarattığı dönüşümler ışığında ele alınması gerektiğini ifade etmektedir (Polat, 2016:417).

Yeni iletişim teknolojilerinin öne çıkan özelliklerine bakıldığında bu özelliklerin, kavrama yönelik tanımlamalar gibi farklı kuramcılar tarafından çeşitli başlıklar altında incelendiği görülmektedir. Rogers yeni medyanın temel özelliklerini etkileşim, kitlesizleştirme ve eşzamansızlık olmak üzere üç temel başlık altında toplamaktadır. İletişim surecinde kaynağın alıcı, alıcının ise kaynak durumuna gelmesi olarak özetlenebilecek etkileşim, geleneksel medya teknolojilerinden ayırt edilebilecek temel farklılık olarak karşımıza çıkmaktadır. Bu bağlamda, geleneksel medya ortamında pasif konumda olan kullanıcı, yeni medya teknolojileriyle aktif konuma geçmektedir (akt. Geray, 2003:17-19). İletişimde zamansal ve mekânsal karşılıklılık ve çok katmanlılık olanağı sunan etkileşimi Andrew Dewdney ve Peter Ride ise şu sözlerle değerlendirmektedir:

> Etkileşimsellik, kullanıcı-türevli içerik üretimine olanak sağlar; etkileşimsellik kullanıcı arayüzeyinin tasarımında temel kavramlardır; etkileşimsellik, önceden tanımlanmış ve birbirine bağlanmış linkler ve yazılımlar arasında ve içindeki seçeneklerde gerçekleşir; etkileşimsellik, arayüzeyde birçok kişinin karşılıklı eylemesine ve katılımına olanak tanır (akt. Binark, 2009).

Rogers'ın yeni medyanın temel özelliği olarak ifade ettiği bir diğer özellik eşzamansız olabilme kapasitesidir. Eşzamansızlık özeliği ile alıcı ve kaynak arasındaki aynı andalık gerekliliğinin ortadan kalkmasına işaret edilmektedir. Yeni medya teknolojilerinin bir diğer temel özelliği olan kitlesizleştirme ise, geleneksel iletişim teknolojilerinin aksine, bireylere yönelik özel mesaj dağıtımına olanak vermektedir (akt. Geray, 2003:17-19). Binark ve Bayraktutan (2013:19-22) ise yeni medyanın temel özelliklerini; etkileşimsellik, dijitallik, hipermetinsellik, multimedya biçemselliği, yayılım, sanallık/arayüzeyde mevcut olma hissi ve kullanıcı türevli içerik olmak üzere yedi başlık altında ele almaktadırlar. Bu bağlamda diğer pek çok iletişim bilimcinin de üzerinde durduğu etkileşim özelliği Binark ve Bayraktutan tarafından, sanal ortamda gerçek ya da sanal kimliklerin birbirleriyle iletişime geçmesi şeklinde tanımlanmaktadır.

Dijitallik, yeni medyada karşımıza çıkan metinlerin 0 ve 1 şeklinde sayısal kodlardan oluşması anlamına gelirken; multimedya biçemselliği ses, metin, sayısal veri gibi veri türlerinin bir arada bulunmasına işaret etmektedir. Hipermetinsellik, bir ağ ya da arayüzey üzerinden farklı metinlere kolayca ulaşabilmek anlamına gelirken; sanallık ise kullanıcının arayüzey ile kurduğu iletişimin biçimini tanımlamaktadır. Yayılım özelliğ ise yeni medyanın etkileşim, dijitallik, multimedya biçemselliği ve hipermetinsellik özellikleri sayesinde iletilerin bireyler ya da toplumlar arasında iletilebilmesini, yani paylaşım yapılabilmesini ifade etmektedir. Binark ve Bayraktutan'ın üzerinde durduğu son özellik ise kullanıcı türevli içerik üretimidir. Kullanıcı olarak tanımlanan bireyler bu yeni iletişim ortamları aracılığıyla sadece birer tüketici olmak yerine artık ağlar üzerinden içerik üretebilmekte ve bu içerikleri diğerleriyle paylaşabilmektedirler (Binark ve Bayraktutan 2013:19-22).

Dijital iletişim teknolojilerinin temel özellikleri bağlamında yakınlaşma, bir diğer değişle yöndeşme kavramına da değinmek gerekmektedir. Kırık'a göre yöndeşme, bilgisayar sistemleri, görsel-işitsel medya ve telekomünikasyon alanlarının, teknolojik ve ekonomik olarak birleşerek yeni ürün ve hizmetler meydana getirmesidir (Kırık, 2010:87). Yeni medyanın yöndeşme özelliği sayesinde; ses, metin, müzik, video, gibi iletişim öğelerinin bir araya gelmesiyle daha önce olmayan mecralar oluşturulmaktadır. Bununla birlikte, yöndeşme kavramı sadece teknik bir sürece işaret etmemekte; teknolojilerin yakınsamasının yanı sıra medya sahipliğinin ve medya tüketim biçimlerinin yakınsamasını da içermektedir.

Jenkins, geleneksel medya ile yeni medyanın karşılaşmasıyla yeni bir "yakınlaşma kültürü"nün ortaya çıktığını ifade etmektedir. Bu yeni kültürü; *"yeni ve eski medyanın çarpıştığı, taban medyası ile kuramsal medyanın kesiştiği, medya yapımcısının ve medya tüketicisinin güçlerinin beklenmedik şekillerde etkileşime geçtiği"* (2018b:19-29) bir kültür olarak tanımlamaktadır. Jenkins, medya yakınlaşması kavramının teknolojik değişimlerden çok daha fazlasına işaret ettiğini belirtmektedir. Yakınlaşma ile endüstriler, pazarlar, teknolojiler ve izleyiciler arasındaki ilişki de değişmektedir. Yakınlaşma veya bir diğer adıyla yöndeşme hem medya endüstrisinin çalışma mantığında hem de medyayı tüketen bireylerin eğlenceyi ve haberi işleme mantığında değişiklik meydana getirmektedir. Jenkins, yakınlaşmanın varılacak bir bitiş noktası değil; bir süreç olduğunun altını çizmektedir (Jenkins, 2018a:34). Bu bağlamda dijital teknolojiler çeşitli özelikleriyle yeni bir yaşam biçimi oluşturmakta ve yeni bir medya-toplum ilişkisi meydana getirmektedir. Yeni iletişim teknolojileriyle bireylerin konumlarının nasıl değiştiğini daha iyi anlayabilmek amacıyla yeni medyaya yönelik olumlu ve eleştirel görüşlere kısaca yer vermek yerinde olacaktır.

2. Olumlu ve Eleştirel Perspektiften Yeni Medya

Mark Poster yeni medya çağı üzerine çalışan ilk ve en önemli kuramcılar arasında yer almaktadır. Poster 20. yüzyılın sonlarında ileri kapitalist ülkelerde iletişim araçlarının geçirdiği dönüşümle yeni bir medya çağının başladığını ifade etmektedir. Poster kapitalizm ile yeni medya arasındaki bağa da dikkat çekmektedir. Geleneksel medyanın hâkim olduğu dönemi 1. Medya Çağı olarak tanımlayan Poster, bu çağın azınlığın çoğunluğa yöneldiği, merkezi, tek yönlü, devlet müdahalesine yatkın olduğunu belirtmiş ve katılımcıların pasif bir kitle özelliği taşıdığını ifade etmiştir. 2. Medya Çağı'nın ise; etkileşimin ön planda olduğu, çoğunluğun çoğunlukla iletişime ve etkileşime geçebildiği, merkezi olmayan, çift ve çok yönlü iletişime dayalı, devlet müdahalesinden uzak ve demokratik bir özellik taşıdığına dikkat çekmiştir (Aydoğan, 2010:2).

Manuel Castells bilgi ve iletişim teknolojilerinin gelişimine paralel olarak yeni bir toplum düzenine geçildiğini ifade etmektedir. Ağ toplumu şeklinde tanımladığı bu yeni toplum düzeni, bireylerin dijital teknolojiler ve ağ şebekeleri ile sarmalandığı, dijital kültürle bütünleşmiş bir evrene işaret etmektedir. Castells "Ağ Toplumunun Yükselişi" şeklinde nitelediği kuramı ile, yeni ekonomik düzenin küresel sermaye, yönetim ve bilgi ağları etrafında oluştuğunu ifade etmekte ve bu oluşumda temel rolü teknolojilerin oynadığını belirtmektedir (Castells, 2008:624). Bu bağlamda Castells'in, yeni iletişim teknolojilerini toplumsal ve sosyolojik boyutları göz ardı ederek teknolojik determinist bir bakış açısıyla değerlendirdiği görülmektedir. Dijital teknolojilerin meydana getirdiği değişimleri determinist perspektifle değerlendiren bir diğer düşünür, Lev Manovich'tir. Manovich, teknolojik gelişmelerin iletişimin tüm aşamalarını ve kültürel üretimi etkileyerek köklü bir değişiklik yarattığını ifade etmektedir. Manovich'e göre dijital teknolojilerle yaşanan gelişmeler bir devrim niteliği taşımaktadır (Manovich, 2001:19-20).

Kültürel Çalışmalar geleneğinde yer alan Henry Jenkins "Cesur Yeni Medya Teknolojiler ve Hayran Kültürü" isimli çalışmasında yeni bir medya çağına girdiğimizi vurgulayarak, teknolojilerin bireylerin yaşam biçimlerini nasıl değiştirdiğini ve toplumsal sistem üzerindeki etkilerini incelemektedir. Jenkins, çalışmalarında yöndeşen medya, katılımcı kültür, transmedya hikâyeciliği ve kolektif zekâ gibi kavramları merkeze almaktadır. Bu bağlamda Jenkins dijital teknolojiler aracılığı ile ortaya çıkan katılımcı kültüre büyük önem atfetmekte ve dijital mekânlarda bir araya gelen bireylerin kolektif zekâ oluşturarak bu kültürü geliştirdiklerini ifade etmektedir (Jenkins, 2006; Jenkins, 2018a).

Williams'a göre de yeni iletişim teknolojileri katılımcı demokrasiyi desteklemektedir. Başka bir deyişle, ağa erişim imkânına sahip tüm bireyler için internet demokratik pratiklerin gelişmesine katkı sağlamaktadır (Aydoğan, 2009:193). Bu bağlamda yeni iletişim teknolojilerinin getirilerine odaklanan kuramcılar, internetin ilerici ve demokratik bir iletişim ağı ortaya çıkaracağını ifade etmektedirler. Dijital teknolojiler küresel medya tekelini ortadan kaldıracak, özgür, demokratik ve sansürsüz bir iletişim ortamı oluşturacaktır. Ancak bu iddia, internetin her geçen gün ticarileşmesi ile bir karşıtlık içerisindedir (McChesney'den akt. Çakır, 2015:25). Yeni iletişim teknolojileri reklamcılara ve pazarlamacılara daha fazla enformasyon sağlayarak kapitalist sistem endüstrilerinin de gelişmesine yardımcı olmaktadır. Aydoğan'ın da altını çizdiği gibi *"teknoloji ve pazarlamanın evliliği, tüketiciyi şirkete taşımanın bir aracı durumuna da gelebilir"* (Aydoğan, 2009:193).

Yeni medya teknolojilerini olumlu perspektiften değerlendiren araştırmacıların aksine ekonomik perspektiften değerlendiren Schiller, yeni medya düzenini kapitalizmin dijitalleşmesi şeklinde tanımlamaktadır. Schiller internet ve ona bağlı telekomünikasyon sistemlerinin; küreselleşmenin getirdiği finans ve ekonomik akışların ve ekonomik faaliyetlerin ulusötesileştirilmesinin önemli bir dönüm noktası olduğunu ifade etmektedir. Yeni teknolojik gelişmeler piyasanın ulaştığı alanı genişletmekle birlikte, piyasayı da derinleştirmiştir. Ağlar kapitalist ekonominin hem sosyal hem de kültürel olarak genişlemesine katkıda bulunmaktadır. Bu nedenle Schiller, kapitalizmin bu yeni halini dijital kapitalizm şeklinde tanımlamaktadır (Başlar, 2013:5).

Yeni iletişim teknolojilerine eleştirel perspektiften yaklaşan kuramcılar, aracın metalaşmasına vurgu yaparak ve paylaşım ağlarının kullanımının kâr amaçlı büyük şirketler tarafından yönlendirildiğine dikkat çekerek interneti kapitalizm bağlamında incelemektedirler (Netchitailova, 2018:2). Küresel yeni medya şirketlerinin ekonomik süreçlerini inceleyen Fuchs, bu şirketlerin kullanıcıları birer müşteriye ve çalışana dönüştürdüğüne dikkat çekmektedir (akt. Çakır, 2014:91). "Sosyal Medya Eleştirel Bir Giriş" (2014) isimli çalışmasında Fuchs, yeni iletişim teknolojilerine eleştirel perspektifle bakmayı önermekte ve eleştirel kuramın önemine değinmektedir. Fuchs eleştirel teoriyi, eleştirel düşüncenin özel bir formu olarak betimlemektedir. Teknoloji tarihini salt bir başarı hikâyesi olarak kabul etmek yerine, iletişim ve ulaşım teknolojilerinin sağladığı avantajları göz önünde bulundurmakta, ancak bu teknolojilerin kapitalizmle ilişkisini de göz ardı etmemektedir. Fuchs'a göre:

> Her ne kadar bugün birçok insan kitaplar, telefonlar, trenler, arabalar, televizyon, radyo, bilgisayarlar, İnternet veya cep telefonlarını kullanarak karşılıklı şekillerde yararlansa da; bu teknolojilerin tarihi kapitalizm, sömürgecilik, savaş, sömürü ve eşitsizlik tarihinin içine derin bir şekilde gömülüdür (2014:20-21.)

Fuchs yeni medya teknolojilerini kuramsal bir çerçeveye oturtmada; ekonomi, politika ve kültür alanlarının ve bu alanların birbirleriyle ilişkilerinin hesaba katılmasının can alıcı bir önemde olduğunu vurgulamaktadır. Teknolojiyi toplumsal yapıdan bağımsız değerlendiren çalışmalar teknolojik determinizmle sonuçlanmaktadır. Diğer yandan, teknolojiyi yalnızca toplumsal bağlam ve toplumsal bağlamın çeşitli alanlarında incelemek de eksik bir yaklaşımdır; bu nedenle zaman ve mekân diyalektiği de göz önünde tutulmalıdır. Bu bağlamda iletişim teknolojileri; toplumu, tarihsel süreç içerisinde toplumun geçirdiği ekonomik süreçleri, kurum ve yapıları, birey ve grupları, emek ve sömürü ilişkisini göz önünde bulunduracak geniş bir spektrumda ele alınmalıdır (Fuchs, 2018:IX).

Teknolojik birer araç olmanın ötesinde toplumsal yaşamın pek çok alanında etkili olan ve bu alanların dönüşmesinde rol oynayan yeni iletişim teknolojileri, bireylerin konumlarında da değişiklik meydana getirmektedir. Yeni medya teknolojilerinin etkileşim, katılım, kullanıcı türevli içerik üretimine olanak tanıyan yapısı, izleyiciden kullanıcıya, üre-tüketiciye doğru bir dönüşüme yol açmıştır (Turan, 2014:99). Kullanıcı türevli içerik üretimine olanak veren yeni iletişim teknolojileri, araştırmacıları bireylerin medyadaki konumları üzerinde yeniden düşünmeye sevk etmektedir.

3. Dijitalleşme Ekseninde Bireyin Değişen Konumu

Yeni iletişim teknolojilerinin gelişmesiyle birlikte bireylerin konumunda yaşanan değişiklik pek çok araştırmacının ilgi alanına girerek bu doğrultuda farklı kavramlar üretilmesine neden olmuştur. Pasif alıcıdan aktif kullanıcıya dönüşen bireyler, yeni medya teknolojilerinin hâkim olduğu bu dönemde Hauben tarafından "netizen" şeklinde tanımlanmaktadırlar. Hauben tarafından ortaya atılan netizen kavramı *"Net'in gelişmesi için çabalayan, neredeyse hayatlarını buna vakfeden, bilinçli ve sorumlu net yurttaşlarını işaret etmek için kullanılmaktadır"* (akt. Kılıçbay, 2005:27). Laughey ise medya tüketiciliği rolünün, yeni medyanın kullanıcı türevli içerik üretimi özelliği sayesinde üre-tüketici rolüne dönüştüğüne dikkat çekmektedir (akt. Binark ve Bayraktutan, 2013:24).

Yöndeşen medya kavramsallaştırmasıyla öne çıkan Henry Jenkins, çalışmalarında katılımcı kültür ve kolektif zekâ gibi kavramları merkeze almaktadır (Jenkins, 2006; Jenkins, 2018a). Jenkins katılımcı kültür kavramı ile; izleyicilerin, kullanıcıların, tüketicilerin ve hayranların içerik ve kültür yaratımına dâhil olmasını işaret etmektedir. Facebook'ta fotoğraf paylaşılması, Youtube'a video yüklenmesi, Wikipedia'da bir makalenin ortaklaşa yazılması veya Twitter'da mesaj yazılarak diğer bireylerle paylaşılması katılımcı kültüre örnek gösterilmektedir (Fuchs, 2014:76). Dolayısıyla pasif ve tüketici olan birey, aktif ve üretici konuma geçmektedir. Bu bağlamda Jenkins'e göre yeni iletişim teknolojileriyle yöndeşen medyanın en önemli özelliği, bireyleri pasif konumdan aktif konuma yerleştirmesidir (akt. Bereket, 2019).

Jenkins, kültürel bir değişime işaret eden katılımcı kültürden bahsederken, Pier Levy'den ödünç aldığı kolektif zekâ kavramına değinmektedir. Bireyler yeni medya ağları aracılığıyla ortak hedefler doğrultusunda bir araya gelmekte, herkes her şeyi bilmemekle birlikte herkes pek çok şeyi bilmekte ve bu sayede bireyler ortak akıl ürünleri meydana getirmektedir. Bu bağlamda, özellikle hayran sayfalarında üretilen bölüm diyalogları veya özetleri bu kategoride yer almaktadır. Jenkins bu kolektif aklın, yeni medyanın en önemli getirilerinden biri olduğuna dikkat çekmektedir (Jenkins,

2018a:35). Kolektif akıl kavramı bireylerin sanal bir topluluk oluşturarak aktif bir şekilde içerik üretmesine işaret etmektedir.

Jenkins'in üzerinde durduğu kavramlardan biri olan medya yöndeşmesi de bireylerin değişen konumu hakkında göz ardı edilmemesi gereken bir kavram olarak karşımıza çıkmaktadır. Medya yöndeşmesi ile medya sahipliği biçiminde de bir değişiklik meydana gelmektedir. Örneğin eski Hollywood sistemi sadece sinema odaklıyken, günümüzde yeni medya teknolojileri bütün eğlence endüstrilerini kontrol etmektedir. Jenkins bu duruma Viacom'u örnek göstermektedir. Viacom, televizyon, popüler müzik, film, web siteleri, bilgisayar oyunları, oyuncaklar, eğlence mekânları gibi pek çok farklı içerikte ürünler ortaya koymaktadır. Bu doğrultuda bireylerin medyayı tüketme biçimleri de değişmektedir. Bir öğrenci ev ödevini yaparken aynı anda web üzerinde farklı pencereler açarak müzik dinleyebilmekte, arkadaşlarıyla sohbet edebilmekte veya maillere cevap yazabilmektedir. Bunun da ötesinde popüler bir televizyon dizisi için hayranlar, diyalog örnekleri verebilmekte veya orjinal hayran kurgusu oluşturabilmektedirler (Jenkins, 2018a:35).

Dolayısıyla yakınlaşma Jenkins'e göre hem yukarıdan aşağıya ticaret odaklı hem de aşağıdan yukarıya tüketici odaklı bir süreçtir. Medya şirketleri, pazar ağlarını geliştirmek ve kârlarını arttırmak amacıyla izleyici sadakatini geliştirmede medya akışını takip edebilmektedir. Tüketiciler ise farklı teknolojileri kullanmayı öğrenerek medya akışına hâkim olmayı öğrenmektedirler. Yeni medya ortamı, düşüncelerin, vaatlerin ve içeriklerin daha özgür şekilde akacağına dair beklentileri arttırmaktadır. Ticari yakınlaşma ile taban yakınlaşması kimi zaman birbirini pekiştirmekte, kimi zaman birbirleriyle mücadele etmektedir. Ancak bu durum, tüketiciler ile medya yapımcıları arasında daha tatmin edici ilişkiler geliştirilmesine olanak vermektedir. Ticari medya şirketleri pazarlama ve programlama kararlarını düzenlerken, medyayı tüketen bireylerin yeni profillerini göz önünde bulundurmalıdır. Bu yeni tüketici profilini Jenkins şu sözlerle ifade etmektedir:

> Eski tüketicilerin pasif oldukları varsayılırsa, yeni tüketiciler de aktiftir. Eski tüketiciler önceden kestirilebilir ve nerede derseniz orda

duran tiplerdense, yeni tüketiciler de göçebe, iletişim ağlarına veya medyaya giderek azalan bir sadakat gösterenlerdendir. Eski tüketiciler soyutlanmış bireylerse, yeni tüketiciler sosyal olarak daha bağlantılıdır. Medya tüketicilerinin işi eskiden sessiz ve görünmezken, yeni tüketiciler artık daha sesli ve aleniler (Jenkins, 2018b:39-40).

Yeni iletişim teknolojileri sayesinde ortak bir kültür yaratıldığını savunan Jenkins'in aksine Fuchs, yeni medya ortamında ortaya çıkan dijital kültürün bir sömürü kültürü olduğuna dikkat çekmektedir (2015:22-23). Fuchs, Jenkins'i kutsayıcı Kültürel Çalışmalar geleneğinde yer alan bir ütopyacı olmakla eleştirmektedir. Fuchs'a göre "kutsayıcı Kültürel Çalışmalar" izleyicileri daha fazla tüketmek amacıyla isyan eden bireyler olarak kutsamaya odaklanmaktadır. Fuchs, Jenkins'i çalışmalarında ideoloji ve sömürü konularını göz ardı etmesi sebebiyle ütopyacılıkla suçlamaktadır. Eleştirel ekonomi politik perspektifi öneren Fuchs, bu yaklaşımda sermaye ve meta mantığını sorgulamanın önemine değinmektedir. Fuchs, Jenkins'in katılımcı kültür yaklaşımına ilişkin görüşlerini şu sözlerle eleştirmektedir:

> Jenkins katılımcı demokrasinin geniş fikrini ve İnternet'e olan etkilerini göz ardı ederek katılım kavramını kültürel boyuta indirgemektedir. Kullanıcıları metalaştırarak ve sömürerek sermaye biriktiren şirketler tarafından hâkim olunan bir İnternet, katılımcı demokrasi kuramında, asla katılımcı olamaz ve onun kültürel ifadeleri katılımın ifadeleri olamaz. Jenkins, özellikle katılımcılığının bir yönü olarak mülkiyeti gözden kaçırır ve sınıf ile kapitalizm yönlerine dikkatini vermez (Fuchs, 2014:95).

İletişim teknolojilerini, insan, toplum, emek, sömürü gibi unsurları da kapsayan ekonomi politik bir yaklaşımla değerlendiren Fuchs, Dallas Smythe'nin "izleyici emtiası" kavramını kendisine rehber edinmiştir. Smythe'nin işaret ettiği televizyon izleyicilerinin zamanlarının reklamcılara satılması, günümüzde internet kullanıcılarının serbest zamanlarının çoğunu internette geçirmesiyle paralellik taşımaktadır. Ancak televizyon izleyicileri ve internet kullanıcıları arasında bazı farklar da söz konusudur. Burada temel fark, televizyon izleyicilerinin aksine, internet kullanıcılarının hem tüketici hem de üretici görevi üstlenmiş olmasında yatmaktadır. Ancak Fuchs, üretüketimi yalnızca yeni iletişim teknolojileriyle ortaya çıkan ağlarda harcanan serbest zamanın sömürülmesi düzeyinde ele almamaktadır. Fuchs iletişim teknolojileri ve sömürü ilişkisini, bireylerin kullandığı cep telefonu ve dizüstü bilgisayar gibi teknolojik araçların üretilmesi için gerekli madenlerin çıkarılmasından, imalat ve yazılım süreçlerine, kullanıcıların ürettiği verilerin ticari kar mantığı güden şirketlerce nasıl sömürüldüğüne varan geniş bir çerçeve içerisinde ele almaktadır (Saraçoğlu, 2015:12-15).

Fuchs, Marksist perspektifle kaleme aldığı "Dijital Emek ve Karl Marx"(2015) isimli çalışmasında akıllı cep telefonları ve dizüstü bilgisayarların üretiminde kullanılan minerallerin Demokratik Kongo Cumhuriyeti'nde hangi koşullarda ortaya çıkarıldığından bahsetmektedir. Bununla birlikte, Foxconn işçilerinin karşılığı ödenmeyen uzun çalışma saatlerinde emek harcadıklarını, Silikon vadisinde göçmen kadın işçilerin zehirli maddelere maruz kaldıklarını, Hindistan yazılım sanayisinde ve Google'da çalışan yazılım mühendislerinin psikolojik zaman baskısı altında çalıştıklarını da ifade etmektedir. Fuchs, iletişim teknolojilerinin üretim, donanım ve imalat alanlarında çalışma koşullarının kölelikle eşdeğer olduğunu vurgulamaktadır. Maaş konusunda yaşanan sıkıntıların yanı sıra sağlık sorunları, ideolojik ve toplumsal baskılarla da karşılaşan teknolojik araç işçilerinin temel özeliği; emeklerinin elektronik iletişim teknolojileri şirketleri tarafından sömürülmesi ve bedenlerinde, zihinlerinde ve dolayısıyla yaşamlarında olumsuz etkilere sahip olmasıdır. Bu işçilerin tüm yaşam zamanları, emek zamana dönüştürülmekte ve sömürülmektedir (Fuchs, 2015:17-25).

Fuchs diğer yandan, tüm bu teknolojik süreçler sonucunda kapitalist kâr mantığına sahip şirketler tarafından ücretsiz şekilde bireylere sunulan Facebook gibi sosyal paylaşım ağlarının, kullanıcıların emeklerini nasıl sömürdüğüne dikkat çekmektedir (Fuchs, 2015:177). Sosyal paylaşım ağları ya da sosyal medya olarak adlandırılan mecralar yeni iletişim teknolojilerinin ayrılmaz bir parçası haline gelmiştir. Sosyal medya, Andreas Kaplan ve Michael Haenlein tarafından *"Web 2.0 üzerinde ideolojik ve teknolojik içeriklerin, yapılanmaların kullanıcı merkezli bir şekilde üretilmesine ve geliştirilmesine izin veren internet tabanlı uygulamalar grubu"* (akt. Çetinkaya, 2015:276) şeklinde tanımlanmaktadır. Fuchs'a göre bu ağlarda kullanıcıların yaptıkları eylemlerin her biri birer dijital emek olarak kabul edilmektedir. Bu bağlamda çevrimiçi emek zamanı, şirketler tarafından elde edilen kâr zamanına işaret etmektedir (Fuchs, 2015:177). Küresel yeni medya şirketlerinin ekonomik süreçlerini inceleyen Fuchs, bu şirketlerin kullanıcıları birer müşteriye ve çalışana dönüştürdüğünü vurgulamaktadır.

Bireyler Google'da bir arama yaptıkları zaman, arama sonuçlarının yanı sıra reklamlarla da karşılaşmaktadırlar. Google'ın müşterileri reklamlar için Google'a para ödemezler, çünkü reklamların sunumu ticari değildir. Ancak, birey reklama tıkladığı anda Google'ın özel müşterilerinin sitelerinin müşterisine dönüşmüş olmaktadır. Dolayısıyla gerçek ticaret reklam tıklandığında oluşmaktadır. Bu noktada vurgulanmak istenen, Google'ın şirketlere kullanıcıların dikkatini, merakını ve ilgisini satıyor olmasıdır. Arama motorunda yapılan aramalar, tıklamalar, online eylemler ve ilgiler Google tarafından veriye dönüştürülmektedir. Google'ın bütçesini ve kâr artışını, arama, tıklama gibi her türlü çevrimiçi aktivite ile kullanıcılar oluşturmaktadır. Dolayısıyla *"İnternet kullanıcıları izleyici değillerdir; onlar aktif yaratıcı, üretici-müşteriler ve tüketim işçileridir; içerik, sosyal ilişkiler, veri aktarımı ve ilgi alanları yaratırlar. Onlar Google'ın işçileridir ve büyük karı onlar yaratır"*(akt. Çakır, 2014:92-93).

Fuchs, yeni iletişim ortamlarında denetim ve gözetim sorunlarına da dikkat çekmektedir. Google veya Facebook gibi sosyal ağlarda yaşanan gözetim yalnızca bireysel düzeyde yaşanmamakta; ekonomik gözetim burada merkezi bir rol üstlenmektedir. Google, Facebook, Twitter gibi yeni iletişim platformları, reklamcılık sektöründe temellenen sermaye biriktirme makineleri olarak rol oynamakta ve bunu ekonomik gözetim aracılığıyla başarmaktadır. Bu bağlamda Fuchs'un altını çizdiği gibi:

> Zuckerberg'in paylaşım dediği şey, aslında kullanıcıların datalarının paylaşımıdır... Facebook dünyayı daha da iyileştirmez, dünyayı daha ticarileştirir. Varlığı olmayan çok büyük bir alışveriş merkezi yaratır. Dünyayı asıl olarak reklamcılık için 'daha iyi bir dünya' haline getirir, kullanıcılar için değil (akt. Çakır, 2014:100).

Yeni iletişim teknolojileriyle ortaya çıkan platformların sahiplerinin zenginliği ve şirketlerin kârları; dijital ortamda kolektif küresel işçilerin emeklerinin sömürülmesiyle oluşmaktadır. Fuchs dijital emeği *"yabancılaşmış dijital çalışma"* şeklinde nitelemektedir. Bu bağlamda kullanıcı; kendisine, emek araçlarına ve nesnelerine yabancılaşarak sömürülmektedir. Ancak, bu durumun sömürü olarak algılanmamasının nedeni, sömürü faktörünü eğlence ve bağlantı kurma maskelerinin ardına gizleyen oyun emeğidir (Fuchs, 2015:407). Oyun, günümüzde kâr mantığı güden sosyal medya şirketlerinin sermaye birikiminde bir araç haline dönüşmüştür. Oysaki oyunun temel işlevi, bireylere dış gerçeklik tarafından kendilerine yüklenen rollerden kaçmak ve kendilerini özgür hissedebilmek amacıyla yeni bir varoluş alanı sunmaktır (Aydoğan, 2018:19-20). Ancak, hem oyun oynamanın kendisi bir kâr sağlama unsuruna dönüşmüş hem de oyun oynama mantığı kapitalist şirketler tarafından kullanılarak bireylerin dijital verileri dijital sömürüye dönüştürülmüştür.

We Are Social 2020 verilerine göre 7. 75 milyarlık dünya nüfusunun %59'u (4,5 milyar insan) aktif internet kullanıcısıyken, dünya nüfusunun %49'unu (3.8 milyar insan) sosyal medya kullanıcıları oluşturmaktadır. Dolayısıyla dünya nüfusunun yarısını sanal vatandaş olarak tanımlamak mümkün görünmektedir. Rapora göre en çok kullanılan sosyal medya platformlarının başında 2.4 milyar kullanıcı ile Facebook gelmektedir. Facebook'u Youtube, Whatsapp, Facebook Messenger, Instagram gibi platformlar takip etmektedir. (https://wearesocial.com/digital-2020, ET: 07.02.2021). Bu veriler Netchitailova'nın (2018:3) Facebook'u *"toplumun minyatürü"* şeklinde tanımlamasını kanıtlar niteliktedir. Ona göre, kâr amacı güden Facebook bir yandan kapitalizmi yansıtırken, diğer yandan bireylerin etkileşim kurdukları ve sosyalleştikleri bir alan olma özelliği taşımaktadır. Bu nedenle Facebook hem bir şirket hem de kültürel bir form özelliği taşımaktadır. Kültürel yönlerini, kullanıcılarının günlük hayatında ne ifade ettiğini ve bununla birlikte aracın sosyo-politik bağlamını da hesaba katarak Facebook'u değerlendiren Netchitailova, kullancıları "empatik işçi"ler olarak tanımlamaktadır.

Netchitailova, Facebook kullanıcılarının eylemleriyle birlikte duygularının da sömürüldüğünü belirtmekte, ancak kullanıcıların doğrudan sömürüldüğü yargısına varılamayacağı için "empatik işçi" kavramını önermektedir. Sosyal platform, kullanıcı bilgilerini ticari bir amaçla kullanmaktadır, bu yönüyle görünmeyen bir sömürü söz konusudur. Bununla birlikte, kullanıcılar sosyal ağlarda arkadaşlarıyla veya yakınlarıyla iletişim kurarak, profil resimlerini güncelleyerek, beğenerek veya beğenilerek eğlenmekte, dolayısıyla Facebook üzerinden fayda sağlamaktadırlar. Netchitailova, Facebook özelinde kullanıcıları empatik işçi olarak tanımlama nedenini şu sözlerle özetlemektedir:

> Facebook kullanıcıların yaşamlarının duygusal yönlerini yakalar ve bunu kar için kullanır. Bu nedenle ben Facebook kullanıcısını empatik işçi olarak adlandırıyorum. Empatik işçiyi Facebook'u kişisel ya da mesleki nedenlerle kullanan ve (daha çok kişisel) sitede özel anılarını arkadaşlarıyla ve akrabalarıyla paylaşan bir kişi olarak görüyorum. Burada Facebook ise bu etkileşimden kar çıkaran kurumdur. Facebook kullanıcısı, Facebook'tayken yaratıcıdır, çünkü otomatik olarak kurum için içerik sağlar. Ama yaratıcılık, Facebook için gelir toplamaya yönlendirilmiştir. Emek yerine "çalışma" terimini kullanıyorum çünkü Facebook'a girdiğinde bunu çalışma olarak görmezler, Faceçalışma (Facework) yaparken, daha çok Facebook'u yaşamlarının önemli bir parçası ve arkadaşlarıyla iletişim kurdukları yer olarak düşünürler... Kullanıcı, aynı zamanda empatiktir çünkü ağdaki hisleri ve duyguları deneyimler ve paylaşır (Netchitailova, 2018:8).

Facebook gibi sosyal ağlar, mutlu ve üzüntülü anlarını paylaşan kullanıcıların özel yaşamlarına aracılık etmektedir. Bu bağlamda kullanıcılar, kendileri için değer, Facebook içinse emek üretmektedirler; bu da bizi yeniden "dijital emek"(Fuchs ve Sevignani, 2013:237) kavramına götürmektedir. Fuchs ve Sevignani'nin vurguladığı gibi sosyal paylaşım ağlarında içerik üreten bireylerin ücretsiz emekleri sömürülmektedir (Fuchs ve Sevignani, 2013). Dolayısıyla bireyler eğlence ve paylaşım amaçlı içerik üreterek kendileri için değer üretirken, ücretsiz emekleri kâr amaçlı şirketlerce bir artı değere dönüştürülmektedir. Bu bağlamda Lazzarato'nun "maddi olmayan emek" kavramı göz ardı edilmemesi gereken bir kavram olarak karşımıza çıkmaktadır.

Lazzarato, endüstriyel üretim sürecinde fiziksel nesne üreten maddi emeğin karşısına, *"maddi olmayan emek"* kavramını koymaktadır. Endüstriyel üretim sürecinin aksine, kalıcı bir meta ortaya koymayan maddi olmayan emek, *"malların bilişsel ve kültürel içeriğini üreten emek"* şeklinde tanımlanmaktadır (Lazzarato, 2001). Hard ve Negri ise maddi olmayan emeği şu sözlerle tanımlamaktadırlar: *"Hizmet üretimi sonuçta ortaya maddi ve kalıcı bir mal çıkarmadığından, bu üretimle ilgili emeği maddi olmayan emek olarak adlandırıyoruz; yani, bir hizmet, bir kültürel ürün, bilgi ya da iletişim gibi maddi olmayan mallar üreten emek"* (akt. Özmakas, 2015:14). Bu bağlamda sosyal ağlarda üretilen içerikleri maddi olmayan emek şeklinde tanımlamak mümkündür.

Özmakas'ın da vurguladığı gibi dijital iletişim teknolojileri ile ortaya çıkan sosyal ağlar *"toplumsal fabrikalardır"* (Özmakas, 2015:15). Bu toplumsal fabrikalarda gerek empatik işçi (Netchitailova, 2018), gerek netizen (Hauben'den akt Kılıçbay, 2005) gerek üreten-tüketici (Laughey'den akt. Binark ve Bayraktutan, 2013; Jenkins, 2018) ya da dijital işçi olarak adlandırılsın, dijital ağlarda üretim yapan bireyler maddi olmayan bir dijital emek üretmektedir. Bireyler tarafından üretilen fotoğraf paylaşma, video yükleme, yorum yapma, paylaşımları beğenme gibi duygulanıma dayalı her türlü içerik sosyal ağlar tarafından kâra dönüştürülmektedir (Ünal Miçooğulları, 2018:13). Dolayısıyla maddi olmayan bir değer ortaya koyan dijital medya çalışanlarının emekleri, kârını arttırmaya çalışan şirketler tarafından kâra dönüştürülmekte bireyler de bu doğrultuda sömürülen birer işçiye evrilmektedir.

Sonuç

Olumlu ve eleştirel yaklaşımlar bağlamında yeni iletişim teknolojilerine değinilerek bu teknolojilerin getirileri kadar ortaya çıkardığı problemler de ele alınmaya çalışılmıştır. Toplumsal ve kültürel yaşamın tüm alanlarına nüfuz eden dijital teknolojiler, kullanıcıların konumunda da belirgin değişiklikler meydana getirmiştir. Bu bağlamda teknolojiye olumlu perspektiften yaklaşan kuramcılar katılımcı bir kültür yaratan bu yeni iletişim teknolojileri ile bireylerin daha aktif ve söz sahibi hale geldiklerine dikkat çekerek üreten-tüketici kavramını gündeme getirmişlerdir. Bunun yanı sıra yeni iletişim teknolojilerini daha eleştirel perspektifle ele alan kuramcılar, bireylerin pasif birer kullanıcı olmadıklarını kabul etmekle birlikte, dijital ağlarda ortaya koydukları içeriklerin birer kâra dönüştürüldüğünü, dolayısıyla kullanıcıların dijital sömürüye maruz kaldıklarını ifade etmektedirler.

Sosyal paylaşım ağlarında üretilen içerikler Jenkins (2018b) tarafından üre-tüketicilerce ortaya konan katılımcı kültür ürünleri olarak görülürken; Fuchs ve Sevignani (Fuchs, 2015; Fuchs ve Sevignani, 2013) bu içerikleri "dijital emek" şeklinde kavramsallaştırmaktadır. Netchitailova ise sosyal paylaşım ağlarında üretilen içeriklerin yalnızca bir sömürü ürünü olmadığını, kullanıcıların da bu durumda bir değer elde ettiklerini vurgulamak amacıyla "faceçalışma" (Netchitailova, 2018) kavramını tercih etmektedir. Lazzarato ise endüstri döneminde fabrikalarda ortaya konan maddi emeğin karşısına "maddi olmayan emek" kavramını koyarak fikir ve bilgi üretimini bu kavramla açıklamıştır. Gerçekten de geçmişte büyük fabrikalarda bir araya gelerek emeklerini satan ve maddi bir emek harcayan bireyler, günümüzde facebook, twitter gibi dijital toplumsal fabrika haline gelmiş ağlarda maddi olmayan emeklerini üretmektedirler.

Yeni medyanın temel özelliklerinden biri olan yöndeşme kavramı, kullanıcı profilinde de oldukça etkili görünmektedir. Çünkü iletişim ve enformasyon teknolojilerinin hâkim olduğu bu çağda bireyler üretim ve tüketim eylemlerinin yakınsandığı bir konumda karşımıza çıkmaktadır. Bireyler gerek iş zamanlarında gerek iş dışı serbest zamanlarında sürekli kullandıkları sosyal ağlar aracılığıyla başkaları tarafından verilen enformasyonu tüketirken, kendileri de maddi olmayan emeklerini üretmektedirler. Bireyler, gündelik yaşamlarında internete bağlandıkları tüm alanlarda (evde, işte, süpermarkette, yolda, otobüste...) Facebook, Twitter, Instagram, Youtube gibi paylaşım ağlarına girerek bu ağlarda paylaşım yapmaktadırlar. Arkadaşları tarafından yapılan paylaşımları beğenme, yorum yapma veya retweet etme gibi eylemlerde bulunan bireyler çevrmiçi dijital varlıklarını sürdürmektedirler.

Gerçekten de içinde yaşadığımız evrende, hislerimizi ve duygularımızı göstermek veya yaşamlarından kesitleri paylaşanları gözlemlemek için sıklıkla sosyal paylaşım ağlarını ziyaret etmekteyiz. Çoğu zaman başkaları tarafından yapılan paylaşımlar gerek mutluluk gerek kıskançlık gerekse üzüntü şeklinde duygularımıza hitap etmektedir. Facebook, Twitter, İnstagram gibi sosyal platformlar aracılığıyla mutluluklarımızı, kızgınlıklarımızı, üzüntülerimizi ele geçiren küresel yeni medya şirketleri bu duyguları paraya çevirerek bizleri de birer empatik işçiye dönüştürmektedir. Yeni medyanın avantajlarını ve katılımı arttırdığını kabul etmek yanlış olmayacaktır, ancak içinde bulunduğumuz bu dijital evren aslında bireylerin dijital emeklerinin de sömürüldüğü bir düzene işaret etmektedir. Bu nedenle yeni medyayı, teknolojik determinist bir bakış açısıyla, kültürel indirgemeci bir yaklaşımla değerlendirmek yerine birey ve sömürü ilişkisi bağlamında daha geniş bir perspektifle ele almak daha doğru sonuçlar elde etmemize yardımcı olacaktır.

Fuchs'un da işaret ettiği gibi, fabrikalarda sömürülen ücretli işçinin, bugün sosyal ağlarda dijital emeği sömürülmektedir. Bu bağlamda yeni iletişim teknolojileri, yakınsama özelliği ile farklı endüstrileri birleştirerek tüketicilere belli oranlarda güç atfetse de, aslında yakınsama nedeniyle bireyler farklı sanayilerin sermaye mantığı tarafından sömürülmeye devam etmektedir. Diğer bir deyişle teknoloji; *"kapitalizmin, bilgi, enformasyon, bilgisayarlaşma ve otomasyonla işbirliğine girdiği"* (Aydoğan, 2009:189) kapitalizmin başka bir safhası olarak değerlendirilen tekno-kapitalizmden bağımsız düşünülmemelidir. Dolayısıyla dijital iletişim teknolojilerinin kullanıcıları yalnızca birer izleyici değil; içerik ve sosyal ilişkiler yaratan aktif birer katılımcıdır. Ancak bu kullanıcılar, ortaya koydukları maddi olmayan içeriklerin medya sahipleri tarafından birer dijital emeğe dönüştürülmesi nedeniyle aynı zamanda birer dijital işçidir.

Kaynakça

Altunay, A. (2015). "Bir Sosyalleşme Aracı Olarak Yeni Medya", Selçuk İletişim Dergisi, 9.1, 410-428.

Aydoğan, F. (2009). "Eleştirel Perspektiften Yeni Medya", Marmara İletişim Dergisi, 15, 185-194.

Aydoğan, F. (2010). "İkinci Medya Çağında Gözetim İle Kamusal Alan Paradoksunda İnternet" İkinci Medya Çağında İnternet, Ed: Filiz Aydoğan, Ayşen Akyüz, İstanbul: Alfa, 3-18.

Aydoğan, F. (2018). "Tekno-Metalaşan ve 'Emeğe' Dönüşen Oyun", Akdeniz Üniversitesi Sosyal Bilimler Enstitüsü Dergisi, (4), 11-22.

Aydoğan, F., Kırık, A.M. (2012). "Alternatif Medya Olarak Yeni Medya", Akdeniz Üniversitesi İletişim Fakültesi Dergisi, 18, 58-70.

Binark, M. (2009). "Yeni medya dolayımlı iletişim ortamında olanakların ve ol(a)mayanların farkında olmalı", Evrensel Kültür, 216, 60-63.

Binark, M., Bayraktutan, G. (2013). Ayın Karanlık Yüzü: Yeni Medya ve Etik, İstanbul: Kalkedon.

Castells M. (2008). Enformasyon Çağı: Ekonomi, Toplum ve Kültür, Ağ Toplumunun Yükselişi, Çev: Ebru Kılıç, İstanbul: İstanbul Bilgi Üniversitesi Yayınları.

Çakır M. (2014) "Yeni Medyaya İlişkin Eleştirel Yaklaşımları ve Tespitleri İle Christian Fuchs", Yeni Medyaya Eleştirel Yaklaşımlar, Ed: Mukadder Çakır, İstanbul: Doğu, 81-130.

Çakır, M. (2015). İnternette Gösteri ve Gözetim Eleştirel Bir Okuma, Ankara: Ütopya.

Çetinkaya, A. (2015). "Sosyal Medya ve Televizyon İzleme Ölçümü", Sosyal Medya Araştırmaları 2, Ed: Ali Büyükaslan, Ali Murat Kırık, Konya: Çizgi. 263-286.

Fuch, C., Sevignani, S. (2013). "What Is Digital Labour? What Is Digital Work? What's their Difference? And Why Do These Questions Matter for Understanding Social Media?" TripleC 11(2), 237-293.

Fuchs, C. (2014). Sosyal Medya Eleştirel Bir Giriş, Çev: İlker Kalaycı, Diyar Saraçoğlu, Ankara: Notabene Yayınları.

Fuchs. C. (2015). Dijital Emek ve Karl Marx, Tahir Emre Kalaycı, Senem Oğuz, Ankara: Notabene Yayınları.

Fuchs, C. (2018). "Yeni Medya Kuramı: Bir Önsöz" Çev: Filiz Aydoğan, Erdem Yedekçi, Yeni Medya Kuramları, Ed: Filiz Aydoğan, İstanbul: Der. ıx-x.

Geray, H. (2003). İletişim ve Teknoloji Uluslararası Birikim Düzeninde Yeni Medya Politikaları, Ankara: Ütopya.

Jenkins, H., (2006). Convergence Culture: Where Old and New Media Collide. US: New York University Press.

Jenkins, H. (2018a). "Medya Yöndeşmesinin Kültürel Mantığı", Çev: Esra Çizmeci, Yeni Medya Kuramları, Ed: Filiz Aydoğan, İstanbul: Der. 33-45.

Jenkins, H. (2018b). "Cesur Yeni Medya" Teknolojiler ve Hayran Kültürü. Çev: Nihan Yeğengil, İstanbul: İletişim.

Kılıçbay, B. (2005) "Bir Teknoloji Söyleminden Parçalar: Enformasyon ve İletişim Teknolojileri Kuramlarına Tarihsel Bakış", İnternet, Toplum, Kültür. Ed: Mutlu Binark ve Barış Kılıçbay, Ankara: Epos, 7-14.

Kırık A.M. (2010). Etkileşimli Televizyon. İstanbul: Anahtar Kitaplar.

Saraçoğlu, D. (2015). "Sömürünün Yeni ve "Sevimli" Yüzü: Dijital Emek", Dijital Emek ve Karl Marx. Ankara: Notabene Yayınları. 11-17.

Laughley, D. (2010). Medya Çalışmaları. Çev: Ali Toprak, İstanbul: Kalkedon.

Manovich, L. (2001). The Language of New Media. USA: The MIT Press.

Netchitailova E. (2018). "Flaneur, Aylak ve Empatik İşçi", Yeni Medya Kuramları, Ed: Filiz Aydoğan, İstanbul: DER. 1-23.

Özmakas, U. (2015), "İnsan Sermayesinin Kaynağı: Maddi Olmayan Emek", Toplum ve Bilim, 135, 8-26.

Polat, İ. H. (2016). "Dijital-Siber-Sosyal; Yeni Bir Medyadan Yeni Bir Yaşam Alanına Dönüşüm", TRT Akademi, Dijital Medya Sayısı, 1(2), 408-423

Turan, E.A. (2014). "Yeni Medya Ortamları ile Dönüşen İzleyicinin Elektronik Sözlük ve Talk Show Ara Kesitinde İzlenmesi", Yeni Medya Araştırmaları Kavramlar, Uygulamalar, Tartışmalar, Ed: İdil Sayımer, Konya: Literatürk, 99-148.

Ünal Miçooğulları, S. (2018). "Yeni Ekonomide Dijital Emek", Uluslararası Emek, Yaşam ve Sosyal Politika Dergisi, 1(2), 5-17.

İnternet Kaynakçaları

Başlar, G. (2013), "Yeni Medyanın Gelişimi ve Dijitalleşen Kapitalizm", Akademik Bilişim Konferansı. ab.org.tr/ab13/bildiri/247.pdf, E.T.: 05.01.2021

Bereket, Ö. http://panorama.khas.edu.tr/edergi-yazi-583#PDF/1 (E.T: 28.03.2019)

Binark, M., Löker, k. (2011). STÖ'ler için Bilişim Rehberi. Ankara: STGM. https://www.stgm.org.tr/sites/default/files/2020-08/sivil-toplum-orgutleri-icin-bilisim-rehberi.pdf E.T.: 04.02.2021.

Lazzarato, M. (2001). https://www.springerin.at/en/2001/2/okonomie-und-die-produktion-der-subjektivitat/ (E.T: 15.03.2019).

https://wearesocial.com/digital-2020, ET: 07.02.2021.

İRAN'IN YUMUŞAK GÜÇ PROJEKSİYONU VE KÜLTÜREL DİPLOMASİSİ

*Emrah AYDEMİR**

1. Yumuşak Güç

Herkes güç hakkında konuşur. Fakat çok azı gücü anlar. Gücü yaşamak, tanımlamaktan ve ölçmekten kolaydır. Genel anlamıyla güç, birinin istediği neticeleri elde edebilmesi ve diğerlerinin davranışlarını etkileme yeteneğine sahip olması fehvasındadır (Nye, 2005:11-12). Güç olgusuna uluslararası politikada merkezi bir önem atfedilir ve güç olmadan ulusal veya milletlerarası hiçbir politika kurulmasının mümkün olmadığı belirtilir (Morgenthau, 1970). Güce tam anlamıyla olmasa da bir karşı çıkış vardır. İngiliz diplomasisinin en seçkin temsilcilerinden Sir Ernest Satow enternasyonal ilişkilerde güç kullanılmasına daima tepki göstermiş ve gücün sınırlı bir faydasının olduğunu savunmuştur. Satow'a göre güç yaklaşımı, demokratik kurallara uyan devletler arasındaki münasebetler için geçerlidir. Satow, İngilizlerin ve diğer Avrupa devletlerinin Çin'de yürüttüğü ve zaman zaman gereksiz ölçülere varan güç sarf etme politikalarını eleştirmekle beraber bu yöntemin başarılı olduğunu da inkâr etmemektedir. Aslında Satow, askerî güç kullanmayı kabul etmekte ve ihtiyatlı muhakeme ve devletin akılcı yönetiminin ehemmiyeti üzerinde durmaktadır (İskit, 2012:32-37).

Askerî ve ekonomik güç çoğu zaman başkalarının pozisyonunu değiştirir ve sert güç kandırmalara (havuç) veya tehditlere (sopa) dayanabilir. Bu mânâda askerî güç korkutmaları veya ekonomik

* Doç. Dr., Fırat Üniversitesi İletişim Fakültesi, eaydemir@firat.edu.tr

yaptırımlar diğerlerini tahavvüle zorlayabilir. Dünya siyasetinde askerî güç ve ekonomik yaptırımlar tek başına yeterli değildir, gündem oluşturmak ve diğerlerini sert güç kullanmadan kendine çekmek de mühimdir. Bu yumuşak güçtür ve yumuşak güç diğerlerinin senin arzu ettiğin sonuçları istemelerini sağlamak ve insanları zorlamadan kendi yanına çekmektir (Nye, 2005:14-15). Bu saika ile son yıllarda dış politika ve diplomasi sürecinde yaşanan değişimler yumuşak gücü ve sert gücü politik niyetler ekseninde tartışmaya açmakta ve yumuşak gücün ve sert gücün stratejik açıdan sağladıkları avantajların değerlendirilmesi zaruri hale gelmektedir (Aydemir, 2016:129).

Tüm dünyayı emirlerle yönetmek zordur. Başkalarının sizin değerlerinize ortak olmalarını sağlamak gerekir. Yumuşak güç, günümüz demokratik politikalarının en ciddi kısmını oluşturur. Çekici bir karakter, siyasi değerler, kültür, tercihleri kabul ettirme mahareti, kurumlar ve meşru görülen ya da ahlaki otoritesi olan politikalar gibi soyut değerleri içeren yumuşak güç, çekici güçtür (Nye, 2005:15). Bir ülkenin ideolojisi ve kültürü çekiciyse başka ülkeler onu gönüllü bir biçimde takip eder. Eğer bir ülke uluslararası kanunları, çıkarlarına ve değerlerine uygun olarak şekillendirirse, o ülkenin eylemlerinin başka ülkelerin gözünde meşru görünme olasılığı fazladır (Nye, 2005:19).

2. Yumuşak Güç Kaynakları

Yumuşak güç kaynakları kültüre, siyasi değerlere ve dış politikaya dayanır. Bir ülkenin kültürü evrensel değerler içerdiğinde, politikaları başkalarının paylaştığı değerlere ve çıkarlara fayda sağladığında çekicilik artar ve arzulanan sonuçlara ulaşılabilme olasılığı yükselir. Bu bakımdan dar görüşlü değerlerin ve sınırlı kültürlerin yumuşak güç oluşturması zordur (Nye, 2005:20). Siyasi değerler, hükümetin yurt içi ve yurt dışı politikaları ya yumuşak gücü arttırır ya da geriletir. İki yüzlü, kibirli, kayıtsızlık, ulusal çıkarlar konusunda dar görüşlülük üzerine oturtulan yerel ve yabancı politikalar yumuşak güce zarar verir. Bir hükümetin yurt içinde demokrasiye özen göstermesi, uluslararası kuruluşlarla çalışması ve dış politikada barış ve insan haklarının gelişmesine katkı sağlaması başkalarının tercihlerine etki eder. Bu doğrultuda hükümetler icraatlarıyla insanları kendine çeker (Nye, 2005:22-23) ve bir ulusun kültürü, siyasi idealleri ve dış politikası (evrensel değerler içerdiğinde) küresel sahnede hükümetlere stratejik kazanımlar sağlar.

Güç, global ağlarda ülkelerin yüksek bir pozisyon elde etmesinde veya lider olabilmesinde mühim bir etkiye sahiptir. Bu minval üzere yüzyıllardır lider devletler, devletlerin güç kaynakları değişiklik göstermektedir ve temel kaynaklar gücü şekillendirmektedir. Aşağıda yer alan Tablo 1'e göre on altıncı yüzyıldan yirminci yüzyıla kadar sırasıyla İspanya, Hollanda, Fransa, Britanya ve Birleşik Devletler lider olmuş, yirmi birinci yüzyılda da Birleşik Devletler lider devlet olmaya devam etmiştir. On altıncı yüzyılda külçe altın, sömürgelerle yapılan ticaret, paralı askerler ve hanedanlık bağlarından başlayan temel kaynaklar İspanya'nın lider olmasını sağlamıştır. On yedinci yüzyılda ticaret, sermaye pazarları ve donanma Hollanda'yı lider devlet haline getirirken kırsal sanayi, kamu yönetimi, ordu, nüfus ve kültür (yumuşak güç) Fransa'nın lider devlet olmasına ortam hazırlamıştır. On dokuzuncu yüzyılda politik birlik, finans ve kredi, sanayi, donanma, ada yerleşimi ve liberal kurallar (yumuşak güç) Britanya'nın lider devlet olmasına yardımcı olmuştur. Ekonomik büyüklük, yerleşim, bilimsel ve teknik önderlik, ittifaklar, askerî güç ve evrenselci kültür ve liberal uluslararası rejim (yumuşak güç) ise Birleşik Devletlerin lider olmasına sebep olmuştur. Yirmi birinci yüzyılda da bu liderlik inkişaf göstermiş, askerî ve ekonomik büyüklük, teknolojik önderlik, uluslar üstü iletişim ağı ve yumuşak güç ile yeni bir noktaya geçiş yaşanmıştır.

Yumuşak güç kaynakları yenilendikçe lider devletler değişmekte ve cedit bir dünya düzeni kurulmaktadır. Bir doğa kanunu gibi her yüzyılda tüm uluslararası sistem değerlere göre tekrar biçimlenmektedir. İrade, kuvvet ve entelektüel bir güce sahip olan ülke, liderliği süresince kendi değerlerinin dünyaca tatbiki yönünde politik bir tutum izlemektedir (Kissinger, 2012:9). Tutumlar çerçevesinde ülkeler yumuşak güç kaynaklarıyla temel anlayışlarını aktarmaya, keskinleştirmeye ve temellendirmeye çalışırken tarihsel olarak bir paradigma teceddüdü de meydana gelir. Böylece diplomasi ilkeleri, milletlerarası sistemin doğası, uluslararası siyasi çıkarımlar ve yumuşak güç çağdaş dünya siyasetinde kurumsal yenilik ve gelişmeleri zorunlu hale getirir. Bahusus Soğuk Savaş'ın sona ermesinden bu yana ortaya çıkan global sorunlar, devletlerin politik iklimlere göre temasları, nükleer silahların yayılması, terörizm, silahlı çatışmalar, demokratikleşme hareketleri, çevre yönetimi, göç, Arap Baharı, Covid-19 gibi salgın hastalıklar ve küresel sağlık enternasyonal politikada merkezi hale gelen mevzular olurken, bu hususlar yeni dünya düzenin yaratılmasında da önemli roller oynar.

Tablo 1. Lider Devletler ve Güç Kaynakları, 1500-2000

Dönem	*Devlet*	*Temel Kaynaklar*
On altıncı yüzyıl	İspanya	Külçe altın, sömürgelerle yapılan ticaret, paralı askerler, hanedanlık bağları
On yedinci yüzyıl	Hollanda	Ticaret, sermaye pazarları, donanma
On sekizinci yüzyıl	Fransa	Nüfus, kırsal sanayi, kamu yönetimi, ordu, kültür (yumuşak güç)
On dokuzuncu yüzyıl	Britanya	Sanayi, politik birlik, finans ve kredi, donanma, liberal kurallar (yumuşak güç), ada yerleşimi (savunma kolaylığı)
Yirminci yüzyıl	ABD	Ekonomik büyüklük, bilimsel ve teknik liderlik, yerleşim, askerî güçler ve ittifaklar, evrenselci kültür ve liberal uluslararası rejim (yumuşak güç)
Yirmi birinci yüzyıl	ABD	Teknolojik liderlik, askerî ve ekonomik büyüklük, yumuşak güç, uluslar üstü iletişim ağının düğüm noktası

Kaynak: Joseph S. Nye, Amerikan Gücünün Paradoksu, Çev. Gürol Koca, İstanbul: Literatür Yayınları, 2003, s.15.

Güç dağılımında realizasyon ve standardizasyon ehemmiyetlidir. Güç kaynaklarıyla yapılan ölçümlere göre askerî güç büyük oranda tek kutupludur. Birleşik Devletler hem kıtalar arası nükleer silahlara hem de küresel çapta mevzilenmeye müsait son model, kara, deniz ve hava kuvvetlerine sahip dünyanın eşsiz ülkesidir. Ekonomik güç ise çok kutupludur. Japonya, Birleşik Devletler ve Avrupa dünya üretiminin üçte ikisini karşılar. Çin ise yükselen bir ülkedir (Nye, 2003:47-48).

Ekonomik göstergelere göre Birleşik Devletler ekonomide hegemon bir güç değildir ve Birleşik Devletlerin Avrupa ile mücadele etmesi zaruridir. Yirmi birinci yüzyılın karmaşık güç dağılımında devletlerin merkezi özellikleri ve işlevleri tahavvül etmektedir. Devletlerin denetimleri bazı alanlarda artarken bazı alanlarda azalmış ve özel örgütlerin de gün geçtikçe daha fazla ulusal sınırların dışına çıkması ile uluslar üstü örgütlerle hükümetler arasındaki temasların sayısı artmıştır. Böylelikle sivil toplum kuruluşları ve ağlar sınırlara aldırmadan devletlere nüfuz etmede de etkili bir konuma gelmiştir (Nye, 2003). Sivil toplum kuruluşları, ulus ötesi şirketler, milletlerarası finans ve diğer kurumlar gibi devlet dışı aktörlerin uluslararası ilişkilerde rollerinin artmasıyla beynelmilel siyasi süreçlerin ve çekişmelerin karakteri ve müzakere vetireleri yeni bir safhaya geçmiş, politikaların yönü ve yumuşak güç kaynaklarının biçimlendirilebilmesi ile politika ve kültür arasındaki mantıksal bağın kurulması önem taşıyan bir mevzu haline gelmiştir.

Geleneksel diplomasinin kapalı, hiyerarşik ve elitist düzeni yerini yüksek teknoloji ve internet sayesinde açıklık ve esnekliğe doğru bırakmıştır. Hızlıca gelişen bilişim ve iletişim teknolojilerinin kullanılması, enternasyonal münasebetleri saydamlaştırmış ve sivil toplumların ilgi alanları en yüksek düzeyde diplomasi konusu olarak sokaktaki insanı daha fazla öne çıkarmıştır. Hükümet dışı aktörlerin sayısındaki artış ile yeni medyanın muazzam yükselişi ve devletler üstü protestoların sosyal medyayla yayılabilmesi resmi diplomasinin manevra alanını daraltmıştır (İskit, 2012:356-357). Sosyal medyanın insan öğesi vasıtasıyla yükselişi dünyada yumuşak gücün dinamiklerini değiştirmekle beraber global nüfuz mücadelesini de bu alana taşımıştır.

Sosyal medyanın görüş ve olayları şekillendirme gücü, hükümetler ve hükümet dışı aktörlerin insanı etkileme konusunda yaşadıkları rekabete, devletlerin kontrol ettiği topraklarda ya da sınır ötesi ülkelerde yaşayan vatandaşlarla temas kurulmasına ve insanların cezbedilebilmesi için yürütülen kampanyalara ortam hazırlar. Öte yandan küresel bağlantıların zahmetsizleştirilmesi yanında uluslararası ilişkileri daha karmaşık bir hale getirir ve geleneksel hiyerarşik güç yapılarına bir meydan okuma yaşanır.

3. Kültürel Diplomasi

Kültürel diplomasi, dış politika ve diplomasi hedeflerine ulaşmak için devletler tarafından kullanılan bir kamu diplomasisi pratiğidir. Kültürel diplomasi, kültürün yayılması, yabancı hedef kitleyi pozitif yönde etkilemek için iletişim kurulması (Mark, 2009:1) ve kültürel kaynakların ve başarıların yurt dışına aktarılarak uluslararası çevrenin yönetilmesi girişimleridir (Cull, 2009:19). Kültürel diplomasi karşılıklı anlayışı geliştirmek için dilin, bilginin, değerlerin, sistemlerin, geleneklerin, inançların, sanatın ve kültürün diğer yönlerinin değişimini içerir.

11 Eylül sonrası güvenlik kültürü giderek önem kazanmıştır ve kendisini sürekli tehdit altında gören ülkeler güvenlik kültürünü yüksek bir seviyeye taşımıştır (Kürkçü, 2020). Güvenlik kültürü açısından çok mühim olan kültürel diplomasi politik ve ekonomik hedeflere ulaşmak için geniş bir halk desteği oluşturma çabasıdır. Kültürel diplomasi, sosyal değişimi ve kültürler arası hoşgörüyü teşvik etmek ve ulusal güvenlik konusunda ülke yönetimlerine destek olan bireyleri yetiştirmek ve ortaklıkları ilerletmek için pek çok hükümet tarafından dış politikada uygulanmaktadır.

Kültürel diplomasinin kullanımı gün geçtikçe artmaktadır. Ülkelerin kültürleri, değerleri ve politikaları hakkında pozitif bir imaj oluşturmanın yanı sıra çatışmaları önlemek veya hafifletmek üzere iş birliğini teşvik etmek için de kullanılan kültürel diplomasi, kimlikleri şekillendirmeye olanak sağlar. Kültürel diplomasi, ülkelerin değer verdiği kavramları aktarır ve dilin öğrenilmesine neden olur.

Şöyle ki evrensel değerlere önem veren bir ülkenin aktaracağı kelimeler özgürlük, insan hakları, demokrasi ve hukukun üstünlüğüdür. Bu değerlere dikkat veren insanlar için nakledilen kültürün benimsenmesi daha kolaydır. Bu bağlamda üniversitelerin ve kütüphanelerin kurulması, sanat sergilerinin açılması, TV şovlarının yayınlanması, kültürel değişim programlarının yönetilmesi gibi faaliyetler kültürel diplomasi misyonlarına hizmet eder.

Pek çok hükümet yerel kültürlerini ihraç etmek ve milletlerarası ilişkilerini geliştirmek için çeşitli merkezler kurar. Örneğin Japonya için 1972 yılında kurulan Japonya Vakfı, ülkenin yurt dışı imajı için kayda değerdir. Japonya Vakfı, Japonya ile diğer ülkeler arasında uluslararası kültürel alışverişi ve karşılıklı anlayışı ilerletmek için çaba sarf eder ve Japon dili ve eğitimini yaymayı amaçlar (Aydemir, 2018:123). Bir diğer örnek Almanya'nın kültürel diplomasi uygulama alanının önemli bir aktörü olan Goethe Enstitüsü'dür. Alman dış kültür politikasını bir kamu göreviyle şekillendirme hizmetinde bulunan Goethe Enstitüsü, Almanya'nın sosyal, politik ve kültürel hayatı hakkında kapsamlı bilgi aktararak ülkenin imajına pozitif katkı sağlamaya odaklanır. Enstitünün kültür ve eğitim programları kültürlerarası diyaloğu teşvik ederek Almanya'nın birçok kişiyle temasını kolaylaştırır (Aydemir, 2018:191).

Kültürel diplomasi bazı ülkelerin kamu diplomasisinin bel kemiğidir. Fransa'nın kamu diplomasisinde kültür, ülkenin yurt dışı ile ilişkilerinde güçlü bir araç olmuştur. Fransız devrimi, yemek, şarap, müzik ve sanat ülkeye birçok açıdan yarar sağlamıştır. Fransız edebiyatının, sinemasının, dilinin, bilgisinin ve fikirlerinin dünyadaki yayılımı ülkenin kültür ağları bağlamında (Aydemir, 2018:199-200) Fransa'nın yumuşak gücünün gelişimine destek olmuştur.

Kültürel diplomasi bir dizi farklı faaliyeti kapsar. Ancak bir ülkenin dünyanın geri kalanıyla münasebeti yumuşak gücü ihtiva ettiği kadar sert gücü de içerir. Kültürel diplomasi sadece ilişkileri ilerletmez, bir ülkenin diğer ülkelere yardımından askerî harekâta kadar çeşitli şekillerde etkileşimi için de ortam hazırlar. Kültürel diplomasi alanında kültürel bağlantı söylemleri ve pratikleri, hedef bölgelerdeki toplulukları (ulus-devletlerin pozisyonu ve ulusal çıkarların bir aracı olarak) eğitim ve sosyal eylemler yoluyla aktif ve kendi ülkelerine bağlı vatandaşlara dönüştürmek üzere tasarlanır. Dünyayla ilişki kurulmasında, bir ülke dünyayı nasıl görmek istiyorsa kültürel diplomasi aracılığıyla temasa geçtiği insanların da o yönde dünyayı kavramasını arzu eder ve kasıtlı şekilde ülke politikasına muvafık bilgi ve projeksiyonlarla ulusal gücünü göstermeye çalışır.

Bazı ülkeler yumuşak güç ve kültürel diplomasiyi güç algısına göre yeniden planlar. Özellikle demokrasi ile yönetilmeyen ve ulusal güvenliği temel alan otokratik yönetimler güç algısını siyasi ve ideolojik argümanlarda temellendirir ve ikna ve savunuculuk dilini bir siyasi savaş biçemi şeklinde kullanır.

4. İran'ın Yumuşak Gücü ve Kültürel Diplomasi Uygulaması

İran İslam Cumhuriyeti, 1941 yılına kadar Rıza Han tarafından yönetilmiş, yönetimin İkinci Dünya Savaşı'nda Almanları desteklemesi üzerine Rıza Han istifaya zorlanmış ve yerine oğlu Şah Muhammed Pehlevi getirilmiştir. 1953 yılında Batı ve Amerika Birleşik Devletleri yanlısı bir darbe gerçekleştirilmiş ve Muhammed Musaddık görevden uzaklaştırılmıştır (Sönmezoğlu, 2010:351). İran'da 1965-1977 yılları arasında siyasal istikrar ve ekonomik büyüme sürmüş, 1975 yılında tek parti sistemi ilan edilmiştir. Çalkantılı geçen yıllar ardından Ayetullah Humeyni yönetimi ele geçirmiştir. 1996 yılında Birleşmiş Milletler, İran'a teröre verdiği destek hasebiyle çeşitli yaptırımlar uygulama kararı almış ve 11 Eylül 2001 terör saldırıları sonrasında Birleşik Devletler ile ilişkiler daha da gerginleşmiştir (Sönmezoğlu, 2010:351-352). Bilhassa 1979 Devrimi, İran'ın Batı'daki yumuşak gücüne büyük zarar vermiş ve İran'ı mollaların ve rehine krizlerinin yaşandığı bir ülkeye dönüştürmüştür. Dünyanın en büyük medeniyetlerinden biri artık şiddet yanlısı bir kalabalık olarak algılanmaya başlamıştır (Winder, 2020). 1979 yılında meydana gelen İslam Devrimi, Batı kültürünü ve değerlerini reddeden, köklerinde İslami doktrinleri barındıran ve devrimci ideolojisini ihraca odaklayan bir İran yaratmıştır. Ülke yönetiminde İslami devrimci fikirler ve Batı düşmanlığı bir ifade tarzına bürünmüş ve İslami konsolidasyon ve izolasyon politikası Tahran'ın yumuşak güç projeksiyonunun biçimlenmesine etki etmiştir. İslami dava için saldırgan ve militan yaklaşımlar, tecrit ve devrimin yayılması gayesini ön plana çıkarmıştır.

Dil, din, etnisite, kültürel ve siyasi temsiller, dostluk dernekleri, medya ve iletişim kanalları, üniversiteler, Farsça dil enstitüleri, turizm ve sinema İran'ın yumuşak güç alanlarıdır (Tamdemir, 2017). İran medeniyetinin uzun yıllara dayanan tarihi ve kültürü, Farça, Türkçe, Hintçe, Urduca, Ermenice, Gürcüce, Svahili ve diğer diller olmak üzere birçok dilin sentezine giren çekim kaynağına sahip olması ve beş milyon nüfuslu İran diasporasının ülke kültürünün yayılmasındaki rolleri ve İran'ın dini demokrasi kavramını benimseyerek bir siyasi model oluşturması yumuşak güç kaynaklarıdır. Bu kaynaklarla dindar Müslümanlar için çekici bir model sunduğunu iddia eden Tahran, dünyanın dört bir yanındaki mazlumların tam korunmasına dayanan dış politika vazifesine de atıfta bulunarak yumuşak gücünün temellerini çizmeye çalışmaktadır (Tamdemir, 2017). Söz konusu kaynaklar ve uygulama alanlarında Tahran'ın ekseriyetle enternasyonal ilişkilere ve yumuşak güce ilişkin radikal İslamcı görüşü vardır. İslamcı görüş, dış politika gündemini belirlemekte ve dış politika paradigması iç politikaya yönelik radikal bir görünüme kaymaktadır. İslam dışı evren ve İslam evreni olmak üzere iki kutuplu bir dünyanın var olduğuna inanan Tahran yönetimi, yumuşak gücünü genel olarak İslam dünyası temelinde İslam'ın yayılması ve radikal İslami devrimci ideallerin ihraç edilmesi olarak tasarlamaktadır. İran için radikal İslam'ın tanıtımı ve İslam Devrimi ideallerinin yayılması amacı Orta Doğu'daki diğer Müslüman ülkelerin rejimleri için büyük bir tehdit olarak görülmektedir. İran'ın Hizbullah ve Hamas gibi örgütlerle ilişkisi Müslüman ülkeler ile diyaloglarını etkilerken, İran'ın uluslararası toplumdan umumi bir izolasyon politikası ülke içerisinde ekonomik sorunlar doğurmaktadır. Zaman zaman dış politikanın daha pragmatik bir şekilde ele alınması konuşulsa da İran'ın güvenlik kaygısı ve olası tehditlere mukabil sürekli savunulması gerektiği düşüncesi yumuşak güç kullanımına tesir etmektedir. Arap Baharı, bölgedeki mezhep ayrılıkları, Suriye meselesi, Irak'ta yaşananlar ve

Esad rejiminin desteklenmesi İran'ın bölgedeki hedefleri ve endişeleri için Tahran'ı bölge ülkeleriyle karşı karşıya getirmekte ve bu hususlar İran'ın dış dünya ile ilişkilerine etki etmektedir.

Özellikle Tahran'ın Batı ile münasebetlerinde yumuşak gücü İranofobi'ye karşı mücadele için kullandığı görülürken (Sadeghi ve Hajimineh, 2019) Orta Doğu ile ilişkilerde yumuşak güç ve kültürel diplomasi kullanımının iki hedefi söz konusudur. Bunlardan ilki Orta Doğu halkının zihninde İran ve İran kimliğinin iyi bir imajını oluşturmaktır. İkincisi de İran kültür ve medeniyetine müteallik olumsuz tutumları değiştirmektir. İran'ın kültürel diplomasi yaklaşımında kimlik ve kimlik temsiline eğilmesi, küçük siyasi ve kültürel farklılıklar içeren İran ile Orta Doğu ülkeleri arasındaki ilişkilerde ehemmiyetli bir tesire sahiptir (Mohagheghnia, Sharafi ve Rabiee, 2017:207). İslami değerlere dayalı dış politika ile İranlılar devlet geleneği ve hüviyetleriyle gurur duyarlar. İran, eski kültürel sembolleri doğal bir pazara çevirir ve bunu yumuşak güç uygulama potansiyeli olarak hayata geçirir. İran, dini bağlara ek komşu devletlerle diyaloglarında ortak tarihi, kültürel, etnik ve dilsel mensubiyetlere başvurur. Ayrıca Tahran yönetimi medyadan yararlanarak; bölgede kültürel ve dini merkezler tesis ederek; Suriye, Yemen, Lübnan, Irak ve Afganistan'ı etkilemek için Şii topluluklara siyasi ve askerî yardımlarda bulunarak ve parasal destek vererek beynelmilel rolünü güçlendirmeye çalışır (Sadeghi ve Hajimineh, 2019:221). İlişkilerin mühim bir ayağını da siyasi partiler oluşturur. İran, Irak'ta politik, dini, ekonomik ve kültürel gücünü akıllı güç stratejisi bağlamında yükseltmeyi hedeflemekte ve Irak'ın Şii siyasi partileriyle yakın diyaloğa geçmektedir (Haynes, 2012:138-139).

İran İslam Cumhuriyeti'nin 1979'da kurulmasından bu yana Sünni ağırlıklı Orta Doğu ve Orta Asya'daki Şii nüfusu canlandırmak için yumuşak gücünün temeli olarak benzersiz Şii karakterine güvenen Tahran, bir noktaya kadar başarılı olsa da ülkenin yumuşak gücü coğrafi açıdan sınırlıdır ve uzun vadeli stratejik hedefler üretme kabiliyeti başka ülkelerce daraltılmaktadır (Sadeghi ve Hajimineh, 2019:221). Özellikle Şii karakteri temelinde yürütülen politikalar, tüm Müslüman halkları kapsamadığı için İran'ın yumuşak gücü, Şii dünyası ile mahdut kalmakta ve Şii savunuculuğu ekseninde bir imaj çizmektedir (Tamdemir, 2017). Pozitif bir görünüm için Tahran, dünyanın birçok ülkesinde yaşayan Şiilerin toplum içindeki rollerini ve etkilerini güçlendirmek üzere (Lübnan'daki Hizbullah'a yardım gibi) yoğun çalışmalar gerçekleştirmektedir. Diğer taraftan Tahran'ın ideolojik anti-emperyalist tutumu, İsrail karşıtlığı ve Şii mezheplerinin yurtseverliği dolayısıyla din temelinde Şiiliği kucaklayan dini hareketler, Şiilerle yakın bağlar inşa edilmesine ortam hazırlamaktadır (Tamdemir, 2017).

4.1. Eğitim ve Kültürel İlişkiler

Güç, şartlara ve kimin kiminle ilişkiler kurduğuna göre değişir. Keza yumuşak güç gönüllü yorumcuların ve alıcıların mevcudiyetiyle ilintilidir (Nye, 2005:24). Bu bağlamda İran bilhassa Arap dünyası ve dünyanın farklı bölgelerinde Şii İslam'a odaklanır. İran, bölgedeki genç Şiileri etkilemek ve potansiyel olarak gençleri İran'ın stratejik güç ve egemenlik mücadelesine dâhil etmek için eğitim, kültür ve yardım kuruluşlarına özen gösterir ve İran'ın yumuşak güç araçları sert güç stratejilerini tamamlar.

İran'ın kültürel diplomasi faaliyetleri İslam Kültür ve İlişkileri Teşkilatı (Islamic Culture and Relations Orgnazations/ICRO) tarafından yürütülür. Teşkilat, İran Kültür ve İslami Rehberlik Bakanlığı'na bağlıdır. Teşkilatın İslami ilke ve düşüncelerin yeniden canlandırılmasını ve yayılmasını sağlamak, İran İslam Devrimi'nin ilkeleri ve ereklerini anlatmak, Tahran'ın uluslararası arenada oynadığı rol konusunda dünyada farkındalık yaratmak, çeşitli uluslar ve topluluklarla kültürel ilişkiler geliştirmek, İran İslam Cumhuriyeti ile dünyanın diğer ülkeleri ve küresel kültürel organizasyonlar arasındaki mevcut ilişkileri güçlendirmek ve düzenlemek, İran kültürü ve medeniyetini uygun bir şekilde sunmak, Müslümanlar arasında birlik için gerekli zemini hazırlamak, dünya Müslümanları arasında birleşik bir cephe tesis etmek, düşmanlar karşısında Müslümanları uyandırmak ve Müslümanların kültürel, politik, ekonomik ve sosyal koşullarını düzenlemek, iyileştirmek ve büyütmek gibi amaçları vardır.

Son yıllarda İran, bilhassa yükseköğretimi mühim bir yumuşak güç stratejisi olarak görür. Hem teokratik hem de cumhuriyetçi bir devlet olan İran, sofistike eğitim ve kültür stratejilerine eğilir. Bu stratejilerde İslami Azad Üniversiteleri önemli bir yer tutar. İslami Azad Üniversiteleri ülkenin kültürel diplomasisinde ve bölgesel politikalarında ehemmiyetli bir rol oynar. Üniversitenin Lübnan, Birleşik Arap Emirlikleri, Birleşik Krallık ve Afganistan'da şubeleri bulunmaktadır. Bölge ülkelerinde üniversitenin yeni şubelerinin açılmasına yönelik faaliyetler devam etmekle birlikte, denklikler konusunda sıkıntı yaşanmaktadır. Azad Üniversitesi'nin sosyal, ideolojik ve kültürel faaliyetleri Orta Doğu'daki gençlerin yükseköğrenim görmesine yardımcı olurken direnişe müteveccih bir gaye de söz konusudur. Bahusus bu noktada Basij ön plana çıkmaktadır. Basij'in kültürel ve ideolojik alanlardaki organizasyon yapısı sofistike yumuşak güç stratejilerinin uygulanmasında İran için kritiktir. Yurt dışında eğitim, kültür ve hayır kurumlarının hayata geçirilmesi ve Devrim Muhafızları'nın İran politikalarına göre bölgesel istikrar için sivil bir koruma sağlaması İran İslam Cumhuriyeti'nin ideolojik ve politik hedeflerini destekleyen yumuşak güç stratejilerinin parçalarıdır.

İran Bilim, Araştırma ve Teknoloji Bakanlığı Venezuela, Lübnan, Birleşik Arap Emirlikleri, Pakistan, Ermenistan ve Tanzanya'da üniversite şubeleri açmış ve Afganistan, Tacikistan, Kanada ve Malezya'da da şubelerin açılması için planlar yapmıştır. Ortak araştırma ve mühendislik projeleri gerçekleştirmek üzere İran-Afganistan Üniversitesi'nin kurulmasına karar verilmiştir. Resmi verilere göre 2018 yılında 55.000 yabancı öğrenci İran'da eğitim görmüştür (Sadeghi ve Hajimineh, 2019:225). Medya'nın İran'ın nükleer müzakerelerini sürekli gündemde tutması ve Batı ile ilişkilerde çatışmacı dilin zaman zaman kullanılmasına rağmen Tahran, Ahmedinejad döneminde kültürel diplomasiden yararlanmaya çalışmıştır. Tahran yönetimi bu dönemde Orta Asya'ya yönelik izlediği politikalarda ve Tacikistan ve Afganistan'da Farsça konuşan halklarla ortak kültürler ve diller çerçevesinde yumuşak güç kaynaklarından istifade etmiştir. Özellikle 1991'de Sovyetler Birliği'nin dağılmasının ardından Tahran, bağımsızlığını kazanan bölge devletleriyle kültürel ve tarihi bağlar üzerinden diyaloğa geçmiştir. Bölgede Nevruz'un kutlanması gibi kültürel ortaklıkların düzenlenmesi, iş birliğini ilerletmenin ve Farsça'dan faydalanmanın bir yolu olarak görülmüştür (Wastnidge, 2015:371).

1979 devriminden sonra İran, yumuşak güç etkisini genişletmek ve sert güç faaliyetlerini tatbik etmek için bölgede çok sayıda kültürel ve dini merkezden yararlanmıştır. Örneğin Tahran, Hizbullah'ın popülaritesini artırmak ve İran'ı Şiiliğin merkezi göstermek için 1987 yılında Beyrut'ta İran İslam Cumhuriyeti Kültür Merkezi'ni hayata geçirmiştir. Bu merkez dini seminerler ve eğitime ilişkin faaliyetler dışında Tahran'ın Lübnan'daki propagandasını desteklemiştir. Belirtmek gerekir ki yardım ve kültür kuruluşları, bölgesel faaliyetlerin sürdürülmesinde nümâyânın ötesinde İslami Devrim Muhafızları Ordusu'na ayrımlı bir görünüm sağlar. İran'ın Lübnan'daki kültür merkezi, Hizbullah'a fon sağlamak için Hizbullah'ın kültür departmanı ile yakın çalışmalar da yapar. Zahiren bir hayır kurumu olan İmam Humeyni Yardım Komitesi de İran'ın bölgedeki ideolojik ve politik hedeflerini destekleme işlevi görür ve İslami Devrim Muhafızları'nın çabalarına yardımcı olur.

Vakıflar, kiliseler, üniversiteler ve sivil topluluklar ülkelerin dış politikadaki amaçlarını güçlendirir ve yumuşak güçlerini geliştirir. Global bilgi çağında özel yumuşak güç kaynaklarının giderek önem kazanması sebebiyle (Nye, 2005:26) Tahran'ın bu yollara başvurması bilhassa Şiilere ulaşması bakımından dikkatle üzerinde durulan bir metottur.

4.2. Uluslararası Yayıncılık

Tahran yönetiminde Batı televizyonlarının ve müziklerinin yasaklanması ve toplum üzerinde İslami kültürel mantalitesinin uygulanması konusunda bir anlayış vardır. Uluslararası medya kuruluşlarında sık sık İran'ın bölgesel çatışmalara askerî müdahalesi ve çeşitli örgütlere desteği yer almaktadır. Batı'nın kültürel nüfuzuna karşı direnişte milletlerarası yayıncılık savunma maksatlıdır. İran'ın enternasyonal yayıncılığının merkezinde İran Radyo Televizyon Kurumu vardır. Kurum, İran kültürünü ve medeniyetini beynelmilel bir izleyici kitlesine tanıtmak ve Tahran'ın dünya görüşünü açıklamak amacı taşımaktadır.

İran diğer ülke vatandaşları için İngilizce ve Arapça gazeteler yayınlamaktadır. İran Radyo Televizyon Kurumu, on televizyon kanalı ile yurt dışındaki izleyicilerle buluşmaktadır. Bu kanallar Jam-i Jam 1, 2, 3; Al-Alam; Sahar TV 1, 2, 3; Al-Kawthar TV; Press TV ve Hispan TV'dir. İran ayrıca İspanyolca, Fransızca, Almanca, İtalyanca, Arnavutça, Türkçe, İngilizce, Çince, Kazakça, Azerice, Japonca, Hintçe, Kürtçe, İbranice, Urduca ve sayılabilecek bazı dillerde programlar yayınlamaktadır (Sadeghi ve Hajimineh, 2019:223).

İran'ın yabancı dilde ilk Arapça kanalı olan Al-Alam, 2003 yılında yayına başlamıştır. Öncelikle Irak'a dair haberlerle birlikte Lübnan, Filistin, Afrika ve İran ile ilgili haberleri de içermektedir. Kanal Batı'nın tek taraflı haber emperyalizmine karşı çıkmaktadır. İran'ın İkinci Arapça hizmeti olan Al-Kawthar TV 2006'da yayına başlamıştır. Kanal daha çok Arap dünyasındaki diğer Şii topluluklara ulaşan dini programlara odaklanmaktadır. İran Radyo Televizyon Kurumu Lübnan'daki Hizbullah Medya Kuruluşu Al-Manar için de program desteği vermekte ve dolaylı da olsa İran'ın medyaya erişimini artırmaktadır (Wastnidge, 2015:372).

Bir diğer kanal olan Hispan TV, Latin Amerika'ya İspanyolca yayın yapmaktadır. Kanal, İran ve Latin Amerika arasında bağ kurmaya odaklanmaktadır. Press TV de İran'ın ilk uluslararası haber ağıdır ve Tahran merkezlidir. Dünyanın stratejik şehirlerinde büroları bulanan Press TV yirmi dört saat İngilizce yayın yapmaktadır. Sahar TV ise 1997 yılında yayın hayatına başlamıştır. Sahar TV hem İran devrimini yurt dışına ihraç etmeyi hem de İslami eğitimi desteklemeyi gaye edinen dini bir kanaldır. İran Radyo ve Televizyon Kurumu'nun İngilizce, Farsça ve Arapça olmak üzere üç kanaldan oluşan eğlence ağı da vardır. Bu ağ iFilm TV ağıdır. iFilm TV, İran dizilerini ve filmlerini küresel izleyicilere sunmak amacındadır.

Televizyon ve eğlence ağı dışında ülkenin resmi haber ajansı olan İran İslam Cumhuriyeti Haber Ajansı da (The Islamic Republic News Agency) Türkçe, Fransızca, İspanyolca, İngilizce ve Almanca gibi çeşitli dillerde Tahran'ın sesi olmaktadır.

İran dijital diplomasiye de önem vermekte ve Dışişleri Bakanlığı dijital diplomasiyi yürütmektedir. Örneğin Hasan Ruhani'nin sosyal medya temelli "Meet Iran" kampanyası İran'ın sunumu için tekvin edilmiştir. Ocak 2021 verilerine göre 6.282 Twitter takipçisi olan "Meet Iran" kampanyası, İran'ın denizaşırı kamu imajını tanıtmaya bağlı kültürel bir girişimdir.

5. Medeniyetler Arası Diyalog mu? Biz ve Onlar mı?

İran düşüncesi gerçek anlamda diyalektik bir şuura sahip değildir. Eski İran ideası, evrende var olanları iki kategoriye ayırmıştır ve karşıtlıklar arasında bir çatışma bulunmaktadır. Bu kategorilerden biri aydınlık ilkesi tarafından yönetilen iyilik kuvvetleridir. Diğeri de karanlık ilkesi tarafından yönetilen kötülük kuvvetleridir. Bu varlıklar arasında bir savaş vardır ve düşüncelerine göre dünyanın sonu geldiği zaman iyilik ilkesi (Hürmüz), kötülük ilkesini (Ehrimen) yenilgiye uğratacaktır (Hilav, 2012:14-15). İran'ın dış politika konsepti, yumuşak güç projeksiyonu ve kültürel diplomasiye eğilimi esasen bu felsefenin yansımasıdır.

Batı'nın algısına ve nüfuzuna karşı koymayı ülkü edinen bir strateji söz konusudur. Tahran'a göre kültürel bir saldırı vardır ve yumuşak güç bu kültürel saldırıya müteveccih kendi kültürlerini korumaktır. Bu savaşta Pers medeniyeti, global kapitalizme muhalefet, İsrail ve Batı karşıtlığı, bölgesel güç olma fikri, devrimci ideoloji gibi düşünceler Tahran'ın ulusal güvenlik hedeflerini destekleyen motivasyon kaynaklarıdır. Şii mezhebi üzerinden yumuşak güç kullanımı, yabancı ülkeler ile ilişkileri geliştirmekten ziyade, Tahran'ın ulusal gücünü göstermek, Tahran'ı desteklemeye elverişli bir ortam ve toplum yaratmak, Şiiler üzerinden bilgi toplamak ve yorumlamak odaklıdır. İran bu yolla hem istihbari vukuflar sağlamakta hem de Şiilerin yaşadığı ülkelerdeki politikalar için destek toplanmasına yardımcı olmaktadır.

Tahran, Şiiler dışında bilhassa Latin Amerika'daki Solcu rejimlerle de diyaloğa geçmekte ve Batı'ya karşı mücadelesinde destek toplamak için çaba sarf etmektedir. İran kendi çıkarlarına göre dost devletler ağı kurmak ve güvenlik ve siyasi anlaşmalar yapmak için ekonomik ortaklıkları güçlendirmek üzere çalışmaktadır. Tahran,

Afrika dâhil olmak üzere pek çok bölgede ortaklıklar kurmayı arzulayarak gerek ideolojik düşmanı Birleşik Devletlere karşı koymak gerekse milletlerarası politik gelişmeleri kendi lehine çevirmeyi amaçlamaktadır.

İran'ın uluslararası bir güvenlik ağı yaratma isteğinde yumuşak güç, kültürel bir savaş formatıdır. İran, bir dizi farklı aktör ve kanal aracılığıyla küresel sahnede yer alabilmek için çeşitli stratejiler ve diyaloğa yönelik anlatılar üretebilmektedir. Bu doğrultuda İran'ın eski Cumhurbaşkanı Muhammed Hatemi, Samuel P. Huntington'un Medeniyetler Çatışması teorisine yanıt olarak Medeniyetler Arası Diyalog kavramını ortaya atmıştır. Bu terim İran dış politika arayışı açısından bir gelişme olmuştur. Medeniyetler Arası Diyalog, kültürlerarası iş birliği ve anlayışı vurgularken yumuşak gücün yalnızca devlet eliyle planlanma ve uygulanma özelliği ve diyaloğun umumiyetle Şiilerle kurulması düşüncesi terimin lafta kalmasına neden olmuştur. Tahran, İran düşmanlığına ve İran'a müteveccih suçlamalara karşı koymak için yumuşak gücünü operasyonel hale de getirememiştir. Öte yandan İran'ın yumuşak gücünü Şii dünyasının ötesine taşıyamaması, bölgedeki mezhepsel bölünmelere yol açabileceği gibi İran'ın güvenlik ortamını karmaşık bir vaziyete getirmekte ve politikaların devamı ile izole olan ülke jeopolitik alanı içinde daha da izole olmaktadır. Haddizatında Tahran'ın politikaları, İran'ın dış dünyada tehdit olarak algılanabilmesine fırsat da vermektedir.

İran'ın kültürel diplomasi mantalitesi Nye'in devlet dışı aktörler aracılığıyla tabandan gelen kültürel alışverişi düşüncesiyle çelişmektedir. Devlet iç siyasette katı otoriteyi korurken, dünya sahnesinde kamusal imajını devletin rolü açısından yürütmeye çalışmaktadır. Bu doğrultuda İran, Çin ve Rusya'nın yaklaşımlarıyla benzer hususiyetler taşımaktadır. İran, yumuşak güç araçları üzerinde kontrol sağlayarak politikalarını yürütmektedir. Eğer İran'da Batı tarzı bir demokrasi olsaydı Tahran'ın kültürel diplomasisi daha ileri bir düzeye evrilebilirdi (Wastnidge, 2015:366) ve kadın hakları, basın özgürlüğü, demokrasi, hukukun üstünlüğü gibi gelişmeler yaşansaydı ülkenin yumuşak gücüne büyük katkılar sağlanırdı.

Şii karakterine güven, devrimci doktrin, ideolojinin yurt dışı ihracı, Pers gücüne vurgu, Batı karşıtlığı, Şii nüfus üzerinden kültürel ve siyasi değerlerin yayılması ve kontrolü İran'ı âdemi merkeziyetçi bir duruma getirmekte ve direniş anlatılarını kültürel diplomasiye enjekte etmektedir. Bu bakımdan İran'ın yumuşak güç stratejisinde her ne kadar kültürel diplomasi kullanılsa da çekim kaynaklarında evrensel değerlerin bulunmaması yumuşak gücünü sınırlandırmaktadır. İran gibi otokratik devletlerin yumuşak gücünde hedef kitlelerin sosyal dünyaları için sadece yerel çekim kaynakları kullanılmaktadır. İran'ın yumuşak güç stratejisi rasyonaliteden uzak, yerel değerlerle örülmüş duygusal rezonansa dayalıdır. Yumuşak güç ve sert güç Nye'in belirttiği gibi birbirleriyle ilişkilidir ve Tahran davranışları etkilemek için ikisinden de yararlanmaktadır.

Tahran'a göre dramatik gerçeklikler devam eder ve Tahran düşman güçlerle ve despotluklarla ara vermeden çarpışır. Dünya devam ettikçe de derinleşmiş felsefeleri, ülke yönetimine göre tüm politikalarda ve toplumsal ilişkiler üzerinde bilinçli eylemler olarak yürütülür ve Şii toplumunda derin bir biçimde yüksek bir birliktelik yaratır. Ezcümle felsefeden esinlenen İran dış politikasına göre ülkenin yönetimi Hürmüz'dür ve savaşın sonunda Ehrimen yenilgiye uğratılarak kazanan kendileri olacaktır!

Kaynakça

Aydemir, Emrah (2016). Dış Politikada Yumuşak Güç ve Medya, İstanbul: Kalkedon Yayınları.

Aydemir, Emrah (2018). Kamu Diplomasisi: Ülkeler – Avrupa Birliği – Kurumlar – Uygulamalar, İstanbul: Kalkedon Yayınları.

Cull, Nicholas J. (2009). Public Diplomacy: Lessons from the Past, Los Angeles: Figueroa Press.

Haynes, Jeffrey (2012). Religious Transnational Actors and Soft Power, New York: Routledge.

Hilav, Selahattin (2012). Diyalektik Düşüncenin Tarihi, İstanbul: Yapı Kredi Yayınları.

İskit, Temel (2012). Diplomasi, İstanbul: İstanbul Bilgi Üniversitesi Yayınları.

Kissinger, Henry (2012). Diplomasi, Çev: İbrahim H. Kurt, İstanbul: Türkiye İş Bankası.

Kürkçü, Burak (2020). "Teknolojik Gelişmeler Çerçevesinde Değişen Güç Algısı, Güvenlik Kültürü Kavramı ve Ulus Devletin Güvenlik İnşası", Avrasya Uluslararası Araştırmalar Dergisi, Cilt 8 Sayı 21, ss.198-210.

Mark, Simon (2009). "A Greater Role For Cultural Diplomacy", Discussion Papers in Diplomacy", Netherlands Institute of International Relations 'Clingendael'.

Mohagheghnia, Hamed, Hadi Sharafi ve Bijan Rabiee (2017). "The Role of Islamic Rebuplic of Iran's Soft Power in the Middle East", International Journal of Scientific Study, Vol 5, Issue 4, ss.204-213.

Morgenthau, Hans J. (1970). Uluslararası Politika: Güç ve Barış Mücadelesi Cilt 1. Çev. Baskın Oran ve Ünsal Oskay, Ankara: Türk Siyasi İlimler Derneği Yayınları.

Nye, Joseph S. (2003). Amerikan Gücünün Paradoksu, Çev: Gürol Koca, İstanbul: Literatür Yayınları.

Nye, Joseph S. (2005). Dünya Siyasetinde Başarının Yolu Yumuşak Güç, Çev: Reyhan İnan Aydın, Ankara: Elips Kitap.

Sadeghi, S. M. Mirmohammad and Rahmat Hajimineh (2019). "The Role of Iran's Soft Power in Confrontig Iranophobia", MGIMO Review of International Relations, 12 (4), ss.216-238.

Sönmezoğlu, Faruk (2010). Uluslararası İlişkiler Sözlüğü, İstanbul: Der Yayınları.

Tamdemir, Ezgi Özlem (2017). Iranian Soft Power Policy, Ankara: Yıldırım Beyazıt University.

Wastnidge, Edward (2015). "The Modalities of Iranian Soft Power: From Cultural Diplomacy to Soft War", Political Studies Association, Vol 35 (3-4), ss.364-377.

Winder, Robert (2020). Soft Power: The New Great Game, London: Little, Brown.

HALKLA İLİŞKİLERİN TOPLUMSAL KÜLTÜR PERSPEKTİFİNDEN DEĞERLENDİRİLMESİ

Hasan ALTİNCİK[*]

Giriş

Basın bültenleri hazırlamaktan basın toplantılarının sorunsuz bir şekilde sonlandırılmasına kadar geniş bir görev alanı olan halkla ilişkiler, iletişim ve iletişim teknolojilerinin de gelişmesiyle farklı kültürlerle daha fazla etkileşim kurmaya başlamıştır. Farklı hedef kitle tanımlamalarından farklı kültürel özelliklere sahip yapılara evrilen bu durum nedeniyle halkla ilişkilere düşen görev ve sorumluluklarda farklılaşmaya ve biraz zorlaşmaya başlamıştır.

İnsanların bir arada yaşama gereksinimleri belli başlı kuralların geliştirilmesini, zaman içerisinde örf, adet, gelenek ve görenek olarak adlandırılan sosyal ilişki normlarının oluşturulmasını da beraberinde getirmiştir (Tellan, 2016:51). Genel itibariyle bir arada yaşayan her insan topluluğunun kendisine ait bir takım yaşam kuralları söz konusu olmaktadır. Bu kurallar sosyal hayat içerisindeki düzeni sağlamaktadır.

Genel olarak halkla ilişkilerin doğası bir söylem biçimine ve ideolojiye dayanmaktadır. Kurumların hedef kitleleriyle iletişim ihtiyacını giderdiği için üretken ve dinamik bir yapıya sahiptir. Halkla ilişkiler kurumsal kültürü oluşturmakta bu oluşum sürecinde içinde bulunulan kültürden de etkilenmektedir. Bir toplumun sosyo-ekonomik koşulları, siyasi durumu ve sosyal değerleri, kitle veya kamu toplumu olması, medyayı kullanma şekli, halkla ilişkiler

---

* Öğr. Gör. Dr., Dicle Üniversitesi İletişim Fakültesi Halkla İlişkiler ve Tanıtım Bölümü (Orcid ID: 0000-0002-3528-2680), hasanaltincik@gamil.com

pratisyenlerinin kültürü, halkla ilişkiler uygulamalarında benimsenen roller ve modeller halkla ilişkiler mesleğini ve nasıl uygulanacağını etkilemektedir (Mengü ve Mengü, 2016:663).

Kurum yöneticileri ve halkla ilişkiler uzmanları açısından faaliyetlerin gerçekleştirileceği alanlardaki stratejik unsurların seçiminde ve bu kilit unsurlarla kurulacak iletişim stratejilerinde doğru adımları atabilmek için ortamdaki kültürü tanımak ve bilmek zorunlu bir görevdir. Bu farklı kültürlerde başarılı olmak için atılması gereken önemli adımlardan biri olarak kendisini göstermektedir (Sriramesh vd., 2005:605-606). Bu bağlamda halkla ilişkiler faaliyetlerinde kültüre ayrı bir önem atfedilmelidir. Çünkü kültür, hem yapılacak halkla ilişkiler çalışmaları için bilinmesi gereken ilk yapıyı oluşturmakta, hem de kurumsal kültürün oluşmasına katkı sağlayan temel bir unsur olmaktadır.

1. Halkla İlişkiler

Halkla ilişkiler, kamu ve özel kurumların hedef kitleleriyle kuracakları iletişimi oluşturan ve bu iletişimi devam ettiren stratejilerinin yönetilmesine dayanmaktadır. Bu stratejilerde önemli olan unsurlardan ilki kurulan iletişimin çift yönlü olmasıdır. Yani kurumlardan hedef kitlelere yönelik tek taraflı gerçekleştirilen bilgi paylaşımını iletişim olarak değerlendirmemiz mümkün değildir. İletişim olgusundan bahsedebilmemiz için her iki tarafında bir birine mesaj gönderip geri bildirimi alabilmesi gerekmektedir. Kurumların, kurumsal hedeflerini gerçekleştirebilmeleri ve kendilerini paydaşlarına anlatabilmeleri için hedef kitlelerinin özelliklerine göre iletişim stratejisi oluşturması ve devamlılığını sağlaması gerekmektedir. Gelişen iletişim teknolojileriyle çift yönlü iletişimin kurulması ve devamlılığı kurumlara büyük avantajlar kazandırmıştır. Çünkü iletişim araçları mesaj alışverişinin hızlı bir şekilde olmasını sağlamaktadır.

Erdoğan, 'halk' ve 'ilişki' kavramlarının birleşmeleriyle halkla ilişkiler kavramının oluştuğunu ifade ederek öncelikle bu iki unsura değinmektedir. Halka ilişkiler perspektifinden halkı; izleyiciler, dinleyiciler ve okuyucular olarak tanımlarken, ilişkiyi ise en az iki tarafın olduğu ve amaçlı bir faaliyet odağında kurulan sürekli veya geçici, gerektiğinde tekrarlanan çeşitli yoğunlukta duygu, düşünce, tutum ve inanç taşıyan bağ olarak tanımlamaktadır (2008:12-16). Halkla ilişkiler bağlamında ilişki, kurumlar ve hedef kitleleri arasındaki bağlantı ve her iki taraf arasındaki etkileşim olarak ifade edilmektedir (Boztepe, 2014:56). Halk kavramının tanımlaması yapılacak halkla ilişkiler çalışmalarının hedef kitle tanımlarına göre değişiklik göstermektedir. Bir kamu kurumu için halk kimi çalışmalarda kendi ülkesindeki vatandaşlar olurken, çok uluslu bir kurum için faaliyete girişeceği farklı ülkelerdeki insanlar olabilir. İlişkide de önemli unsurlardan biri değişen hedef kitlelere göre kurulacak ilişkinin de farklılık arz edecek olmasıdır. Çünkü halkla ilişkiler çalışmalarında hedef kitle tanımları sürekli değişiklik göstermektedir (Arklan, 2011:14-17). Bu tanımlamalardan hareketle halkla ilişkiler, halk yani "hedefe kitle" ve ilişki yani "iletişim" şeklinde değerlendirilebilir. Halkla ilişkilerin zaman içerisinde binlerce tanımı yapılmıştır ve halkla ilişkiler var olduğu sürece bu tanımlamalara yenileri de eklenecektir. İletişim olgusunun olduğu her yerde bir devinim söz konusudur. Hedef kitleler de sürekli olarak değişik göstermektedir. Hem hedef kitleyi oluşturan halk unsurunda demografik değişiklikler olmakta hem de kurumların yapacakları çalışmalara göre hedef kitle tanımlamaları değişiklik göstermektedir.

Genel olarak yönetime yol gösterici bir şekilde hareket eden halkla ilişkiler, kurum içerisindeki diğer birimlere de iletişim desteği veren ve diğer bilim dallarıyla ilişki içerisinde olan bağımsız bir disiplindir (Peltekoğlu, 2012:1). Bu disiplinin temeli güvene dayalı olmalıdır. Kurumlardan hedef kitlelere aktarılacak bilgilerin doğru olması gerekmektedir. Halkla ilişkilerden beklenen uzun süreli iletişim kurma görevinde öncelik, dürüstlük olmalıdır (Akdağ, 2010:38). Halkla ilişkiler gruplarla, kitlelerle karşılıklı ilişki, anlayış ve güven ortamının hazırlanmasını ve bunun sürdürülmesini sağlamaktadır (Okay ve Okay, 2015:14). Halkla ilişkiler uygulamalarında hedef kitlenin anlayış ve sempatisinin kazanılması için sürekli çalışma, sevk ve idare faaliyetleri gereklidir (Canöz, 2007:17). Halkla ilişkiler uzmanının amacı kurumsal hedefler doğrultusunda paylaşılması gereken bilginin yayılmasını sağlamaktır. Bu durum gerçekleştirilirken de hedef kitleye yönelik belirlenmiş olan iletişim araç ve yöntemleri kombine bir şekilde kullanılmaktadır (Oktay, 2002:69). Grunig'de halkla ilişkileri iletişim yönetimi olarak ayrıştırmakta, iletişim teknikleri ve medya ilişkileri bağlamında geniş bir yelpaze ve iç ve dış hedef kitlelere yönelik geniş bir ilişkinin olduğu sürece vurgu yapmaktadır (2005:15). Halkla ilişkilerdeki iletişim olgusu dürüstlük, anlayış ve güven gibi unsurları hedef kitleler nezdinde farklı bir noktaya taşımaktadır. Kamuya yönelik bilgilerin paylaşılmasında ve bu bilgilerin daha fazla kişiye ulaşmasında halkla ilişkilerin esas görevi öncelikli olarak detaylı bir planlama yapmak olmalıdır.

Halkla ilişkiler tek taraflı bir iletişim yöntemiyle direkt fikir aşılamak yerine belirlenen amaçlar doğrultusunda anlatılmak istenen bilgileri paylaşıp hedef kitlenin almak istediği bilgileri özgür bir şekilde almasına ve istediği zaman geri bildirimde bulunmasına olanak sağlayan bir işleve sahiptir (Tanyeri, 2015:150). Teknolojik değişimler üretilen ürün ve hizmetlerinde değişmesine neden olduğu gibi rekabeti de artırdı. Aynı zaman da değişen bilgi dağıtım ve dolaşım sistemleriyle, insanların bir konu hakkında haberdar olma seviyeleri de farklılaşmış oldu. Artık insanlar bir ürün veya hizmeti satın almadan önce binlerce seçenek içerisinden kendisine maddi ve manevi en yüksek fayda sağlayacak olanı bulmak için araştırma yapmakta, önceki kullanıcıların yorumlarını ve fikirlerini görebilmektedir. Dahası artık hedef kitleler ürün ve hizmetleri sunan kurumlarla doğrudan iletişime geçebilmektedir.

İçinde bulunduğumuz çağda insanlar mal ya da hizmetlerin yanı sıra kurumla hakkında da bilgi sahibi olmak istemektedirler. Üretilen mal ya da hizmetin kalitesi dışında günümüz müşterileri, kurumların kurumsal iletişim şekillerine, misyon ve vizyon tanımlarına, personellerin kalifiye olup olmadıklarına, servis ağlarına ve müşteri hizmetleri unsurlarına kadar birçok unsura karar verirken dikkat etmektedirler (Başok ve Değirmen, 2014:9). İnsanların ve halkla ilişkilerin bu noktalara evrilmesinde 19. Yüzyılın son çeyreği ve 20. Yüzyılın ilk çeyreğinde ortaya çıkan ve belirleyici olan ekonomik, teknolojik ve toplumsal değişimlerin neden olduğu söylenebilir. Bunları şu şekilde sıralayabiliriz (Becerikli, 2008:53):

- İş dünyasındaki rekabetin yol açtığı bir kriz monopol kapitalizme neden olmuştur.
- Toplumda genel olarak örgütlerde ve uzmanlaşmada bir artış olmuştur.
- Gruplar arasındaki iletişim sorunları artmaya başlamıştır.
- Pazarlama ve yönetim alanlarına ilişkin bilimsel yaklaşımlarda bir ilerleme gözlemlenmiştir.
- Genel olarak teknolojide özel olarak da kitle iletişim tekniklerinde ilerlemeler kaydedilmiştir.
- Genel olarak eğitim düzeyinde bir artış gerçekleşmiştir.
- Değerlerde bir değişim gerçekleşmiş ve insanlar arası eşitliği savunan bir anlayış yükselişe geçmiştir.

Şüphe yok ki ürün ve hizmetlerin üretim ve dağıtımının değişmesinin yanı sıra iletişim teknolojilerindeki değişimler, iletişim araçlarına ulaşımın artması, eğitim seviyesinin yükselmesi, insanların satın alma güçlerinin yükselmesi ve daha fazla boş zamanlarının olması hem insanların hem de kurumların algısının değişmesinin nedenleri arasında sayılabilir.

Gelişen ve yaygınlaşan internet teknolojisi, bilginin eş zamanlı alış verişinin yapılmasını sağlayan platformları karşımıza çıkarmış, iletişimdeki yer ve mekân sorununun ortadan kalmasına olanak tanımıştır (Özgen, 2015:193). Dijitalleşmeyle ortaya çıkan ve geleneksel medyanın belli unsurlarını değişikliğe uğratan teknolojik yenilikler aynı zamanda bireysel yayıncılığın ön plana çıktığı farklı bir dünya oluşturmuştur (Yaşar, 2020:20). İnternet, kullanıcı içerikli verilerin oluşturulduğu ve paylaşıldığı Web 2.0 dönüşümüyle etkileşimin arttığı büyük bir güce dönüşmüştür (Alikılıç, 2011:5). Bu güç kurumlar açısından hem avantaj hem de dezavantaj olarak karşımızda durmaktadır. Bilginin hızlı ve kontrolsüz bir şekilde paylaşıldığı internet ve sosyal medya platformlarında diyalog esaslı iletişim avantajın yanı sıra yeni krizlerin ortaya çıkmasına veya var olan bir krizin daha da derinleşmesine de neden olabilmektedir.

Sosyal medya bireylerin gruplar halinde hareket ettiği ve iletişim süreçlerine aktif bir şekilde katıldığı ve birbirlerini etkileyebildikleri bir ortam sunmaktadır (İlhan ve Uğurhan, 2019:37). Sosyal medya uygulamalarının kullanım şeklinin basit olması ve insanlara kolay erişebilme imkânlarını da sunması nedeniyle kullanıcıların motivasyonunu artırmaktadır (Yaşar, 2020:129). Günümüzde internet ve sosyal ağlar, iletişim biçimlerinden düşünme şekline kadar yeni bir tarz oluşturmaktadır (Erdem ve Akmeşe, 2015:1297). İnternetin ve internete bağlı iletişim araçlarının gelişmesiyle birlikte toplulukların bu ortamlarda bir araya gelmesine neden olmaktadır. Özellikle sosyal ağlarda bir araya gelen bu toplulukların yönetilmesi halkla ilişkiler açısından önem arz eden bir konudur. Çünkü bu topluluklar ürün ve hizmetler hakkında önemli değer ve bilgiler katabilmektedir (Özel ve Sert, 2015:5). Çevrimiçi toplulukların önemli değer ve bilgiler kazandırmalarının yanı sıra kimi zaman kurumların bazı noktalarda geç hareket etmesi ise bazı sorunları da beraberinde getirebilmektedir.

Bu bağlamda gelişen teknolojilerin sağladığı avantajlarla kurumlar hedef kitleleriyle hızlı ve çift yönlü iletişim kurabilmektedir. Özellikle internet ve sosyal medya platformları vasıtasıyla geniş coğrafyalara yayılmış olan kurumların dil kullanımında ve kültürel unsurları anlamada avantajları olmaktadır. Ancak bu faktörler kültürel özelliklerin yanlış anlaşıldığı veya anlaşılmadığı durumlarda kurumları büyük sorunlarla karşı karşıya getirebilmektedir. Bu nedenle halkla ilişkiler açısından kültürü bilmek, önemsemek ve göz ardı etmemek önemlidir.

2. Kültür

Her kültürün kendine ait özelliklerinin yanında kendine has bir tanımı da vardır. Bu kapsamda Ziya Gökalp'in kültürle ilgili tanımlamalarını irdeleyen Arslan, Gökalp'in kültürü; bir ulusa özgü olan dil, din, edebiyat, güzel sanatlar, hukuk, ekonomi, gelenek ve görenek, töre vs. gibi olguların toplamı olarak tanımladığını belirtmektedir (Arslan, 2004:11). Türk Dil Kurumu'na göre ise kültür (TDK, 2021); "Tarihsel, toplumsal gelişme süreci içinde yaratılan bütün maddi ve manevi değerler ile bunları yaratmada, sonraki nesillere iletmede kullanılan, insanın doğal ve toplumsal çevresine egemenliğinin ölçüsünü gösteren araçların bütünü, hars, ekin" ve "bir topluma veya halk topluluğuna özgü düşünce ve sanat eserlerinin bütünü" olarak tanımlanmaktadır. Kültür, önceleri dar bir çerçevede sadece insanların bitkileri ve hayvanları yetiştirmeleri ve onlardan elde etikleri ürünler için kullanılmıştır. Zaman içerisinde ise birlikte yaşayan insanların günlük yaşam pratikleri, değerleri, gelenekleri, görenekleri davranış şekilleri gibi yeteneklerini de kapsayan geniş bir çerçevede kullanılmaya başlanmıştır (Güngör, 2020:302). Tanımlarda ortak değerlere ait unsurların varlığı gözlemlenmektedir. Kültürü oluşturan toplulukların ya da halkın ortak bir dil, çoğu zaman ortak bir din, ortak bir yaşam tarzı, gelenek ve göreneklerinde aynılık söz konusu olmaktadır. Bu değerler geçmişten bugüne öğrenilerek gelmiştir ve geleceğe de öğrenme yoluyla aktarılmaktadır. Bu bağlamda Nalcıoğlu, toplumların hayatlarını devam ettirebilmesinde kültürü son derece önemli ve gerekli bir olgu olarak görmektedir. Toplumsal yapıyı oluşturan değerler, kurallar, davranış biçimleri; tarih, coğrafya ve aynı zamanda içinde oluştuğu toplumun üretim biçimi ve hukuk düzenine bağlı olarak şekillendiğini belirtmektedir (2017:68-69). Göçer ise kültürü yaşam kodlarını içinde tutan bir hafızaya benzetmektedir. Bu hafızanın içerisinde toplumların tarihi, sanatı, edebiyatı, şarkıları, düğünleri, bayramları, şiirleri, şarkıları, türküleri gibi birçok unsurun izlerinin olduğuna değinmektedir (2012:50). Bir arada yaşayan toplumların kültürel hafızaları, tecrübeleri, değerleri, örf ve adetleri, gelenekleri, algılamaları ve anlamlandırmaları aynı olmak durumundadır çünkü ortak olmayan semboller ve değerler farklı algılamalara sebep olabilmektedir (Koçak ve Akdağ, 2020:132). Kültür, insanlara bir topluma ait olmayı ve o toplumun içerisinde yaşamını sürdürürken nasıl davranacağını öğreten bir olgudur (Elden, 2016:424). Bir arada yaşamanın temel ilkelerinden birisi de içinde yaşanılan toplumun değer yargılarına, davranış biçimlerine ve yazılı olmayan kurallarına göre davranılması gerekliliğidir. İnsan içinde doğup büyüdüğü bu unsurları görerek ve yaşayarak zaman içerisinde öğrenmektedir. Kültür bu yolla öğrenilmekte ve gelecek kuşaklara aktarılmaktadır.

Kültürün de içinde yer aldığı unsurlar sosyal yapıyı oluşturan bir ağ gibi bir birine bağlıdır. Bu unsurlar birlikte hareket ederek aynı amaca doğru yol almaktadır. Bu yolculukta toplumu oluşturan unsurlar aynı zamanda bir birlerini de etkilemektedir (Gökdaş, 2018:79). Kültürden bahsedildiğinde genel itibariye soyut toplumsal unsurlara vurgu yapılmasıyla birlikte insanoğlunun emeğinin değeri de önemsenmektedir (Çağırkan, 2017:148). Kültür toplumsal yapıyı oluştururken aynı zamanda bu süreç içerisinde, toplumsal yapıyı oluşturan diğer unsurlarla birlikte kendisi de oluşmaktadır. Bu özelliğinden dolayı Vural ve Bat, kültür için, bulunduğu toplumdan etkilendiğini ve toplumu da etkilediğini söylemektedirler (2013:79).

Toplum tarafından oluşturan bir miras olarak değerlendirilen kültür, uzun zaman önce saptanmış ve o toplum tarafından kabul görmüş davranış normları olarak ifade edilmektedir (Nişancı, 2012:1279). Kültür, aynı zamanda ve aynı yerde yaşayan insanların oluşturduğu yaşam tarzıdır. Bir arada yaşayan insanlar acı veya tatlı tüm olaylara aynı tepkileri vermektedir. Bir nevi geçmiş ve gelecek arasındaki bağlantının günümüzdeki yansımasıdır (Altincik, 2020:29). Kültür, toplumların temelinde var olan ve insanlığın başlangıcına kadar uzanan bir yapı teşkil etmektedir. İnsanların yaşadıkları süreç içerisinde öğrendikleriyle kendi özellikleri arasındaki etkileşim kültürün bütünselleşmesini sağlamaktadır (Gencer, 2011:189). Kültürün en önemli özelliği toplumu birleştirici ve uzlaştırıcı idealler çevresinde toplayıp geleceğe taşıyacak argümanlara sahip olmasıdır (Kocadaş, 2005:4). Kültür, simgeler ve eşyaların üretilmesi kadar kullanılmasının da biçimlerini oluşturur. Bu biçimler toplumsal yaşam içerisindeki oturma kalkma, hal ve hareketler, giyim ve kuşam, kullanılan dil, inanç ve geleneksel törenleri gibi birçok olguyu kapsamaktadır (Mutlu, 1995:229). Kültürün, birlikte yaşayan insanların yaşam tarzlarını kendi içinde oluşan ve devam eden birtakım kurallar ve ritüellerle biçimlendirdiği söylenebilir.

Zaman içerisinde kültürün onlarca tanımı yapılmış ve yapılmaya da devam edecektir. Her toplumun kültürünün kendisine ait özellikleri olduğu gibi kültür tanımlamalarının da kendisine özgü olacağı söylenebilir. Genel olarak bir arada yaşayan insanların bir birleriyle kurdukları iletişim sürecinde ortaya konulan değer yargılarının ve davranış şekillerinin kültürü meydana getirdiği ifade edilebilir. Aynı zamanda dinamik bir süreç olan yaşam ve iletişim zamana, teknolojiye ve mekâna göre farklılaştıkça kültürel özellikleri de etkilemektedir. Bu bağlamda hedef kitlelerle kurulacak iletişim noktasında halkla ilişkiler çalışmaları da hedef kitlelerin kültürel özelliklerine göre şekillendirilmelidir.

3. Halkla İlişkiler ve Kültür Arasındaki İlişki

Halkla ilişkiler uygulayıcılarının halkla ilişkiler çalışma konularını belirlemek, hedef kitlelerle iyi ilişkiler kurmak, paydaşlar dışında kalan çevresel unsurlara zarar vermeden kurumun hedeflerine ulaşması için gerekli iletişim stratejisini oluşturmalıdır (Türk ve Güven, 2007:66). Kültür ise "İnsan topluluklarına kimliklerini veren ve onları bir birlerinden ayırt eden özelliklerinin toplamı" olarak tanımlamaktadır (Mutlu, 1995:229). Görüldüğü gibi her kültürün kendisine ait bir kimliğinin olması, herhangi bir kültürün diğerlerinden ayrılan özelliklerinin olduğunu göstermektedir. Bu bağlamda kurumlar içinde bulundukları kültürden etkilenmektedirler öyle ki bu etkilenme sürecinde kendilerine özgü kültürler oluşturmaktadırlar. Çünkü kültürün doğasında etkilenme ve etkileme vardır. Bu noktada da herhangi bir toplumda halkla ilişkiler faaliyeti yapacak olan kurum, standart bir kültür çerçevesinde hareket edemeyecektir. Kültürel özellikler, kurumun hem kurumsal kültürünü hem de yapılacak halkla ilişkiler çalışmalarının stratejilerini şekillendirmektedir (Vural ve Bat, 2013:79). Sriramesh, kültür ve halkla ilişkiler arasındaki ilişkiye yönelik çalışmaların çok cılız bir şekilde ilerlediğine değinmektedir. Genel itibariyle halkla ilişkiler uzmanlarının bugün bile yeni bir pazara girecekleri ve farklı bir kültüre sahip insanlarla etkileşime girecekleri zaman yeni çalışmalar yapmak yerine genel geçer bilgilere güvendiklerini belirtmektedir (2009:48). Oysaki her kültürde normlar, değerler, ritüeller, sembolik unsurlar içinde oldukları toplumun kültürel mirasına göre şekil almıştır ve bu durum olay ve olgulara yönelik anlam ve tanımlarında yorumlanmasını etkilemektedir (Elden,2016:424). Kurumlarında çevreyle uyum içinde yaşamlarını sürdürmeleri, teknik ve ekonomik verimliliklerini yükseltmeleri, kar elde ederek gelecekte de var olabilmeleri için, içinde bulundukları toplumun istek ve beklentilerinin yerine getirilmesiyle mümkün olmaktadır (Topsümer vd., 2014:45). Bu istek ve beklentiler çerçevesinde gerçekleştirilecek halkla ilişkiler uygulamalarında uyumun yakalanabilmesi için kültürel özelliklere dikkat etmek gereklidir. Çünkü globalleşen dünyada rekabet artık uluslararası pazarlara ulaşmış durumdadır, bu noktada da kültürel özellikler kurumların karşı karşıya kaldıkları önemli bir unsur olmaktadır. Kültürler arasındaki farklı özelliklerin dikkate alınmadan aynı strateji ve planların farklı pazarlardaki hedef kitlelere uygulanması ve bunlardan başarı beklenmesi hayal olarak değerlendirilmektedir. Bir toplumu şekillendiren kültürel özellikler o ülkeye ya da bölgeye aittir ve uluslararası alanlarda faaliyet gösteren kurumların başarısını bu özelliklere gösterdiği özen belirlemektedir (Aktuğlu ve Eğinli, 2010:168). Halkla ilişkiler uzmanları açısından dikkat edilmesi gereken bir diğer noktada kültürel farklılıkların yanı sıra dünyanın bazı bölgelerindeki toplumların benzer şekillerdeki ritüellerinin olmasıdır. Bu durum kendi özgünlüklerine dair rastlantısal bir kanıt olarak kabul edilmelidir (Dabağcı, 2016:97). Farklı toplumlarda benzer kültürel ritüellere rastlanması olasıdır. Her ne kadar benzer özelliklere sahip olgular söz konusu olsa da bu farklı toplumlarda yapılacak halkla ilişkiler çalışmaları öncesinde gerekli araştırmaların yapılmasını engellememelidir.

Yeni iletişim teknolojilerindeki gelişme ve değişmeler dünya üzerindeki kültürleri de etkileşim içerisine almıştır. Geleneksel medya araçları dönemlerinde meydana gelen bir olayın duyulması zaman alırken artık, yeni iletişim teknolojileri dünyanın herhangi bir noktasından anında haberdar olunmasını sağlamaktadır (Aydemir, 2020:88). İnternet ve internete dayalı uygulamalar, coğrafi sınırları kaldırmakla birlikte her türden hazırlanan içeriklerin toplumlar tarafından bir birleriyle anında ve çift taraflı iletişim kurmalarına olanak tanımaktadır (Alikılıç, 2011:4). Gelişen iletişim teknolojileri aynı zamanda kültürel unsurların, görüntülerin ve sembollerinde hızlı bir şekilde değişikliğe uğramasına neden olmaktadır. Dijitalleşmenin en yüksek seviyede olduğu günümüzde bu yeni iletişim araçları ve uygulamaları küreselleşme sürecinin belirleyicilerinden biri olmaktadır. Bu teknolojiler sayesinde gelişen iletişim araç ve uygulamalarıyla farklı kültürlerin karşılaşması ve yan yana görüntülenmesi gerçekleşmektedir. Yeni medya farklı kültürlerin bir birlerine farklı imaj ve simgeleri daha hızlı dağıtmasına olanak sağlamaktadır (İçli, 2001:166). Gelişen ve yaygınlaşan iletişim teknolojileri kültürel öğelerin hızlı bir şekilde değişmesine neden olmaktadır. Bu durum halkla ilişkiler uygulayıcıları için her bir çalışma öncesinde hedef kitlenin kültürel özelliklerine yönelik detaylı araştırma yapmasını gerektirmektedir.

Bu bağlamda halkla ilişkiler kültürü etkilemekte ve kültürden etkilenmektedir. Halkla ilişkilerin işlev ve amaçları algılanma ve uygulama şekline göre değişiklik gösterir, halkla ilişkiler uygulandığı toplumda belli kuralları ve değerleri şekillendirmekte, bu anlam ve kurallara yönelik farklı manalar yükleyerek biçimini değiştirmeye çalışmaktadır. Aynı zamanda kültürden de etkilenmektedir çünkü toplumsal söyleme uygun, kültürle uyumlu stratejiler hazırlanmalıdır (Mengü ve Mengü, 2016:634). Halkla ilişkiler faaliyetleriyle gerçekleştirecek kimi çalışmalarla topluma fayda sağlanması amaçlanmaktadır. Bunlar kurumsal sosyal sorumluluk ve sosyal pazarlama faaliyetlerinin gelişimi gibi anlamlı faaliyetlerdir (Kriyantono ve Mckenna, 2017:5). Çünkü toplum, halkla ilişkiler uzmanlarından halkla hizmet ve sosyal sorumluluk bağlamında yararlı çalışmalar yapmasını beklemektedir (Aydınalp, 2013:92). Bu noktada halkla ilişkiler toplum yararına hareket ederken de toplumsal kültürle uyumlu, toplumu ve kültürü geliştirecek faaliyetler gerçekleştirmelidir.

4. Sonuç ve Değerlendirme

Halkla ilişkiler, kamu ve özel kurumların hedef kitleleriyle kuracakları iletişimi oluşturan ve bu iletişimi devam ettiren stratejilerinin yönetilmesine dayanmaktadır. Kurulacak olan iletişime doğru bir yöntemle başlanması ve devam edilebilmesi için ise hedef kitlenin kültürel özelliklerinin bilinmesi gereklidir. Hedef kitlenin konuştuğu dil, inanç sistemi, değerleri ve davranış kalıpları yapılacak olan halkla ilişkiler çalışmalarının başarıya ulaşabilmesi için önem arz etmektedir.

Özellikle ulusların kendi içinde bile farklı kültürel özelliklere sahip oldukları toplumsal yapılar söz konusu olabilmektedir. Bir ülkenin bir birine yakın herhangi iki bölgesinde veya bir birine yakın olan iki kasaba ya da köyünde bile farklı kültürel özelliklere sahip oldukları görülebilmektedir. Bu duruma insanların geçmişten bugüne değin yaşadıkları olaylar yani tecrübeler sebep olmaktadır. Aynı dil ve inancın paylaşılması, yaşanılan yerin coğrafi özellikleri, düğün ve yas gibi olguların benzerliği, askere uğurlama, bayram ve şölen gibi ritüelleri geçmişten öğrenildiği şekliyle biçimlenmektedir.

Bugün artık artan rekabetle gelişen iletişim teknolojileri ve taşımacılık faaliyetleriyle her yer bir birine hiç olmadığı kadar yakın olmuştur. Gelecekte belki de bugünden bile tahmin edemeyeceğimiz daha farklı bir yakınlık oluşması muhtemeldir. Bu bağlamda halkla ilişkiler amacıyla yapılacak çalışmalar öncesinde kültürel olguları bilmek, hedef kitlenin kültürel özelliklerini tanımak atılacak adımların kararlaştırılması açısından önemlidir. Halkla ilişkiler uzmanlarına düşen en önemli görev halkla ilişkiler faaliyetleri öncesinde kültürü göz ardı etmeden hareket etmek olmalıdır. Bu yapılacak çalışmaların başarıya ulaşması açısından büyük önem teşkil etmektedir.

Kaynakça

Akdağ, Mustafa (2010). Örgütsel Açıdan İnsan Kaynakları ve Halkla İlişkiler, Konya: Literatürk Yayınları,

Arklan, Ümit (2011). "Halkla İlişkiler: Kavram, Kapsam ve İlişkili Olduğu Alanlar" İçinde: Dünden Bugüne Halkla İlişkiler, Ed: Metin Işık ve Mustafa Akdağ, Eğitim Kitabevi: Konya, ss. 13-45.

Alikılıç, Özlem Aşman (2011). Halkla İlişkiler 2.0 (Sosyal Medyada Yeni Paydaşlar, Yeni Teknikler), Ankara: Efil Yayınevi.

Aydemir, Aslı (2020). Toplumsal Hareketler ve Sosyal Medya, İstanbul: Kriter Yayınevi.

Arsan, Mahmut (2005). "Ziya Gökalp'te Kültür Ve Uygarlık Anlayışı", İstanbul Üniversitesi Sosyoloji Dergisi, Cilt: 3, Sayı: 10, ss. 11-19.

Altincik, Hasan (2020). Halkla İlişkiler Perspektifinden Medya ve Yerel Yönetim İlişkisi, İstanbul: Kriter Yayınevi.

Aydınalp, Güzin Ilıcak (2013). Halkla İlişkiler Ekseninde Kurumsal Sosyal Sorumluluk, Ankara: Nobel Yayıncılık.

Aktuğlu, Işıl Karpat ve Eğinli, Ayşen Temel (2010). "Küresel Reklâm Stratejilerinin Belirlenmesinde Kültürel Farklılıkların Önemi", Selçuk İletişim, Cilt: 6, Sayı: 3, ss. 167-183.

Boztepe, Hatun (2014). Halkla İlişkiler ve İlişki Yönetimi, İstanbul: Derin Yayınları.

Becerikli, Sema Yıldırım (2008). Ve Halkla İlişkiler Şeytanın Avukatlığından Arabuluculuğa; Bir Disiplinin Eleştirel Analizi: Ankara, Karınca Yayınları.

Canöz, Kadir (2007). Halkla İlişkiler Uygulaması Olarak Lobicilik, Konya: Nüve Kültür Merkezi.

Çağırkan, Barış (2017). "Kültür Sosyolojisinde Metodoloji Tartışmaları: İdeoloji Olarak Kültür ve Eylem Olarak Kültür", SDÜ Fen-Edebiyat Fakültesi Sosyal Bilimler Dergisi, Sayı: 42, ss. 147-160.

Erdoğan, İrfan (2006). Teori ve Pratikte Halkla İlişkiler, Ankara: Erk Yayınları.

Elden, Müge (2016). Reklam ve Reklamcılık, İstanbul: Say Yayınları.

Erdem, Serhat ve Akmeşe, Zuhal (2015). Yeni İletişim Teknolojileri: Sosyal ağların Sosyal Yaşama Etkileri: Facebook Örneği, YBS 2. Ulusal Yönetim Bilişim Sistemleri Kongresi, Erzurum, Türkiye, 8 - 10 Ekim 2015, ss.1297-1301.

Grunig, James E. (2005). Halkla İlişkilerde ve İletişim Yönetiminde Mükemmellik, İstanbul: Rota Yayınları.

Göçer, Ali (2012) . "Dil Kültür İlişkisi ve Etkileşimi Üzerine", Türk Dili Dil ve Edebiyat Dergisi, Sayı: 729, ss. 50-57.

Gencer, Zekiye Tamer (2011). "Çok Kültürlü Toplumlarda İletişim: Divriği Örneği", Gümüşhane Üniversitesi İletişim Fakültesi Elektronik Dergisi, Sayı 1, ss. 186-205.

Gökdaş, Yakup (2018). "Moda ve Kültür Yönetimi İlişkisinde Modanın Rolü", Akademik Sanat; Sanat, Tasarım ve Bilim Dergisi", Cilt: 3, Sayı: 5, ss. 76-87.

Güngör, Nazife (2020). İletişim Kuramlar ve Yaklaşımlar, Ankara: Siyasal Kitabevi.

İçli, Gönül (2001). "Küreselleşme ve Kültür", Cumhuriyet Üniversitesi Sosyal Bilimler Dergisi, Cilt: 25 Sayı: 2, ss. 163-172.

İlhan, Tuğçe Tuğyam ve Uğurhan, Yusuf Zafer Can (2019). "Sosyal Medyada Gösteriş Tüketimi Eğilimi Ölçeği Geliştirme Çalışması", Gümüşhane Üniversitesi İletişim Fakültesi Elektronik Dergisi, Cilt: 7, Sayı: 1, ss. 28 – 60.

Koçak, Pınar Güner ve Akdağ, Mustafa (2020). "Siyasal İletişimde Kültür Odaklı Algılama Yönetimi: Seguela'dan Taran'a Seçim Çalışmaları" İçinde: Siyaset, Medya ve Seçmen Üzerine Yazılar, Ed: Turan Şener, Ankara: Nobel Akademik Yayıncılık, ss. 129-157.

Kriyantonoand, Rachmat ve McKenna, Bernard (2017). "Developing a Culturally-Relevant Public Relations Theory for Indonesia", Jurnal Komunikasi Malaysian Journal of Communication, 33(1), ss. 1-16.

Kocadaş, Bekir (2005). "Kültür ve Medya", Bilig Türk Dünyası Sosyal Bilimler Dergisi, Sayı: 34, ss. 1-13.

Mutlu, Erol (1995). İletişim Sözlüğü, Ankara: Ark Yayınları.

Mengü, Seda ve Mengü, Murat (2016). "Making Sense of Public Relations as Culture Policy", Journalism and Mass Communication, Cilt: 6, Sayı: 10, ss. 662-669.

Nalcıoğlu, Belkıs Ulusoy (2017). "Kültürleme ve Medyanın Rolü", İçinde: İletişim ve Kültür, Ed: Suat Gezgin ve Tuğba Akdal, Konya: Eğitim Yayınevi.

Nişancı, Zehra Nuray (2012). "Toplumsal Kültür-Örgüt Kültürü İlişkisi ve Yönetim Üzerine Yansımaları", Batman Üniversitesi Yaşam Bilimleri Dergisi, Cilt: 1, Sayı: 1, ss. 1279- 1293.

Kültür Nedir?, (12.01.2021). https://sozluk.gov.tr/

Oktay, Mahmut (2002). Politikada Halkla İlişkiler, İstanbul: Derin Yayınları.

Okay, Ayla ve Okay, Aydemir (2015). Halkla İlişkiler Kavram Strateji ve Uygulamaları, İstanbul: Der Yayınları.

Özgen, Ebru (2015). "Halkla İlişkiler ve Yeni Medya" İçinde: Günümüzde ve Gelecekte Stratejik Halkla İlişkiler Yönetimi, Ed: Saadet Uğurlu, İstanbul: Beta Basım, ss. 187-203.

Özel, Aybike Pelenk ve Sert, Nuray Yılmaz (2015). Dijital Halkla İlişkiler Kavram ve Araçları, İstanbul: Derin Yayınları.

Sriramesh, K. (2009). "The Relatıonshıp Between Culture and Publıc Relatıons", In: Global Public Relations Handbook, Ed: K. M. Sriramesh ve D. Vercic Newyork and London: Routledge, ss. 52-67.

Sriramesh, K., Grunig, James E., Buffington J. (2005). "Kurumsal Kültür ve Halkla İlişkiler", İçinde: Halkla İlişkilerde ve İletişim Yönetiminde Mükemmellik, Ed: Grunig, James E., İstanbul: Rota Yayınları, ss. 604-621.

Peltekoğlu, Filiz Balta (2012). Halkla İlişkiler Nedir?, İstanbul: Beta Basım.

Tanyeri, Emel (2015). Destinasyon Tanıtımında Halkla İlişkiler, Konya: Literatürk Yayıncılık.

Topsümer, Füsun, Elden, Müge ve Yurdakul, Nilay (2014). Reklam ve Halkla İlişkilerde Hedef Kitle, İstanbul: İletişim Yayınları.

Türk, Sezai ve Güven, Ahmet (2007). Yeni Başlayanlar İçin Halkla İlişkiler, Ankara: Gazi Kitabevi.

Tylor, E. Burnett (1871). Kültür Bilimi (E. Dabağcı). Vira Verita, Sayı 4, ss. 91-110.

Tellan, Derya (2016). Yönetim ve Halkla İlişkiler Ön Okumalar, Ankara: Ütopya Yayınevi.

Vural, Z. Beril Akıncı ve Mikali Bat (2013). Teoriden Pratiğe Kurumsal İletişim, İstanbul: İletişm Yayınları.

Yaşar, İbrahim Halil (2020). Sosyal Medya ve Siyaset, Ankara: Orion Akademi.

Yaşar, İbrahim Halil (2020). "Sosyal Medya ve Değişen İletişim Biçimleri", İçinde: Sosyal Medya Psikolojisi, Ed: Şebnem Özdemir ve Gül Dilek Türk. Ankara: Nobel Yayınları, ss. 129-157.

KÜLTÜRÜN DİJİTALLEŞMESİNDEN DİJİTAL KÜLTÜRE

*İbrahim Halil YAŞAR**

Giriş

Kültür üzerine yapılan tartışmalar tarihsel süreç içerisinde sürekli devam ederek günümüze kadar ulaşmıştır. Bu tartışmalardan hareketle yapılan kültür tanımları farklı bakış açılarını yansıtan önemli birer göstergedir. Bu tanımlara bakıldığında genel olarak kültürün iki temel gruba ayrıldığı; diğer bir ifadeyle, kültür tanımlamalarında temelde iki farklı bakış açısının hâkim olduğu görülmektedir (Williams, 2017; Seidman ve Alexander, 2013). Bunlardan ilki edebiyat, müzik, görsel ve sahne sanatları gibi üstün bir üretim ve estetizme vurgu yapan hümanist kültür anlayışıdır. İkinci kültür tanımlaması veya kavrayışı ise kültürü herhangi bir insan faaliyeti ve inşası ile ilintirendiren; onu her türlü insani his, kavrayış ve eylem biçiminin ürünü olarak kabul eden antropolojik kültür anlayışıdır. Kültüre ilişkin farklı bakış açıları ve kavrayışlar çeşitli teorik tartışmaların merkezinde yer alırken aynı zamanda çeşitli çatışmalara da zemin oluşturmaktadır (Oğuz, 2011: 128).

Tarihsel süreç içerisinde kültür üzerine yapılan teorik tartışmalar ve farklı bakış açılarından edindiğimiz tecrübe, kültürü bir terim olarak tanımlamanın veya sınırlamanın oldukça zor olduğunu göstermektedir. Diğer yandan kültürün, değişmez, katı bir yapıdan öte; çeşitli anlamların üretilip değiş tokuş edildiği dinamik bir süreç olduğu konusunda çoğu zaman ortaklaşmak mümkündür

---

* Dr. Öğr. Üyesi, Dicle Üniversitesi İletişim Fakültesi (Orcid ID: 0000-0002-1480-569X), i.halilyasar@hotmail.com

(Jameson, 1993; Barker, 2003). Bu açıdan bakıldığında insanın doğa üzerine inşa ettiği hemen her şeyi inanç, iklim, coğrafya, mimari, toplumsal vb. hangi açıdan olursa olsun, aralarındaki geçişleri ve etkileşimleri açıklayabilmek için kültür bize birtakım dinamik modeller sunar. Farklı kültürleri ve aralarındaki ilişkiyi anlamamıza ve açıklamamıza yardım eden bu modellerin dinamik bir yapı arz etmesi kültürün sabit ve katı bir yapıdan öte etkileşime ve geçişkenliklere açık olmasından kaynaklanmaktadır.

Kültürün coğrafyadan, iklime, inançtan, ekonomiye kadar çok çeşitli etmenlerden etkilenerek biçimlendiği ve kendini sürekli yeniden ürettiğini belirtmek gerekir. Bu üretim ve değişimin çoğu zaman oldukça yavaş olması değişkenliklerin gözlenebilirliğini zorlaştırmaktadır. Ancak bazı durumlarda bu değişim ve geçişkenlik o kadar hızlı olur ki normal şartlarda çoğu zaman bir insan ömrüne sığması oldukça zor olan değişimler hızlı bir şekilde ortaya çıkabilir. Büyük savaşlar ile bunlara bağlı ortaya çıkan kitlesel göç hareketleri; büyük afetler ve bunlara bağlı büyük oranlı can ve mal kayıplarının yarattığı travmalar ile yer değişiklikleri bu hızlı değişimlerin sebepleri arasında sayılabilir (Aksoy, 2012). Bununla birlikte kültürel dinamizmi artıran, etkileşimi ve geçişkenliği hızlandıran bir diğer faktör ise şüphesiz teknolojidir (Postman, 2011) . Fiziki ve zihinsel sınırları gevşeterek kabul edilegelmiş olan anlam yüklemelerinin gevşemesine yol açan her türlü teknolojik yenilik bu sınıfta değerlendirilebilir. Kültürel değişim ve etkileşime ilişkin teknoloji etkisinden söz edildiğinde ise iletişim araç ve teknolojilerinde yaşanan ilerleme ve gelişmelere ayrı bir önem atfetmek gerekir. Zira teknolojinin kültür üzerindeki çeşitli etkilerinden öte günümüzde dijitalleşme olarak ifade edilen teknolojik altyapı bizzat kendine özgü bir kültür inşa etmeyi başarmıştır.

Literatürde doğrudan olmasa da dolaylı olarak kültürün dijitalleşmesi ya da dijital kültüre referans oluşturacak çok sayıda çalışmaya tesadüf etmek mümkündür (Karahisar, 2013; Çaycı ve Karagülle, 2016; Güzel, 2016, Çöteli, 2020). Teknolojik gelişmelerin her geçen gün artış göstererek yaşamın içerisinde görünür olması, teknolojiye erişimin hızlı ve ucuz olması, kitle iletişim araçlarının çeşitlilik göstermesi ve internetin hayatımıza girmesiyle kullanım alanı gittikçe genişlemektedir (Bolat, 2020: 183). Özellikle internetin hayatımıza girmesiyle birlikte, akıllı mobil cihazların gündelik rutinimiz haline gelmesi ve daha birçok gelişme sonucunda bütün alışkanlıklarımız bu yeniliklere paralel olarak değişim göstermiştir (Erdem, 2021: 246).

İletişim araç ve teknolojilerinin kültür ile ilişkisine dair tarihsel süreç içerisinde, yazının icadıyla birlikte sözlü kültürden yazılı kültüre geçilmesi; fonetik alfabenin keşfi, mısırda taş ve kil tabletler yerine papirüsten üretilen kâğıdın kullanılması gibi gelişmeler kültürel dinamizmi artıran önemli olaylardan sadece birkaçıdır. Benzer şekilde matbaanın kitlesel basıma imkân sunması, belirli periyotlarla basılan gazetelerin geleneksel medya, diğer bir ifadeyle basının doğuşuna yol açması bu anlamda sayılabilecek önemli gelişmelerden bazılarıdır. Ancak telgrafla birlikte başladığı kabul edilen, iletişimin elektronik ortama taşınması; radyo, televizyon ve kablolu telefonlar gibi yeni iletişim araçlarıyla zenginleşmesi günümüz dijital iletişim teknolojileri ve buna bağlı yeni medya araçlarının zihinsel ve teknolojik altyapısını hazırlamıştır (Yaşar, 2020: 185-186) . Burada en önemli nokta, her yeni iletişim aracının ve gelişmenin bilgiyi veya veriyi kaydedip saklamayı, onu geri getirmeyi ve iletmeyi önceki teknolojiye nazaran daha kolay, hızlı ve ucuz hale getirdiği gerçeğidir (Baldini, 2000). Analogdan dijitale geçişle birlikte bu hız daha da artarak McLuhan gibi teknolojik determinist bakışa sahip düşünürlerin küreselleşmeyle ilgili varsayımlarını haklı çıkarmıştır. Zira günümüz iletişim araç ve teknolojileri, ülkeler ve coğrafyalar arasındaki sınırları birçok anlamda ortadan kaldırarak herkesi her yerden ulaşılabilir kılmayı başarmış görünmektedir. Bilgi ve iletişim teknolojilerinin geldiği noktada bireyler ve toplumlar arasında ortaya çıkan iletişim ve buna bağlı etkileşim ortamı kültür olgusunu da yeniden biçimlendirmeye ve ona yeni anlamlar yüklemeye başlamıştır (Innıs, 2014). Bu bağlamda ortaya çıkmış olan, son zamanların moda terimlerinden biri de "dijital kültür" kavramıdır.

Konu, dijitalleşme ve buna bağlı sosyolojik veya kültürel meseleler olduğunda oldukça farklı, kimi durumlarda birbirine oldukça zıt bakış açılarına rastlamak mümkündür. Bu anlamda bir yandan bilgi ve iletişim teknolojilerinin, teknoloji meraklıları başta olmak üzere insanlık için oldukça ilham verici olduğunu savunanlar; öte yandan ise çeşitli faydalarının varlığını kabul etmekle birlikte yararından daha çok topluma ve kültüre zarar verdiğini, geleneksel olan her türlü yapı ve kurumu tahrip ettiğini iddia eden görüşlere de sıkça rastlamak mümkündür. Kısaca, bir yanda yeni iletişim teknolojileri ve dijital kültürün ateşli savunucuları, öte yanda bu teknolojilere ve ortaya çıkan dijital kültüre yönelik amansız şekilde karşı çıkanların var olduğunu söylemek mümkündür. Aslında bu tartışma yeni olmadığı gibi sanıldığından da oldukça eskidir. Zira Antik Yunan'ın meşhur filozofu Platon, günümüz eleştirmenleriyle benzer olarak kendi döneminde yazıyı yermiş, sözü ise yüceltmiştir. O'na göre, yazı belleği dışlamakta ve onu işlevsiz kılmaktadır (Baldini, 2000). Ancak günümüzün dijital kültür altyapısını oluşturan teknolojilere karşı çıkanlar gibi Platon, düşüncelerini dönemin eleştiriye matuf iletişim teknolojisi olarak kabul edilen yazıya dökmek suretiyle yazıdan yararlanmayı da ihmal etmemiştir. Günümüzde sosyal medya gibi yeni nesil iletişim araçlarını ve bir bütün olarak dijital kültürü olumsuz yönde hedef alan çoğu insanın eleştirilerini duyurmak ve fikirlerine destekçi bulmak için sosyal medyadan yararlanmaları, Platon'la benzer bir çelişkiye işaret etmektedir.

Özellikle Web2.0 altyapısı ile birlikte hayatımıza giren yeni nesil iletişim ortamlarının yatay iletişim modelini desteklemesi, bireye, kişisel düşünce ve tepkilerini diğerleriyle paylaşabileceği bir alan açması, onun en fazla olumlanan özelliklerinin başında gelmektedir (Arklan, 2016:622). Buna göre, yeni nesil bilgi iletişim araç ve teknolojileri, sıradan insanları birer kitle yayıncısına dönüştürerek onları farklı açılardan güçlendirmiştir. Bununla birlikte, geleneksel medyanın yukarıdan aşağıya dikey ve tek yönlü iletişim anlayışını yatay ve çift yönlü hale getirmeleri dolayısıyla özünde demokratikleştirici, özgürlükçü ve daha katılımcı olarak kabul edilmektedir (Castells, 2016: 2-3). Öte yandan sosyal medya platformlarının sahipliğini elinde bulunduran büyük şirketlerin elde ettikleri verilerle ne yaptıkları, hangi düşüncenin daha fazla öne çıkarılıp hangilerinin daha cılız kalmasını sağladıklarıyla ilgili çeşitli tartışmaların da olduğunu akılda tutmak gerekir (Dijk, 2018: 12-13). Diğer bir ifadeyle bu ortamlar sanıldığı kadar anonim ve eş sesliliğe imkân tanımakta mıdır? Bu konu oldukça tartışmalı görünmektedir. Ancak günün sonunda bahse konu platformların hız, etkileşim ve yakınsama gibi özellikleri zihinsel sınırları çoktan aştığı; bireyleri ve toplumları küresel bir kültürel düzlemde bir araya getirmeyi başardığı inkâr edilemez bir hakikattir. Zira sıradan insanlar kısa süre öncesine kadar isimlerinden bile haberleri olmadıkları uzak coğrafya ve ülkelerdeki diğer insanlarla, dijitalleşmenin yarattığı yeni nesil iletişim ortamı ve ekosisteminde bir araya gelmeyi başarmıştır. Dolayısıyla bu iletişim etkisi kültürün dijitalleşmesinden de öte dijital kültür kavramını konuşmamıza zemin hazırlamıştır. Özetle, günümüzde tarihsel süreç ve gelişmelerden elde ettiğimiz birikim ile günümüzün bilgi ve iletişim teknolojilerinin toplumsal ve kültürel bağlamda yarattığı etkiyi rahatça gözlemleyebildiğimizi söylemek mümkündür. Bu sebeple kültürel ve toplumsal açıdan içinde bulunduğumuz dinamik süreci çeşitli açılardan anlaşılır kılmanın da mümkün olduğu söylenebilir.

1. Dijital Kültürün Özellikleri

Kültürün dijitalleşmesi ya da daha ileri bir kavrayışla dijital kültür kavramına bir çerçeve çizmek gerekirse onu, ilk olarak "hız" unsuru ile nitelemek yanlış olmayacaktır. Dijital kültürde, sosyal medya platformları gibi yeni nesil iletişim araçlarının her düzeydeki iletişim ile diğer tüm insan faaliyetlerini daha hızlı bir biçime evirdiğini söylemek mümkündür (Bagdikian, 2004: 4). Dijital kültürün sahip olduğu hız, tarihsel olarak her alanda süreklilik arz eden "değişim" olgusunun da bilinenin çok daha ötesinde hızlanmasına yol açmıştır. Özetle dijitalleşme geleneksel olarak varlığı kanıksanmış olan her türlü değişim ve dönüşüme inanılmaz bir ivme kazandırmış, onu hızlandırmıştır (Gleason, 2013, s.966). Dijitalleşmenin yarattığı hız etkisi, somut olarak gözlemlenebilen belli teknolojik alanlarda daha kavranabilir sonuçlar doğururken; içinde bireysel ve sosyal ilişkiler, iletişim kalıpları gibi soyutlamaya dayalı alanlarda derin fakat açıklanması daha karmaşık sonuçlar doğurmaktadır. Örneğin, yeni nesil iletişim araçları olarak ifade edebileceğimiz sosyal medya platformlarında sayısız veri üretip bunları tüketirken, edindiğimiz bilgi ve enformasyonu çok hızlı bir şekilde eskiterek bir yönüyle değersizleştiriyoruz. Bununla birlikte dijital kültüre ilişkin hız olgusu, bilgi ve enformasyona ulaşırken harcanan zaman ve bunun yayılması anlamında da oldukça belirgindir. Dijital kültürde herhangi bir bilgiye ulaşmak, internet ve onu daha değerli kılan çeşitli yazılımlar ile ağın bütünleşmiş altyapısı sayesinde son derece kolaydır. Ayrıca, dijital kültürde bilginin diğerlerine ulaşması, paylaşılması ve yaygınlaşması da geleneksel iletişim araç ve süreçlerinden farklı olarak son derece hızlıdır.

Dijital kültüre ilişkin en belirgin olgulardan bir diğeri "değişim" kavramı ile açıklanabilir. Dijitalleşmeyle birlikte ortaya çıkan değişim paradigması sahip olduğumuz teknolojiyle birlikte yararlandığımız araç gereç ve hizmetleri değiştirmekle kalmıyor; bu yeni paradigma bir bütün olarak kendimizi, kim olduğumuzu ve diğerleriyle olan ilişkilerimizi de etkiliyor. Olay, durum ve objelere karşı alışık olduğumuz algılama ve kavrayış biçimlerimizi yeniden şekillendirdiği gibi iletişim kalıpları ve alışkanlıklarımızı da yeniden biçimlendiriyor (Yaşar, 2020). Kendimiz ve çevremizle ilgili kavrayışlarımız bir bütün olarak tüm insani faaliyetlerimize bir şekilde tesir ediyor. Her ne kadar bahse konu değişim olgusu tarihsel sürekliliğin bir gerçeği olarak karşımıza çıksa da dijital kültürün dinamizmi hemen her türlü kurum, yapı ve düşünceyi çok çabuk eskittiği için bahse konu değişim de son derece hızlı bir şekilde ortaya çıkıyor (Neuman, 2018: 9-10).

Sosyal ilişkilerimizden, formel veya informel düzeyde kullandığımız dile, bireysel ilişkilerimizden örgütsel ve kurumsal düzeydeki her türlü ilişki ve iletişim biçimlerimize kadar dijitalleşmenin dinamik etkisine bağlı olarak hızlı bir değişimin söz konusu olduğu açıkça görülmektedir (Howard, 2012; Babacan, 2014). Bir başka çerçeveden ele alındığında, örneğin, mikro düzeyden en üst seviyedeki ekonomik ve ticari ilişkilerin işleyişinde de dijitalleşmenin yarattığı etkiyi gözlemek mümkündür. Birçok insanın satın almayı düşündüğü bir ürünü dijital platformlar üzerinden araştırması, bu anlamda geleneksel anlamdaki ağızdan ağıza pazarlamanın (WOM) dijitalleşmesi (E-WOM), geleneksel ünlülerin yerlerini internet ünlüleri olarak da ifade edilen fenomenlere bırakmaya başlaması, bir ürün veya hizmetin dijital ortamlar üzerinden ve dijital ödeme yöntemleriyle yapılması; memnuniyet veya memnuniyetsizliklerin dahi dijital ortamlar aracılığıyla duyurulması dijital kültürün belirgin özellikleri olarak sayılabilir (Juntiwasarakij, 2018; Rosario, 2019; Geng vd., 2020). Tüm bu sayılanların dinamizme işaret ettiğini, dolayısıyla da değişimin dijital kültürün bir sürekliliği olduğunu söylemek yanlış olmayacaktır.

Dijital kültürün değişim unsurunu açıklayabilecek belki de en açıklayıcı örneklerden biri "güncelleme" (update) kavramıdır. Her ne kadar daha çok, akıllı cihazlar ve bunlar üzerinden kullanılan uygulamalar ile özdeşlemiş gibi görünse de kavram dijital kültürün en belirgin yansımalarından biri konumundadır (Akman vd, 2018). Bireysel veya sosyal ilişkilerden kurumsal ilişkilere hatta devletlerarası ilişkilere ve diplomasiye kadar güncelleme kavramı mevcut olanın ötesine geçme, yeni bir anlayış kazandırma, bir şans tanıma vb. birçok anlamda kullanılmakta ve bu kullanımların tamamı özünde bir değişime işaret etmektedir. Dolaysıyla dijital kültür eşittir değişimdir demek mümkündür.

Dijital kültürden bahsederken üzerinde durulması gereken bir diğer önemli kavram "erişilebilirlik" diğer bir ifadeyle ulaşılabilir olma durumudur. Dijitalleşmenin sosyal yaşam üzerine yansımaları zaman içerisinde artarken özellikle internet altyapısının gelişmesi ile mobil akıllı cihazlar ve uygulamaları da kapsayan yazılım alanındaki ilerlemeler bireyi her yerden ve her zaman erişilebilir kılmış durumdadır (Yaşar, 2020; Altincik, 2017: 53). Böylece birey kendine ait olan özel alanı neredeyse kaybetmiş durumdadır denebilir. Öyle ki kamusal alanın nerede başlayıp nerede bittiği, özel alan kavramı, yaşamların bu kadar iç içe geçmişliğinin yarattığı psikolojik etkiler üzerinde durulmaya değerdir. Özellikle sosyal medya uygulamalarının sahip olduğu özellikler sürekli ve anlık iletişimi çift yönlü ve etkileşimli olarak desteklerken, bu teknolojinin bir parçası haline gelmiş olan bireyin bu yaygın etkiden uzak kalması pek mümkün görünmemektedir. Whatsapp, Telegram, Bip gibi anlık uygulamalardan gelen mesajlar ve bildirimler; Instagram ve Facebook gibi paylaşım sitelerinin anlık mesajlaşma uzantıları ve bildirimleri; YouTube gibi video paylaşım sitelerinde abonesi olduğunuz kanalların yolladığı bildirimler, bip sesleri, mavi veya yeşil tikler vs. bireyi dijital bir ekosistemin gönüllü veya gönülsüz bir parçası haline getirmektedir. Dolayısıyla dijital çağda ve kültürde, birey, her zaman her yerden erişilebilirdir ve öyle de olmalıdır. Belki bu bir yasa maddesine bağlanmamıştır bu doğru, ancak pratikte dijital kültür hemen herkese, her yerden her zaman erişilebilir olmayı vaaz etmektedir. Bununla birlikte dijital kültürün erişilebilirlik ilkesi sadece bireyi ilgilendiren bir konu da değildir. Ticari işletmeler başta olmak üzere her türlü özel veya resmi kurum ve bunların temsilcileri de erişilebilir olmalıdır. Bu sebeple bir çok ticari işletme müşteri hizmetlerini telefon veya online olmak üzere 7/24 esasına göre dizayn etmeye çalışmakta ve erişilebilirliği sağlamak durumundadır. Örneğin, sağlık hizmetleri dijitalleşme etkisi sebebiyle sürekli ve daha ulaşılabilir bir altyapıya sahiptir (Kurt, 2016). Bunun da ötesinde devlet kurumları E-Devlet uygulamaları gibi platformların yanında çeşitli çağrı hizmetleriyle vatandaşa erişilebilir olduğunu göstermelidir (Altincik, 2020: 38). Özel veya resmi kurum ve kuruluşların lider ve yöneticileri hiç değilse Twitter gibi en az bir veya daha fazla sosyal medya platformunu kullanmalı ve muhatapları açısından 7/24 ulaşılabilir olmalıdır. Sonuç olarak dijital kültür herkesin, her zaman, her yerden birbirine erişebilmesi gerçekliğine dayanmaktadır.

Mahremiyet farklı perspektiflerden ele alınan ve tartışılan bir konu olarak kültür tartışmalarından da kendine yer bulan bir diğer başlıktır. Farklı sosyolojik yapıların veya grupların kendilerine özgü mahremiyet anlayışları ve sınırları mevcuttur. Ancak kültürlere göre çeşitli farklılıklar arz etse de mahremiyet algısı dijital kültürde küresel olarak yeni bir benzerlikte ortaklaşmıştır. Dijital kültürün küresel olmasının da bir ilkesi olarak değerlendirilebilecek olan bu yeni mahremiyet algısı dijital kültürün "şeffaf" olma durumu ile açıklanabilir. McLuhan gibi iletişim tarihçilerinin elektronik iletişimle birlikte aslında bir anlamda başlangıcına işaret ettikleri dijital kültür, her şeyin açık bir şekilde yaşandığı, herkesin her şeyden haberdar olduğu ve gizliliğin olabildiğince ortadan kalktığı bir paradigmayı ifade etmektedir. Bu açıdan dijital kültür, yazı öncesi dönem olarak da ifade edilen sözlü kültürün kabile anlayışına ve yaşantısına benzetilebilir. Sözlü kültürde çok büyük olmayan, belli bir nüfusa sahip, kabile ve köy tarzı örgütlenmelerle bir araya gelmiş insan topluluklarının yaşadığı; bir anlamda ilkel düzlemde her şeyin açık ve şeffaf olduğu, herkesin her şeyden haberdar olduğu belirtilmektedir. Öyle ki hiçbir şey gizli kalmaz ve her şey şeffaftır. Günümüz dijital kültürü bu durumun bir benzerini bizlere sunmaktadır. Kişilerin doğum tarihleri, medeni durumları, sosyal ilişkileri, anlık duygu durumları, yaşam tarzları, siyasi veya uhrevi inançları gibi normal şartlarda öğrenilmesi oldukça zahmetli olan bilgiler bizzat kendileri tarafından tanıdık veya tanımadık kitlelere servis edilmektedir. Bunun da ötesinde, hangi vakitte kimlerle nerede oldukları, lokasyon bilgileri, ne yedikleri veya içtikleri artık apaçık ortadadır. Bir adım ötesi, yaşamın nihayete ermesidir ki son dönemde intiharlar dâhil insan ölümleri de dijital kültürün sıradan tüketim konuları haline gelmiş durumdadır.

Şeffaflığa ilişkin bakış açısının tek yanlı bakış açısıyla ve olumsuz bir dille ele alınması yanıltıcı olabilir. Bu nedenle dijital kültürde bahse konu olan şeffaflık ilkesinin özellikle sosyal medya platformlarının özgürlük, demokrasi ve katılım gibi değerlerle yüceltildiği göz önüne alındığında pozitif bir gündeme de hizmet ettiği savunulabilir. Öyle ki geleneksel dönemde elitlerin veya onlar etrafında örgütlenmiş olan siyasal meseleler, dijital kültür içerisinde daha şeffaf bir hal almış ve toplumun farklı kesimlerince tartışılmasına olanak sağlamıştır. Böylece dijitalleşme, siyasal konuların elitlerin tahakkümünden çıkarak daha geniş kesimlerin katılımına, en azından fikir ve tepkilerini sunmalarına katkı sunmuştur. Şüphesiz bu durum ulusal veya uluslararası meselelerde kolektif aklın ortaya çıkması konusunda yararlı bir durum olarak değerlendirilebilir.

Bu şeffaflık etkisinin sadece ulusal olmadığını küresel bir anlam ifade ettiğini de ayrıca belirtmek gerekmektedir. Örneğin, Amerika Birleşik Devletlerinin Irak ve Afganistan gibi ülkeleri işgali sonucunda yaşanan olaylar ve uluslararası hukuka aykırı yapılan uygulama ve katliamlar ancak pişmanlık duyan birtakım sorumluların yeni iletişim araçları vasıtasıyla açıklanması sonrasında öğrenilebilmiştir. Benzer şekilde ABD'ye ait gizli evrak ve yazışmaların servis edildiği WikiLeaks skandalı ve sonrasında WikiLeaks direktörü Julian Assange'ın başına gelenler dijital kültürün hem siyasi, hem toplumsal hem hukuki, hem de uluslararası ilişkiler açısından yarattığı etkiyi göstermesi açısından oldukça ilginçtir. Zira bu ve çoğaltılabilir benzer örneklerin kitlelere duyurulmasında internet tabanlı web sayfaları, sosyal medya uygulamaları gibi dijital platformlar etkili olmuş, ana akım ve geleneksel medya ise ancak dijital platformların bu bilgileri ifşa etmesinden sonra ve yine de seçici olacak şekilde kısmen yer vermiştir. Dolayısıyla, dijital kültürde "koca koca devletler" de dâhil olmak üzere artık hiç kimse için yüksek gizlilik ve mahremiyetten söz edebilmenin pek mümkün olmadığını söylemek mümkündür. Sonuç olarak her şeyin açık ve şeffaf olduğu, bir şeyleri gizlemenin oldukça zorlaştığı bir zamanda sorumluluk sahibi olan ve kendilerine çeşitli sebep ve şekillerde yetkiler verilmiş olanların daha özenli ve hakkaniyetli davranmaya gayret etme gerçekliği ve gerekliliği ortaya çıkmaktadır. Zira hızlı ve sürekli bilgi akışı yalanı ve manipülasyonu kolayca ortaya çıkarabilmekte bu da büyük krizlere sebep olma potansiyeli taşımaktadır.

2. Siyasal Hareketler, Örgütlenme ve Dijital Kültür

Dijital kültür bireysel ve toplumsal bağlamın ötesinde siyasal ilişkiler ve iletişim dili üzerinde de derin etkiler meydana getirmiştir. Bu konuda üzerinde durulması gereken önemli hususlardan biri de birey ve diğer siyasal aktörler arasındaki ilişkilerdir. Geleneksel olarak yönetici pozisyonunda olanlardan halka doğru tek yönlü işleyen geleneksek siyasal iletişim modeli, dijitalizasyonun yaygın etkisi ve sosyal medya platformlarıyla beraber büyük oranda değişmiş görünmektedir. Öyle ki günümüzde insanlar kendilerini çeşitli nedenlerle ikna etmeye çalışan siyasal aktörlerle belli oranda eşit ve yatay bir iletişim modeli geliştirmeyi başarmışlardır. Küreselleşmenin de etkisiyle bir ülkedeki siyasal bir mesele uzak coğrafyalardaki kitleleri domine edebilirken insanlar hiç tanımadıkları ve belki de hiçbir zaman fiziksel olarak aynı yerde bulunmayacakları insanların hak veya talepleri için organize olabilmektedir (Koç, 2020: 165). Bu durum devletlerarası ilişkilerin idareciler arasındaki münasebetlerini, halklar düzeyinde yeniden tasarımlama zorunluluğunu ortaya çıkarırken, kamu diplomasisi gibi çalışma alanlarını daha da önemli hale getirmiştir. Özetle, sosyal medya platformları gibi yeni tip iletişim araçlarının örgütleyici etkisi günümüzde liderlikleri ve karar alıcıları oldukça zorlamaktadır demek yanlış olmayacaktır. Kaldı ki son dönem de hemen her liderin ve temsil ettikleri siyasal hareketlerin kurumsal veya kişisel birden fazla sosyal medya hesabına sahip olmaları, bununla birlikte diğer dijital iletişim alanlarını etkin olarak kullanmaya çalışma çabaları bu durumu doğrular niteliktedir. Daha önce yukarıdan aşağıya şeklinde ve tek yönlü olarak ifade ettiğimiz, diğer bir ifadeyle merkezden dışa doğru dağılan bir iletişim modelinin dijital kültürde yatay bir görünüm kazanmaya başladığını tekrar belirtmek yerin de olacaktır. Zira bu durum siyasal aktörlerin yanında medya sahiplerinden, mal veya hizmet üreten şirketlere kadar hemen her insani faaliyet alanında bireyin daha fazla merkezileşmesi anlamına gelmektedir.

Dijital kültürde söz konusu olan belirgin dönüşümlerden bir diğeri de örgütlenme davranışı üzerindedir. Burada örgütlenme, belli bir amaçla bir araya gelmiş insan toplulukları arasındaki birlikte hareket etme, kolektif akıl üretme ve bunu eylemselliğe dönüştürme olarak ele alınmaktadır. Bunlar yasaların tanıdığı haklardan kaynaklanan ve legaliteye dayalı örgütlenme biçim ve modelleri olabileceği gibi; tam tersi olarak yasadışı amaçlarla bir araya gelmiş ve kanuni sınırlar dışında amaçlar güden bir takım organize işbirlikleri de olabilir. Burada dijitalleşmenin etkisi oldukça net bir şekilde gözlemlenebilir. Zira daha önce de bahsedildiği üzere sahip olduğumuz yeni nesil iletişim araçları bir birini tanıyan veya tanımayan çok sayıda insanı hızlı bir şekilde bira araya getirmeyi başardığı gibi, bu teknolojinin anlık iletişime olanak sunan yapısı kitlelerin haberleşmesi ve planlı hareket etmesini de kolaylaştırmaktadır. Bu örgütlenme biçimi bazı durumlarda karar alıcılar üzerinde sonuç alıcı etkiler üretebildiği gibi sosyal medyanın manipülasyona açık yapısı, amaçlanan hedef ve eylemselliğin katılımcıların arzu ettiğinden farklı yönlere evirilmesine de neden olabilmektedir. Literatüre "dijital aktivizm" olarak da yansıyan örgütlenme biçimi dijital kültürün en belirgin gözlendiği alanlardan biri olarak karşımıza çıkmaktadır (Aydemir, 2020: 130). ABD'de yaşanan Wall Street'i İşgal Et eylemleri (Conover vd., 2013).; Tunus'ta başlayıp diğer Arap ülkelerinde domino etkisi yaratmış olan Arap Baharı (Eltantawy ve Wiest, 2011; Wolfsfeld vd., 2013) veya Fransa'da başlayıp diğer Avrupa ülkelerine yayılmış olan "Sarı Yelekliler" eylemleri gibi toplumsal hareketlerin tamamında, yeni nesil iletişim araçları en önemli örgütleme aracı olurken; bunu, dijital kültürün bir yansıması olarak ifade etmek mümkündür.

Dijital kültürün yarattığı bir diğer sonuç ise bilinen "medya" kavrayışı üzerindeki dönüşümdür. Geleneksel olarak belli bir merkezileşme ve yönetim ile birlikte editöryal süreçleri kapsayan, bir takım yasal ve geleneksel kural ve teamüllere sahip olan medya, dijitalleşmeyle birlikte bilinenin ötesinde, daha farklı bir araca dönüşmüştür. Öncelikle teknik anlamda dijital olanın analogdan farklı olarak sayısal ve modüler bir yapıya sahip olması onu manipülasyona çok daha uygun hale getirmiştir. Yazılım alanındaki ilerlemelerle birlikte ise içerik üretimi analog dönemden farklı olarak çok daha az profesyonellik gerektiren hatta gerektirmeyen bir duruma evirilmiştir. Dijital içeriği, geleneksel ve analog olandan farklı olarak çok daha kolay manipüle etmek mümkündür. Dijital içeriğe, bir ses veya görüntü kolayca eklenebilir veya çıkartılabilir. Öte yandan çeşitli kontrastlar üzerinde oynayarak istenilen objeler ön plana çıkarılabilirken diğerleri geri planda bırakılabilir (Manovich, 2001). Tüm bunlar içeriğe ilişkin teknik birtakım özellikler gibi görünse de zaman içerisinde ortaya çıkan sosyal medya ve sıradan insanların bahse konu bu teknolojik imkânları basit uygulamalar vasıtasıyla kullanabilir hale gelmesi, onların gerçeklik ve geleneksel üzerindeki algılayışları üzerinde ciddi sonuçlar doğurmuştur.

Sosyal medya uygulamaları ve bunları işlevsel kılan akıllı cihazlar ile mobil internet altyapısı, insanoğlunu alışık olduğu birçok geleneksel bağlamdan farklı ve yeni bir konuma yerleştirmeyi başarmıştır. Bu durum, dijital teknolojiyi olumlamak veya ona olumsuz bir tavır almaktan öte gerçekliğin tesliminden ibarettir. Daha düne kadar dünyayı kendinden ve sahip olduğu dar çevreden ibaret gören egosantrik birey, bugün, ismini dahi duymadığı coğrafyalardaki insanlarla rahatlıkla iletişim kurabilmektedir. Böylece hem kendisi diğerlerinden etkilenmekte hem de diğerlerini etkilemeyi başarmaktadır. Her bir insan, belli bir kültürün parçası ve aynı zamanda mimarı olarak düşünüldüğünde bu mikro ilişkiler makro anlamda kültürlerin birbirleriyle olan etkileşimlerini de tarihsel etkileşim düzeyinin oldukça ötesine taşımayı başarmıştır. Bu durum, dijitalizasyonun bir sonucu olarak ortaya çıkan günümüz iletişim teknolojilerinin zaman ve mekân sınırlaması olmadan bireyi ve parçası olduğu toplumları her zaman ve her yerden erişilir kılmasının bir sonucudur. Dünya kendi etrafında dönerek, gece ve gündüz olarak zamanı geleneksel kavrayışta bölerken; yeni iletişim teknolojilerinin insanlığı getirdiği nokta telefon ışıklarının hiç sönmediği ve dünyayı sürekli olarak aydınlattığı yeni bir kültürdür.

Sıradan bireylerin, sosyal medya başta olmak üzere sahip oldukları yeni iletişim teknolojilerinin en önemli etkilerinden biri günümüz dijital bireyinin birer kitlesel yayıncıya dönmüş olduğu gerçeğidir. Böylece sıradan insanlar, artık sadece izleyici pozisyonunda bulunan pasif ve edilgen tüketici veya seçmenler değillerdir. Onlar, düşünsel ve eylemsel dünyalarını geleneksel dönemin ana akım medyasından edindikleri enformasyonla biçimlendirmekten çoktan uzaklaşmışlardır. Yapılan çalışmalar göstermektedir ki yeni iletişim teknolojilerinin gücüyle donanmış dijital birey, ister ticari ister siyasal anlamda olsun fikir, düşünce ve tepkilerini sahip oldukları yeni medya platformlarından açıklamaya oldukça heveslidir. Böylece günümüzün dijital kültürü önceki dönemde pasif birer izleyici durumundaki bireyi olay, durum ve kişileri etkilemekten hoşlanan; aktif ve katılımcı bireylere dönüştürmüştür.

Sıradan bireylerin kendilerine ait birer kitle yayın aracına sahip olmaları ve sosyal medya platformlarının tartışmalı da olsa görece özgür ve anonim bir yapıya sahip olması geleneksel medyayı sahiplik, içerik ve yönetim olarak zorlamış ve dönüştürmüştür. Her şeyden önce dijital kültür, medya monopolleşmesi veya tekelleşme olarak ifade edilen statik ve kontrole dayalı anlayışı kırmayı başarmıştır. Bununla birlikte geleneksel medya, yaşanan dönüşümü kademeli olarak fark etmiş ve kendini dijitalizasyona dayalı bu yeni medya kültürü içerisinde konumlandırmaya çalışmıştır.

3. Dijitalleşmenin Endüstriyel Faaliyetler Üzerine Yansımaları

Dijital kültür üretimden, dağıtıma, depolamadan, lojistiğe kadar endüstri ve ekonomiye dair geleneksel yapıları derinden sarsarak yeniden biçimlendirmiştir. Analog olanın birbirinin aynı olan tıpkıbasımlarını üreterek, devasa depolama alanları ve standart lojistik ağı yerine; dijital kültür, her açıdan esnekliği vaaz etmektedir. Her bir ürün, hizmet hatta deneyimin tüketiciye mahsus özelliklerden hareketle kişiselleştirilmesi, tüketiciyi üretim sürecinin bir parçası haline getirmiştir. Dijital kültürün, dijital içerikle birlikte müşteri ilişkilerini ve ürün takip zincirinin takibini kolaylaştırması her türlü üretim çıktısını önceden planlayıp üzerinde tüketici odaklı değişiklikleri de önceden planlamaya izin vermektedir. Öte yandan, dijital teknolojik ağ yapısıyla desteklenen altyapı sayesinde kurulan talep, üretim, takip ve tedarik ağı, yönetimi ve depolama maliyetini minimize etmeye imkân sunarken; lojistiğin de zamanında ve etkin olarak planlanmasına olanak sunmaktadır.

Günümüzdeki mevcut küresel iktisadi sistem, serbest piyasanın hâkim olduğu bir anlayışa dayanmaktadır. Daha geniş bir anlatımla günümüzün iktisadi sistemi mal, sermaye ve hizmetlerin küresel anlamda, ülkeler arasında mümkün olduğunca serbest bir şekilde dolaşımı anlamındaki neoliberal endüstriyel bir mantığa dayanmaktadır. İktisadi anlamdaki küreselleşme, serbest ticaret ve yatırım imkânları ile genel anlamda finansal piyasaların bütünleşmesi şeklinde ifade edilebilir. Bu durum, ülke ekonomilerini bir bütün olarak birbirine bağımlı hale getirirken; çokuluslu şirketlerin artmasını ile çok yönlü işbirliklerini de teşvik etmektedir. Ekonomik işbirliği ve entegrasyon çok uluslu şirketler başta olmak üzere ticari faaliyetlerin hammadde temini, ürün bileşenlerinin tedariki, işgücü istihdamı, ürüne ilişkin kavramsal çalışmalar, üretim, lojistik ve dağıtım ile satış sonrası müşteri ilişkileri ve destek ağlarının koordinasyonuna kadar birçok operasyonun eşzamanlı yürütülmesini gerekli kılmaktadır. Zira üretim sürecine dair burada sayılan ve sayılmayan süreçlerin her biri farklı bir şehir, bölge veya ülkeyi kapsayabilmektedir. Kimi durumlarda, bu operasyonların kıtalararası koordinasyonu ve yürütülmesi söz konusu olmaktadır. Raftaki üründen, perakendeciye ve toptancıya oradan üreticiye kadar kaç adet kaldığı; eldeki hammadde ve üretim kapasitesi göz önünde tutularak aynısından ne kadarının ne kadar zamanda üretilebileceği; banttan çıkan ürünün raftaki son ürün tüketilmeden onun yedeği olacak şekilde toptancıdan perakende pazarına ne zaman ulaşacağı dijital dünyada hesaplanması gereken ve hesaplanabilen bir süreçtir.

Dijital dönüşümün bizi Endüstri4.0 olarak ifade edilen üretim biçimine götürdüğü gerçeğini de göz ardı etmemek gerekir. Bununla birlikte, insan-makine işbirliğinden, makine-makine işbirliğine; kendi kendini yöneten akıllı sistemler ve yapay zekâya işaret eden yeni üretim biçimi ile endüstriyel gelişmelerin insanlığı sürüklediği yeni konum hayli tartışmalı bir konudur. İnsana dayalı işgücünden uzaklaşıp, işi makinelere bırakmanın toplumsal maliyeti ve çalışma kültürü üzerinde yaratacağı etkiler şimdilik çeşitli projeksiyonlarla tahmin edilmeye çalışılmaktadır. Ciddi anlamda dijitalleşmiş olan endüstriyel süreçlerin şimdiye kadar yararlı etkilerinin daha fazla olduğu ve işleri oldukça kolaylaştırdığı kabul edilmekle birlikte insan faktörünün süreçten giderek aha fazla uzaklaşması ne gibi sonuçlar doğuracak bunu henüz tam olarak kestiremiyoruz. Önceki endüstri devrimlerinde başaramadığımız, ülkeler ve bölgeler arasındaki kalkınma farklılıklarının mümkün olduğunca ortadan kaldırılması, adil ve eşitliğe dayalı kalkınma modelleri geliştirilmesi dijital tabanlı üretim kültüründe mümkün olacak mı hep birlikte göreceğiz. Ancak şu ana kadar oldukça hızlı bir şekilde yaşanan teknolojik gelişmelerin sosyal farklılıklar, gelir düzeyleri üzerindeki eşitsizlikler ve bunların bölgesel bağlamlardaki yansımalarının hayal edilen olumlu beklentileri karşılamadığını söylemek mümkündür. Ancak, dijital kültürle birlikte artan enformasyon etkisinin, önceki dönemlerde gözlenmesi daha zor olan gelir farklılıklarını oldukça açık bir şekilde ortaya sermesi, kitlelerin bundan çok kolay bir şekilde haberdar olması gibi etkenlerin endüstriyel faaliyetler üzerinde olduğu kadar gelecekte sermaye sahipleri ve hareketleri üzerinde bir takım zorlayıcı değişikliklere yol açabileceği söylenebilir.

Dijitalleşmenin yarattığı etkileri endüstriyel açıdan ele aldığımızda mal, ürün ve hizmete ilişkin satış, pazarlama faaliyetleri ve bunların reklam endüstrisi üzerindeki etkilerine de belli oranda değinmenin yararlı olacağı değerlendirilmektedir. Dijitalizasyon ve yaygın internet kullanımı özellikle son dönemde sosyal medya platformlarının baş döndürücü gelişimiyle birlikte işletmeleri bu ortamlarda var olmaya ve bunları etkin bir biçimde kullanmaya zorlamaktadır. Bir ürün, mal veya hizmete ilişkin tutumların geliştirilmesinden, satın alma davranışına ilişkin yönelimlere kadar geçen süreçlerde ilgili platformların etkisi üzerine yapılmış çok sayıda çalışma bulunmaktadır. Bununla birlikte reklam endüstrisi ve pazarlamacılar sürekli enformasyon bombardımanı altında yorgun düşen tüketici zihinlerine ulaşabilmek amacıyla da çeşitli dijital platformlardan sıkça yararlanmaya çalışmaktadır (Çepni Şener ve Uğurhan, 2019: 51). Bu amaçla dikkat çekici, yaratıcı, özgün ve mümkün oldukça reklam gibi görünmeyen; genelde bilgilendirici olmasının yanında, eğlendirici olmasına da dikkat edilen yeni yöntemler geliştirilmeye çalışılmaktadır. Bu amaçla sıkça kullanılan yöntemlerin başında sosyal medya ünlüsü olarak da ifade edilen fenomenlerden yararlanmak diğer bir ifadeyle fenomen marka işbirliği çerçevesinde sponsorlu içerikler vasıtasıyla kitlelere ulaşmaktır. İster, sosyal medya ve reklam endüstrisi açısından ele alınsın; isterse, üretim endüstrisinden elde edilmiş ürün veya hizmetlere ilişkin olsun, sosyal medya ekosisteminin oluşturduğu fenomen ve takipçi ilişkisi ve etkileşim, dijital kültüre ilişkin en belirgin örneklerden biri olarak değerlendirilebilir. Sonuç olarak dijitalleşme bir yandan mevcut kültürü değiştirip dönüştürürken öte yandan kendine has yeni bir kültür olarak kendini inşa etmektedir demek mümkündür.

3. Sonuç Yerine

Geleneksel kültür tartışmaları içerisinde, yeni ve farklı bir bakış ihtiyacını temsil eden dijital kültür kavramı üzerine daha çok şeyler yazılıp çizileceğe benzemektedir. Günümüzde, merkezi ve hiyerarşik iletişim anlayışının değişerek; çok merkezli, eşitlikçi ve daha özgürlükçü bir anlayışa evirildiği gözlenmektedir. Bu durum geleneksel olarak örgütlenmiş medya şirketleri başta olmak üzere, hemen her kurumsal yapının, bireyin tüketici, vatandaş gibi niteliklerini de göz önünde tutarak beklentilerini daha fazla dikkate almaları gerekliliğine işaret etmektedir. Geleneksel dönemin pasif, izleyici konumundaki insanı, dijital birey olarak artık bu muameleyi görmek istememekte; aksine istek ve beklentilerine karşı özen gösterilmesini arzulamaktadır. Elinde tuttuğu kişisel medyası ve yayın yapma gücü ile diğerleriyle geliştirdiği işbirliği ve örgütlenme sayesinde aktif, katılımcı ve etkileyen taraf olmayı arzulamaktadır.

İçinde yaşadığımız, hem üretip hem de tüketerek bir parçası olduğumuz dijital kültürün, bilgi ve iletişim kaynaklarının hızlı bir şekilde gelişip yaygınlaşması ve bunun alışageldiğimiz geleneksel ve muhafazakâr yapılar üzerindeki değişimleri ifade ettiğini söylemek mümkündür. Bu sebeple içinde yaşadığımız çağ veya dönemi –ki bu dönemi ancak onlu yıllarla ifade edebiliyoruz- bilgi toplumu, iletişim toplumu veya ağ toplumu gibi yeni ve farklı kavramsallaştırmalarla açıklanmaya çalışılmaktadır. Her ne kadar dilde yaygınlaşmış olsa da bu kavramların içerdiği kabul edilen anlamlar tarafların bakış açılarına göre farklılık gösterebilmektedir. Ancak çoğu zaman daha fazla bilgi ve iletişim, hız, eşitlik, özgürlük ve şeffaflık gibi kelimelerle karakterize edilmeye çalışılmaktadır. Elbette ne kadar özgür, demokratik, çoğulcu ve katılımcı olduğuyla ilgili politik veya sosyolojik tartışmalar da devam etmektedir. Ancak, tüm bu olgu ve kavramların geleneksel anlamdaki mevcut kültür tartışmalarına, dijitalizasyon etkisinden kaynaklı yeni bir boyut kattığı da bir gerçektir. Özellikle, yeni nesil bilgi iletişim teknolojilerinin yarattığı iletişim ve etkileşimin küresel boyutu göz önüne alındığında, farklılıklarıyla birer zenginlik oluşturan milyonlarca yıllık kültürel birikim ve çeşitliliğin korunup korunamayacağı gelecekteki en önemli soru işaretlerinden biri olacaktır.

Günümüzde insanlığın sahip olduğu iletişim gücünün, toplumları daha demokratik ve özgürlükçü kıldığına inanılmaktadır. Dijital birey, kendine ait medyalar aracılığıyla çeşitli konularda içerikler üretip paylaşarak siyasal süreçlere daha zahmetsizce katılım gösterebilmektedir. Dijital altyapıya dayalı iletişim ortamı, sanal ortamda örgütlenmeyi kolaylaştırarak kolektif akıl ve tepki üretmeyi de kolaylaştırmaktadır. Sonuç olarak bu durum, geleneksel anlamda birey-siyaset ilişkisinde, sesini tek başına duyurması oldukça güç olan sıradan insanın karar alma süreçlerine katılımını ve sesini olabildiğince daha yüksek bir şekilde çıkarmasını sağlamaktadır. Dijital olanın olumlu anlamda olduğu gibi olumsuz anlamda da manipülasyona açık olması, onun zafiyeti olarak kabul edilebilir. Bununla birlikte yine dijital platformların hızına dayanan ve aynı veri altyapısını kullanarak analizler yapan "teyit ve doğrulama" platformları manipülasyon meselesine kısmen de olsa çözüm üretmeye yardımcı olmaktadır.

Endüstri ve ekonomi pratikleri açısından bakıldığında, günümüz serbest piyasa sisteminde küreselleşmenin artan etkisiyle birlikte çoğalan çokuluslu şirketlerin, mal ve hizmet üretirken birbirinden çok farklı bileşenleri birlikte koordine etmeye çalıştıklarına şahitlik edilmektedir. Günümüzde artık, sadece belli ülkelere özgü ürünlerden söz etmek oldukça zorlaşmıştır. Evet, markalar belki geleneksel olarak bilindik bir menşee referans ediyorlar ancak örneğin bir teknolojik ürünün farklı parçalarının üretildiği her bir ülke onun geleneksel anlamda "Made in X" imajnı tam olarak karşılamıyor. Tüm bu üretim süreçlerinin yönetimi ise ancak, dijital altyapı ve sistemlerle mümkün olabilmektedir. Bununla birlikte, finansal piyasaların tamamına yakını açısından da benzer bir durumun söz konusu olduğunu belirtmek gerekir. Çoğu insan cebinde nakit para taşımaktansa ödemelerini bankacılık uygulamalarıyla yaparken, borsalardaki alım satımlarda da benzer süreçler izlenmektedir. Yine hizmet endüstrisi rezervasyondan, ödemeye, memnuniyet veya şikâyetlerin bildiriminden çözüm yollarının araştırılmasına kadar tüm faaliyetler dijital altyapıya dayalı ve dijital kültürün kendine özgü diliyle yeniden şekillenmiştir. Reklam ve pazarlamacılar başta olmak üzere hemen her alanda çalışan araştırmacılar "big data" ya da "büyük veri" olarak ifade edilen ve sürekli akışla birikmeye devam eden dijital bilgi havuzundan kendileri için yararlı bilgiler süzmeye ve kullanmaya çalışmaktadır.

Sonuç olarak dijital kültür, bireysel ilişkilerden siyasal iletişime, ekonomi ve üretim pratiğinden satış, reklam ve pazarlamaya, kıymetli maden ve emtiadan, paraya hemen her şeyin dijitalleştiği yeni bir paradigmayı ifade etmektedir. Öte yandan, dijital kültürde tüm bu sayılanların algı ve kavrayışlarından ifade biçimlerine kadar zihinlerde ve dilde kendine özgü bir anlama ve ifade biçimi söz konusudur. Gerek dijitalleşmenin gerekse internet ve sosyal medya gibi iletişim ortamlarının hızlı gelişimi ve son derece dinamik oluşu her bir disiplin açısından sürekli ve periyodik çalışma ve incelemeleri de zaruri kılmaktadır. Zira her şey çok çabuk eskimekte, her yeni bilgi kısa bir süre sonra hükmünü yitirebilmektedir.

Kaynakça

Akman, Çiğdem; Negiz, Nilüfer; Kiriş, Hakan M. ve Akman, Elvettin (2018). Her Şey Dijitalleşiyor, Güncelleme Yapmadan Yaşayamazsınız!, içinde: Dijital Çağın Etkisinde Yönetim – Siyaset – Kent, Ankara: Detay Yayıncılık, ss.1-21.

Aksoy, Zeynep (2012). "Uluslararası Göç Ve Kültürlerarası İletişim", Uluslararası Sosyal Araştırmalara Dergisi, 5(20), ss. 292-304.

Altincik, Hasan (2017). "Popüler Kültür Araçlarından Reklamların Gündelik İhtiyaçları Yönlendirmesi Cam Sektörü Reklamları Örneğinde Bir Analiz",Dicle Üniversitesi Sosyal Bilimler Enstitüsü Dergisi, 9(18), ss. 52-62.

Altincik, Hasan (2020). Halkla İlişkiler Perspektifinden Medya ve Yerel Yönetim İlişkisi, İstanbul: Kriter Yayınevi.

Arklan, Ümit (2016). Sosyal Medyanın Siyasal Amaçlı Kullanımı: Ağ Kuşağının Kullanım Alışkanlıkları Üzerine Bir Araştırma. Gümüşhane Üniversitesi İletişim Fakültesi Elektronik Dergisi, 2(4), ss.618-657.

Aydemir, Aslı (2020). Toplumsal Hareketler ve Sosyal Medya, İstanbul: Kriter Yayınevi.

Babacan, Mehmet Emin (2014). ''Sosyal Medya Sonrası Yeni Toplumsal Hareketler'', Birey ve Toplum, 4 (7), 135-160.

Bagdikian, Ben H. (2004). Yeni medya tekeli. (Çev: E. Eminel). Ankara: Akılçelen Kitaplar.

Baldini, Massimo (2000. İletişim Tarihi, İstanbul: Avcıol Basım Yayın.

Barker, Chris (2003). Cultural Studies: Theory and Practice, London: SAGE Publications.

Bolat, N. (2020). Televizyonun Teknik Dönüşümünün İçeriğe Etkisi, Televizyon 4.0 Toplum 5.0 Döneminde Yeni İzlence Yeni İzlerkitle, Edit. E. Sirer, Konya: Literatürk Yayınları.

Castells, Manuel (2016). İletişim gücü. (Çev: E. Kılıç). İstanbul: İstanbul Bilgi Üniversitesi Yayınları.

Conover, Michael; D.; Ferrara, Emilio; Menczer, Filippo and Flammini, Alessandro (2013). The Digital Evolution of Occupy Wall Street. PLoS ONE, 8(5), ss.1-5.

Çaycı, Berk ve Karagülle, Ayşegül E. (2016). ''İletişimin Dijitalleşmesi ve Kültürel Melezleşme'', Global Media Journal TR Edition, 6(12), ss. 570-586.

Çepni Şener, Betül ve Uğurhan, Yusuf Zafer Can (2019). ''Reklam Etkililiği Açısından Geleneksel Ve Yeni Medyada Yayınlanan Bir Reklamın X, Y Ve Z Kuşakları Arasında Karşılaştırılması'', İNİF E-Dergi, 4(1), ss. 50-72.

Çöteli, Sami (2020). ''Gerçek Kimliğin Yeni Medya Araçlarıyla Dijital Dönüşüme Uğraması ve Dijital Kimliğin İnşasının Sinemadaki Yansıması'', 3.rd International Conference on Cultural Informatics, Communication & Media Studies Proceedings Book, Aydın Adnan Menderes University & University of the Aegean, 20-22 April 2020, ss. 38-42.

Eltantawy, Nahed. and Wiest Julie B. (2011). ''Social Media İn The Egyptian Revolution: Reconsidering Resource Mobilization Theory'', International Journal of Communication, 5(1), ss.1207-1224.

Erdem, Serhat (2021). "Sanal Gerçekliğin Reklam Stratejilerinde Kullanılmasına Yönelik Bir Değerlendirme" Güzel Sanatlar Enstitüsü Dergisi, 27(46), 241-248. DOI: 10.32547/ataunigsed.836847

Geng, Ruibin; Wang, Shichao ; Chen, Xi; Song, Danyang ve Yu, Jie (2020). Content Marketing İn E-Commerce Platforms İn The İnternet Celebrity Economy, 120(3), ss. 464-485.

Gleason, Benjamin (2013). ''Ocuppy Wall Street: Exploring Informal Learning About A Social Movement On Twitter'', American Behavioral Scientist, 57(7), 966-982.

Güzel, Ebru (2016). Dijital Kültür ve Çevrimiçi Sosyal Ağlarda Rekabetin Aktörü: "Dijital Habitus", Gümüşhane Üniversitesi İletişim Fakültesi Elektronik Dergisi, 4(1), ss. 82-103

Howard, P. N. (2012). ''Social Media And Political Change: Capacity, Const-Raint, And Consequence'', Journal of Communication, 62 (2), 359-362.

Innis, Harold (2014). ''Antik İmparatorluklarda İletişim Araçları'', içinde: İletişim Tarihi (Editörler), David Crowley ve Paul Heyer, Ankara: Siyasal Kitabevi, s.48-57.

Jameson, Fredric (1993). ''On Cultural Studies'' içinde: Social Text, North Carolina: DukeUniversity Press, ss. 17-52.

Juntiwasarakij, Suwan (2018). ''Framing Emerging Behaviors İnfluenced By İnternet Celebrity'', Kasetsart Journal of Social Sciences, 39(3), ss.550-555

Karahisar, Tüba (2013). Dijital Nesil, Dijital İletişim ve Dijitalleşen ! Türkçe, AJIT-e: Bilişim Teknolojileri Online Dergisi, 4(12), ss. 71-83

Koç, Engin (2020). ''İran –Lübnan İlişkilerinin Kimliksel Bağlamda Analizi'', içinde: Biz ve Ötekiler Uluslararası İlişkilerde Kimlik Perspektifinden Dış Politika, Ankara: Siyasal Yayınevi, ss, 165-184.

Kurt, Emin (2016). "AK Parti Dönemi Sağlık Politikaları" içinde: Türk Siyasal Hayatında AK Parti Dönemi, Ed. Seyfettin Aslan ve Yılmaz Demirhan, Bursa: Ekin Yayınevi, ss. 151-174.

Manovich, Lev (2001). The Language of New Media, London: The MIT Press.

Neuman, W. Russel (2018). Dijital Fark: Gündelik Hayatta Dijitalleşme ve Medya Etkileri Kuramı. İstanbul: The Kitap Yayınları.

Oğuz, Esin Sultan (2011). ''Toplum Bilimlerinde Kültür Kavramı'', Journal of Faculty of Letters, 28(2), ss. 123-139.

Postman, Neil (2011). Technopoly: The Surrender of Culture to Technology, New York: Vintage Books.

Rosario, Ana Babić ; de Valck, Kristine & Sotgiu, Francesca (2020). ''Conceptualizing The Electronic Word-Of-Mouth Process: What We Know And Need To Know About Ewom Creation, Exposure, And Evaluation'', Journal of the Academy of Marketing Science, 48, ss.422–448.

Seidman, Steven ve Alexander, Jeffrey C. (2013). İstanbul: Boğaziçi Üniversitesi Yayınevi.

Williams, Raymond (2017). Kültür ve Toplum 1780-1950, İstanbul: İletişim Yayıncılık.

Wolfsfeld, Gadi; Segev, Elad and Sheafer, Tamir (2013). ''Social Media and the Arab Spring: Politics Comes First'', The International Journal of Press/Politics, 18 (2), ss.115-137.

Yaşar, İbrahim Halil (2020). ''İletişim Tarihine Kısa Bir Bakış: Analogdan Dijitale İletişim Araçlarının Gelişimi ve Bireye Yansıması'', Ufkun Ötesi Bilim Dergisi, 20(1), ss. 183-207.

Yaşar, İbrahim Halil (2020). Sosyal Medya ve Siyaset, Ankara: Orion Kitabevi.

VERİ GAZETECİLİĞİNDE HABERİN İNFOGRAFİK SUNUMU TRT HABER ÖRNEĞİ

*Neslihan KILIÇ**

Giriş

Bilgisayar ve ağ teknolojilerinde özellikle 1990'lı yıllardan itibaren yaşanan devrim niteliğindeki gelişmelerle birlikte internet, insan hayatının en vazgeçilmez unsurlarından biri haline gelmiştir. Dijital çağ olarak adlandırılan bu dönemde toplumsal, bilimsel ve ekonomik gelişimin yönü yeniden belirlenmeye başlanmış ve eğitimden sağlık hizmetlerine, ticaretten eğlence kültürüne gündelik hayatın hemen her alanında köklü değişimler yaşanmıştır.

Bilgiye ulaşmanın önceki dönemlerle mukayese edilmeyecek derecede kolay, hızlı ve ucuz olduğu dijital çağda medya, yaşanan gelişmelerden en çok etkilenen alanlardan biri olmuştur (Yaşar, 2020:132). İletişim teknolojilerindeki ilerlemeler, geleneksel medyadan farklı olarak "yeni" bir medyanın doğuşuna da zemin hazırlamıştır. İletişim araçlarının tarihsel seyri içinde her biri ayrı bir devrim olarak kabul edilen sesin ve görüntünün aktarımı, yeni medyanın tanıdığı çoklu ortam uygulamalarıyla birlikte anlık gerçekleştirilebilen bir faaliyete dönüşmüş dahası bu faaliyet mobil cihaz kullanabilen bütün insanlar için mümkün hale gelmiştir (Aydemir, 2020:89). Böylece geleneksel medyanın pasif mesaj alıcısı, yeni medyanın aktif birer mesaj üreticisine evrilmiştir.

Blog yazarlığı, sosyal medya kullanıcılığı, yurttaş gazeteciliği gibi rollerle internet kullanıcılarının da içerik üretimine dâhil ol-

* Dr. Öğr. Üyesi, Dicle Üniversitesi İletişim Fakültesi Gazetecilik Bölümü, neslihan.kilic@dicle.edu.tr

masına ilaveten internetin, coğrafi sınırları ortadan kaldıran küresel ölçekte bir iletişim mecrasına dönüşmesi, kişilerin yoğun bir veri akışına maruz kalması sorununu da beraberinde getirmiştir (Gray vd, 2012:3).

Bu noktada birey için gerekli olan bilginin/haberin gereksiz olandan ayıklanması ihtiyacı, gazetecilik pratiğinde veri gazeteciliğinin önemini arttırmıştır. Büyük veri setlerine dayanılarak hazırlanan veri gazeteciliğinde bilginin bilgisayarlar, algoritmalar ve yazılımlar aracılığıyla toplanması, düzenlenmesi, analiz edilmesi ve görselleştirilerek en sade, en anlaşılır ve en kalıcı şekilde okuyucuya sunulması amaçlanır (Can vd, 2018:158). Sayılarla hikâyeler anlatma pratiği olarak nitelendirilen veri gazeteciliğinde haber anlatısı, grafik, harita, fotoğraf, illüstrasyon, diyagram ve piktogram gibi görsel unsurlar üzerine inşa edilir. Görselleştirme sürecinde kullanılan yöntemlerden biri de infografik tasarımlardır (Zinderen 2019:75-78).

Enformasyon (information) ve grafik (graphics) sözcüklerinden oluşan infografik, bilgi grafiği anlamına gelmektedir (Smiciklas, 2012:3). Karmaşık bilgilerin ve metinlerin, görsel tasarım ilkeleri ile ilgi çekici ve anlaşılır hale dönüştürülmesinde oldukça etkili olan infografikler, günümüzde eğitim, ulaşım, sağlık, istatistik gibi birçok farklı alanda kullanılmaktadır. İnfografikler büyük ve karmaşık verileri, okuyucu için kısa sürede anlaşılır ve etkili hikâyelere dönüştürebilme özelliğiyle gazetecilik pratiklerine de önemli fırsatlar sunmaktadır. Nitekim başta *The New York Times* olmak üzere dünyanın önde gelen birçok medya kuruluşu, haber sunumlarında infografik tasarımlara sıklıkla yer vermektedir (Stodder, 2013:5).

Buna karşılık infografiklerin Türkiye'de web tabanlı haber sunumlarında yaygın olarak kullanıldığını ifade etmek güçtür. Türkiye'de Türkçe haber yayımlayan medya kuruluşlarının web sayfalarında yapılan incelemede sadece dört kuruluşun - *TRT Haber*, *Yeni Şafak* gazetesi *Anadolu Ajansı* ve Moskova merkezli uluslararası medya kuruluşu *Sputnik Haber Ajansı*- bu haberlere "infografik" başlığı altında özel olarak yer verdiği görülmektedir (07.11.2020 itibariyle). Diğer medya kuruluşları ise haber anlatılarında zaman

zaman infografiklerden istifade etse de bu tasarımlar için henüz ayrı bir başlık oluşturmamışlardır.

Veri gazeteciliğinin bir unsuru olan infografiklere ve infografik tasarımların Türkiye'de haber sunumlarındaki kullanım biçimlerine odaklanılan bu çalışmada konu *TRT Haber* örneği çerçevesinde ele alınmıştır. Çalışmanın amacı, diğer alanlarda olduğu gibi medya sektöründe de önemi ve kullanımı her geçen gün artan infografik tasarımların Türkiye'deki kullanım biçimlerini bir örnek üzerinden tasvir etmektir.

TRT Haber'in web sayfasında yayımlanan infografikleri kapsayan araştırma, 1 Ekim 2020 – 31 Aralık 2020 tarih aralığıyla sınırlandırılmıştır. *TRT Haber*'in yayımladığı infografik haberler incelendiğinde bunların tamamının sabit (statik) infografik formunda olduğu, sayfada hareketli (motion) ve etkileşimli (interaktif) tasarımların hiç kullanılmadığı görülmektedir. Bu nedenle araştırmada yalnızca sabit infografiklerin incelenmesi çalışmanın bir diğer sınırlılığını teşkil etmektedir.

1. İnfografik Haber

İletişim ve bilgi teknolojilerinde yaşanan hızlı gelişmelerle birlikte "ağ toplumu" olarak nitelendirilen yeni bir yaşam biçimi ortaya çıkmıştır. Enformasyonu temele alan ve aynı zamanda etkileşimli bir yapıya sahip olan yeni ağ toplumunda bilginin üretilmesi, işlenmesi ve dağıtılması önceki devirlerde hiç olmadığı kadar önem kazanmıştır. (Gezgin ve Kırık, 2018:11). Yeni medyanın etkileşimlilik (interactive) özelliği, kullanıcılara geri bildirimde bulunma, yorum yapma ve bilgiyi yayma konusunda geniş imkânlar tanımış, kullanıcıları aynı zamanda birer içerik üreticisine dönüştürmüştür (Yılmaz ve Yaşar, 2020:196). Öyle ki sosyal medya platformları, bloglar, ağ günlükleri, arşivler, forumlar gibi birçok farklı kaynaktan sınırsız bir şekilde akan veriler, geleneksel yapılarda saklanamaz boyuta ulaşmıştır (Pavlik, 2013:292). Her an büyüyen, mevcut bilgi sistemlerinin işleyemeyeceği kadar yoğun ve karmaşık olan bu veri kümeleri "Büyük Veri" olarak kavramsallaştırılmaktadır (Razbonyalı, 2016:28).

Büyük verinin anlamlı ve işlenebilir hale dönüştürülmesi işlemi ise her geçen gün daha fazla önem kazanmaktadır. Başta bankacılık, pazarlama, halkla ilişkiler, güvenlik gibi sektörler olmak üzere gündelik hayatın hemen her alanında veriyi toplama, işleme, kullanıma hazır hale getirme, erişime sunma ve saklama gibi aşamalarda birçok farklı teknikler kullanılmaya başlanmıştır (Doğan ve Arslantekin, 2016:16). Benzer şekilde gazetecilik mesleğinde de verilerin toplanması, ayıklanması, düzenlenmesi ve hikâyeleştirilmesi aşamalarında birçok farklı tekniğe başvurulmaktadır. Bu noktada büyük verinin okuyucuya en anlaşılır, en kısa, en net ve en etkili şekilde sunulabilmesi için veri gazeteciliği önem kazanmaktadır.

Veri gazeteciliği bir kavram olarak 2000'li yıllardan itibaren kullanılmaya başlanmış olsa da gazetecilik pratiklerinde verilerin kullanımı, daha eski tarihlere dayanmaktadır. Nitekim veri gazeteciliği konusundaki örnek çalışmalarıyla dünyanın en popüler haber sitelerinden biri olarak gösterilen *The Guardian*'ın haber editörü Simon Rogers, veri gazeteciliğinin tarihini *The Guardian*'da 1821 yılında eğitim konusunda yayımlanan bir habere dayandırmaktadır (Knight, 2015:56).

Veri gazeteciliği genel olarak veriyi toplama, filtreleme, analiz etme, görselleştirme ve hikâyeleştirme aşamalarından oluşmaktadır. Dijital dünyada sunulan sınırsız haber/içerik/mesaj arasından fark edilme ve izleyicinin dikkatini çekme çabası, haber kuruluşları arasında bir rekabeti de beraberinde getirmiştir. Haberin ilk bakışta dikkat çekmesi fotoğraf, grafik, tablo, illüstrasyon gibi görsel unsurlarla daha mümkün görülmektedir. Bu nedenle de haber üretim sürecinde "görselleştirme" aşamasının önemi artmaktadır. Örneğin Amerika Birleşik Devletleri'nin en köklü ve ciddi gazetelerinden biri olan *Wall Street Journal*, önceleri sayfalarında hiç fotoğraf kullanmazken rekabet ortamına ayak uydurmak için bu katı politikasından vazgeçmek zorunda kalmış ve sayfa mizanpajında görsel unsurlara da yer vermeye başlamıştır. Bu gelişmelerle birlikte günümüzde artık "haber yazımı" yerini, metnin görsel unsurlarla desteklenerek sunumunu ifade eden "haber tasarımı" kavramına bırakmıştır. (Bıyık, 2007:2).

Haber tasarımında kullanılan görsel unsurların başında resimler, grafikler, haritalar, fotoğraflar, illüstrasyonlar, diyagramlar ve piktogramlar gelmektedir. Bu aşamada en sık kullanılan görsel unsurlardan birisi de infografiklerdir (Rajamanickam, 2005:2). Kelime olarak enformasyon (information) ve grafik (graphics) terimlerinin birleştirilmesinden türetilen infografik, bilginin veya verinin görsel temsilleri olarak tanımlanmaktadır (Marabella, 2014:8). Karmaşık bir halde bulunan verileri düzenleme, kavramsal bilgileri geliştirme, kaydetme ve iletme amacıyla günümüzde özellikle iletişim ve medya sektöründe bir sunum tekniği olarak kullanılan infografikler, aynı zamanda toplumbilimciler, bilim insanları, matematikçiler, ekonomistler ve eğitimciler tarafından da sıklıkla kullanılmaktadır (Adams, 2011).

1.1. İnfografiklerin Tarihsel Gelişimi

İletişim ve bilgisayar teknolojilerinde yaşanan gelişmelerle birlikte özellikle karmaşık verilerin ve bilgilerin sunumunda günümüzde yaygın bir şekilde kullanılan infografiklerin ortaya çıkışını tarih öncesi devirlere dayandıran çalışmalar bulunmaktadır. Bu çerçevede ilk insanların bilgiyi paylaşmak için mağaralara ve kayalara çizdikleri resimler infografiğin temeli olarak gösterilmektedir (Golombisky ve Hagen, 2010:154). Benzer şekilde Smiciklas bugün Fransa'nın güneyinde bulunan mağara duvarlarına M.Ö 30.000 yıllarında çizilen hayvan figürlerini infografiklerin ilk örnekleri olarak kabul ederken, M.Ö 3.000 yıllarında Mısır Medeniyetinde kullanılan ve grafik, sembol ve ikon kullanımının temelini oluşturan hiyeroglifleri ise ilk "iyi infografikler" olarak göstermektedir. Filozof Nicole d'Orseme'nin hareketli bir nesnenin ölçülme yöntemini göstermek üzere 1350 yılında tasarladığı grafik ile Leonardo da Vinci'nin insan anatomisi hakkında kapsamlı bir kılavuz oluşturmak için 1510 yılında illüstrasyonlar kullanarak hazırladığı yazılı yönerge, infografiklerin Ortaçağ'da kullanımına örneklik teşkil etmesi açısından dikkat çekicidir. İskoç Mühendis William Playfair ise *"The Commercial and Political Atlas and Statistical Breviary"* adlı kitabında sayısal verileri açıklamak için kullandığı grafiklerle veri görselleştirme çalışmalarının öncüsü olmuştur. 1857'de Kırım Savaşı sırasında İngiliz hemşire Florence Nightingale, askerlerin aylık ölüm sayısını ve ölüm sebeplerini gösteren infografikler hazırlamış ve bu infografikleri Kraliçe Victoria'yı askeri hastanelerdeki kötü koşulları iyileştirmeye ikna etmek amacıyla kullanmıştır. İnfografikler, 1970'li yıllardan itibaren ise *Sunday Times*, *USA Today* gibi gazeteler başta olmak üzere karmaşık verileri aktarmak, haberlerin anlaşılmasını kolaylaştırmak gibi amaçlarla gazetecilik alanında da yaygın şekilde kullanılmaya başlanmıştır (Zinderen, 2019: 81-82).

1.2. İnfografik Tasarımların Üstünlükleri

İnsan zihni görsel bilgiyi yazılı bilgiden daha hızlı algılar. Görsel bilginin bu üstünlüğü "bir resim bin kelimeye bedeldir" deyişiyle ifadesini bulmuştur (Smiciklas, 2012:3). Görsel öğeler bakımından oldukça zengin bir içeriği barındıran infografiklerin, veri ve bilgi transferi sürecinde sağladığı üstünlükleri genel olarak şu şekilde sıralayabiliriz;

- İnfografigler, görsel bileşenlerin etkisiyle öncelikle mesajın diğer mesajlar arasından dikkat çekmesini ve fark edilmesini sağlar (Denli, 2016:1478).
- Karmaşık bir halde bulunan veriyi ayıklayıp düzenledikten sonra hedef kitleye sunan infografikler, okuyucunun gereksiz bilgilere maruz kalmasının önüne geçer (Siricharoen, 2013:169).
- Zaman ve hız mefhumunun her geçen gün daha fazla önem kazandığı dijital dünyada mesajı kısa, net ve anlaşılır biçimde sunan infografikler okuyucuya zamandan tasarruf imkânı da sağlar.
- Verilerin iletilmesinde güçlü bir araç olan infografikler mesajın izleyici üzerindeki etkisini arttırır (Langer ve Zeiller, 2017:98). Böylece mesaj, insan zihninde daha kolay saklanır ve daha kolay hatırlanır.
- Bilgiyi toplumun her düzeyine hitap edecek şekilde sunduğu için sosyal medya kullanıcıları tarafından sıklıkla paylaşılan infografikler, bilginin hızlı bir şekilde yayılmasına da imkân tanır (Can vd, 2018:163).
- Fotoğraf, resim, tablo, grafik gibi görsel unsurlar, iletilmek istenen mesaj için bir nevi kanıt niteliğindedir. İnfografikler bu

yönüyle özellikle gazetecilik, halkla ilişkiler, pazarlama, reklamcılık, siyasal iletişim gibi alanlarda üretilen haberin/mesajın inandırma/ikna etme ve harekete geçirme gücünü arttırır.

- Belirlenmiş bir mesajın iletilmesi amacıyla üretilen kamu spotlarında etkili görsel unsurlarla tasarlanmış infografiklerin kullanılması mesajı daha dikkat çekici kılar. Böylece infografikler toplumsal bilinç ve farkındalığın oluşması sürecinde de önemli roller üstlenir (Erdal, 2016:143).
- Sıkıcı bilgilerin, renkli grafikler ve resimler yardımıyla süslenerek daha eğlenceli bir formda sunulmasını sağlar. Bu özelliğiyle başta çocuk yaştaki öğrenciler olmak üzere eğitim-öğretimin her kademesinde öğretim sürecini destekler ve dersleri ilgi çekici birer aktiviteye dönüştürerek kavramayı kolaylaştırır.
- İstatistiki verilerin aktarımında da sıklıkla kullanılan infografikler (Smiciklas, 2012:21), anlatımı monotonluktan kurtararak rakamları daha dikkat çekici ve daha anlaşılır kılar.
- Genellikle evrensel bir karakter taşıyan görsel unsurlar, farklı milletler ve kültürler arasında ortak bir dilin oluşmasına da yardımcı olur.
- Belli bir düzen, kompozisyon, oran, ölçü, ritm, armoni, vurgu, denge gibi sanatın çeşitli ilke ve unsurlarını barındıran infografikler bu yönüyle bireylerde estetik duygusunun gelişmesinde de önemli bir yere sahiptir (Erdal, 2016:143).

1.3. İnfografik Türleri

İnfografikler, bilgiyi sunum biçimlerine göre sabit, hareketli ve etkileşimli olmak üzere üç kategoride sınıflandırılır (Adams, 2011).

Sabit (Statik) İnfografik: En sık kullanılan infografik türüdür. Bilgileri bir bütün halinde tek sayfa içinde sunan sabit infografikler okuyucu üzerinde anında etki meydana getirirler (Adams, 2011). Dijital ortamların yanı sıra basılı materyallerde de kullanımı mümkündür.

Hareketli (Motion) İnfografik: Tek bir kareyle ifade edilemeyecek kadar uzun ve karmaşık içeriği bir sürece yayarak sıralı ve tutarlı bir şekilde ileten infografiklerdir. Özellikle televizyon haberciliğinde tercih edilen hareketli infografiklere, grafik animasyonlar ve power point sunumları örnek olarak gösterilebilir (Rajamanicman, 2005:9).

Etkileşimli (İnteraktif) İnfografik: Kullanıcı etkileşimine imkân tanıyan bu tür infografikler, bilgiyi okuyucunun tercihine göre sunmaktadır. Kullanıcı, tasarımın kendisine tanıdığı imkânla infografik üzerindeki herhangi bir bilgiyi seçip tıklayarak o konu hakkında daha detaylı bilgi edinebilir ve bu şekilde süreci dilediği şekilde yürütebilir. Bilgi edinme sürecinin kontrolünün kullanıcıya bırakılmasıyla kullanıcı ile mesaj arasında bir bağ kurulmakta ve böylece mesajın daha anlaşılır ve etkili olması amaçlanmaktadır (Zwinger vd. 2017:176).

1.4. İnfografikte Kullanılan Görsel Unsurlar

Mesajın daha anlaşılır ve etkili şekilde sunulması amacıyla tasarlanan infografiklerde kullanılan başlıca görsel unsurlar şunlardır;

Diyagram: Herhangi bir olayın gelişim sürecini aşamalı olarak gösteren grafik çizimlerdir. Diyagramlar özellikle "ne" ve "nasıl" sorularına cevap arayan infografik tasarımlarda sıklıkla kullanılmaktadır.

Resim 1: Kelebeğin Yaşam Döngüsü Temalı Diyagram

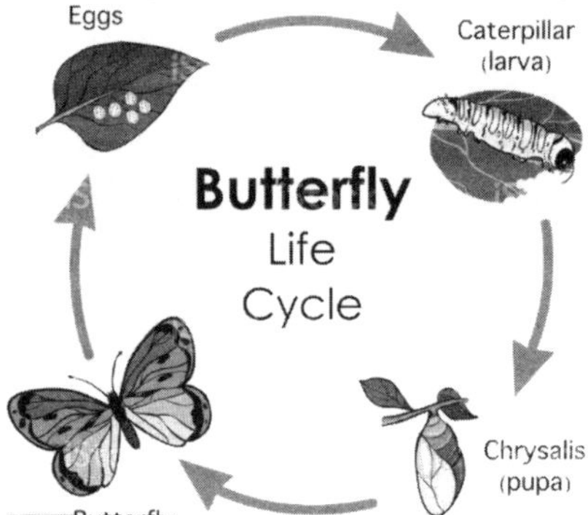

Kaynak: https://www.istockphoto.com

Fotoğraf: Gazetecilikte en sık kullanılan görsel unsurların başında gelen fotoğraf, sayfa tasarımında önemli bir estetik değere sahiptir. Bunun da ötesinde olayın gerçekliğine ilişkin kanıt değeri taşıyan fotoğraflar okuyucuyu inandırma ve ikna etme amacına da hizmet etmektedir.

Grafik: Farklı kaynaklardan gelen sayısal verileri birbirleriyle ilişkilendirerek sunan grafikler veri görselleştirmede sıklıkla başvurulan görsel unsurlardandır. Grafikler aynı zamanda büyük verileri sade ve anlaşılır yapıya dönüştürmek, verileri karşılaştırmak gibi amaçlarla da kullanılmaktadır.

Harita: Yeryüzünün tamamının veya belirli bir bölümünün bir ölçek dâhilinde küçültülerek bir düzlem üzerine çizilmesini ifade eden haritalar da infografik tasarımlarda kullanılan bir diğer görsel unsurdur.

İllüstrasyon: Kökeni Fransızca "illustration" kelimesine dayanan illüstrasyon, basılı ve dijital medyada yer alan metinlerin somutlaştırılması ve okuyucu üzerindeki etkisinin arttırılması gibi amaçlarla kullanılan resimlerdir. İllüstrasyonlar medya metinlerinin dışında ziraat, botanik, zooloji, tıp, medikal gibi birçok uzmanlık alanında bilgilendirici ve eğitici amaçlarla kullanılmaktadır.

Resim 2: Teknoloji Bağımlılığı Temalı İllüstrasyon

Kaynak: https://www.guvenliweb.org.tr

Piktogram: Bir nesneyi, bir mekânı veya bir mesajı resmetme yoluyla temsil eden görsel sembollere piktogram denir. Bilgilendirme amacıyla iletişimsel bir araç olarak günlük hayatın hemen her alanında karşımıza çıkan piktogramlar, infografik tasarımların vazgeçilmez bir görsel bileşenidir.

Resim 3: Kütüphane Temalı Piktogram

Kaynak: www. https://www.pngindir.com

2. Yöntem

Bu çalışmada veri gazeteciliğinde haber sunum biçimlerinden biri olan infografik tasarımların Türk medyasındaki kullanım biçimi *TRT Haber* örneği üzerinden ele alınmıştır. Çalışmanın ilk bölümünde literatür taraması yapılarak infografik kavramı, tarihsel gelişimi, türleri ve görsel içerik unsurlarıyla bütüncül olarak ele alınmış ve bir kavramsal çerçeve oluşturulmuştur.

Çalışmanın araştırma bölümünde ise 1 Ekim 2020 - 31 Aralık 2020 tarih aralığında *TRT Haber*'in web sayfasında yayımlanan infografik haberler niceliksel içerik analizi yöntemiyle incelenmiştir. Niceliksel içerik analizi yazılı, sözlü veya görüntülü metinlerin içeriğini nesnel, sistemli ve nicel olarak betimlemek için yapılandırılmış bir araştırma tekniğidir. İçerik analizinde "ifade edilmiş" ve nesnel, görünen ve somut olarak nitelenen içerik incelenir. Niceliksel içerik analizinde, "latent content" olarak ifade edilen ve daha çok yapısalcı, göstergebilimci ve post-modernist yaklaşımların yaptığı gibi içeriğin gizli ve altta yatan anlamlarına bakılmaz. Bu yöntemde, içeriksel öğelerin nicel dağılımına, bu dağılımların karakterine ve içerikteki öğeler arası ilişkilere odaklanılır. İletişim içeriği birimlere ayrılır, her birim bir kategoriye atanır ve her kategori için çetele tutulur (Erdoğan, 2012:180). Bu doğrultuda araştırmaya konu olan dönemde yayımlanan toplam 73 infografik haber ilk olarak konu başlıklarına göre sınıflandırılarak infografiklerin en fazla hangi konuda yayımlandığı ortaya konulmuştur. Araştırmada infografikler aynı zamanda biçimsel özellikleriyle de ele alınarak tasarımlarında en fazla kullanılan görsel unsurlar ve konu başlıklarına göre bu görsel unsurların dağılımı belirlenmeye çalışılmıştır.

Çalışmada örneklem grubunu oluşturan infografikler, *TRT Haber*'in kurumsal web sayfası olan www.trthaber.com sitesindeki "İnfografik" başlığından elde edilmiştir.

3. Bulgular

Haber sunumunda kullanılan infografik türü genellikle sabit infografiklerdir. Aynı durum *TRT Haber* örneği için de geçerlidir. *TRT Haber*'in web sayfasında yapılan incelemede "İnfografik" başlığı altında sadece sabit tasarımlara yer verildiği, hareketli ve etkileşimli infografiklerin ise hiç kullanılmadığı görülmüştür.

1 Ekim 2020-31 Aralık 2020 tarih aralığında *TRT Haber* web sayfasında 19'u Ekim, 23'ü Kasım, 31'i ise Aralık ayında olmak üzere toplam 73 infografik haber yayımlanmıştır. Haberlerin günlere göre dağılımlarında ise bir düzensizlik bulunmaktadır. Örneğin 28 Ekim-3 Kasım tarih aralığında infografik habere hiç yer verilmemişken 4 Kasım'da 3 infografik haber bulunmaktadır.

Araştırmanın tarih aralığının 92 günü kapsadığı dikkate alındığında *TRT Haber*'de yayımlanan günlük ortalama infografik haber sayısının 1'den az olduğu görülmektedir. Türkiye'de infografiklere yer veren sınırlı sayıdaki haber sitelerinden biri olan *TRT Haber*'de bu haberlerin günlük yayımlanma ortalamasının da 1'in altında olması, infografik haberlerin ülkemizde henüz yaygın biçimde kullanılmadığını göstermektedir.

3.1. Konu Başlıklarına Göre İnfografiklerin Dağılımı

İnfografik haberlerin konu dağılımlarının incelendiği araştırmanın bu bölümünde, konu başlıkları belirlenirken *TRT Haber*'de yer alan konu başlıklarına riayet edilmiştir. Her bir infografik, web sayfasında yer aldığı şekliyle bir konu başlığı altında kategorilere ayrılmıştır.

Buna göre *TRT Haber*'de 2020 Ekim, Kasım ve Aralık aylarında Bilim Teknoloji, Çevre, Dünya, Ekonomi, Gündem, Koronavirüs, Kültür Sanat, Özel Haber, Sağlık, Türkiye ve Yaşam olmak üzere toplam 11 konu başlığında infografik haber yayımlanmıştır. Konu başlıklarına göre infografiklerin dağılımı şu şekildedir.

Tablo 1: TRT Haber'de Yer Alan İnfografiklerin Konu Başlıklarına Göre Dağılımı

KONU	ADET
Bilim Teknoloji	7
Çevre	3
Dünya	16
Ekonomi	4
Gündem	19
Koronavirüs	5
Kültür Sanat	1
Özel Haber	1
Sağlık	8
Türkiye	5
Yaşam	4
TOPLAM	**73**

1 Ekim 2020-31 Aralık 2020 tarih aralığında *TRT Haber* web sayfasında infografikler en fazla "Gündem" konu başlığında yayımlanmıştır. *"Cumhurbaşkanı Erdoğan Yeni Tedbirleri Açıkladı", "Temaslıların Karantina Süresi Güncellendi", "81 İl Valiliğine COVID-19 Salgını Konulu Ek Genelge"* başlıklı haber örneklerinde görüldüğü üzere bu haberler çoğunlukla ülke gündemini yakından ilgilendiren Covid-19 salgını ve bu çerçevede yürütülen çalışmalar hakkındadır.

TRT Haber'de infografiklerin en sık yayımlandığı konu başlıklarından bir diğeri "Dünya" dır. Bu kategoride yer alan haberler *"IRINI Operasyonunda Merak Edilenler: Amaç Ne?", "Hava Saldırılarında Ölen Afgan Sivil Sayısı Yüzde 330 Arttı", "ABD'de Güvenli Su Erişimi Olmayan 1 Milyonu Aşkın İnsan Var"* başlıklı örnek haberlerde görüldüğü üzere konu başlığına uygun olarak dünyanın çeşitli yerlerinde meydana gelen önemli olaylarla ilgilidir.

"Sağlık" konulu infografikler *TRT Haber*'de en fazla yayımlanan infografikler arasında üçüncü sıradadır. *"5 Soruda İmmün Plazma Bağışı", "Bakanlık Açıkladı: İnfluenza Aşısı Kimlere Yapılacak?", "Çin Aşısı Gönüllülere Uygulanıyor"* örneklerinde de görüldüğü üzere sağlık haberleri "Gündem" konu başlıklı haberler gibi yine Covid-19 salgını hakkındadır. Bununla birlikte az sayıda da olsa *"Hasta Haklarımız ve Sorumluluklarımız Neler?"* örneğindeki gibi farklı sağlık konularında haberler de sunulmuştur.

"Bilim Teknoloji", infografiklerin konu dağılımında dördüncü sırada yer almaktadır. *"Türkiye Telefonla Konuşmada Zirveye Yerleşti", "Araştırmacılar Sorguluyor: Yüz Tanıma Sistemleri Etik mi?", "Akıllı Telefonlar Kamera Sektörünün 40 Yıllık Büyümesini Durdurdu"* başlıklı haber örneklerinde olduğu gibi bu kategorideki haberler daha çok dijital teknolojide yaşanan gelişmelerle ilgilidir.

"Türkiye" ve "Koronavirüs" konu başlığında ise eşit sayıda (5 adet) infografik sunulmuştur. Aynı dönemde "Ekonomi" ve "Yaşam" kategorisinde 4, "Çevre" kategorisinde 3, "Kültür Sanat" ve "Özel Haber" kategorisinde ise birer haber yayımlanmıştır.

Grafik 1: TRT Haber'de İnfografik Haberlerin Konu Başlıklarına Göre Dağılımı

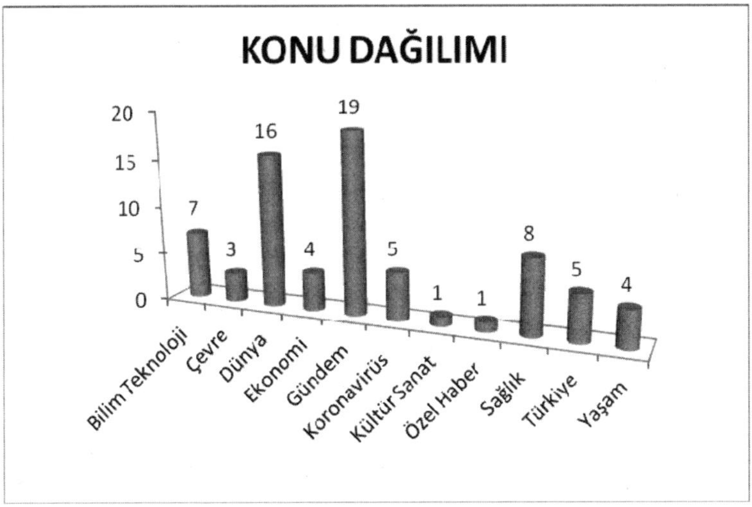

3.2. İçerdiği Görsel Unsurlara Göre İnfografiklerin Dağılımı

TRT Haber'de yer alan infografiklerin tamamında, kurumsal kimliği yansıtan TRT HABER logosu görünür şekilde kullanılmıştır. Özellikle sayısal veri içeren infografiklerde logonun hemen altında kaynak bilgisine yer verilerek verilerin nereden alındığına dair okuyucuya kanıt sunulmuştur. İnfografikler, başlık ve kısa bir giriş metninin altında yayımlanarak haber konusu hakkında ön bilgi verilmiş, böylece haber, okuyucuya başka kaynağa ihtiyaç duymayacak bütünlükte sunulmaya çalışılmıştır. Bununla birlikte infografiğin hemen altında, haber hakkında daha detaylı bilgi içeren haberin tam metninin linkine de ayrıca yer verilmiştir.

TRT Haber'de yer alan infografik tasarımlarda fotoğraf, illüstrasyon, piktogram, harita, grafik tablo ve diyagram gibi görsel unsurlar sıklıkla kullanılmıştır. İnfografiklerdeki bu bileşenler etkili hikâye anlatımı için önemlidir. Örneklem grubundaki infografiklerin çoğunlukla birden fazla görsel bileşenden oluştuğu görülmektedir. İnfografiklerde sayısal açıdan en çok kullanılan görsel unsurun belirlenmeye çalışıldığı araştırmanın bu bölümünde, bir infografiğin birden fazla görsel unsur içermesi durumunda o infografik, içerdiği görsel unsurlara uygun olarak birden fazla kategoriye dâhil edilmiştir. Buna göre 1 Ekim-31 Aralık 2020 tarih aralığında *TRT Haber* sayfasındaki infografiklerde en fazla kullanılan görsel unsur %50,68'lik oranla (37 adet) piktogramlardır. Pigtogramları sırasıyla %39,72 ile (29 adet) illüstrasyonlar, %26,22 ile (19 adet) fotoğraflar, %20,54 ile (15 adet) diyagramlar, %19,17 ile (14 adet) grafikler ve %15,06 ile (11 adet) haritalar takip etmiştir.

Grafik 2: *TRT Haber*'de Yer Alan İnfografiklerin İçerdiği Görsel Unsurlara Dağılımı

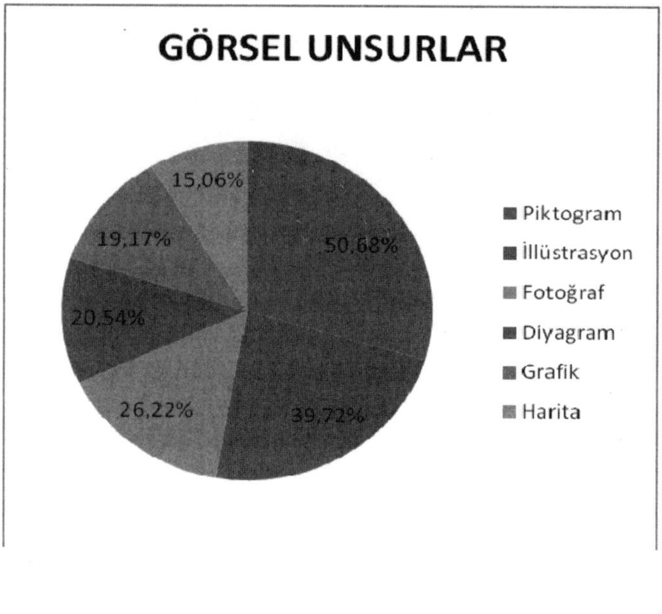

3.3. Konusuna Göre Görsel Unsurların Dağılımı

TRT Haber'de yer alan infografikler, konusuna göre içerdiği görsel unsurlar açısından incelendiğinde "Gündem" konu başlığı atında yer alan infografiklerde en fazla piktogramların (13 adet) sonrasında ise fotoğrafların (9 adet) kullanıldığı görülmüştür. Diğer taraftan bu infografiklerde grafiklere hiç yer verilmediği de dikkat çekmektedir. Aşağıdaki "Gündem" konu başlıklı örnek infografik haber tasarımında, fotoğraf ve piktogramlar birlikte kullanılmıştır. "*Binlerce Kahraman Aynı Hedef İçin Ter Döktü*" başlığıyla yayımlanan 5 Kasım 2020 tarihli haberde, İzmir'de Kasım 2020'de meydana gelen depremin ardından insanüstü çaba sergileyerek yüzlerce depremzedeyi hayata bağlayan arama kurtarma ekibi ve gönüllü halkın çalışmaları konu edinilmiştir. İnfografikte, çalışmalara katılan insanların olay yerindeki fotoğrafı fon olarak kullanılmıştır. Arama-kurtarma faaliyetlerine katılan personel, araç ve kurtarma köpeği sayısı, yine bu kapsamda yürütülen çalışmalarda kullanılan mobil baz istasyonu, yiyecek, içecek, barınma ve diğer her türlü ihtiyaç malzemesi, bunları temsil eden piktogramla birlikte sayısal veri olarak haberde sunulmuştur.

Resim 4: "Gündem" Konu Başlıklı İnfografik

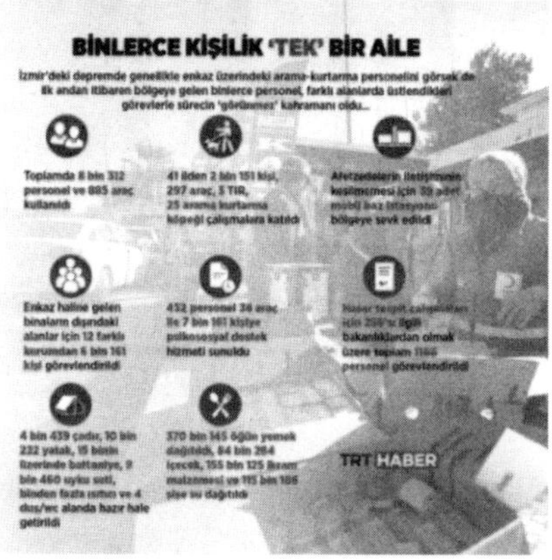

Kaynak: https://www.trthaber.com

"Dünya" konu başlıklı infografiklerde en fazla grafik ve illüstrasyon (5'er adet) kullanılmışken bunları piktogram (4 adet) ve harita (3 adet) izlemiştir. Aşağıda görsel unsur olarak grafiğin (çubuk grafik) tercih edildiği "Dünya" konulu bir örnek infografik görülmektedir. *TRT Haber*'de 14 Aralık 2020 tarihinde "*Time 'Yılın Kişi-si'ni Neye Göre Seçiyor?*" başlığıyla yayımlanan infografiğin üstünde kısa bir metne yer verilmiştir. Haber girişi olarak nitelendirebileceğimiz bu metinde ABD'nin önde gelen basın organlarından *Time* için "Yılın Kişisi" seçiminin bir gelenek olduğu ve yıllar içinde kısmen çeşitlilik gösterse de derginin tarihine bakıldığında, bu tercihin kimler arasından yapıldığına dair bir profilin ortaya çıktığı ifade edilmiştir. Haberde yer verilen infografikte de bu profilin genellikle "erkek, beyaz ve Amerikalı" şeklinde olduğu bir grafik görseli eşliğinde sunulmuştur. Görselin sol alt kısmında ise kaynak bilgisi yer almaktadır.

Resim 5: "Dünya" Konu Başlıklı İnfografik

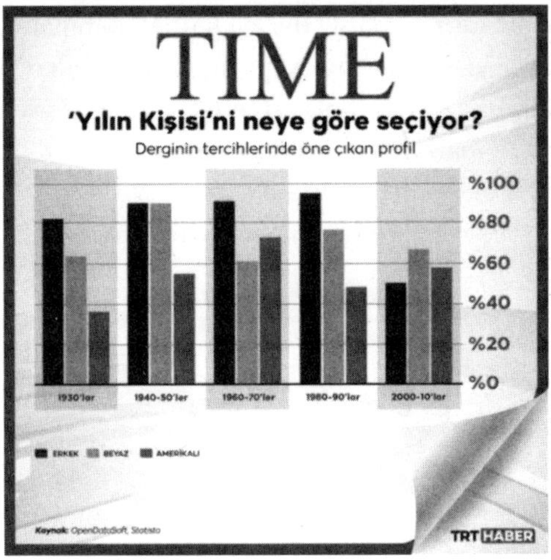

Kaynak: https://www.trthaber.com

"Bilim Teknoloji" konu başlıklı infografiklerde en fazla kullanılan görsel unsur illüstrasyon (5 adet) olmuştur. Fotoğraf ve piktogram 3'er kez, grafik ve diyagram 2'şer kez harita ise 1 kez kullanılmıştır. "Bilim Teknoloji" konulu aşağıdaki infografikte illüstrasyon ve piktogramların birlikte kullanıldığı görülmektedir. "*Emniyetten İnternet Alışverişi Uyarısı: Oltaya Gelmeyin*" başlığıyla 8 Aralık 2020 tarihinde yayımlanan infografik haberde yeni bir dolandırıcılık türü olarak ortaya çıkan ve internet alışverişinin artmasıyla birlikte her geçen gün daha çok kişi için sorun teşkil etmeye başlayan "oltalama" yöntemine ilişkin Emniyet Genel Müdürlüğünün vatandaşlara yönelik yaptığı bilgilendirme amaçlı uyarılar yer almaktadır. İnfografik tasarımdaki illüstrasyonda "dolandırıcı" bir insan, yöntemin ismine ve dijital dünyada uygulanmasına vurgu yapmak üzere üzerinden olta çıkan bir dizüstü bilgisayar ile birlikte resmedilmiştir. Emniyet Genel Müdürlüğü tarafından yapılan her bir uyarı, uyarının mahiyetine göre "şifre, e-posta, telefon, kredi kartı" gibi piktogramlarla birlikte okuyucuya duyurulmuştur.

Resim 6: "Bilim Teknoloji" Konu Başlıklı İnfografik

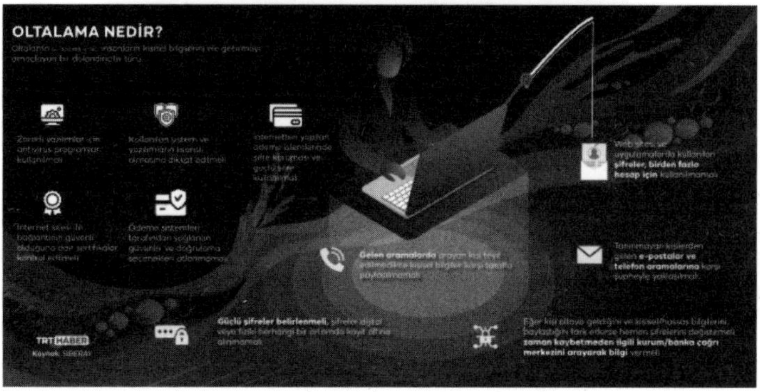

Kaynak: https://www.trthaber.com

"Türkiye" konu başlıklı infografiklerde en fazla illüstrasyon (3 adet) kullanılmıştır. İllüstrasyonları piktogram ve grafikler (2'şer adet) takip etmektedir. Bu kategorideki infografiklerde fotoğraflara hiç yer verilmemiştir. Aşağıda yer alan "Türkiye" konulu örnek infografik haberin görsel bileşenleri illüstrasyon ve grafiktir. "*İstanbul'daki Barajlar Son 10 Yılın En Düşük Seviyesinde*" başlığıyla 30 Aralık 2020 tarihinde yayımlanan haberde İstanbul'daki barajlarda su seviyesinin % 20'lere kadar düştüğü belirtilerek bu oranın son 10 yılın en düşük seviyesi olduğuna dikkat çekilmektedir. İnfografik tasarımda baraj illüstrasyonları ve İstanbul ilinde yer alan barajların isimleriyle birlikte doluluk oranları grafik yardımıyla okuyucuya aktarılmaktadır. *TRT Haber* infografiklerinin birçoğunda gördüğümüz kaynak bilgisi görselin sol alt kısmında yer almaktadır.

Resim 7: "Türkiye" Konu Başlıklı İnfografik

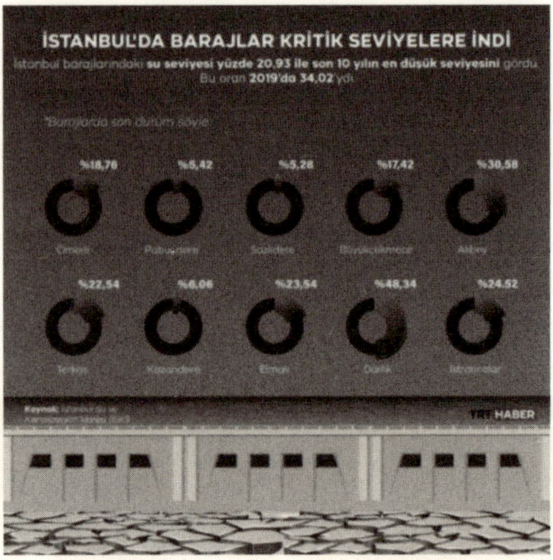

Kaynak: https://www.trthaber.com

"Sağlık" konulu infografiklerde en fazla kullanılan görsel unsurlar (4'er adet) illüstrasyon, diyagram ve piktogramdır. Aşağıdaki "Sağlık" konulu örnek infografik haberde diyagram ve piktogram birlikte kullanılmıştır. *"Türkiye'ye Gelecek Aşı ile İlgili Tüm Merak Edilenler..."* başlıklı haber 25 Aralık 2020 tarihlidir. İnfografiğin hemen üstünde bulunan haber giriş metninde, yakın zamanda Türkiye'de uygulanması planlanan Çin aşısı hakkında Bilim Kurulu Üyesi Prof. Dr. Serhat Ünal'ın TRT Haber televizyonunda açıklamalarda bulunduğu belirtilmekte ve sunulan bu infografiğin de Ünal'ın açıklamaları doğrultusunda merak edilenlere cevap niteliğinde olduğu ifade edilmektedir. Haberde aşılamanın ne zaman olacağı, öncelik sıralamasına göre kimlerin nasıl aşılanacağı, aşının koruyuculuğunun ne kadar süreceği gibi aşılama süreci hakkında tüm merak edilen sorular cevaplarıyla birlikte bir diyagram görseli eşliğinde okuyucuya sunulmuştur. İnfografikte aynı zamanda her bir soru, ilgili olduğu konu ile ilgili olarak bir piktogramla resmedilmiştir.

Resim 8: "Sağlık" Konu Başlıklı İnfografik

Kaynak: https://www.trthaber.com

"Koronavirüs" konulu infografik haberlerde en fazla piktogram (4 adet), daha sonra grafik (3 adet) ve illüstrasyon (2 adet) kullanılmıştır. Bu infografiklerde fotoğraf, harita ve diyagrama hiç yer verilmemiştir.

"Ekonomi" konulu az sayıdaki infografik haberde görsel unsur olarak piktogram 3 kez kullanılmış, illüstrasyon ve fotoğraf görseline ise 1'er kez yer verilmiştir. Aşağıda piktogram görselinden faydalanılarak tasarlanmış "Ekonomi" konulu örnek haber görülmektedir. 13 Kasım 2020'de yayımlanan infografik haber *"Yeni Ödeme Sistemi FAST Hem Hızlı Hem de Kolay Olacak"* başlığını taşımaktadır. *TRT Haber* infografik haberlerinde görmeye alışık olduğumuz üzere görselin hemen üstünde bir haber giriş metnine yer verilmiştir. Haberde Türkiye Cumhuriyet Merkez Bankası'nın pilot uygulamaya başlayacağı ve kısaca FAST olarak isimlendirilen Fonların Anlık ve Sürekli Transferi sistemi hakkında bilgi verilmekte ve bu sistem sayesinde para transferi işleminin çok hızlı ve kolay bir şekilde yapılabileceği anlatılmaktadır. İnfografik tasarımda ise FAST'in sağladığı avantajlar ilgili konuyu temsil eden piktogramlarla birlikte madde madde okuyucuya sunulmuştur. Sol alt köşede haberin kaynağı Anadolu Ajansı olarak belirtilmektedir.

Resim 9: "Ekonomi" Konu Başlıklı İnfografik

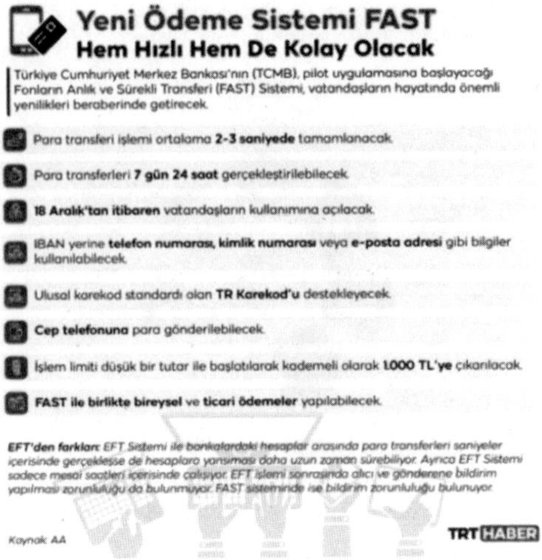

Kaynak: https://www.trthaber.com

"Yaşam" konulu infografik haberlerde en çok illüstrasyon ve harita (2 adet) kullanılmıştır. Fotoğraf ve piktogram bu infografiklerde 1'er kez kullanılmıştır. Aşağıdaki "Yaşam" konulu örnek haberde harita ve illüstrasyonun birlikte kullanıldığı görülmektedir. 26 Aralık 2020 tarihinde yayımlanan *"Trafik Kazalarında Bu Yıl 2 Binden Fazla İnsan Yaşamını Yitirdi"* başlıklı infografik haberde sebep olduğu yaralanmalar ve can kayıpları ile önemli bir sorun olarak Türkiye'nin gündemini sürekli meşgul eden trafik kazalarına dikkat çekilmektedir. Haberin girişinde alınan tüm tedbirlere rağmen trafik kazalarının bir türlü önüne geçilemediği ifade edilirken, 2020 yılı içinde Türkiye genelinde meydana gelen 338 bin 335 trafik kazasında 2 bin 75 kişinin yaşamını yitirdiği anlatılmaktadır. İnfografik sunumda ise Türkiye'de trafik kazalarının en sık yaşandığı beş il –İstanbul, Ankara, İzmir, Antalya, Bursa- Türkiye haritası üzerinde gösterilmektedir. Emniyet Genel Müdürlüğünün kaynak olarak gösterildiği infografikte haritanın yanı sıra trafik kazasını resmeden illüstrasyon da kullanılmıştır.

Resim 10: "Yaşam" Konu Başlıklı İnfografik

Kaynak: https://www.trthaber.com/haber

"Çevre" konulu infografik haberlerde en fazla illüstrasyon, piktogram ve grafik (2'şer adet) kullanılmış, haritaya ise bir infografikte yer verilmiştir. Bu kategorideki infografiklerde diğer görsel unsurlar kullanılmamıştır. Aşağıdaki "Çevre" konulu örnek infografik haberde harita, piktogram ve illüstrasyonun bir arada kullanıldığı görülmektedir. *TRT Haber*'de 16 Kasım 2020 tarihinde *"Türkiye'deki Yarasa Çeşitliliği"* başlığıyla sunulan haberde yarasa uzmanlarının farklı coğrafî bölgelerden elde ettiği veriler çerçevesinde Türkiye'deki yarasa türleri sayısal olarak belirtilmektedir. Haberde Türkiye haritası, mevcut 7 coğrafi bölgeye ayrılmış şekilde kullanılmıştır. Uzmanlar tarafından tespit edilmiş yarasa türü sayısı ve yarasalardan elde edilen kayıt sayısı her bir coğrafi bölge üzerinde piktogramla yapılan işaretlemelerle sayısal olarak ifade edilmiştir. İnfografikte kullanılan diğer bir görsel unsur, yarasa illüstrasyonlarıdır. Sağ alt köşede yer alan TRT HABER logosunun hemen altında sunulan kaynak bilgisi ise haberin kanıtı niteliğindedir.

Resim 11: "Yaşam" Konu Başlıklı İnfografik

Kaynak: https://www.trthaber.com

Araştırmaya konu olan tarih aralığında "Kültür Sanat" ve "Özel Haber" konu başlıklı infografiklerin 1'er adet olduğu yukarıda ifade edilmişti. Bu infografiklerde yer alan görsel unsurlar incelendiğinde ise "Kültür Sanat" konulu infografikte fotoğraf ve illüstrasyonun, "Özel Haber" konulu infografikte ise piktogram ve fotoğrafın birlikte kullanıldığı görülmektedir.

Sonuç

Bilgisayar ve ağ teknolojilerinde yaşanan devrim niteliğindeki gelişmelerle birlikte internet, insan hayatının en vazgeçilmez unsurlarından biri haline gelmiştir. Dijital çağ olarak adlandırılan bu dönemde medya, yaşanan gelişmelerden en çok etkilenen alanlardan biri olmuştur. Blog yazarlığı, sosyal medya kullanıcılığı, yurttaş gazeteciliği gibi rollerle internet kullanıcılarının içerik üretimine dâhil olmasına ilaveten internetin, coğrafi sınırları ortadan kaldıran küresel ölçekte bir iletişim mecrasına dönüşmesi, kişilerin yoğun bir veri akışına maruz kalması sorununu da beraberinde getirmiştir. Bu noktada birey için gerekli olan bilginin/haberin gereksiz olandan ayıklanması ihtiyacı, gazetecilik pratiğinde veri gazeteciliğinin önemini arttırmıştır. Sayılarla hikâyeler anlatma pratiği olarak nitelendirilen veri gazeteciliğinde haber anlatısı, grafik, harita, fotoğraf, illüstrasyon, diyagram ve piktogram gibi görsel unsurlar üzerine inşa edilir. Görselleştirme sürecinde kullanılan yöntemlerden biri de infografik tasarımlardır. İnfografikler büyük ve karmaşık verileri, okuyucu için kısa sürede anlaşılır ve etkili hikâyelere dönüştürebilme özelliğiyle gazetecilik pratiklerine de önemli fırsatlar sunmaktadır.

Veri gazeteciliğinin bir unsuru olan infografik tasarımların Türkiye'de haber sunumlarındaki kullanım biçimlerine odaklanılan bu çalışmada konu *TRT Haber* örneğiyle birlikte ele alınmıştır. Haber sunumlarında infografikler genellikle sabit infografik şeklinde tasarlanmaktadır. Benzer durum *TRT Haber* örneği için de geçerlidir. *TRT Haber*'in web sayfasında yapılan incelemede "İnfografik" başlığı altında sadece sabit tasarımlara yer verildiği, hareketli ve etkileşimli infografiklerin ise hiç kullanılmadığı görülmektedir. 1 Ekim 2020-31 Aralık 2020 tarih aralığında *TRT Haber* web sayfasında toplam 73 infografik haber yayımlanmıştır. Araştırmanın tarih aralığının 92 günü kapsadığı dikkate alındığında *TRT Haber*'de yayımlanan günlük ortalama infografik haber sayısının 1'den az olduğu görülmektedir. Türkiye'de infografiklere yer veren sınırlı sayıdaki haber sitelerinden biri olan *TRT Haber*'de bu haberlerin günlük yayımlanma ortalamasının da birin altında olması, infografik haberlerin ülkemizde henüz yaygın biçimde kullanılmadığını göstermesi açısından dikkate değerdir.

TRT Haber 2020 yılının Ekim, Kasım ve Aralık aylarında "Bilim Teknoloji, Çevre, Dünya, Ekonomi, Gündem, Koronavirüs, Kültür Sanat, Özel Haber, Sağlık, Türkiye ve Yaşam" olmak üzere toplam 11 konu başlığında infografik habere yer vermiştir. Bu konu başlıkları arasından en fazla "Gündem" konulu infografiklerin yayımlandığı görülmektedir. Gündem başlığındaki haberler ise çoğunlukla ülke gündemini yakından ilgilendiren Covid-19 salgını ve bu çerçevede yürütülen çalışmalar hakkındadır. *TRT Haber*'de sık yayımlanan infografik haber konularından biri de "Sağlık"tır. Bu haberlerin de yine daha çok Covid-19 salgını hakkında izleyiciyi bilgilendirmeye yönelik olduğu görülmektedir. Bu çerçevede yaşanan bu olağandışı salgın sürecinde *TRT Haber*'in kamu hizmeti yayıncılığının getirdiği sorumluluk anlayışıyla hareket ettiği ve infografikleri daha çok "bilgilendirme" amacına/işlevine yönelik hazırladığı araştırmanın diğer bir sonucu olarak ortaya çıkmaktadır.

TRT Haber'de yer alan infografik tasarımlarda en fazla kullanılan görsel unsur %50,68'lik oranla piktogramlardır. Piktogramları sırasıyla illüstrasyonlar, fotoğraflar, diyagramlar, grafikler ve haritalar izlemiştir. İnfografiklerin konusuna göre içerdiği görsel unsurlar incelendiğinde ise Gündem, Ekonomi ve Koronavirüs konu başlıklarında en fazla piktogramların, Türkiye ve Bilim-Teknoloji konu başlıklarında illüstrasyonların, Dünya konu başlığında grafik ve illüstrasyonların, Sağlık konulu infografiklerde illüstrasyon, diyagram ve piktogramların, Yaşam konu başlığında illüstrasyon ve haritaların, Çevre konulu haberlerde ise illüstrasyon, piktogram ve grafiklerin kullanıldığı görülmüştür.

TRT Haber'de örneklem grubunda yer alan haberler bir bütün olarak değerlendirildiğinde kullanılan infografiklerin tamamında kurumsal kimliği yansıtan TRT HABER logosu görünür şekilde kullanılmıştır. Özellikle sayısal veri içeren infografiklerde ise logonun hemen altında kaynak bilgisine yer verilerek verilerin nereden alındığına dair okuyucuya kanıt sunulmuştur. İnfografikler, başlık ve kısa bir giriş metninin altında yayımlanarak haber konusu hakkında ön bilgi verilmiş, böylece haber okuyucuya başka kaynağa ihtiyaç duymayacak bütünlükte sunulmaya çalışılmıştır.

Kaynakça

Adams, Daniel. (2011), What are infographics and why are they important? instantShift, http://www.instantshift.com/2011/03/25/.

Aydemir, Aslı. (2020). Toplumsal Hareketler ve Sosyal Medya. İstanbul: Kriter Yayınevi.

Bıyık, Ahmet. (2007). Yazılı Basında Görsel Unsurların Haber Dizaynındaki Önemi. Yayımlanmamış Doktora Tezi. Konya: Selçuk Üniversitesi, SBE.

Can, Serap; Koz, Konur Alp; Işık, Umur. (2018). "Veri Gazeteciliğinde İnfografik Kullanımı". Uluslararası Medeniyet Çalışmaları Dergisi, 3 (2), 156-171.

Denli, Salih. (2016). "Görsel İletişimde İnfografik". Uluslararası Sosyal Araştırmalar Dergisi. 9(42). 1475-1479.

Doğan, Korcan ve Arslantekin Sacit. (2016). "Büyük Veri: Önemi, Yapısı ve Günümüzdeki Durum". DTCF Dergisi, 56 (1). 15-36.

Erdal, Burcu Burçak. (2016). İnfografiğin Toplumsal Bilinç Oluşturmadaki Önemi (Depremden Korunma Örneği ile). Sanatta Yeterlilik. İstanbul: İstanbul: Arel Üniversitesi, SBE.

Erdoğan, İrfan. (2012). Pozitvist Metodoloji ve Ötesi. Araştırma Tasarımları, Niteliksel ve İstatistiksel Yöntemler. Ankara: Erk Yayınları.

Gezgin, Suat ve Kırık, Ali Murat. (2018). "Sosyal Medyanın Tüketim Kültürüne Etkisi". Dijital Çağda İletişim. Ed: Suat Gezgin. Konya: Eğitim Yayınevi. 9-25.

Gray, Jonathan; Chambers, Lucy; Bounegru, Liliana. (2012). The Data Journalism Handbook: How Journalists can Use Data to Improve the News. Sebastopol: O'Reilly Media Inc.

Golombisky, Key ve Rebecca, Hagen. (2010). White Space Is Not Your Enemy. China: Elsevier.

Knight, Megan. (2015). "Data Journalism in the UK: A Preliminary Analysis of Form and Content". Journal of Media Practice, 16 (1), 55-72.

Langer, Julia. ve Zeiller, Michael. (2017). Evaluation of the User Experience of Interactive Infographics in Online Newspapers.

Marabella, Amber. (2014). Communication Theories: An Infographics Development Project. Southern Utah University.

Pavlik, V. John. (2013). Yeni Medya ve Gazetecilik. Çev. Müge Demir, Berrin Kalsın. Ankara: Phoenix Yayınevi.

Rajamanickam, Venkatesh. (2005). Infographics Seminar Handout. Bombay, Indıa.

Razbonyalı, Can. (2016). Big Data (Büyük Veri) ve Geleneksel Veri Saklama ve İşleme Yöntemlerine Etkisi Üzerine Bir Araştırma. Yayımlanmamış Doktora Tezi. İstanbul: Okan Üniversitesi, FBE.

Smiciklas, Mark (2012). The Power of Infographics - Using Pictures To Communicate And Connect With Your Audiences. Indiana: Que Publishing.

Stodder, David. (2013). Data Visualization And Discovery For Better Business Decısıons.

Siricharoen, Waralak. (2013), "Infographics: The New Communication Tools in Digital Age". The International Conference on E-Technologies and Business on the Web, 168-174.

Yaşar, İbrahim Halil. (2020). "Sosyal Medya ve Değişen İletişim Biçimleri". Sosyal Medya Psikolojisi. Ed: Şebnem Özdemir, Gül Dilek Türk. Ankara: Nobel Yayıncılık, 129-157.

Yılmaz, Rasime Ayhan ve Yaşar, İbrahim Halil. (2020). "Sosyal Medya Kullanımının Siyasal Etkinlik, İlgi ve Katılım Üzerine Etkisi". Dicle Üniversitesi Sosyal Bilimler Enstitüsü Dergisi, 25. 195-207.

Zinderen, Aslıhan. (2019). Veri Gazeteciliği ve İnfografik Haber Tasarımına Yönelik Uygulamalı Bir Analiz. Yayımlanmamış Doktora Tezi, Atatürk Üniversitesi, SBE.

Zwinger, Sandra; Julia, Langer; Michael, Zeiller. (2017). "Acceptance and Usability of Interactive Infographics in Online Newspapers". 21st International Conference Information Visualisation, 176-181.

TELEVİZYON YAYINCILIĞINDA DİJİTAL PLATFORMLARLA DÖNÜŞEN İZLEYİCİ

Nursel BOLAT[*]

Giriş

Televizyon Latince kökeni olan "uzağı görmek" anlamını yansıtır biçimde dünyanın en ücra köşelerine kadar görüntülerini ulaştırmıştır. Yayın hayatına başladığı günden itibaren hem program hem de yayıncılık açısından büyük aşama kaydetmiştir. Bu süreçte televizyonda kitle iletişim araçları arasında yaygınlık ve etki gücü açısından da ilk sırada yerini almıştır. İletişim teknolojilerinde yaşanan gelişmeler kapsamında televizyonun etkinliği azalma göstermesine rağmen yine de özellikle gelişmekte olan ülkelerde etkin kullanım alanına sahiptir. Ancak teknolojik gelişim ve internet televizyon izleme alanlarını değiştirmeye başlamış ve dijital platformları öne çıkarmıştır. Televizyon yayıncılığı dijitalleşme ve teknolojik gelişimlerle temel işlevlerinin ötesine geçerek, farklı unsurların bir araya geldiği platformlara dönüşmüştür. Televizyonun kendisi de bir araç olarak internete bağlanmakta, radyo dinleme ortamı sunmakta, tablet ve telefonlar üzerinden fotoğraf ve videoların yansıtıldığı bir ortam olarak işlev görmektedir.

Geleneksel yayıncılık, analog yayıncılık teknolojileri kapsamında değerlendirilmesine rağmen gelişen teknolojilerle birlikte dijital dönemde de varlığını sürdürmektedir. Geleneksel yayıncılık içerik üretim sürecine bağlı biçimde teknolojik gelişmelerle yeni cihazların kullanımı, program sunuş biçimleri yanında izleyici açısından

[*] Doç. Dr., Ondokuz Mayıs Üniversitesi, İletişim Fakültesi, Radyo TV ve Sinema Bölümü, nursel.bolat@omu.edu.tr

yaşanan değişimlerle farklı bir yapılanma göstermektedir. Yaşanan bütün değişimlere rağmen yayıncılık anlayışını sürdürmektedir. Teknolojik gelişmeler hızla her geçen gün artarak devam etmektedir. Bu değişim süreci de kendini yaşamın içinde görünür kılmakta ve bununla bağlantılı olarak geleneksel yayıncılıkta biçim değiştirmektedir. Yaşanan teknolojik yenilikler beraberinde toplum içerisinde daha fazla insanın etkileşime girmesini sağlamaktadır. Gelişen, değişen iletişim araçları, internet ile birleştiğinde kullanım alanları yaygınlaşmaktadır. Yaşamın her alanında yoğun bir biçimde kullanılan bu teknolojiler bireylerin iletişim kurma biçimlerinen yaşantılarının şekillenmesine kadar birçok boyutta etkili olmaktadır (Erdem ve Akmeşe, 2015: 1297). Bu yeni teknoloji izleyiciyi katılımcı konuma getirerek, geleneksel medyaya özgü pasif izleyici yapısını değiştirerek, aktifleştirmektedir.

Geleneksel televizyon yayıncılığı oldukça büyük kitleleri kapsamaktadır. Geleneksel televizyon yayıncılığının en önemli ayırıcı özelliği içeriklerini izleyiciye tek taraflı olarak sunması ve izleyicinin bu içerikleri tüketmesi biçiminde gerçekleşmektedir. Bu tür yayıncılık sisteminde izleyici içerik üzerinde herhangi bir değişiklik yapma ya da içeriği paylaşma gibi bir müdahalede bulunamamaktadır. İzleyicinin yayın kanalı ile doğrudan bir bağlantısı da mümkün olmadığı için tek taraflı bir yayıncılık yapılmaktadır. Geleneksel televizyon yayıncılığının en önemli özelliklerden biri sonuçlarının her zaman net olması yönünde anlayış olarak görülmektedir.

Geleneksel televizyon yayıncılığı gelişen teknolojiler ile yeni bir rekabet ortamı ile karşı karşıya bulunmaktadır. Yayıncılık sürecine dahil olan yeni medya ile birlikte yayıncılık yeni bir alana doğru yönlenmektedir. Dijital yerliler olarak adlandırılan, dijital teknolojinin içine doğan kesim yerine göre içerikleri oluşturma açısından demokratik katılım sağlayarak, yerine göre de egemen söylemin içerikleri çerçevesinde yapmış oldukları canlı yayıncılıkla yeni bir paradigma sunmaktadır (Şahin ve Şahin, 2016: 51). Yaşanan bu değişim süreci ile dijitalleşmeyle başlayan bireyler arası ileti paylaşımında dijitale dönüşümle birlikte, geleneksel yayıncılığa özgü zaman ve mekan sıkışması yerini akışkan zaman ve sanal mekanlara bırakmaktadır. Bu akışkanlık iletişim, yayıncılık ve daha da önemlisi sosyalleşme sürecinin anlam değiştirmesini sağlamaktadır. Ortaya çıkan bu ihtiyaçlarla bağlantılı biçimde yeni araçlarla yani sosyal medya ile karşılanması ile birlikte sosyal medyanın önemi ve televizyon yayıncılığı yönünde artmaktadır (Çakın ve Bolat, 2018: 176). Dijitalleşme ile yaşanan değişim geleneksel yayıncılık alanına birçok yenilik ve hizmet getirmesi yanında değişimi de kaçınılmaz kılmaktadır. Dijital televizyon yayıncılığı gelişen teknolojiyi de kullanarak yayıncılık alanına çok daha kaliteli görüntü aktarma ve ses kullanımı getirmektedir. Buna bağlı olarak da iletişimin her alanında olduğu gibi yayıncılık alanında da dijital işlemler aracılığıyla içerik üretimi yaygınlaşmıştır. Televizyon yayıncılığında da ilk dönemden itibaren kullanılan analog yayıncılık yerini uzun zamandır dijital kodlara bırakmıştır.

İletişim teknolojilerinde tarihsel süreç içerisinde yaşanan gelişimler ile bilgisayar ve ağ teknolojileri kullanımıyla iletişim teknolojilerinde dijital çağ dönemi başlamaktadır. Dijitalleşmenin temeli sayılar üzerine kuruludur. Dolayısıyla bugünün medyasını geleneksel medyadan ayran en önemli özellik dijitalleşme olarak görülmektedir. Dijitalleşme ile birlikte yeni kavramlarda ortaya çıkmakta, "dijital medya" ya da "dijital yeni medya" isimleri kullanılmaya başlanmaktadır. Yeni yayıncılık anlayışı ile birlikte medyada içerik aktarımı süreci fiziksel ortamlardan çok dijital aktarıma dayalı gerçekleşmektedir (Van Dijk 2006:9). Bugün dijital medyada yaşanan gelişimlerle geleneksel medya da dijitalleşme sürecinde yerini almaktadır. Bu genişleme süreci ile bağlantılı biçimde genişlemenin temelinde yer alan dijital depolama ve görüntülemedeki kullanım kolaylığı yanında etkileşimli yayıncılık yapısı bu değişimi gerekli kılmaktadır (Neuman, 2018: 96).

Dijital televizyon yayıncılığı, yayıncılığı dijital ortamdan sağlayan, yani daha önce kullanılan analog yayıncılıktan farklı biçimde ses ve görüntülerini 0 ve 1'ler üzerinden bitlere dönüştürerek alıcılara gönderen bir yayıncılık sistemine geçişi anlatmaktadır. Dijital yayıncılık ile birlikte televizyon yayıncılığı alanında çok daha kaliteli görüntü ve ses elde etmek ve iletmek mümkündür. Bunun yanında kanal sayısı ve kanal seçeneklerinde de çeşitlenme artmaktadır. Dijital yayıncılık aynı zamanda izleyicinin yayınlara kolay ve sorunsuz ulaşımını da sağlamaktadır. İletişim teknolojileri alanında yaşanan gelişmeler yayıncılık alanında da gelişimi sağlamaktadır. Yaşanan gelişmeler ve dijitalleşme ile birlikte yayıncılık alanında çeşitlenme yanında içerik ve kalitenin değişmesine de olumlu katkı sunmaktadır. Dijitalleşme ile televizyon yayıncılığı alanında görülen en önemli değişimler arasında da dijital televizyon platformları gelmektedir.

Televizyon yayıncılığında dijitalleşme ile birlikte dijital kodlar vericiden alıcıya doğru gönderilmektedir. Dijital yayıncılığa geçiş sürecinde bu kodların aktarım süreci için teknik alt yapının hazırlanması gerekmektedir. Dünyada olduğu gibi Türkiye'de de teknik alt yapının kurulmasıyla dijital yayıncılığa adım atılmıştır. Televizyon programlarında dijitalleşme ile artan yayın kalitesine bağlı olarak izleyici için kaliteli yayınlar yanında kanal çeşitliliği sunmak için televizyon yayıncılığında dijital yayın platformları devreye girmektedir.

İzleyici, televizyon üzerinden aktarılan iletilerin biçim ve içeriğinin belirlenmesinde önemli yere sahip olan kitleyi tanımlamaktadır. İzleyici tarafından ortaya koyulan tepki programın izlenmesi ya da yayından kaldırılması açısından önem taşımaktadır (Kars, 2003: 9). Her yayın kuruluşu kendi hedef ve çıkarları doğrultusunda izleyici kavramını tanımlamaktadır. Teknolojik gelişmelerle bağlantılı biçimde izleyicinin medya ürünlerinin sadece tüketicisi olmaktan çıkarak aynı zamanda alıcı ve kullanıcısı olduğu da görülmektedir. İzleyici televizyonun tüketicisi olarak kendi tercih ve gereksinimlerini karşılayacak programlara ilgi duymaktadır (Çaplı, 2002: 168). Geleneksel yayıncılık anlayışında ortaya çıkan bu izleyici anlayışı dijital yayın platformları ve etkileşimli yayıncılık ile dönüşüm geçirmeye başlamaktadır. Etkileşim seçeneklerine bağlı biçimde yapılandırılan televizyon programları ile kullanıcılar açısından bireysel tercihlerin ön plana çıktığı bir yapı ortaya çıkmaktadır. Gelişen süreçte bir yanda teknolojinin izleyici üzerindeki dönüştürücü etkisi görülürken diğer tarafta ortaya çıkan bu yeni izleyici ile birlikte içerik talebi konusunda da dönüşümler yaşanmaktadır.

Bu çalışmada televizyon dünyasında ortaya çıkan teknolojik gelişmeler ve dijitalleşme ile birlikte yeni medyayla da etkileşimli biçimde dönüşümün yaşandığı yeni görünümlü ve dijital platformlara doğru kayan yeni yayıncılık anlayışı ele alınmaya çalışılmaktadır. Çalışmada geleneksel yayıncılıktan dijital yayıncılığa geçiş ile birlikte ortaya çıkan bu yeni yayın platformlarının yayıncılık açısından kullanımının ele alınması amaçlanmaktadır. Bunun yanında yeni yayın platformlarının getirdiği en önemli dönüşümlerden biri de izleyici açısından yaşanmaktadır. Yaşanan değişimlerle ortaya çıkan yeni yayıncılık sistemleri olan dijital yayın platformları ve dönüşen izleyici anlayışı çalışmanın amacını oluşturmaktadır.

1. İnternet ile Değişen Yayıncılık Anlayışı

20. yüzyılın sonlarında, 1970'li yıllardan itibaren, teknolojik alanda yaşanan gelişmelerle yeni bir medya anlayışı ortaya çıkmaya başlamıştır. Ortaya çıkan hızlı değişim süreci ile elektronik iletişim teknolojilerindeki gelişmeler ile bilgisayarın iletişim dünyasına girmesi ve kullanım yaygınlığının arttırması iletişim sistemleri arasındaki sınırları ortadan kaldırmaktadır. "Kitle iletişim araçları bilginin, ideolojinin ve insan deneyimlerinin kitlelere aktarıldığı vazgeçilmez mecralardır" (Akmeşe, 2020: 58). Önceleri birbirinden oldukça farklı olarak nitelendirilmekte olan kitle iletişim araçları, telekomünikasyon ve bilgisayar tabanlı birliktelik ile yakınsama sürecine girmiştir (Uğur, 2003: 95). Son yıllarda ise internet, milyarlarca insan açısından ulaşılabilir olması ve ağlar aracılığı ile insan hayatının her alanına girmektedir. Yakınsama yönünden de mobil iletişim ile internetin birlikteliği yeni ortamlar sunmaktadır (Castells, 2008: 246). Bütün bunlar artık yayıncılık alanında büyük değişimlerin yaşanmaya başlanacağının gorselleri olarak belirmektedir. Yayıncılık alanını temelden sarsacak internet teknolojisi yayıncılık alanına girmeye başlamaktadır.

1990'lara gelindiğinde kitle iletişimi yönünden zaman ve mekân kavramlarında da değişim yaşanmaktadır. Teknolojik gelişmelerle mobil cihazlar, tabletler ve akıllı telefonlar insanların yaşamına girmiştir. Teknolojik araçlarla birlikte internet kullanımının bilgisayarla geleneksel araçları bir araya getirerek sunmuş olduğu hizmetler öne çıkmaya başlamaktadır. Bunun sonucunda izleyiciler önemli ölçüde bölünmekte ve çeşitlenmektedir. Dolayısıyla izleyici biçim değiştirmektedir (Sorice, 2009:14-15). İnternet ile medyanın birçok alanında olduğu gibi yayıncılık alanında da karmaşık iletişim platformlarını ortaya çıkarmaktadır. İnternet ile birlikte bilgilerin saklaması, değiştirilmesi yanında etkileşim süreci, yeniden üretim açısından ve iletişim kanallarındaki değişimler iletişim açısından birleşmeleri getirmektedir (Pavlik, 1998: 80). Bu alanda ortaya çıkan değişimlerin en etkin olduğu alanlardan biride dijital televizyon yayıncılığında görülmektedir. Dijital ortamdan yayıncılık çalışmaları kapsamında internet üzerinden ve internet protokolü ile yayıncılık mümkün olmuştur.

Dijital televizyon yayıncılığı İlk 1994 yılında kullanılmaya başlanan uydu yayınlarından sonra hızlı bir biçimde artmaya başlamaktadır. 2000 yılı ve sonrasında uydu yayınları büyük ölçüde dijital yayıncılığa dönüşmektedir. Daha sonra ise kablolu televizyon yayıncılığı ve arkasından da karasal yayınların dijital teknolojiye geçtiği görülmektedir (Morgül, 2011: 20). Böylece uydu yayıncılığı ile birlikte kullanılmaya başlanan dijital yayıncılık sonrasında bütün yayıncılık alanlarını da kapsayarak büyük bir değişim ortamı sunmaktadır. Analog yayıncılığa göre görüntü kalitesindeki yüksek kalite ve yayıncılığın daha etkili kullanımı dijital yayıncılığın yayılımında hız kazanmasını sağlamıştır.

Kandemir, dijital televizyon yayıncılığında kullanılan sıkıştırma teknikleri aracılığıyla iletim kapasitesinin yükseldiği, sahip olduğu belli özelliklerle çoklu ortam ve etkileşim özellikleri yanında, iletim açısından sınırlı kapasitesi, program yönünden akışlı yapısı, genel olarak tek yönlü ve etkileşimden uzak geleneksel televizyon yayıncılığı üzerinde ekonomik, kültürel ve sosyal bakımdan büyük değişimler getirdiğini belirtmektedir (2013: 16-17). Dijital televizyon yayıncılığı ses ve görüntüleri bilgisayar diline dönüştürme ve görüntü kalitesi yönünden çözünürlüğü arttırmaktadır. Toplumsal yaşam açısından önemli bir işleve sahip olan televizyon dijital dönüşüme bağlı biçimde kalite ve seyir zevki üzerinde etkinliğini göstermektedir (Atar, 2017: 355). Toplumsal yaşam açısından önemli yere sahip olan televizyon yaşanan dönüşümle izleyici ağını genişletmekte ve değiştirmektedir. Dijital televizyon yayıncılığının yaygınlaşması ile birlikte izleyici daha kaliteli ve aynı zamanda etkileşimi olan bir yayıncılık ile tanışmaktadır.

Dijital televizyon yayıncılığının etkileşimli bir yayıncılık anlayışına doğru evrilmesinde en önemli pay internet ile yakınsamasından kaynaklanmaktadır. İnternet teknolojisiyle ortaya çıkan bu yakınsama süreci ile bağlantılı olarak gazete, radyo ve televizyona ait özellikler tek ortamda bütünleşmeyi getirmektedir. Dolayısıyla, internet ortamında metin, grafik, video ve ses vb. birçok medya biçimi bir araya getirilerek tek alan üzerinde aynı anda iletimi mümkün olmaktadır (Aktaş, 2007: 62). Dijital yayıncılık anlayışının ortaya çıkması ile birlikte sık duyulan kavramlardan biri Aktaş'ın da değindiği gibi yakınsama kavramıdır. Yeni yayıncılık anlayışında yakınsama sık duyulan bir kavram olarak görülmektedir.

Henry Jenkins (2006), medya kültüründe yaşanan ve son 20 yılda gözlenen teknolojik ve kültürel değişim sürecini "yakınsama kültürü" olarak adlandırmaktadır. Jenkins'e göre medya teknolojileri, gelişim süreci içinde birbirinin yerini almaktan çok, yeni ve eski medya sistemlerinin farklı biçimlerde bir araya gelmesi ile yeni ve farklı kültürel pratikler ortaya koymaktadır. Bu çerçevede Jenkins, yakınsama kültürünü birbiriyle bağlantılı olarak üç şekilde ele almaktadır. Ele alınan bir metnin çeşitli medya platformları arasında yer değiştirmesi, farklı iletişim fonksiyonlarının birleşmesi ile ortaya çıkmaktadır (2006: 2). Buda göstermektedir ki farklı cihazlarla yapılan işlemler gelişen teknoloji ile bağlantılı olarak tek bir cihaz üzerinden gerçekleştirmeyi olanaklı kılmaktadır. İletişim teknolojilerindeki gelişmelerle televizyonun internete bağlanabilmesi, telefonlardan video izlemek yakınsamanın en belirgin görselleridir.

Dijital yayıncılığın yaygınlaşmasında önemli bir yere sahip olan internet televizyonculuğu da kendine özgü özellikler taşımaktadır. Bu özellikler; Televizyon yayınlarının internetten video akış şeklinde aktarılarak gerçek zamanlı izlenme olanağı sunması yanında izleyici bilgisayarı üzerinden geleneksel yayınlar yanında farklı program türleri de izleyebilmektedir. Bunun yanında televizyon programlarına erişim ve televizyon izleme şekli internette dolaşır biçimde internette videolar arasında dolaşabilmeye benzeyen bir izleme sunmaktadır. Ayrıca televizyon izleme sürecinde istendiğinde bütün ek bilgileri görüntüleme, etkileşimli izleme şansı sunmaktadır. Aynı zamanda televizyonların bilgisayarla yakınsaması da televizyonları internet ile bağlantılı konuma taşımaktadır. Dolayısıyla geleneksel televizyon yayınları yanında internetten televizyon yayınlarına ulaşmayı olanaklı hale getirmektedir (Uluoğlakçı, 2011). İletişim teknolojilerinde ortaya çıkan her değişim ve gelişme medya sektörünü içine alan değişimlere de ortam sunmaktadır. Bilginin elde edilmesi, saklanması ve paylaşılması kolaylaşmaktadır. Dijital teknolojiler ve özellikle internet diğer medya sektörleri gibi televizyonda da oldukça önemli değişimlere neden olmuştur. İzleyici, televizyon, yayıncılık gibi kavramlar geleneksel yayıncılığa göre farklı boyutlara taşınmıştır. Dijital değişimle birlikte ortaya çıkan yeni televizyon izleme platformları kaçınılmaz biçimde izleme alışkanlıkları ve izleyici kavramlarında da değişimi beraberinde getirmiştir.

2. Televizyon Yayıncılığında Dijital Platformlar

Dijitalleşme ve internet bağlantılı televizyon yayıncılığının gelişmesi ve genişbant internet alt yapısıyla ile birlikte IPTV, OTT, internet TV gibi birbirinden farklı yayıncılık türleri görülmeye başlanmaktadır. Van Dijk, dijitalleşme ağ toplumunun öğelerinden bir tanesidir demekte ve veri iletimi ile bilgisayar teknolojisinin iletişim altyapısında önem kazandığını belirtmektedir (Van Dijk, 2018: 79). Dijitalleşme ile bağlantılı yeni dijital televizyon platformlarının sayısı gittikçe artmakta birçok televizyon kuruluşu da yayınlarını bu platformlara taşımaktadır. Bunda değişen izleme alışkanlıkları, kaliteli yayın olanakları sunması ve izleyici tercihlerinde yaşanan değişimlerin payı büyüktür.

Dijital televizyon platformları izleyiciye içerik açısından çeşitlilik sunması, her zaman izlenmek için hazır olması ve yayın arasında reklam olmaması tercih edilmede en önemli göstergeler olarak öne çıkmaktadır. Dijital platformların tercih nedenleri arasında önemli bir ayrıntıda istendiği anda, bulunulan her ortamda, izleyicinin izlemek istediği programa internet bağlantısı olan her cihazdan ulaşabilmesi olarak görülmektedir. VOD (Video On Demand) olarak bilinen ve kısaca seç-izle özelliği birçok avantaj sağlamaktadır.

Video on demand olarak bilinen hizmetin temel unsurları, video depolama yanında erişim ortamı sunan video sunucusu, izleyici ile bağlantı sağlayan network ve izleyicinin erişimin cihazı olan "set top box"tır. Video on demand hizmeti izleyici yönünden sunduğu en büyük avantaj yayınları kontrolü altında tutmasıyla yayınları ileri ya da geri alma ya da dondurma vb. hareketleri yapma şansı tanımasıdır (Dolanbay ve İnal, 2008: 49). Böylece internette birçok sitede önceden sunucuda depolanan ses ve video içeriklerinin istenen biçimde akışının yönetilmesi ve VoD tarafından alıcısına sunulmasıdır. İsteğe bağlı biçimde kullanılan akış yöntemi izleyiciye VCR (Video Cassette Recorder) cihazının sunduğu işleve benzer hizmet sunmaktadır (Lippens,2010: 3). Çünkü izleyiciye yayını kontrol etme ortamı sunmaktadır. Yayın istendiği takdirde geri ya da ileri alınabilmektedir. Yerine göre yayın durdurularak istenildiği zaman kaldığı yerden tekrar izlenebilmektedir. Buda izleyicinin yayın akışına bağlı kalmasını ve programın izlenmek için belli mekanlara mahkûm olmasını engellemektedir.

İnternet üzerinden sunulan dijital televizyon yayıncılığı geleneksel televizyonu simüle etmiştir. İnternet üzerinden yayıncılık yapan televizyon yayınları geleneksel televizyonun program yapısını kendi bünyesine almakta ve bu program yapısını kendi dijital ortamında izleyicisine sunmaktadır. İnternet üzerinden gerçekleşen dijital televizyon yayıncılığının temel anlayışı geleneksel yayıncılık yapısının da ötesine geçerek çok daha ileri bir yayıncılık gerçekleştirmektir. VoD sistemi bunu gerçekleştirmede kullanılan en önemli araçtır (Demirkıran,2010: 76). Bu önemli teknolojik araç televizyon programının internet, mobil cihazlar ve tablet üzerinden hedef kitleye ulaşabilme özelliği yanında, dijital televizyon platformlarının aboneler tarafından tercih edilmesi için farklı taktik ve uygulamalar kullanmaktadır. Dijital televizyon platformları birbirinden oldukça farklı hedef kitlesine farklı ürün veya fiyat seçenekleri ile paket ve kampanya uygulamaları yanında sosyal medyayı da kullanmaktadır (Koyuncu, 2017 :319).

Over the Top (OTT) TV yayıncılığında servis sağlayıcılar aracılığıyla pay TV operatörleri internet temelli olarak son kullanıcı için Video on Demand (VoD) film ve dizi içeriklerinin doğrudan ulaştırmasını sağlayan genellikle abonelik sistemine sahip video servis modelidir. Film, dizi, belgesel gibi programların içeriklerini çevrimiçi olarak izleme yanında bu içeriklerin kaydedilerek daha sonra çevrimdışı izlemek mümkün olmaktadır. "Content is the king" ilkesi dahilinde kaliteli içerik sunmakta olan bu platformlar "Anytime, Anywhere, Any Device" anlayışı ile kullanıcı yönünden istenen zamanda istenen içeriğe ulaşmayı sağlamaktadır (Akaydın, 2020: 96). Böylece televizyon izleme ve dinleme deneyimleri açısından dijital sunum ve televizyon yayıncılığında dünya etkileşimli bir iletişim yörüngesine doğru evrim yaşamaktadır. Dijital yayıncılıkla bu yeni eğilimler kullanıcıya kendini ifade etme, kendi yayınını oluşturma ve yayıncılığa kendinden de bir şeyler katabilme şansı tanıyan sunum biçimleri ortaya çıkarmaktadır.

Dijital yayıncılık alanında yaşanan gelişmelerle bağlantılı biçimde dijital televizyon platformlarında da artış gözlenmektedir. Yayın kalitesinin yüksek olması yanında izleyiciye sunmuş olduğu çok sayıda seçenek televizyon platformlarını hızlı biçimde arttırmıştır. Bunun yanında ücretsiz ve uydu üzerinden yayınlanan yayınları izlemeye alışmış olan izleyiciyi yönünden bakıldığında bu platformlar yayın kalitesine rağmen direnç ile karşılaşmıştır. Kuruldukları günden itibaren dijital televizyon platformları ne olduklarını, neleri kapsadıkları ve avantajlarının neler olduğu anlatma konusunda izleyiciyi ikna etme çabası içerisine girmektedir. Bunun için paket kampanyaları, fiyat seçenekleri yanında birçok kampanya sunmaktadır. İnternet ağının televizyonlara bağlanma özelliğinin kullanılmaya başlanması ile birlikte interaktif televizyon yayıncılığı da başlamaktadır. Daha sonraki dönemlerde ise dijital televizyon platformları izleyiciyi ön plana alan izleme ve kullanma kolaylıkları sunmaktadır (Koyuncu, 2017: 326). Dolayısıyla geleneksel televizyon yayıncılık anlayışı, internetin televizyona entegrasyonu ile birlikte büyük bir dönüşüme geçmiştir. İnternet teknolojilerindeki hızlı gelişmeler, dijital yayıncılığı da etkilemiştir. Bu değişim televizyon yayınlarının büyük kitlelere ulaşma biçiminden, yayıncılık sistemlerine kadar devrim düzeyinde bir teknolojik süreci beraberinde getirmiştir. Bu değişimde yeni dijital platformların kurulumu ve yayılımını sağlamıştır. Yeni yayıncılık anlayışının hakim olduğu dijital platformlar gelişmiş ülkelerden başlayarak dünyada yayılım göstermiştir.

3. Türkiye'de Yayıncılık Alanındaki Dijital Televizyon Platformları

Dünyada yayıncılık alanında yaşanan değişimlerle bağlantılı biçimde Türkiye'de de dijital platformlar görülmeye başlanmaktadır. Digiturk, 1999 yılında Türkiye'de kurulan ilk dijital televizyon yayıncılık platformu olarak 2000 yılından itibaren yayınlarını gelişmiş dijital görüntü ve ses kalitesi ile izleyicilerine ulaştırmaktadır (http://digiturk.com.tr). Digiturk dijital uydu platformu kapsamında incelendiğinde bu yayın platformunun tercih nedeni daha çok futbol karşılaşmalarını yayınlaması ile büyük ilgi görmektedir. Türkiye'de futbol süper lig maçlarını dijital platformdan yayınlayan Digiturk oldukça hızlı bir gelişim sağlamaktadır (Şeker, 2009: 164). Türkiye'de televizyon yayıncılığı alanında yeni yapılanmalarla dijital yayın platformlarının ortaya çıkması ve yayınlaşma süreci internet teknolojilerinde yaşanan gelişimle paralel ilerlemektedir. Türkiye'de özellikle 2000'li yıllar televizyon kuruluşları açısından geleneksel medya içeriğini destekleme yönünde başlayan dijitalleşme zamanla dijital platformlara doğru yaygınlaşmaktadır.

Dijital televizyon yayıncılığı ve dijital yayıncılık alanında ortaya çıkan yeni platformlar dünyada olduğu gibi Türkiye'de de yayın hayatına hızlı bir biçimde girmiştir. Yayıncılık alanında hem teknolojik gelişmeler hem de bu teknolojik gelişmelere yapılan yatırımlar Türkiye'de de dünyadaki örnekleri gibi gelişim ve değişim göstermektedir. Türkiye'de 2020 yılına gelindiğinde dijital televizyon platformu olarak yayın yapan; Digitürk, D-SmartGo, KabloewbTV, Blutv, TV+, Vodafone TV, Blu TV, Puhutv, Filmboxlive, Foxplay, Acun.com, Youtube Premium, Türksat, Filbox, Tivibu Go, Netflix,

Beinconnect, Amazon Prime Video, Turkcell TV gibi kanallar yayınlarını sürdürmektedir. Bunun yanında henüz Türkiye'de yayınları başlamayan; Disney+, Apple TV+ gibi platformlar bulunmaktadır (https://kurums.com/dijital-tv-platformlari-rehberi-2020-icin-fiyatlarla/). Her gün gelişen teknolojik gelişmelerle dijital televizyon yayıncılığı alanında hizmet kuruluşların sayısı değişmektedir. Dijital televizyon yayıncılığı izleyiciye televizyonlar üzerinden ulaşabildiği gibi çok ekranlı bir yapılanma ile mobil telefon, tablet ve bilgisayar gibi ekranlardan da ulaşmaktadır. Dijital yayın platformları üzerinden yayın yapan bazı kuruluşlar yayınlarını sadece internet üzerinden mobil ya da tabletler üzerinden yayıncılığını sürdürmektedir.

Türkiye'de yayın hayatına başlayan ilk dijital platformlara bakıldığında Dijiturk'ten sonra Puhu TV 2016 aralık ayında yayına başlarken, Blu TV'de 2016 ocak ayında ilk yayınlarını başlatmıştır. Dünyada yaygın izlenme alanına sahip olan Netflix yine 2016 yılında dünyadaki birçok ülke ile birlikte Türkiye'de yayınlarına başlamıştır. Daha sonra benzer yapıda ve içerikte program sunan diğer platformlar görülmektedir. Bu platformlar özellikle yabancı ve yerli dizilerle oldukça fazla abonelik ve izleyici sayısına ulaşmaktadır.

Dijital yayıncılık platformları özellikle tematik kanallarla öne çıkarken, internetle televizyon yayınları arasında iş birliği sağlayarak, etkileşimli yayıncılık anlayışını öne çıkarmaktadır. Tematik yayıncılık anlayışı ile de farklı içeriklerle farklı beklentilere cevap vermektedir. Türkiye'de dijital televizyon platformları ilk yayınları olarak spor kanalları, belgesel ve dizi-film kanalları şeklinde görülmektedir. Dijital platformlardaki kanallar, kalitesi yanında paketlerin fiyatı ile bağlantılı biçimde tercih nedeni olmaktadır (Yurdakul, 2016).

Yeni yayıncılık anlayışı ile ortaya çıkan etkileşimli iletişim ortamları aracılığıyla yayın içerikleri ile ilgili kendine göre seçim yapabilme ve dijital televizyon platformlarını kullanmayı özelleştirmesi izleyici açısından da yeni fırsatlar yaratmıştır. Aynı zamanda etkileşimli yayıncılık, yayıncılık alanında güç dengelerini değiştirerek kullanıcılarına farklı kullanım pratikleri sunmaktadır.

4. Değişen İzleme Alışkanlıkları ve Değişen İzleyici

Geleneksel medya ile belirlenen içerik, izleyici/dinleyici/okuyucuya belli bir yerden belli bir içerikle sunulmaktadır. Geleneksel yayıncılık anlayışında kullanıcıların içerikler üzerinde müdahale etme gücü yoktur. Geleneksel televizyon yayıncılığında yayınlar belli bir noktadan, yani televizyon istasyonundan, çok sayıda alıcıya aynı anda ulaştırılmaktadır. Aynı zamanda izleyici ya da dinleyicinin geleneksel yayıncılıkta içeriğe dâhil olması veya müdahale etmesi oldukça kısıtlıdır. İçeriğin üretim ve tüketim sürecinde yer alan kişiler birbirinden oldukça faklı özellik ve konumlarda yer almaktadır (Alemdar ve Kaya, 1983: 11; Bolat, 2020: 115). Bunun yanında geleneksel televizyon izleyicisi için televizyonun içeriğinden önce televizyon cihazı gelmektedir. Geleneksel yayıncılıkta izleyicinin televizyon ile bağlantısı daha çok televizyonu açma, kanal değiştirme ya da kapamakla sınırlıdır. Dolayısıyla izleyicinin televizyon ile bağlantısı zayıf bir ilişki biçimindedir. Geleneksel yayıncılıkta tek yönlü iletişime bağlı olarak, aktif katılım yerine izleyicinin pasif izleyici olduğu görülmektedir.

Castells'in özellikle üzerinde durduğu, izleyicinin pasif bir yapıya sahip olmadan, interaktif bir özne olması gerçeği, izleyicide değişimlerin ortaya çıkmasını sağlamıştır. Yaşanan bu değişimle bağlantılı biçimde kitle iletişim araçları teknoloji, şirketler ve kurumlar yönünden buna engel olma çabalarının ortadan kalkması ile birlikte, kitle iletişim sürecinde bir parçalanma, bireyselleşme yanında, ısmarlama üretimin önünü açmıştır (Castells, 2008: 451). Yaşanan değişimle birlikte ortaya çıkan ortam enformasyon akışının da çeşitlenmesini sağlayarak sosyal, ekonomik ve kültürel değişimleri de getirmiştir. İletişim teknolojilerindeki gelişim ve değişimle internet insan yaşamına girerek bilgi çağının enformasyon sürecini değerlendirirken "ağ toplumu"na dönüştürmüştür.

Bilgisayar ve internet teknolojisi temelli gelişmelerin gündelik hayatın rutinleri içerisine girmesi, sosyal ağların dünya üzerinde geniş kullanım alanına geçmesi ile birlikte toplumsal değişimler ve ilişkilerdeki değişim kaçınılmaz bir hal almıştır. Toplumsal yapı yanında bireylerin kişisel yaşam pratikleri ve alışkanlıkları da değişmiştir (Yaşar, 2020: 199). Bu teknolojik değişimle birlikte toplumsal açıdan büyük değişimleri hazırlayan alanların içinde televizyon yayıncılığının da payı oldukça önemlidir. Yaşamının büyük bir kısmını ekran karşısında geçiren izleyici dikkate alındığında bu değişimde televizyonun önemi ortaya çıkmaktadır.

Teknolojik gelişimlerle bağlantılı olarak ortaya çıkan kablolu televizyon yayıncılığı ve uydu yayınlarında yaşanan gelişim, bilgisayarla bağlantılı iletişim hizmetleri, video, bilgi ve iletişim "süperotoyolları" üzerinden etkileşimli yayınların önünü açmıştır. Dolayısıyla kitlesel medyayı aşarak kişiselleşmiş medya yanında, bireysel seçimin önem kazandığı çağa geçişi sağlamıştır (Timisi, 2003: 114). Geleneksel yayıncılıkta kanal sayılarının artması, uydu üzerinden yayınlar izleyicinin program seçme şansını arttırmasına rağmen sonrasında internet temelli yaşanan değişim bu seçme şansını çok daha ilerilere taşımıştır. Buda izleyici ve izleme alışkanlıklarında önemli değişimleri ortaya çıkarmaktadır. İzleyici alışkanlıklarının değişiminde etkileşimli yayıncılığın başlamasının da etkisi oldukça fazla görülmektedir.

Etkileşimli televizyon yayıncılığı çift yönlü iletişimi etkin kılmakta ve geleneksel televizyon yayıncılığının basit yapısını değiştirmektedir. Etkileşimli yayıncılığın izleyicide geliştirdiği kullanıcı deneyimiyle televizyon ile izleyici arasında oldukça güçlü bir ilişki ortaya çıkmaktadır. Etkileşimli televizyon yayıncılığıyla bağlantılı biçimde izleyici belli bir düzeyde olsa da içeriğe müdahale edebilir konuma gelmektedir. Etkileşimli televizyon yayıncılığı ile pasif izleyici yerini aktif katılımcılara bırakmaktadır (İspir, 2013: 18-19). Dolayısıyla geleneksel televizyon yayıncılığından internet tabanlı dijital yayıncılığa geçişle birlikte izleyicinin içerik üzerinde denetim ve kontrolünü sağlayan bir iletişim ortamı sunmaktadır. Geleneksel medyaya özgü belli bir merkezden dış çevreye doğru yayın akışı, etkileşimli yayıncılık ile birlikte izleyicinin istediği içeriğe doğru dönüşmektedir.

Etkileşimli televizyon kavramıyla bu durumda öne çıkan tanımlama ve kavramlaştırma yönündeki çabaların tamamı, geleneksel medyadan farklı biçimde önemli ölçüde medyanın katılımcısı açısından çok boyutlu iletişim süreci yanında geniş çaplı teknolojik uygulamalar sunmasından kaynaklanmaktadır. Bazı tanımlamalar televizyonun teknik özelliklerine odaklanırken, bazıları da televizyonu sosyal ve kültürel yönü ile değerlendirmektedir (Türkoğlu, 2007: 128). Etkileşim çerçevesinde ortaya koyulan televizyon programları daha çok kullanıcıların bireysel tercihlerine odaklanmaktadır. Buda etkileşimli televizyon yayıncılığını kullanıcının katılım sağladığı, birçok kanala sahip olan, zaman atlamalı yayının mümkün olduğu, içeriklerin bireyselleştirilebildiği bir yayıncılık ve izleme yönüne götürmektedir. Ayrıca etkileşimli yayıncılık kullanıcıdan kullanıcıya etkileşimi de içinde barındırmaktadır. Bunun yanında kullanıcı ile içerik etkileşimi de mevcut olurken, isteğe bağlı içerik özelliği de taşımaktadır.

İnternet tabanlı dijital yayıncılık etkileşimli izleme yanında izleyicinin kendi ilgi alanlarına uygun paketleri satın alarak, pasif izleyicilikten aktif izleyiciliğe geçmesinde de etkilidir. Aynı zamanda, zamandan bağımsız olan aktif izleyici, televizyon içeriklerini mobil cihazlardan da izleme imkanına kavuşmuştur. Farklı aygıtların tek bir aygıta dönüşmesi ile birlikte yakınsama sürecine geçilmiştir. Yakınsama sürecinin temelini de dijital teknolojiler oluşturmaktadır. İletişim süreci günümüzde mekândan bağımsız bir hale gelmiştir. Artık mobil cihazlar aracılığı ile de televizyon yayınlarını herhangi bir mekândan izlemek mümkün olmaktadır. Dünyanın herhangi bir yerinde meydana gelen bir olay, hiç olmadığı kadar kısa bir zaman diliminde dünyanın her noktasına iletilebilmektedir.

Dijital yayıncılıkla birlikte değişen izleyici yapısıyla, izleyici istediği programı kaydetme, yayını durdurma ya da daha sonra kaldığı yerden tekrar devam ettirme gibi özgür izleme şansına sahiptir. Böylece geleneksel yayıncılıkta izleyicinin program saatini bekleme, yayını saatinde izleme, izleyemediği programı kaçırma gibi televizyon başına mahkûm eden yapısı tamamen değişmektedir. Dolayısıyla izleyicinin belli zamanlarda belli mekânda bulunma zorunluluğu ortadan kalkmaktadır. Bunun yanında etkileşimli yayıncılık ile izleyici ve yayıncı açısından etkileşim ortamı doğmakta zaman ve mekân kavramlarında yaşanan değişime bağlı olarak izleme alışkanlıkları farklılaşmaktadır. Ayrıca internet teknolojisi ve buna bağlı gelişen araçlar izleyiciyi sadece izleyen konumundan çıkararak içerik üreten bir konuma da getirmektedir. İzleyici artık yerine göre içeriğe dahil olmakta yerine göre de içerik sunmaktadır. Kalıplaşmış tek yönlü ileti akışı da yıkılmaktadır.

Bütün bu süreç göstermiştir ki teknolojik gelişmelerle televizyon izleme açısından zamanın kontrolü biçim değiştirerek izleyiciye verilmiş görünmektedir. Geleneksel televizyon yayıncılığına özgü tek yönlü izleme seçeneği biçim değiştirerek, aralarından seçim yapabilecek birden fazla platform, web sitesi ve portal ortamına yönlendirmektedir. Bilgisayar teknolojisinin televizyonla yakınsaması ile bağlantılı biçimde yeni televizyon geleneksel televizyondan çok daha fazla seçenek sunmakta ve daha fazla etkileşimli yayıncılık anlayışını beraberinde getirmektedir. Söyleşme seçeneklerinde ortaya çıkan bu niteliksel büyüme temelde geniş bant teknolojisine bağlı gelişen sunum yapısından kaynaklanmaktadır (Van Dijk, 2018:27; Sirer 2020: 51). Bu sayede televizyon yayıncılığının en önemli sorunu olan istenen zamanda yayınlara ulaşılamaması durumu ortadan kalkmaktadır. İzleyicinin televizyon programlarına belirtilen gün ve saate bağımlılığı yanında fiziksel olarak bulunma zorunluluğu bu yeni yayıncılık anlayışı açısından anlamsız kalmaktadır.

İletişim teknolojilerindeki hızlı değişime ve internet tabanlı dijital olanaklar çerçevesinde, izleyici kavramının kapsamında da değişim görülmektedir. Buna bağlı biçimde izleyici kavramı yanında kullanıcı ve içerik tüketicisi kavramlarının tanımlamalarını da kapsayacak şekilde genişlemiştir. İzleyici iletişim süreci içinde artık daha aktif bir rol üstlenmekte, bunun yanında kaynağa dönüşebilme olanağına kavuşmaktadır (Özsoy, 2011: 105). Bu yeni izleyici yapısı özellikle televizyon ve internetin yakınsaması ile birlikte medya içeriklerinin farklı araçlarda ortaya çıkan akışın birbirini bütünlemesi ile çok daha belirgin biçimde kendini göstermeye başlamaktadır.

Yeni iletişim teknolojileri alanında yapılan çalışmalar internet ve yeni medya izleyicisi açısından daha yoğun bir tartışma ortamı sunmaktadır. Buda izleyicinin artan düzeyde eleştiri yapabilmesini sağlamaktadır. İzleyicinin yerine göre kaynağa dönüştüğü, etkileşimli yayıncılık ile program içeriklerini hazırlayan yazarlar, yapımcı ve yönetmenler üzerinde etki gücüne sahip olduğu görülmektedir. Bunun yanında izleyici katılma, tartışma ve muhalefet etme yetisine sahip olmaktadır. Dolayısıyla izleyici daha güçlü ve belirleyici konuma gelmektedir. Geleneksel izleyiciye özgü az konuşan, paylaşmayan, tartışmayan ve çoğu zaman susan izleyici yerini konuşan, tartışan, sorgulayan izleyiciye bırakmaktadır (Özsoy, 2011: 262-263). İzleyici internet ortamında dijital platformlarla içerik üreten ve tüketen konumuna gelmekte, programlarda da söz sahibi olarak program içeriğine müdahale etme kapasitesine ulaşmaktadır. Bunun yanında dijital platformlar ve yeni medya üzerinden yapılan yayınlarda aynı zamanda izleyiciler türevli içerik üretme özelliği ile yerine göre üretici, içerik dağıtıcı ve tüketici olarak dolaşım sağlamaktadır.

Yayıncılık süreci ve izleyici yönünden yaşanan gelişmelerle bağlantılı biçimde geniş bant teknolojileri her alanda hızlı gelişmeler ve dönüşümlere neden olmaktadır. Televizyon izlemenin mekân kavramını değiştiren mobil televizyon izleme ortamı sunan taşınabilir özellikteki araçlar yanında gelişen kablosuz televizyon yayıncılığı televizyon izleyicilerini istediği yerde yakalaması dışında kişisel televizyonlar aracılığıyla istediği programı izleme şansı da vermektedir. Bu önemli bir toplumsal değişimi daha da öne çıkararak toplu izleme etkinliği olan televizyon izleme davranışını bireyselleştirmektedir. Akıllı telefonlarla izleyici televizyon izlemek için eve ya da televizyon cihazına bağımlılığını bırakmıştır. Elinde akıllı telefonu ve internet erişimi olan herkes televizyon yayınlarını takip edebilmektedir. İnternet, politikadan, sosyal ilişkilere, üretim ve tüketim alışkanlıklarına kadar hayatın her alanını değiştirmiştir. Televizyon izleme alışkanlıkları ve televizyon yayıncılığı da bu değişimin içerisinde yer almıştır. Buna bağlı olarak televizyon endüstrisi de kendi yayıncılık anlayışında yapısal özelliklerini dönüştürerek, yeni yayın platformlarına yönelmiştir.

Sonuç

Son yılların iletişim teknolojisi açısından öne çıkması, iletişim ve teknoloji yönünde yeni bir çağ olarak nitelendirilmesinde temel etkenlerin ilk sırasında internet gelmektedir. Bu süreç iletişim teknolojilerinde sürekli katlanarak giden ve her yeni teknolojinin de öncekinin devamı biçiminde aynı teknolojik altyapı temelli olarak beslenmesi ile klasik yöntemlerde dönüşümler yaratarak yerini yeniye bırakmaktadır. Yeni iletişim teknolojileri temelli yayıncılık anlayışı da geleneksel yayıncılık anlayışında klasik yöntemleri terk ederek, yerine yeni yaklaşımları getirmektedir.

Analog yayıncılık yapısından dijital yayıncılığa geçiş süreci beraberinde yeni yayın biçimlerini de getirmektedir. Teknolojik dönüşümle birlikte yaşanan bu süreç televizyon sektörünün her aşamasında değişikliğe götürmektedir. Dijitalleşme ve bilgisayar teknolojilerinde yaşanan gelişmeler ile her tür veri aynı altyapıdan iletilebilmektedir. Böylece altyapılar arası bir dönüşümle yakınlaşma ortaya çıkmaktadır. Bunun yanında dijitalleşme ile içerikler farklı altyapılar üzerinden aktarılabilmekte ve ayrıca farklı veri hizmetleri de verilebilmektedir. Bu dönüşüm süreci ile televizyon, sadece program izleme aracı olmaktan çıkarak, internete girme, video izleme gibi birçok işlemin yapılabildiği bir alana dönüşmektedir.

Dijital dönüşümle birlikte televizyon yayıncılığının internet temelli yayıncılık anlayışına geçmesi ile birlikte yaşanan önemli değişimlerden biride izleyici yönünden gerçekleşmektedir. Yayın sürecine giren dijital platformlarla birlikte izleyiciler, kendi ilgi alanları doğrultusunda yayın yapan platformlardan istedikleri paketleri satın almakla, pasif izleyici konumundan çıkarak aktif izleyici kimliğine bürünmektedir. Bunun yanında en önemli dönüşümlerden biri de zamanda bir biçimde ortaya çıkan aktif izleyicinin televizyona bağımlı kalmadan mobil cihazlarla istediği programı istediği yerden izleme ortamına kavuşmasıdır. Burada da yeni bir yaklaşımla farklı cihazların tek bir cihaza dönüşmesi süreci de yakınsama kavramına ortam sunmaktadır. İletişim teknolojilerinde yaşanan değişimle birlikte zaman kavramının dönüşmesi yanında mekân kavramı da dönüşmektedir. İzleyici mobil cihazlarla televizyon programlarını mobil cihazlarla istediği her mekânda izleme olanağı bulmaktadır. Dijital yayıncılık ve dijital yayın platformları ile izleyici yönünden görülen diğer bir değişimde programı istediği zaman istediği yerde izleme yanında kaydetme, durdurma, ileri ya da geri sarma, istediği zaman tekrar izleme gibi özelliklerin ortaya koyulmasıdır. Buda izleyicinin geleneksel yayıncılıktaki gibi programın saatinde televizyon karşısında olma zorunluluğunu ortadan kaldırmaktadır.

Yayıncılık alanında yaşanan gelişmeler ve dönüşümler izleyicinin televizyon açısından beklentilerinde de değişimler göstermektedir. Bu beklentilerin başında da etkileşimli yayıncılık gelmektedir. Etkileşimli televizyon yayıncılığı ile aktif konuma geçen izleyici program içeriğine dahil olabilmekte ve televizyon kuruluşuna çok rahat geri bildirim gönderebilmektedir. Dolayısıyla dijital yayın platformları ile televizyon yayın anlayışı yanında televizyon izleme alışkanlıkları da köklü dönüşüme uğramakta ve etkileşimli teknoloji ile yayıncılık çift yönlü bir yapıya kavuşmaktadır. Böylece geleneksel televizyon algısı değişerek kişiselleşmiş bir yayıncılık önem kazanmaktadır.

Kaynakça

Akaydın, A. (2020). Ağ Toplumunda Dijital Televizyon Platformları, Televizyon 4.0 Toplum 5.0 Döneminde Yeni İzlence Yeni İzlerkitle, Edit. E. Sirer, Konya: Literatürk Yayınları.

Akmeşe, E . (2020). Ötekileştirmenin Diyalektiği Bağlamında Bireyin Varoluşsal Bunalımı Üzerine Bir Analiz: Çoğunluk 2010 . Middle Black Sea Journal of Communication Studies, 5 (1), 57-64. Retrieved from https://dergipark.org.tr/tr/pub/mbsjcs/issue/53358/700591

Aktaş, Celalettin (2007), Yeni Medyanın Geleneksel Medya ile Karşılaştırılması, Medya Üzerine Çalışmalar, s:31-32, Beta Yayınları, İstanbul.

Atar, Ö. G. (2017). Dijital Çağda Televizyon İzleyicisinin Dönüşümü, SOBİDER Sosyal Bilimler Dergisi / The Journal of Social Science / Yıl: 4, Sayı:15, 350-379.

Alemdar, Korkmaz ve Kaya, Raşit (1983). Kitle İletişiminde Temel Yaklaşımlar, Ankara: Savaş Yayınları.

Bolat, N. (2020). Televizyonun Teknik Dönüşümünün İçeriğe Etkisi, Televizyon 4.0 Toplum 5.0 Döneminde Yeni İzlence Yeni İzlerkitle, Edit. E. Sirer, Konya: Literatürk Yayınları.

Castells, M. (2008). Ağ Toplumunun Yükselişi, (Çev). Ebru Kılıç. İstanbul: Bilgi Üniversitesi Yayınları.

Castells, M. (2008). Enformasyon Çağı: Ekonomi, Toplum ve Kültür. Ağ Toplumunun Yükselişi, İstanbul: İstanbul Bilgi Üniversitesi Yayınları

Çakın, Ö. ve Bolat, N. (2018). Sosyal Medya Reklamcılığı ve Dijital Mecra Etkileşimleri, Dijital Kültür Ve İletişim, Edit: V. Çakmak ve S. Çavuş, Konya: Literatürk Yayınevi, 175-201.

Çaplı,B.,(2002),Medya ve Etik, Ankara: İmge.

Demirkıran, C., (2010),) Geleneksel Televizyonun Sanal Modeli, Akdeniz Üniversitesi İletişim Fakültesi Dergisi, Sayı.14., s.76.

Dolanbay, C. ve Ünal, V. (2008). Birey eksenli interaktif yayıncılık. İstanbul: Türkiye Bilişim Derneği Yayınları.

Erdem, Serhat ve Akmeşe, Zuhal (2015). Yeni İletişim Teknolojileri: Sosyal ağların Sosyal Yaşama Etkileri: Facebook Örneği, YBS 2. Ulusal Yönetim Bilişim Sistemleri Kongresi, Erzurum, Türkiye, 8 - 10 Ekim 2015, ss.1297-1301.

İspir,B.(2013) Yeni İletişim Teknolojileri, Anadolu Üniversitesi Açıköğretim Fakültesi Yayını,:s.3, Eskişehir.

Jenkins, H (2006) Convergence Culture: Where Old and New Media Collide. New York University Press, USA.

Kandemir, C. (2013). IPTV Yayıncılığının Sorunları ve Geleceği, İstanbul: Derin Yayınları.

Kars, N. (2003). Televizyon Programı Yapalım Herkes İzlesin, İstanbul: Derin Yayınları.

Koyuncu, E. (2017). Tv Yayıncılığı Alanındaki Dijital Tv Platformları Sosyal Paylaşım Ağlarını Neden Kullanırlar?, Trakya Üniversitesi Sosyal Bilimler Dergisi, Cilt 19 Sayı 1, 315-335.

Lippens, A. F. (2010), A Review of http Live Streaming, http://files.andrewsblog.org.

Morgül, A. (2011), Sayısal TV Tekniği, Papatya Yayıncılık, İstanbul

Neuman, W. R. (2018). Dijital Fark: Gündelik Hayatta Dijitalleşme ve Medya Etkileri Kuramı, (Çev: Gökçe Metin), İstanbul: The Kitap Yayınları.

Özsoy Aydan (2011). Televizyon ve İzleyici: Türkiye'de Dönüşen Televizyon Kültürü Ve İzleyici Ankara: Ütopya Yayınevi.

Pavlik, J. (1998). New Media Technology: Cultural and Commercial Perspectives. (2nd edn). Boston: Ally and Bacon.

Sirer, E. (2020). Zamanın Ruhu: Eşzamansızlık, Televizyon 4.0 Toplum 5.0 Döneminde Yeni İzlence Yeni İzlerkitle, Edit. E. Sirer, Konya: Literatürk Yayınları.

Sorice, M. (2009). Mobile Audiences. Roma: CMCS Working Papers.

Şahin, M. ve Şahin, G. (2016). Geleneksel Medyanın Yeni Rakibi: Yeni Medya ve Canlı Yayınlar, Yeni Medya Hakemli, Akademik, E-Derg, Sayı: 1, Cilt: 2, 50-63.

Şeker, T. (2009). Teknoloji ve Televizyon. Konya: Literatürk Yayıncılık.

Timisi, Nilüfer (2003). Yeni İletişim Teknolojileri ve Demokrasi, Ankara: Dost Yayınevi.

Türkoğlu, N. (2007). İletişim Bilimlerinden Kültürel Çalışmalara Toplumsal İletişim, İstanbul: Kalemus Yayınları.

Uluoğlakçı, C. (2011), Medya Ekonomisinden İş Modeline: Yeni Yayıncılık Teknolojileri, Uzmanlık Tezi, Radyo Televizyon Üst Kurulu, Ankara

Uğur, A. (2003). Kültür Kıtası Atlası. İstanbul: Yapı Kredi Yayınları.

Van Dijk, J. (2006). "The Network Society Social Aspects of New Media". Second Edition. London: SAGE Publications Ltd.

Van Dijk, Jan (2018). Ağ Toplumu, çeviren: Özlem Sakin, İstanbul, Epsilon Yayınevi.

Yaşar, İ. H. (2020). İletişim Tarihine Kısa Bir Bakış: Analogdan Dijitale İletişim Araçlarının Gelişimi Ve Bireye Yansıması, Ufkun Ötesi Bilim Dergisi, 20 (1), 183-207.

Yurdakul, B. (2016). "Televizyon savaşları: Dijital yayın platformları", http://berkayyurdakul.com/televizyon-savaslari-dijital-yayin-platformlari/,

http://digiturk.com.tr

https://kurums.com/dijital-tv-platformlari-rehberi-2020-icin-fiyatlarla/

KUŞAKLARARASI FARKLILIK BAĞLAMINDA SEYİR KÜLTÜRÜNDEKİ DEĞİŞİMİN *"PARLIAMENT"* ÖRNEĞİ ÜZERİNDEN İNCELENMESİ

*Özge YERLİKAYA**
*Özlem ARDA***

Giriş

Teknolojik gelişmelerle beraber sinemada, dijitalleşme süreci başlamıştır. Günümüzde, ilerleyen teknolojinin etkisiyle şekillenen dijital sinemanın üretim ve tüketim biçimlerini anlamak bir gerekliliktir. Dijital sinema filmlerinin içerik, yöntem ve tekniğindeki değişimlerle beraber izleme – seyir kültüründe de değişimler meydana gelmiştir. Belgesel sinemada da teknolojik değişimler etkisini göstermiş ve yeni medya belgeseli ya da diğer bir deyişle interaktif belgesel film gibi tanımlamalarla geleneksel belgesel filmden ayrılan bir yapım biçimi ve anlayışı ortaya çıkmıştır. Bu süreçte, hem izleyici hem de seyir kültürünün değişmiş olduğu bir gerçektir. Teknolojik gelişmelerin gelişim hızı dikkate alındığında, günümüzde doğan bireylerin yaşanan gelişmelere karşı eğilimleri ile geçmiş nesillerin eğilimleri arasında yadsınamaz bir farklılık mevcuttur.

Bu çalışmada, *Parliament* adlı interaktif belgesel film örneği kapsamında, kullanıcı olarak konumlanan ve belgesel filmin akışına, içeriğine müdahalede bulanabilen izleyici, kuşaklararası farklı-

* Araş. Gör., İstanbul Ticaret Üniversitesi, İletişim Fakültesi, Medya ve İletişim Bölümü, İstanbul, Türkiye, oyerlikaya@ticaret.edu.tr

** Doç. Dr., İstanbul Üniversitesi, İletişim Fakültesi, Radyo Televizyon ve Sinema Bölümü, İstanbul, Türkiye (Orcid ID: 0000-0003-2565-1830), ozlemarda@istanbul.edu.tr lıklar açısından betimlenmektedir. Bu tür bir betimleme, günümüz seyir kültürünün de betimlenmesine de olanak vermektedir. Bu çalışma kapsamında; interaktif belgesel filmlerin algılanmasında ve yorumlanmasında önemli farklılıkların olduğu ortaya konulmaktadır. Bu kuşaklararası farklılığı göz önünde bulunduran Prensky dijital araçların hâkim olduğu yakın geçmişte doğan bireyler için 'dijital yerli', öncesinde doğan bireyleri 'dijital göçmen' olarak nitelendirmektedir (2001). Bu çalışmanın amacı, 'dijital yerlilerin' ve 'dijital göçmenlerin' interaktif belgesel film deneyimlemelerinin alımlanmasında ortaya çıkacak farklılıkların betimlenmesidir. Nitel araştırma yöntemi ile gerçekleştirilen bu çalışmada, derinlemesine görüşme tekniği kullanılmıştır ve elde edilen veriler analiz edilmiştir. İnteraktif belgesel filmin; yapım, sunum ve deneyimleme pratiklerindeki farklılıklar, seyir kültüründeki farklılığı da ortaya koymaktadır. Bu durum aynı zamanda, kuşaklararası farklılıklar bağlamında seyir kültürünün değişimi hakkında da bir çerçeve çizmektedir.

Sanayi devrimi ile makineleşme, birçok alandaki yeniliklerin başat kuvveti olmuştur. Yaşanan gelişmeler her alanda iş yapış biçimlerinde kolaylık sağlamış, dolayısıyla elde edilen ürünlerin biçim ve içeriğini de büyük ölçüde etkilemiştir. Teknolojik gelişmelerin günümüzde hız kazanmasıyla birlikte her alanda dijitalleşme süreci başlamıştır. Bunun sonucunda bilimden sanata, sağlıktan finansa kadar birçok sektör alt yapısını ve işlem güçlerini dijitalleştirmiştir. Sanatsal bir üretim alanı olan sinema, dijitalleşme sürecinde dijital sinema olarak yeniden yapılanma sürecine girmiş ve bir filmin başlangıcından sonraki süreçlere kadar tüm akışı dijital donanımla gerçekleştirmeye başlamıştır.

Bu süreçte bilgisayarların gelişmesi ve grafik işleme yazılımlarının artmasıyla sinema sanatının klasik anlatı yapısında ve metodolojisinde teknolojik imkânlar sıkça kullanılmaya başlanmıştır. Söz konusu teknolojik imkânların artması ve erişilebilirliğinin kolaylaşmasıyla günümüzde farklı anlatım biçimlerine başvurulmaktadır (Arda, 2015). Dijital kameralara ulaşımın ucuzlaması, ses, görüntü ve grafiklerin dijital ortama aktarılmasıyla beraber, kurgu, görece daha kolaylaşmakta ve böylelikle doğrusal olmayan kurgu şekillerine sahip belgesel film örneklerine sıkça rastlamaktayız (Tağ Kalafatoğlu, 2019).

Günümüzde belgesel filmler; geleneksel biçim ve içeriklerden farklı olarak üretimlerinde farklı hikâye anlatım tekniklerinin kullanıldığı böylelikle yaratıcıya geleneksel sınırların dışına çıkabilme imkânı tanıyan yeni medya belgeseli olarak da adlandırılan bir yapıdadır (Arda, 2015). Yeni medya aracılığıyla dönüşen belgesel film; alıcı konumdaki sadece izleyici görevi olan bireyi de dönüştürerek filmin başrolü konumuna getirmiştir. Böylelikle interaktif belgesel filmlerle birlikte alıcı ve film akış sürecini yöneten konumundaki birey, filmin alımlanması sürecinde büyük rol oynamaya başlamaktadır.

Yapılacak çalışmalarda bireylerin içinde bulundukları dönemin siyasi, ekonomik ve teknolojik özelliklerinden etkilenerek olaylar karşısında farklı tepkiler vereceği göz önünde bulundurulmalıdır. Bu farklılıkların saptanıp bireylerin ortak özelliklerinin ortaya koyulmasını hedefleyen çalışmalar ilk olarak Antik Mısır Uygarlığı'nda "Jenerasyon" kavramıyla bilimsel kaynaklarda rastlanmıştır (Çelik, 2020). Bu kavram daha sonra birçok disiplin tarafından incelenmiş ve farklı şekillerde tanımlanmıştır. Genel tanımına baktığımızda kuşak kavramı "Yaklaşık yirmi beş otuz yıllık yaş kümelerini oluşturan bireyler öbeği, göbek, nesil, jenerasyon" şeklinde açıklanmıştır (Türk Dil Kurumu, 2020). Bu bağlamda zaman içinde gelişen teknoloji, bireylerin yaşam pratiklerinde değişimler meydana getirmekte dolayısıyla bireylerin algı ve tutumlarında kuşaktan kuşağa farklılıklar yaratmaktadır.

Medin (2018) sinema alanında değişen seyir deneyimleri üzerine yaptığı çalışmasında dijital yerlilere odaklanarak seyir pratiklerini ortaya koymayı hedeflemiştir. Ertaylan (2018), sinema alanında ortaya koyulan birçok çalışma olmasına rağmen, sinemada dijitalleşmenin etkisiyle alıcı olan bireylerin algıları ve düşüncelerine dair saha çalışmalarına yeterince önem verilmediğini belirtmektedir. Dolayısıyla, alanyazında, kuşaklararası farklılıklar bağlamında seyir kültürünün nasıl farklılaştığına dair çalışmalar çok sınırlıdır. Bu çalışmanın kapsamına yakın duran bir çalışma olan "Dijitalleşmede Son Durum: Dijital Yerli, Dijital Göçmen ve Dijital Göçebe" başlıklı çalışmada, dijital yerlilerin dijital göçmenlere kıyasla daha yetenekli olduğu bilinse de teknolojinin hızla yaygınlaşmasıyla aradaki farkın günümüzde azaldığı belirtilmektedir (Askım Kurt, Günüç ve Ersoy, 2013).

İnteraktif belgesel film türünün kuşaklararası alımlanmasındaki farklılıkların saptanmasına dair araştırmaların sınırlı olması, bu çalışmanın gerekliliğini ortaya koymaktadır. Bu çalışma kapsamında "dijital yerliler" ve "dijital göçmenler" grubundan seçilecek kişilerle örneklem gurubu oluşturulacak ve belirlenen interaktif belgesel filme dair düşünce, deneyim ve tutumlarının betimlenmesi ile farklılıkların olup olmadığı saptanarak alanyazına katkı sağlanması hedeflenmektedir.

1.1. Dijital Dönemde Belgesel: İnteraktif Belgesel Film

Belgesel filmin genel olarak tanımı "gerçek yaşamdan alınan bir olgunun, kendi doğal çevresi ve akışı içinde veya gerçeğe en yakın bir biçimde hazırlanmış yapay bir yerde işleyen, belirli bir amacı yansıtan film" şeklinde karşımıza çıkmaktadır (TDK, 2020). Kesin bir çerçevesi çizilmeyen belgesel film, içinde bulunduğu dönemin ekonomik, siyasi ve teknolojik koşullarıyla gerek içerik gerek teknik açıdan şekillenip dönüşüm yaşamaktadır. Bu dönüşüm sürecinde çeşitli yaklaşımlar ve kuramlar ortaya koyulmuş ve belgesel film gelişmiştir. Bu doğrultuda belgesel filmlerin kesin tanımlamasından öte türlerine göre sınıflandırılabileceğini belirtilmektedir (Salman, 2020).

Günümüzde teknolojik gelişmeler birçok alanda olduğu gibi sinema sanatında da değişimleri gündeme getirmiştir. Gelişen internet teknolojisi sayesinde özellikle filmlerin yapım, dağıtım ve seyirciye ulaşması aşamalarında radikal değişiklikler yaratmıştır. 21. yüzyıla gelindiğinde ise internet gelişerek, kitle iletişim araçlarının yakınsamasıyla belgesel film türünde yeni yaklaşımlar benimsenmeye başlamıştır.

Kuruoğlu ve Akçora (2017:511) belgesel filmin bu dönüşüm sürecini 3 aşamada incelemeye almıştır. İlk olarak belgesel filmin seyircisiyle sinema salonlarında buluştuğu süreci 'televizyon öncesi dönem' olarak nitelendirmiştir. Bu dönemde belgesel filmlerin doğa-insan ilişkisi üzerine yoğunlaştığını ve daha sonra propaganda aracı olarak kullanıldığını belirtmiştir. Bu dönemde katlanılan yapım, dağıtım ve gösterim gibi yüksek maliyetlere alternatif araç olarak görülen televizyonların yaşamımıza girmesiyle birlikte belgesel filmin ikinci bir dönüşüm sürecine girildiğini belirtmişlerdir. 'Televizyon dönemi' olarak adlandırdıkları bu süreçte, belgesel filmin, gerçeğin temsiliyetinin 'Reality Show' dinamikleriyle sınırlandırılmaya başlandığını savunmaktadırlar. Bu televizyon kültürünün etkisiyle belgesel filmlerde gerek film dili gerek film konusu bakımında değişime uğramıştır. Bu değişimi kimileri geniş kitlelere erişimi kolaylaştırması bakımında olumlu karşılamakla beraber kimileri de belgesel filmin temel unsurlarının bozulduğunu savunmaktadır. Son olarak da teknolojik gelişmelerin yaygınlaşmasıyla belgesel filmin yapım ve içerik açısından büyük dönüşümler yaşadığı süreci 'dijital dönem' olarak ele almışlardır.

Bilgisayar teknolojisindeki hızlı gelişimi belgesel filmlerin de sayısal kodlar yardımıyla kodlanarak üretim ve gösteriminin dijital ortama aktarılmasını sağlamıştır. Böylelikle kurgu gerek zaman bakımından kolaylaşmış gerekse doğrusal kurgu tekniğine alternatifler oluşturulmasını sağlamıştır. Böylelikle zaman ve bütçe tasarrufu sağlanmıştır (Şeberoğlu, 2020).

Teknolojik imkânlara ulaşımının kolaylaşması ve elde etme maliyetlerinin azalmasıyla tercih edilen video kameralar ve kurgu sistemleri sayesinde filmin kalitesi artmış, çekim süresi azalmış, kullanıcıların kolaylıkla işlerini yapabilmelerini sağlamıştır (Tağ Kalafatoğlu, 2019) Aynı zamanda pelikülden dijitale uzanan bu süreçte filmlerin depolama maliyetleri de düşürülmüş ve saklama süresi artmıştır (Tuğran ve Tuğran, 2016).

Dijitalleşmenin film yapım tekniği ve dağıtım sürecinde sağladığı kolaylıkların yanı sıra süreç içerisinde değişen izleyici profilinin yakalanması için yeni medya araçları etkin bir şekilde kullanılmaya başlanmıştır. Hiç şüphesiz bu etkileşim medyada yaşanan dijital dönüşümün bir sonucu olarak karşımıza çıkmaktadır. Bu dönüşüm sürecinde yeni medya ortamlarının sağlamış olduğu; sayısal temsil, modülerlik, otomasyon, değişkenlik, kod çevrimi özelliklerinin kullanılabilmesiyle gerçekleşmektedir (Manovich, 1995). Böylelikle sinema seyir deneyimi televizyonlara, günümüzde de telefonlara taşınmıştır. Dolayısıyla dijitalleşme sürecinin en önemli radikal değişikliği ise izleyiciyi sürece dâhil eden ve yeni medya araçlarıyla kişiselleştirilmiş deneyim sunan interaktif belgesel film örneklerinde karşımıza çıkmaktadır (Öz, 2012).

Teknolojik gelişmelerle paralel günümüzde halen değişen ve gelişen interaktif belgesel filmler üzerine yapılan çalışmalarda birçok tanımlama kullanılmakta fakat kesin bir çerçeve çizilmemektedir. Belgesel filmlerin yapım sürecinde başvurulan yeni medya araçları ve dağıtımın internet üzerinden yapılmasıyla beraber belgesel film; yeni medya, etkileşimli, çizgisel olmayan, transmedya veya web ön adlarıyla karşımıza çıkmaktadır (Ocak, 2017). Corner (2000) ise bunların, "post-belgesel kültür" örnekleri olduğunu belirtmiştir. Sinemanın ilk örneklerinden günümüze kadarki süreçte, belgesellerin içinde bulunduğu çağın toplumsal amaçları veya dönemin estetik anlayışı doğrultusunda sürekli dönüştüğüne şahit olunmuştur. Fakat günümüzdeki dönüşümün yeni medya etkisiyle belgesel filmde gerçeğin izleyiciye yansıtılmasında kurmaca ögelerin eklenmesi ve eğlence odaklı anlayışın giderek artmasıyla yeni formlar olarak yeniden şekillenmekte ve belgesel filmin temeli olan gerçeğin yansıtılmasında izleyicide soru işaretleri bırakmaktadır (Atabey, 2005).

Bu çekimser yaklaşımların aksine, Castells, interaktif belgesel filmlerin non-lineer yapıda ortaya çıkmasıyla etkileşimin artığını, böylelikle de izleyicinin filme dâhil olarak deneyimleme sürecinin daha anlamlı olabileceğini belirtmiştir (Castells, 2011).

İnteraktif belgesel alanındaki yeniliklere dair birçok yaklaşım ortaya konmuş ve Harvey yapmış olduğu çalışmasında, bu yenilikleri dört başlık altında toplayarak farklılıkları betimlemiştir: 1) Yazarlık: Bu türde yapımcı ve yönetmene özgür bir yaratım süreci sunarak tanınmışlığı veya belirli kalıplardaki vizyonu gerektirmeyen yaratım süreci sunmaktadır. Film yapım sürecinde geniş bir ekibin gerekliliği de böylelikle ortadan kalkmıştır. 2) Doğrusal olmayan yapıyla (Non-linear) serim, düğüm ve çözüm yapısındaki geleneksel tarzın yerini izleyicinin tercihleri doğrultusunda şekillenen film akışı almıştır. Böylelikle 3) Aktif görme sağlanarak izleyici tercihleriyle her deneyimlemede farklı akış sunan, izleyicinin katkısını alarak değişen ve dönüşen belgesel filmlerin ortaya çıktığını belirtmiştir. 4) Son olarak interaktif belgesel filmin geleceği hakkında görüş ayrılıklarından yola çıkarak, bu yeni türün belirli ideolojileri yansıtan bir film yapısı yerine ele alınan konuda farkındalık kazandırılmak istenen değerlere dair filmi deneyimleyen bireyin aklında soru işaretleri bırakan bir yapıya dönüşebileceğini belirtmiştir (Harvey'den akt. Kuruoğlu ve Akçora, 2017:517).

Tam da bu noktada ele alınan konuya dair; deneyimleyenlerin aklında gerçekliğe dair soru işaretleri oluşturma sürecinde bireylerin algı ve düşünüş biçimleri büyük önem kazanmaktadır. Mannheim (1970) çeşitli olaylara karşı bireyler tutum ve davranışlarının farklılıklar gösterebileceğini belirtmiştir ve alanyazına 'kuşak' kavramını kazandırmıştır. Kuşaklar arasında tutum ve davranış farklılıklarının oluşmasının tecrübe edinilen sosyal, ekonomik ve teknolojik farklılıklardan kaynaklandığını belirtmiştir. Bu bağlamda İnteraktif belgesel filmde 'deneyimleme' unsurunun yoğun olduğu bir film türü olmakla birlikte kuşak farklılığı bulunan bireylerin ilgili belgesele karşı algıları da farklı şekilde oluşacağı öngörülmektedir.

1.2. Seyir Kültüründe 'Kuşak'lar: 'Dijital Yerliler' ve 'Dijital Göçmenler'

Sözle düşünen ve hareket eden insan bilinci, belleği, düşünme ve anlatım biçimi yazıyla karşılaştığında değişti ve dönüştü. Yazı, bilincin yapısını değiştirdi. Yazılı kültürün temel bileşenlerinden alfabe ve matbaa ise, insan beyninin çalışma dinamiklerini önemli şekilde etkiledi. En nihayetinde elektronik hatta dijital kültürle karşılaşan insanın bilinci, belleği, edimleri, tahayyül yeteneği vb. temeli elektroniğe ve dijitale dayanan araçların dolayımından geçerek şekillenmeye başladı. Bambaşka bir biçim aldı. Bu çıkış noktasından hareketle tarih boyunca insan bilincinin, insanın düşünme ve anlatım biçiminin geçtiği aşamaların; sözlü kültürden yazılı kültüre, yazılı kültürden elektronik hatta dijital kültüre bakarak açıklayabilmek mümkündür. Aralarında bazı farklar olsa da iletişim alanındaki sorunlara odaklanmış McLuhan, Ong, Innis, Havelock, Jack Ellul, Bary Sanders, Baldini ve Postman gibi teorisyenlerin ortak noktası da; sözlü, yazılı, elektronik ve dijital kültürün farklı karakterlerde ve özelliklerde insan ürettiğidir. Her bir kültürün biçimlendirdiği insanın oluşturduğu toplum da bu bağlamda farklı bir toplum olma özelliği göstermektedir (Medin, 2017:382-383).

"Dijitalleşmenin hareketli görüntü sanatındaki en önemli etkilerinden biri, kendinden önceki seyir formlarına göre büyük ölçüde farklılıklar barındıran yeniliklere olanak sağlamasıdır. Televizyon, video, üç boyutlu sinema deneyimi ve interaktif sinema bu anlamda oldukça önemli bir yerde durmaktadır" (Taş Öz, 2012:65).

Kuşak kavramı genel olarak yakın tarihlerde doğan bireylerin tanık oldukları olaylara ve gelişmelere karşı benzer tutumları ve sorumlulukları sergilemeleriyle sosyal bilimler alanında detaylı incelemelere konu olmuştur. Yapılan çalışmalarda kuşak kavramı kişilerin kendi tercihleri sonucunda dâhil oldukları ve o kuşağa mensup bireylerin özellikleri doğrultusunda yaşam tarzlarını şekillendirmesi olarak düşünülmemesi gerektiği vurgulanmaktadır. Bu bağlamda bireylerin kuşaklara ayrılmasında en önemli unsurun yakın tarihlerde doğmaları, dolayısıyla benzer siyasi ve ekonomik olaylara, teknolojik gelişmelere şahit oldukları için benzer davranışlar sergilemeleri şeklinde açıklanmaktadır (Kowske, Rasch ve Wiley, 2010).

Bu alandaki çalışmalardan ilki Comte tarafından gerçekleştirilmiştir. Comte, sosyal ve kültürel gelişimde kuşakların önemine dikkat çekmiş ve bu gelişimin kuşakların gelecek nesle aktaracağı bilimsel, kültürel birikimler sayesinde sağlanacağını açıklamıştır. Dolayısıyla yaşanan savaşlar, sosyo-ekonomik gelişmeler aynı kuşağa mensup bireylerde benzer etkiyi yaratmakta ve bireylerin değer algılarında ve davranış biçimlerinde benzerlikler meydana getirmektedir(Comte'tan akt. (Latif ve Serbest, 2014).

Alanyazında, kuşak kavramının multidisipliner çalışmalara konu olduğu ve birçok farklı sınıflandırmaya tabi olduğu görülmektedir. Howe ve Strauss (1992) Nesil Teorisi'nde kuşakları, doğum tarihlerine göre aşağıdaki gibi sınıflandırmıştır:

- 1925 -1946 yıllarında doğanlar; Gelenekselciler, Sessiz Kuşak veya Olgun Kuşak,
- 1946-1964 yılları arası doğanlar; Baby Boomer Kuşağı,
- 1965-1979 yılları arası doğanlar; X Kuşağı,
- 1980 veya 2000 yıllarından sonra doğanlar; Milenyum Kuşağı, Y Kuşağı,
- 2000- 2021 yılları arasında doğan ve doğacak olan; Z Kuşağı olarak adlandırmıştır.

Yapılmış olan çalışmalar sonunda genel kabul gören kuşak sınıflandırmasının haricinde yeni kavramlar da ortaya çıkmıştır. Prensky çalışmasında ortaya koyduğu "dijital bilgelik" kavramıyla teknoloji kullanımının bilgeliğe olan katkısını vurgulamıştır. Bireylerin ihtiyaçlarını karşılamada, problemleri çözmede ihtiyaç duyduğu bilgiye ulaşmada teknolojik gelişmelerden nasıl yararlandıklarının bilgeliklerini etkileyen önemli bir unsur olduğunu savunmaktadır. Bu bağlamda Prensky, bireylerin sınıflandırılmasında "dijital yerliler" ve "dijital göçmenler" kavramlarını teknolojik gelişmelere olan yatkınlıklarını temel alarak ortaya koymuştur. (Prensky, 2009). Çalışma kapsamında referans olarak bu iki grup dikkate alınacak ve interaktif belgesel film algılarındaki farklılıklar saptanmaya çalışılacaktır.

Prensky, bireylerin beyinlerinin tecrübe edindiği çeşitli uyarıcılar sonucunda farklı şekillerde biçimlendiğini savunmaktadır. Dolayısıyla bireylerin içinde bulundukları çağdaki teknolojik gelişmeler ve sağladığı imkânlar doğrultusunda gündelik yaşamdaki alışkanlıkları, düşünme ve iş yapış biçimlerinde de farklılıklar meydana gelmekte ve davranışları buna göre şekillenmektedir. Bu açıdan dijital yerli olarak sınıflandırdığı bireylerde içinde bulundukları çağın teknolojik imkânları doğrultusunda önceki nesle göre farklı algı biçimlerine sahip olduğunu öne sürmektedir. 1980 ve sonrasında doğan bireyleri dijital yerli olarak nitelendiren Prensky, bu neslin doğdukları andan itibaren teknolojiyle iç içe olduklarını ve teknolojinin edindikleri yaşam pratiklerinin merkezi olduğunu belirtmiştir (Prensky, 2001)

Dijital yerlilerin "dijital bilgeliklerine" bakıldığında kişilerarası iletişimden, bilgi edinim şekillerine; iş yapış biçimlerinden ortaya koydukları ürüne kadar olan sürecin tamamında teknoloji odaklı oldukları görülmektedir. Bilgiç ve arkadaşları (Bilgiç, Duman, & Seferoğlu, 2011) yapmış oldukları çalışmada dijital yerlilerin bilgiye kısa sürede ulaşmak istediklerini, ulaştıkları metinlerin tamamını değil rastgele okuyarak, grafikler üzerinden incelemeyi tercih ettiklerini saptamışlardır. Aynı zamanda bu bireylerin sıradan çalışmalar yerine oyun şeklinde, keşfederek öğrenmeyi ve birden fazla işi eş zamanlı yapmayı tercih ettiklerini belirtmişlerdir.

Günümüzde eğitimden sanata birçok alanda yaşanan teknoloji temelli gelişmeler bireylerin dijital yetkinliklerini geliştirmesini zorunlu kılmaktadır (Maden, 2019). Dijital yerlilerin teknolojik birikimleri gereği bu süreçte avantajlı oldukları görülmektedir. Dolayısıyla karşılaştıkları teknoloji temelli interaktif platformlarda sergileyecekleri tutum ve davranışları diğer nesillere göre farklılık göstereceği öngörülmektedir.

Prensky (2001); dijital bilgelikleri kapsamında internet çağı yani 1980 öncesi doğup, teknolojik gelişmelerle daha sonra karşılaşmış kişileri "dijital göçmenler" olarak sınıflandırmıştır. Dolayısıyla, dijital göçmenlerin teknoloji temelli sürece entegre olmada sorunlar yaşayabilecekleri öngörülmektedir.

Bu bireyler teknolojik gelişmelerle sonradan tanıştıkları için geleneksel basılı medya ürünlerini takip ederler. Dolayısıyla kaynağa ulaşmada dijital yerlilerin arama motorları yerine kütüphanedeki kaynaklardan faydalanmaktadırlar. Ulaştıkları metinlerde doğrusal okumaları tercih etmektedirler (Tonta, 2009).

Görüldüğü üzere, bu kuşağın üyeleri için teknoloji; hayatlarının bir parçası olmaktan çok, ihtiyaç halinde başvurdukları araçlar olarak karşılarına çıkmaktadır. Günümüzde yaygınlaşan yeni medya araçları sayesinde, dijital göçmenler gündelik ihtiyaçların karşılanması, sağlık, eğitim, sanat ve eğlence gibi birçok alanda teknolojiden faydalanmaya başlamışlar ve böylelikle dijital bilgeliklerini arttırarak yaşam biçimlerine teknolojiyi entegre etmeye başlamışlardır (Çetin ve Özgiden, 2013). Bu bağlamda dijital yerliler ile kıyaslandığında; interaktif platformlarda edindikleri yeni tecrübeleri ve sergiledikleri tutum ve davranışları farklılık gösterecektir. Bu noktadan yola çıkarak çalışma kapsamında, interaktif belgesel film deneyimlemelerindeki alımlama farklılıklarının saptanması amaçlanmaktadır.

2. Amaç ve Yöntem

Dijital yerlilerin ve dijital göçmenlerin interaktif belgesel filmler deneyimlemeleri sonucunda oluşan algı farklılıklarının ortaya koyulması amaçlanmıştır. Bu bağlamda amaç soru cümlesi şu şekilde belirlenmiştir: Dijital yerliler ve dijital göçmenlerin interaktif belgesel film deneyimleri sonucunda oluşan alımlamalarında farklılık var mıdır? Bu farklılıkların saptanması amacıyla John Grierson tarafından kurulan Kanada Ulusal Film Kurulu'nun (National Film Board of Canada) ve Parlamento Kütüphanesi'nin ortak yapımı olan *Parliament* örneği seçilmiştir. Bu interaktif belgesel film, Kanada Parlamento binasının uzun süredir tadilat amaçlı kapılarını ziyaretçilere kapatması üzerine, bu binayı ziyaret etmek isteyen kişiler için yapılmıştır. Teknolojinin geldiği son noktada; çevrimiçi ortamda sanal gerçeklikle Center Block, Senato, Avam Kamarası, Parlamento Kütüphanesi ve Barış Kulesi ziyaret etmek isteyenler için yeni bir deneyimleme sunmaktadır (NFB, 2020).

Çalışma kapsamında, ulaşılmaya çalışılan alımlama farklılıklarının sistematik şekilde analiz edilmesi ve doğru sonuçların çıkarılabilmesi için katılımcıların görüşlerini doğru aktarması önemli rol oynamaktadır. Nitel araştırmalarda verilerin toplanmasında başvurulan tekniklerden biri de derinlemesine görüşme tekniğidir. Bu görüşmelerde katılımcılar kendilerini daha net ifade edebilmekte, görüşlerini detaylı şekilde aktarabilmektedir. Bu da araştırmacıların katılımcının duygu ve düşüncelerine birinci ağızdan şahit olarak değerlendirmelerini derinlemesine yapma şansı vermektedir. Araştırmacılar araştırdıkları konuya dair gözlemlenmesi zor tutum, niyet ve tepkileri tespit etmek için yapılandırılmış, yapılandırılmamış ve yarı yapılandırılmış sorular sorarak görüşmeyi gerçekleştirmektedir (Karasar, 2019). Bu sebeple nitel araştırma yöntemi benimsenen bu araştırma kapsamında derinlemesine görüşme tekniğine başvurulmuştur. Katılımcılarla Zoom Meeting uygulaması üzerinden gerçekleştirilecek görüşmelerde yarı yapılandırılmış sorular yöneltilecektir. Bu teknik sayesinde önceden belirlenmiş sorularla tüm katılımcılardan standart bir veri seti elde edilmiş olacaktır. Aynı zamanda katılımcının algısını doğru tespit edebilmek amaçlı detay verilmesi istenebilmektedir (Yıldırım ve Şimşek, 2018:293). Derinlemesine görüşme sırasında yöneltilecek sorular; kuşaklar, sinemanın dijitalleşmesi ve interaktif belgesel film konusundaki alanyazından referanslar alınarak oluşturulmuştur. Görüşmeler sırasında alınan ses kayıtları daha sonrasında birebir deşifre yöntemi ile yazıya geçirilmiştir. Bunun için etik çalışma kuralları bağlamında, araştırmaya katılacak kişilere çalışma hakkında bilgi verilerek gönüllü katılımları sağlanmıştır. Derinlemesine görüşmelerin sonunda elde edilen veriler doğrultusunda, alımlama farklılıklarının analizi için betimsel analiz yöntemi kullanılmıştır. Başvurulan yöntemde belirlenen amaç doğrultusunda, sorulan soruların yanıtlarının çeşitli temalar çerçevesinde analizi yapılıp sonuçlar tartışılmaktadır. Bu temalar aşağıdaki gibi belirlenmiştir;

1. İnteraktif belgesel filmin geleneksel anlatı yapısından farkı nasıl algılanmaktadır?
2. 'Dijital bilgeliğin' bireylerin interaktif belgesel film deneyimlemesine ve alımlamasına etkisi bulunmakta mıdır?
3. İnteraktif belgesel filmin geleceği hakkında bireylerin algı ve tutumları ne yöndedir?

Çalışma kapsamında; araştırmacıya zamansal ve maddi açıdan kolaylık sağlayan uygun örneklem ya da kolayda örneklem olarak bilinen örnekleme tekniğine başvurulmuştur. Bu teknikte araştırmacı çeşitli kısıtlar nedeniyle kolaylıkla ulaşabileceği kişi, nesne veya olayları tercih etmesidir (Özen ve Gül, 2007). Bu çalışmada, derinlemesine görüşme yapılan bireyler üzerinde bir sınırlama yapılarak dijital yerliler için İstanbul'da yaşayan ve İngilizce bilen 18-41 yaş arası 6 kişi ile görüşme gerçekleştirilmiştir. Dijital göçmenler için İstanbul'da yaşayan ve İngilizce bilen 41-64 yaş aralığında 6 kişi ile görüşme gerçekleştirilmiştir. Çalışma kapsamında belirlenen örneklem grubundan, *Parliament* adlı interaktif belgesel filmi deneyimlemeleri istenmiştir. Çalışmanın analiz kısmında elde edilen bulgularda, katılımcıların cevapları - kişilerin isimleri kodlanarak, dijital göçmen katılımcılar 'DG K1-K6' olarak ve dijital yerli katılımcılar 'DY K1-K6' olarak verilmiştir.

3. Bulgular

İnteraktif belgesel filmin geleneksel anlatı yapısından farkı nasıl algılanmaktadır?

Deneyimlenen interaktif belgesel filmin geleneksel anlatı yapısından farklılıklarının nasıl algılandığının ortaya konulması amacıyla, ilk olarak, katılımcılardan filmin türü ve genel özelliklerinin ne olduğuna dair görüşleri sorulmuştur. Bu bağlamda, dijital yerliler ele alındığında; 4 dijital yerli katılımcı bu deneyimlenen filmin bir tanıtım filmi olduğunu belirtmiştir. 2 katılımcı ise pandemi dolayısıyla online müze ziyareti için hazırlanmış içerik olduğunu belirtmiştir. Filme dair genel özellikler sorulduğunda ise; katılımcıların 3'ü günümüz teknolojilerine başvurularak 'sanal gerçeklik' ile oluşturulduğunu belirtmiştir. Diğer 3 katılımcı ise, günümüz etkileşimli film örneklerinden yola çıkılarak filmin ortaya koyulduğunu belirtmiştir. Verilen cevaplar doğrultusunda daha detaylı analiz yapılması amacıyla, bireylere interaktif belgesel film türü olarak ele alınıp alınamayacağı sorulmuştur. Bunun üzerine katılımcıların 4'ü kesin olarak belgesel film olmadığını 2'si ise gerekçeleriyle birlikte belgesel film olarak nitelendiremeyeceğini belirtmiştir.

DYK1: "*Bu filmin belgesel sayılması içi fazlaca yüzeysel olduğunu düşünüyorum, çünkü ele aldıkları konuya dair belgeler, gerçek kişiler kullanılmamıştır.*"

DYK2: "*Bu film belgesel film özellikleri taşımamaktadır. Öncelikle konusu bakımında belgesel film ile örtüşmemekte ve dış ses belgesel filmlerde sık rastladığımız örneklerinden uzak kalmaktadır*".

Katılımcının bu cevabı üzerine kendisinden belgesel içeriğinin neler olduğunu ve dış ses olarak nitelendirdiği anlatıcıda sık rastladığı özelliklerinin neler olduğu sorulmuştur.

DYK2: "*Belgesel film dendiğinde genelde doğa, hayvanlar ve tarihi olaylar üzerine çekilmiş filmler aklıma geliyor. Bu izlediğim film konu bakımından belgesel film ile benzerliği bulunmamaktadır. Ayrıca üst ses olarak genellikle daha etkileyici ses tonu duymaya alışık olduğumuz için burada kullanılan anlatıcı sesi masal anlatısı gibi çok daha yumuşak geldi. Budan dolayı belgesel film özellikleri taşımadığını düşünüyorum".*

Buna ek olarak 3 katılımcı geleneksel belgesel anlatı yapısındaki gerçekliğin gösterimi noktasında fazlasıyla kurmaca olduğuna vurgu yapmıştır. Katılımcı cevapları şu şekildedir:

DYK1: "*Belgesel film olarak çekildiğini düşünmüyorum. Öncelikle belge niteliği taşıyacak olay ve olguların yansıtılması kapsamında kurmacaya, animasyona yer verilmesi belgesel film türünün özelliğine ters düşeceğini düşünüyorum".*

DYK2: "*Filmi izlemeye başladığımda ilk bölümdeki senatörlerin giriş kısmı pek gerçekçi gelmedi. Belgesel film olsaydı bu kısımda en azından gerçek görseller kullanılabilirdi. Ayrıca yapının içerisin birebir fotoğrafının kullanılması belgesel film yapısına uygun olurdu fakat bu şekilde görselleştirilmiş ve basitleştirilmiş versiyonun belgesel filmde yer alacağını düşünmüyorum."*

DYK3: "*İzlediğim filmin bana seçme şansı sunuyor olması, benim yönlendirmelerime açık olması belgesel filmde aktarılmak istenen bilgi veya olayların eksik kalmasına veya yanlış sıralama yaparak tarihsel akışı bozmamama sebep olabilecektir. Bu yüzden bu filmin belgesel film olarak görülemeyeceğini düşünüyorum".*

Deneyimlenen interaktif belgesel filmin geleneksel belgesel anlatı yapısından farklılıklarının nasıl algılandığının ortaya koyulması amacıyla sorular 'dijital göçmenlere' de sorulmuştur. İlk olarak katılımcılardan filmin türü ve genel özelliklerinin ne olduğuna dair görüşleri sorulmuştur.

Dijital göçmenler ile yapılan derinlemesine görüşmelerde ise 6 dijital göçmen katılımcının; 2'si gençleri bilgilendirmeye yönelik yapılmış eğitici içerik olduğunu, 1'i ilgili kurumun yapmış olduğu tanıtım filmi olduğunu, 2'si yeni nesil bir teknolojik imkânların kullanıldığı "sinema" olduğunu, 1 katılımcı ise tanımlayamadığını belirtmiştir. Filme dair genel özellikler sorulduğunda ise katılımcıların çoğu deneyimledikleri filmin dair temel özelliklerini teknolojik gelişmeler çerçevesinde açıklamışlardır.

DGK1: *"İzlediğim filmin en önemli özelliği pandemi süresince gençlerin kültürel etkinliklerden geri kalmaması ve bilgilendirilmesi amacıyla teknolojik gelişmelerden faydalanılarak oluşturulduğunu düşünüyorum."*

DGK2: *"Teknolojik imkânlara ulaşımının kolaylaşmasıyla kurumların tanıtımlarını gerçekleştirmek amacıyla teknolojiye başvurularak yapılmış tanıtım filmidir".*

DGK3: *"Eğitimde, kültür sanat faaliyetlerinde teknolojik gelişmişlik doğrultusunda bunun gibi yeni sinema ürünlerinin oluştuğunu söyleyebilirim. En temel özelliği gelişmiş yazılımlardır".*

DGK4: *"İnternetten izlediğim, son zamanlarda örneklerine daha çok rastladığım yeni sinema yapımları".*

DGK5: *"Okullarda yardımcı eğitim materyalleri olarak hazırlanmış kısa film olabilir. Kitaptan işlenmesinden veya anlatılmasından öte akılda kalıcılığı daha fazla olacaktır."*

Verilen cevaplar doğrultusunda daha detaylı analiz yapılması amacıyla, bireylere interaktif belgeselin, film türü olarak ele alınıp alınamayacağı sorulmuştur. Bunun üzerine katılımcıların tamamı belgesel film olamayacağını kesin bir dille belirtmiştir.

'Dijital bilgeliğin' bireylerin interaktif belgesel film deneyimlemesine ve alımlamasına etkisi bulunmakta mıdır?

Prensky'nin "dijital bilgelik" metaforu kapsamında yapılan çalışmalarda genç bireylerin gündelik yaşamdaki haberleşme, eğlence, alışveriş, eğitim, sosyalleşme gibi etkinliklere teknolojik gelişmeleri adapte etmede daha başarılı olduğu ifade edilmektedir (Tombul, 2020) Bu bağlamda çalışmada 'dijital bilgelik' metaforunun interaktif belgesel film alımlamalarında dijital yerliler ve dijital göçmenler arasında farklılık yaratıp yaratmayacağı incelenmiştir. Yapılan derinlemesine görüşme kapsamında; interaktiflik özelliğinin film deneyimleme süreçlerine etkisi sorgulanmıştır. Bunun için katılımcılara; interaktif belgesel filmin deneyimlenme sürecinde teknolojik sorunlar (belgesel filmi başlatamama, bölümler arasında geçiş zorlukları, ses ve görsel unsurların ayarlanamaması vb.) yaşayıp yaşamadıkları sorulmuştur.

Dijital yerlilerle yapılan görüşmelerde 6 katılımcının 5'i herhangi bir sorun yaşamadığını belirtmiştir. Özellikle 5 katılımcının ikisi belgesel filmde çok fazla teknolojik unsur kullanılmadığını söylemiştir.

DYK1: *"İzlediğim filmin yapısı itibariyle teknolojik özellikler barındırıyor olması herhangi bir sorun yaşatmadı."*

DYK2: *"Filmde; seyir sürecimi etkileyecek fazlaca teknolojik özellik bulunmamaktadır. Oynamış olduğumuz oyunlardan bile daha az teknolojik hâkimiyet gerektiriyor"*

1 katılımcı ise interaktif belgesel filmin deneyimlenmesi süresince bölümler arası geçişte sorun yaşadığını belirtmiştir.

DYK1: *"Filmin başlangıcı aşamasında sonra ilk bölüme geçiş yapmakta sorun yaşadım"*

Dijital göçmenlere interaktif belgesel filmin deneyimlenmesi sürecinde teknolojik sorunlar (belgesel filmi başlatamama, bölümler arasında geçiş zorlukları, ses ve görsel unsurların ayarlanaması vb) yaşayıp yaşamadıkları sorulmuş. Alınan cevap doğrultusunda katılımcıların çoğunluğu iki aşamada sorun yaşamıştır. İlk olarak 6 katılımcıdan 3'ü Zoom üzerinden gönderilen interaktif belgesel filmin linkini açtıktan sonra alışkanlıkları gereği herhangi bir müdahale yapmadan direk pasif izleyici konumuna geçmişlerdir. 2 katılımcı interaktif belgesel filmi deneyimleme süresince bölümler arasında geçiş yapabilmek için izleyici müdahalesi gerektiğini fark etmemiştir. 1 katılımcı süreç boyunca zorluk yaşamadığını ifade etmiştir.

DGK1: *"Tam anlamıyla sorun olarak nitelendirmem doğru mu bilemiyorum ama görüşme başladığında paylaşılan linki açtıktan sonra ilk anda filmi kendim başlatmam gerektiğini fark etmedim. Sonrasında da bölümler arasında geçiş yaparken her defasında tuşa basarak devam edeceğim hatırlatılması gerekti."*

DGK2: *"Filmi izlerken ilk bölümün sonunda diğer bölümlere geçerken filmi başlatmakta sorun yaşadım. Geçiş için hangi komutu kullanmam gerektiğini bilemedim."*

Bu bölümde değerlendirilen 'diijital bilgelik' kavramının interaktif belgesel film deneyimlemesine olan etkisi iki grup arasında belirgin farklılık göstermektedir. Özellikle dijital yerlilerin geleneksel basılı yayınlarda tercih ettikleri gibi sıralı, başından sonuna kadar inceleme eğilimleri burada da görülmektedir. Bireyler ekran başına geçerek açmış oldukları belgesel filmin doğrusal olarak akışını bekledikleri görülmüştür. Bu durumun aksine dijital yerliler ise teknolojik gelişmelerle sürekli iç içe oldukları için algılama biçimleri değişmiş "hipermetin zihinler" olarak adlandırılan paralel düşünme biçimine evrilmiştir (Prensky, 2001).Bu durum bu çalışmada da doğrulanmıştır. Dijital yerli katılımcılar bölümler arası geçişlerde ve teknolojik unsurların kullanımında dijital göçmenlere göre daha hâkim oldukları gözlemlenmiştir.

İnteraktif belgesel filmin geleceği hakkında bireylerin algı ve tutumları ne yöndedir?

Hızla gelişen teknolojiyle birlikte belgesel film alanında da dönüşümlere tanıklık etmekteyiz. Peki bu dönüşüm nihai tüketicisi olan izleyici/deneyimleyen tarafından ne şekilde algılanmakta ve ne sıklıkta tercih edilmektedir? Böylelikle yeni anlatım yapısına sahip interaktif belgesel filmlerle daha çok karşılaşacak mıyız? Yoksa gelecekte yerini başka türlere mi bırakacak? Bu sorulara cevap bulmak amacıyla katılımcılara daha önce interaktif belgesel film deneyimleyip deneyimlemedikleri sorulmuştur. Son olarak interaktif belgesel film örneklerinin çoğalmasını isteyip istemedikleri sorulmuştur.

Dijital yerli 6 katılımcının tamamı daha önce interaktif belgesel film deneyimlediklerini belirtmişlerdir. Bunun üzerine atılımcılara hangi filmler olduğu sorulduğunda katılımcıların vermiş olduğu cevapların hiçbirinin interaktif belgesel film örneği olmadığı saptanmıştır. Çünkü katılımcılar interaktif belgesel filmin yeni anlatı yapısını tam olarak kavrayamadıkları görülmüştür. Katılımcıların vermiş oldukları cevaplar şu şekildedir:

DYK1: *"Black Mirror: Bandersnatch."*

DYK2: *"Pandemi sürecinde gezmiş olduğum online müze örneği."*

DYK3: *"İnternet üzerinden yeni sunum teknikleriyle hazırlanmış tanıtım sunumları."*

DYK4: "*Üniversitelerin fakülte tanıtımı için yayınlamış oldukları tanıtım filmi.*"

DYK5: "*360 ° video teknolojisiyle sanal gözlük tanıtımı.*"

DYK6: "*Black Mirror: Bandersnatch.*"

Dijital yerlilerle yapılan derinlemesine görüşmelerde bu türün geleceği hakkında düşünceler sorulduğunda, katılımcıların belgesel film alanında yapımlara 'etkileşimli olma' özelliğinin dâhil edilmesinin gerekli olmadığı noktasında çoğunluk oluşmuştur.

DYK1: "*Günümüz teknolojik gelişmeler dikkate alındığında her alanda değişiklikler meydana gelmektedir. Fakat bu durum belgesel filmin konusu gereği interaktif olmamalıdır. Belgesel film izleme amacım olan öğrenme süreci böylelikle eksik kalabilir veya tarihi belgeseller düşünüldüğünde kronolojik sıralamada yanlışlıklar yapılabilir. Bu yüzden çok sık karşılaşmak isteyeceğimi düşünmüyorum.*"

DYK2: "*İzlediğim filmde etkileşimli olması, bölümler arası geçişler benim için ilgi çekici değildi. Bu yüzden bu tarz filmlerde etkileşim veya interaktif olma izlenilirliği arttırıcı bir unsur olmayacaktır. Daha önce karşılaştığım oyun ya da filmlerde bu özellik izlenilirliği arttırıcı hatta merak unsuru olmuştur. Ama bu özellik her alana uyarlanabilecek bir unsur değildir. Gelecekte de bu tarzda çok fazla belgesel film yapılacağını düşünmüyorum.*"

DYK3: "*Açıkçası bu filmde öte tanıtım kısa filmi olarak gördüğüm için interaktiflik özelliğini çok fazla yakıştıramadım. Bundan dolayı bunun yerine klasik belgesel izlemeyi tercih ederim. Bu gibi yapımlarında da sinemada çok fazla yaygınlaşacağını sanmıyorum.*"

DYK4: "*İnteraktif belgesel film olduğunu söylediğinde tekrar gözden geçirdim ama sanırım çok fazla bu fikre ısınmadım. Bu filme biraz zorlama kaldığını düşünüyorum. Belki bu interaktif olma özelliği hayvanlar alemi anlatılırken tercih edilebilirdi. Mesela ben örümcekleri çok fazla sevmem dolayısıyla daha fazla filmi izleyemeyebilirim. Ama bu özellikle o bölümü geçebilirsem bu benim için iyi olabilirdi. Sonuç olarak bu örnekler zaten çeşitli filmlerde karşımıza çıkmakta. Fakat belgesel film nezdinde düşünüldüğünde işlenen konunun büyük önem taşıyacağını düşünüyorum.*"

Dijital göçmenlerle yapılan görüşmelerde daha önce interaktif belgesel film deneyimleyip deneyimlemedikleri sorulmuştur. Son olarak interaktif belgesel film örneklerinin çoğalmasını isteyip istemedikleri sorulmuştur. Dijital göçmenlerin sadece 2'si daha interaktif belgesel film izlediklerini belirtmişler. Bunun üzerine katılımcılara hangi filmler olduğu sorulduğunda dijital yerlilerde olduğu gibi cevapların hiçbiri interaktif belgesel film örneği değildir. Cevaplar şu şekildedir:

DGK1: "*Black Mirror: Bandersnatch.*"

DGK2: "*Netflix, Puhu TV gibi ortamlarda izlediğim filmleri örnek gösterebilirim.*"

Buna ek olarak bu türün geleceği hakkında düşünceler sorulduğunda dijital göçmenler, dijital yerliler kadar kesin hükümlü olmamışlardır. Katılımcıların 3'ü şahit oldukları teknolojik dönüşümlerden yola çıkarak bu türün daha da gelişerek tüm film türlerine etki edebileceğini belirtmiştir. Diğer 3 katılımcı ise karasız olduklarını beyan etmiştir.

4. Sonuç

İnteraktif belgesel filmin geleneksel anlatı yapısından farkı, nasıl algılandığına, alımlandığına dair yapılan araştırmada, dijital yerlilerin teknolojiyle beraber doğup büyümüş olmalarına rağmen deneyimledikleri filmin özelliklerini ortaya koyamamıştır. Genellikle sanal gerçeklik ve interaktif filmlerle benzerlik kurdukları görülmüştür. Geleneksel belgesel film anlatı yapısından farklılıkları daha net ortaya koymaları öngörülen dijital yerliler belgesel filmin doğa, doğa-insan ilişkisi ve tarihsel olaylar üzerine kurulu örneklerinin haricinde kısıtlı deneyimlerinin olduğu görülmüştür. Aynı sorular dijital göçmenlere yöneltildiğinde sonuç pek farklı olmamıştır. Katılımcıların tamamının deneyimledikleri belgesel filmin genel özelliklerini tam olarak alımlayamadıkları saptanmıştır. Dolayısıyla öngörülen algı farklılığı saptanmamıştır. İki kuşak interaktif belgesel film deneyimi ile karşılaşmamıştır.

'Dijital bilgeliğin', bireylerin interaktif belgesel film deneyimlemesine ve alımlasına etkisi ele alındığında ise; dijital yerlilerin teknolojiye hâkimlikleri sayesinde deneyimleme süresince herhangi bir zorluk yaşamadıkları görülmüştür. Düşünülenin aksine dijital yerliler, interaktif olma özelliğinin belgesel film anlatı yapısı ile bağdaşmadığını düşünmektedirler. Dijital göçmenler için deneyimleme sürecince zaman zaman teknolojik bilgelikleri doğrultusunda sorun yaşadıkları görülmüştür. Yine de beklenenin aksine kısa sürede uyum sağlayıp çözüm bulabildikleri gözlemlenmiştir. Böylelikle "Dijitalleşmede Son Durum: Dijital Yerli, Dijital Göçmen ve Dijital Göçebe" adlı makalede, (Askım Kurt, Günüç ve Ersoy, 2013:46) belirtilen; 'yaygınlaşan teknolojik unsurlar dijital göçmenlerin de sürece uyum sağlamalarını zorlamaktadır' hipotezini doğruladığı görülmüştür. İlk deneyimleme sürecinde bu yetkinlikleri dolayısıyla farklılıklar saptansa da kısa sürede çözüme ulaştıkları görülmüştür.

Diğer yandan, interaktif belgesel filmin geleceği hakkında, bireylerin algı ve tutumları arasındaki fark ele alındığında; dijital yerlilerin dijital göçmenlere göre kesin hükümlü oldukları görülmektedir. Dijital yerliler, interaktif belgesel film örneklerine karşı olumsuz tutum sergilerlerken dijital göçmeler yeniliğe açık bir tutum sergileyerek deneyimledikleri belgesel filmin örneklerinin gelecekte daha da gelişip dönüşerek artacağını öngörmektedirler. Buna ek olarak, daha önce interaktif belgesel film deneyimlediklerini söyleyen katılımcıların tamamı (dijital yerli veya dijital göçmen fark etmeksizin) verdikleri örneklerden anlaşıldığı üzere interaktif belgesel film özelliklerini yeterli düzeyde tanımlayamadıkları, örtüşmeyen algılarının oluştuğu ya da olduğu görülmektedir. Yine de dijital göçmenlerin, adaptasyon sürecini, yaşadıklarından dolayı bu örneklere kaşı olumsuz tutum sergilemeyerek bu konuda tutum farklılıkları saptanmıştır.

Alanyazında, izleyici ya da günümüzde kullanıcı olarak konumlandırılan bireylerin algı-tutum-alımlama çalışmalarına ihtiyaç duyulmaktadır. Bu ihtiyaç hem bugün içerik üreticilerinin üretim dinamikleri açısından hem de görsel-işitsel üretimin nasıl karşılanacağına dair öngörülerin oluşabilmesi açısından önem arz etmektedir. Bu araştırmada, bazı yerleşik öngörülerin aksi yönünde bulgular elde edilmiştir. Bu durum da bu tür çalışmalara duyulan ihtiyacın önemini ortaya koymaktadır.

Dijital çağda, sinema alanında değişen sadece biçim ve içerik olmamakla birlikte seyirci-izleyici de değişmiştir. Bir dönüşümün ifadesi olan seyir kültürünün değişimi hem üretim hem de tüketim dinamikleri açısından derinlemesine analiz edilmelidir. Bu tür analizler günümüz hem içerik üreticisi hem de tüketicisi olan bireyleri ve kitleleri tanımlayabilme açısından faydalı olacaktır.

Kaynakça

Arda, Ö. (2015). Belgesel Filmde Yeni Yaklaşımların Idfa Doclab 2010-2015 Belgesel Film Örneklemi Üzerinden Yapısal ve Kullanım Özelliklerine Göre İçerik Analizi. İstanbul Üniversitesi Iletisim Fakültesi Hakemli Dergisi ., 48, 1-23.

Askım Kurt, A., Günüç, S., & Ersoy, M. (2013). Dijitalleşmede Son Durum: Dijital Yerli, Dijital Göçmen ve Dijital Göçebe. Ankara University Journal of Faculty of Educational Sciences(JFES),,46(1), 1-22. doi:doi.org/10.1501/Egifak_0000001271

Atabey, M. (2005). Belgesel Film Yapımında Yeni Yönelimler Ve Melez Formlar. Ege Üniversitesi İletişim Fakültesi Yeni Düşünceler Hakemli E-Dergisi, 1, 217-227. https://dergipark.org.tr/en/pub/euifydhed/issue/33168/373603 adresinden alındı

Bilgiç, H. G., Duman, D., & Seferoğlu, S. S. (2011). Dijital Yerlilerin Özellikleri ve Çevrim içi Ortamların Tasarlanmasındaki Etkileri. XIII. Akademik Bilişim Konferansı (s. 257-263). Malatya: İnönü Üniversitesi. https://ab.org.tr /ab11/kitap/bilgic_duman_AB11.pdf adresinden alındı

Castells, A. G. (2011). The interactive documentary. Definition proposal and basic features of the new emerging genre. M. Ciastellardi, C. Miranda de Almeida, & C. A. Scolari (Dü.), Mcluhan Galaxy Conference Understanding Media, Today içinde (s. 367-378). Barcelona: Universitat Oberta de Catalunya. https://www.academia.edu/1491044/The_Interactive_Documentary_Definition_Proposal_and_Basic_Features_of_the_New_Emerging_Genre adresinden alındı

Corner, J. (2000). Documentary in a Post-Documentary Culture. A note on Forms and their Functions. Webpublikation: http://www. lboro. ac. uk/research/changing. media/index. html adresinden alındı

Çelik, H. (2020). Cam Tavan Algısının Farklı Kuşaklar Açısından Değerlendirilmesi: X, Y ve Z Kuşakları İle Bir Çalışma. Yayımlanmış Yüksek Lisan Tezi. İstanbul, Türkiye: Bahçeşehir Üniversitesi/ Sosyal Bilimler Enstitüsü.

Çetin, M., & Özgiden, H. (2013). Dijital Kültür Sürecinde Dijital Yerliler Ve Dijital Göçmenlerin Twitter Kullanım Davranışları Üzerine Bir Araştırma. Gümüşhane Üniversitesi İletişim Fakültesi Elektronik Dergisi, 2(1), 172-189. https://dergipark.org.tr/tr/download/article-file/83877 adresinden alındı

Ertaylan, A. (2018). İletişim Teknolojilerinin Sinema Alanına Yansıması: Sinemanın Dijitalleşmesinde Sinema Öğrencilerinin Tepki ve Beklentileri.

Akdeniz Üniversitesi İletişim Fakültesi Dergisi, 30, 51-74. doi:10.31123/akil.460797

Howe, N., & Strauss, W. (1992). The New Generation Gap. The Atlantic Monthly, 270 (6),67-89. https://www.theatlantic.com/past/docs/issues/92dec/9212genx.htm adresinden alındı

Karasar, N. (2019). Bilimsel Araştırma Yöntemi,Kavramlar İlkeler Teknikler (34 b.). Ankara: Nobel Yayınevi.

Kowske, B. J., Rasch, R., & Wiley, J. (2010). Millennials' (Lack of) Attitude Problem: An Empirical Examination of Generational Effects on Work Attitudes. Journal of Business Psychology(25), 265-279. doi:10.1007/s10869-010-9171-8

Kuruoğlu, H., & Akçora, E. (2017). BEYAZ PERDEDEN DİJİTAL ORTAMA BELGESEL FİLMİN SERÜVENİ. H. Kuruoğlu, & A. F. Parsa içinde, Belgesel Filmde Zamanın Ruhu: Belgesel Filmde Değişen Anlam ve Anlatım (s. 7-30). Ankara: Detay Yayıncılık.

Kuruoğlu, H., & Akçora, E. (2017). Dijital Ortamdaki Belgesel Filmde Yeni Anlatım Biçimleri. 1. Uluslararası İletişimde Yeni Yönelimler Konferansı (s. 510-522).İstanbul: İstanbul Ticaret Üniversitesi. http://acikerisim.ticaret.edu.tr/xmlui/handle/11467/1645 adresinden alındı

Latif, H., & Serbest, S. (2014). Türkiye'de 2000 Kuşağı ve 2000 Kuşağının İş ve Çalışma Anlayışı. Gençlik Araştırmaları Dergisi, 2(4), 134-163.

Maden, A. (2019). Dijital Yeterlilikler Bağlamında "Dijital Çağda İletişim" Adlı Eser Üzerine Bir İnceleme. Kuram ve Uygulamada Sosyal Bilimler Dergisi, 3(2),118-122. https://dergipark.org.tr/tr/pub/kusob/issue/51360/652816 adresinden alındı

Mannheim, K. (1970). The Problem of Generations. Psychoanalytic Review, 57(3), 378-404.

Manovich, L. (1995). What Is Digital Cinema? manovich.net: http://manovich.net/content/04-projects/009-what-is-digital-cinema/07_article_1995.pdf adresinden alındı

Medin, B. (2017). Değişen Sinema Seyir Kültürünü Sözlü, Yazılı Ve Elektronik Kültür Bağlamında Anlamak. Selçuk İletişim, 10(1), 357-386. doi:10.18094/josc.306696

Medin, B. (2018). Dijital Kültür, Dijital Yerliler ve Günümüzdeki Yeni Film Seyir Deneyimleri. Erciyes İletişim Dergisi, 5(3), 142-158. doi:10.17680/erciyesakademia.345705

NFB (2020). 12 Ocak 2021 tarihinde https://www.experienceparliament.ca/web/#/chapters/peace-tower/about adresinden edinilmiştir.

Ocak, E. (2017). Gezi Direnişi'nin belgeselleri eyleyenleriyle ve tanıklarıyla birlikte nasıl yapılabilir? Veritabanı belgeseli: Etkileşimli, katılımcı, birlikte üretime dayalı yeni medya belgeseli'. Toplum ve Bilim 142, 105-132.

Özen, Y., & Gül, A. (2007). Sosyal VE Eğitim Bilimleri Araştırmalarında Evren-Örneklem Sorunu. Atatürk Üniversitesi Kazım Karabekir Eğitim Fakültesi Dergisi, 0(15), 394-422. https://dergipark.org.tr/tr/pub/ataunikkefd/issue/2776/37227 adresinden alındı

Parliament (2020). https://www.nfb.ca/interactive/parliament/

Prensky, M. (2001). Digital Natives, Digital Immigrants. On the Horizon (MCB University Press), 9(5), 1-6. Digital Natives, Digital Immigrants - Marc Prensky adresinden alındı

Prensky, M. (2009). H. sapiens digital: From digital immigrants and digital natives to digital wisdom. Innovate: journal of online education, 5(3). https://nsuworks.nova.edu/cgi/viewcontent.cgi?article=1020&context=innovate adresinden alındı

Salman, S. (2020). Belgesel türünde katılımcı biçem: inside the world's toughest prisons programı örneği.

Şeberoğlu, A. (2020). Yeni Medya Ve Etkileşimli Yeni Sinema. Yeni Medya, 2020(8), 77-85. https://dergipark.org.tr/en/pub/yenimedya/issue/56548 / 766407 adresinden alındı

Tağ Kalafatoğlu, Ş. (2019). Dijital Etkileşim Teknolojilerinin Belgesel Filmlerde Oluşturduğu Dönüşümler: Etkileşimli Belgeseller. Erasmus Eğitim ve Sosyal Bilimlerde Uluslararası Akademik Çalışmalar (s. 179-202). İzmir: Asos Yayınevi.

Taş Öz, P. (2012). Pelikülden Dijitale Sinemada Seyir Kültürü ve Seyircinin Değişen Konumu. The Turkish Online Journal of Design, Art and Communication, 2, (2), 65-73.

TDK (Türk Dil Kurumu) (2020). Genel Açıklamalı Sözlük. Ankara: TDK Yayınları.

Tombul, I. (2020). Argümantatif Yaklaşımla Dijital Yerliler Ve Dijital Göçmenleri Tartışmak . Ege Üniversitesi İletişim Fakültesi Yeni Düşünceler Hakemli E-Dergisi(14), 134-155. https://dergipark.org.tr/tr/pub/euifydhed/issue/58510/823338 adresinden alındı

Tonta , Y. (2009). DijitalYerliler,SosyalAğlar ve Kütüphanelerin Geleceği. Türk Kütüphaneciliği, 23(4(2009)), 742-768. http://www.tk.org.tr/index.php/TK/article/view/534/527 adresinden alındı

Tuğran , F. E., & Tuğran, H. (2016). Pelikülden Dijitale: Sinema'daki Değişimler. Manas Sosyal Araştırmalar Dergisi, 5(4), 193-206. https://dergipark.org.tr/en/pub/mjss/issue/40507/485480 adresinden alındı

Yıldırım, A., & Şimşek, H. (2018). Sosyal Bilimlerde Araştırma Yöntemleri. Ankara: Seçkin Yayıncılık.

YENİ MEDYA HALKLA İLİŞKİLERDE FIRSAT MI, TEHDİT Mİ?

*Pınar GÜNER KOÇAK**

Giriş

Küreselleşmeyle birlikte yeni iletişim teknolojileri hızla gelişmiş ve beraberinde "Yeni Dünya" düzeni olarak adlandırılan McLuhan'ın "Küresel Köyü"ne evrilmiştir. Paydaşlar arasındaki sınırlar ortadan kalkmış ve zaman-mekan algısı farklı bir boyuta taşınmıştır. Yeni medya ile özellikle her birey bireysel düşünce, fikir, deneyim, öneri ve hatta eleştirilerini özgürce paylaşabilecek bir duruma gelmiştir.

Yeni medya ile birlikte, Toffler'ın "üçüncü dalgası", McLuhan'ın "araç mesajdır" mottosu, Pierre Levy'nin "siber kültürü", Habermas'ın "kamusal alanın yapısal dönüşümü", Katz'ın "kullanımlar ve doyumlar" yaklaşımı, Rogers'ın "karşılıklı etkileşim", "kitlesizleştirme" ve "asenkron olabilme-eşzamansızlık" olarak belirttiği ve internet teknolojileri ile evrilen bu yeni düzen insanların gündelik hayatlarını, düşünme şekillerini, iletişim tarzlarını, iş yapış biçimlerini genel olarak tüm yaşantıyı etkisi altına almıştır.

Yeni medya ifadesi geleneksel medyadan farklı olarak dijital kodlama sisteminde temellenen eş zamanlı, yoğun, yüksek hızda ve multimedya ortamlarına dayanan bir iletişim süreci ve araçlarını tanımlamak için kullanılmaktadır (Dondurucu, 2016:186). Yeni medya birçok kavramı kapsamaktadır. Bu çerçevede; bilgisayar, bilgisayar ağları, bilgisayar bağlantılı iletişim, internet, web 2.0,

---

* Öğr. Gör. Dr. Nevşehir Hacı Bektaş Veli Üniversitesi Gülşehir Meslek Yüksekokulu, pinarguner6@hotmail.com, orcid.org/0000-0002-1715-460X

web 3.0, çevrimiçi habercilik, çevrimiçi sohbet, laflama odaları, wiki, e-ticaret, e-imza vb. kavram kapsamındadır. Ayrıca; dijital medya, dijital oyun, dijital kültür, dijital imgeleme, avatar, siber uzam, sanal uzam ve sanal gerçek gibi birçok kavramın da yeni medya içerisinde olduğu belirtilmektedir (Binark ve Löker, 2011:9).

Yeni medyanın en temel özelliği, hem bilgi işlemi hem de haberleşmeyi sağlamasının yanında bilginin hızlı bir şekilde aktarılıp, milyonlarca insan tarafından kolayca ulaşılmasını sağlamasıdır. Yeni medya farklı ortamlar oluşturduğu gibi bilgisayar ve internet ile yaşanılan teknolojik gelişmeler, toplumda da değişiklikler yaşanmasını sağlamaktadır. Artık bireyler, dijital dünyada birbirleriyle iletişim ve etkileşim sürdürmekte ve bilgiye çok hızlı bir şekilde ulaşmaktadır (Dalkıran, 2016:4).

Yeni medya ile iletişim ve etkileşim alanındaki sınırların ortadan kalkmasının yanında iş yapış şekilleri değişmiş, sağlık hizmetlerinden, bankacılık hizmetlerine, eğitimden, ticarete, devletle ile ilgili işlemlerden, politikaya, eğlenceye yani insanların gündelik hayatlarını devam ettirebilecekleri tüm alanlarda yeni medya teknolojileri bireylerin hayatlarını önemli derecede kolaylaştırmıştır.

Yeni medya teknolojileri ile birlikte halkla ilişkiler alanında da önemli değişiklikler olmuştur. Halkla ilişkiler uzmanları doğru yeni medya araçları ve doğru mesajlarla hem varolan hem de potansiyel kitlelere kolayca ulaşabilmekte, hedef kitlelerine kendi ürün/hizmetlerini, kültür ve kimliğini vb. değerlerini geleneksel medyaya göre çok daha samimi ve hızlı bir şekilde ulaştırabilmektedir. Diğer taraftan kurum hakkında çıkan herhangi bir haberin ve/veya dedikodunun hızla yayılma potansiyelinin olması, kurumun sosyal medyada gerçekleştirdiği bir etkinliğin kitlelerce yanlış anlaşılması vb. durumlar ise yeni medyanın bu sağladığı iletişim gücü ve hızın bir anlamda kurumun aleyhine çalışmasını beraberinde getirmektedir (Tokatlı, 2016:884).

Yeni medyanın sağladığı en büyük imkanlardan olan bireylerin görüşlerini özgürce ve demokratik bir şekilde kurum ve işletmelere iletmeleri, halkla ilişkiler açısından hedeflenen hatta "mükemmellik" sıfatıyla anılan iki yönlü simetrik iletişimin uygulanabilirliğini sağlamış, ancak beraberinde bir takım sorunları getirmiştir. Bireylerin özel alanları ortadan kalkmaya başlamış ve algı yönetimi, manipülasyon, spin, veri dumanı vb. gibi olumsuz yönlendiriciler asıllı ve asılsız milyonlarca enformasyon içerisinde bireyleri yalnız bırakmıştır. Bu durum halkla ilişkiler için büyük bir tehdit oluşturmuştur. Bu çalışma kapsamında öncelikle yeni medyanın halkla ilişkilere sağladığı katkılar ele alınacak, ardından yeni medyanın örgütlerin imajları, itibarları hatta yürütülen halkla ilişkiler faaliyetleri açısından nasıl bir tehdit oluşturabileceği tartışılacaktır.

1. Yeni Medyanın Halkla İlişkilere Katkıları

Yeni medyanın zaman ve mekan sınırını ortadan kaldırması ile iletişim ve etkileşim kolaylaşmış ve bu durum gündelik yaşayış biçimlerinden iş yapış biçimlerine kadar her şeyi değiştirmiş ve kolaylaştırmıştır. Bu noktada yeni medyayı geleneksel medyadan ayıran bir takım özellikler bulunmaktadır. Bunlar; dijitallik (dijital kod), etkileşimsellik, hipermetinsellik, yayılım, sanallık, multi medya biçimselliği, kullanıcıların içerik üretme imkanı gibi özelliklerdir. Geleneksel kodların yerini dijital kodlara bırakması, gönderici ve alıcı arasındaki çok yönlü iletişim ve etkileşim, okuyucuların yönlendirdikleri ve belirledikleri metinsel akışlar, siber ortamda kopyalama ve yapıştırmanın kolaylığı ve farklı mecralarda rahatça paylaşım yapılabilmesi, yer ve zaman sınırlaması olmadan erişimin mümkün olması, farklı iletişim boyutlarının (ses, görüntü, veri vb.) aynı anda kullanılabilmesi, alıcılarında birer içerik üreticisi özgürlüğüne sahip olmaları bu özellikleri daha anlaşılır kılmaktadır (Aydoğan Kılıç, 2019:54-60).

Halkla ilişkiler alanında geleneksel medya döneminde halkla ilişkiler uzmanlarının gazetecilerle iyi ilişkiler kurmaları, basın bültenleri hazırlamaları ve bunu yayınlamaları için gazete, radyo ve televizyonda çalışan gazeteci ve iletişimcilerle sürekli temas halinde bulunmaları, kurumun olumlu haberleri yapılacaksa basın gezileri düzenlemeleri, kurum hakkında çıkan olumlu ve olumsuz bütün haber kupürlerini toplamaları gerekmekteydi.

Yeni medyanın halkla ilişkiler ve geleneksel medya arasına çektiği en önemli set, halkla ilişkiler uzmanları ya da ajanslara "artık medyaya ihtiyacımız var mı?" sorusunu sordurtmaya olanak sağlamış olmasıdır (Tokatlı, 2016:883).

Yeni medyanın geleneksel medyaya göre, kolay ulaşılabilir olması, zaman sınırlamasının olmaması, hem hedef kitle açısından hem de kurum açısından maliyetlerinin daha az olması, anlık müdahale imkanının olması, bilgilerin arşivlenebilir olması ve istenildiği zaman erişiminin bulunması sağladığı önemli avantajlardandır.

Günümüzde halkla ilişkiler, geleneksel medyada olduğu gibi medya mensuplarıyla iletişim kurmanın ötesine geçerek, dijital basın materyalleri hazırlanarak kurumsal web sayfalarında, e-posta dağıtım yoluyla, kurumların sosyal medya hesapları aracılığıyla (Facebook, Twitter, Instagram gibi) dijital platformlarda binlerce, milyonlarca kişiye aynı anda aktarılmasını sağlayabilecek etkili bir uygulama haline gelmiştir. Böylece daha çok hedef kitleye ulaşabilmek söz konusu olmuş, ayrıca hedef kitlenin görüşlerini ve kanaatlerini de doğrudan öğrenebilme fırsatı ortaya çıkmıştır. Ayrıca kurum kendisini hedef kitlesine herhangi bir aracı olmadan doğrudan anlatabilme fırsatına sahip olmuştur.

Bu bağlamda yeni medyanın hakla ilişkiler için sağlayacağı avantajlar mükemmellik yaklaşımı, iki yönlü simetrik iletişim ve zamansız ve mekânsız iletişim kapsamında ele alınacaktır.

1.1. Halkla İlişkilerde Mükemmellik Yaklaşımı

Halkla ilişkilerde mükemmellik yaklaşımı J. E. Grunig ve arkadaşlarının (Larissa A. Grunig, David M. Dozier, William P. Ehling, Fred C. Repper, Jody Buffington, K. Sriramesh ve Jon White) halkla ilişkilerde en iyi ve mükemmel olan halkla ilişkiler yöntemlerini araştırmak üzere oluşturdukları bir projeden ortaya çıkmıştır. Grunig ve ekip arkadaşları "mükemmelliği", örgütsel etkinlikle ilişkilendirilen bir halkla ilişkiler işlevinin bir dizi özelliği olarak ele almışlar ve mükemmelliği "stratejik seçmenlerle kaliteli, uzun süreli ilişkiler kurmaya" yardımcı olan bir takım özellikler ve uygulamalar olarak tanımlamışlardır (Grunig ve Grunig, 2008:328).

Halkla ilişkilerde mükemmellik yaklaşımı ile, halkla ilişkilerin örgütsel karar vermedeki rolü, simetrik modeli, halkla ilişkilerin uygulamalarının ölçülmesi ve örgütlerin yapısının ve çevresinin halkla ilişkiler davranışını nasıl şekillendirdiğini ortaya koyma amacı takip edilmektedir (Grunig ve Grunig, 2008:327). Yeni medyanın sağladığı avantajlar değerlendirildiğinde örgütsel kararlar verilirken rakip stratejilerini takip edebilmek, hedef kitlenin istek, beklenti ve taleplerini birinci ağızdan öğrenebilmek, sosyal medya aracılığıyla memnuniyet analizi yapabilmek, uygulamaların hedef kitle tarafından anlaşılıp anlaşılmadığını tespit edebilmek mümkün hale gelmiştir. Bu bağlamda mükemmellik teorisinin amaçlarını yeni medya ile gerçekleştirmek kolaylaşmıştır.

Mükemmel halkla ilişkiler yaklaşımına göre halkla ilişkiler departmanlarının sahip olması gereken özellikler; insan kaynakları, organik yapı, girişimcilik, simetrik iletişim sistemleri, liderlik, güçlü-katılımcı kültürler, stratejik planlama, sosyal sorumluluk, kadınlara ve azınlıklara destek, kalitenin önceliği, etkin operasyon sistemleri ve işbirlikçi bir toplumsal kültürdür (Grunig, 2005:26-27). Halkla ilişkilerde mükemmellik için, halkla ilişkilerin simetrik, idealist-eleştirel ve yönetsel bir alan olarak görülmesi gerekmektedir (Grunig ve White, 2005:43). Çift yönlü simetrik model, halkla ilişkiler uygulamasının en mükemmel biçimini betimlemekte ve yapılan araştırmalarda örgütlerin etkinliğine en fazla katkıyı sağlamaktadır (Grunig ve Grunig, 2005:314).

Mükemmellik yaklaşımında en ideal yöntemin iki yönlü simetrik model olması ve bunun uygulamaya geçirilmesi ancak yeni medyanın sunduğu imkanlarla mümkün olabilmiştir. Yurdakul'un belirttiği gibi yeni medya halkla ilişkilerin temel hedefi olan çift yönlü iletişimi hızlandırıp geliştirmiş ve böylece kurumların hedef kitleleri ile gerçekleştirecekleri iletişim etkinliklerinde büyük bir değişim meydana gelmiştir (2006:192-194). Yeni medya aracılığıyla halkla ilişkiler uygulamalarının amaçları da değişmiştir. Böylece, kurumun hedef kitleye kendini anlatması, stratejik yönetim sürecine destek verilmesi, içsel ve dışsal iletişimi etkin kılacak stratejilerin belirlenip uygulanması, müşteri sadakatinin oluşturulması, kriz yönetiminin aktifleştirilmesi, reaktif iletişim biçiminin yaygınlaştırılması, hedef kitlenin istek, beklenti ve ihtiyaçları dikkate alınarak sürekli daha iyi ve mükemmel olan ürün ve hizmetlerin yaratılması süreci (Yurdakul, 2006:198) söz konusu olmuştur. Buradan yeni medya ile mükemmel halkla ilişkiler faaliyetlerinin birbirini tamamladığı sonucuna ulaşmak mümkündür.

Mükemmel halkla ilişkilerde kurum kültürü ve kurumsal yapının da oldukça önemli olduğunu belirtmek gerekir. Vural ve Bat'ın belirttiği gibi kurum kültürü, kurumun değerleri inançları, varsayımları, felsefesi, misyonu, ahlakı, ilkeleri, rehberi, tarihsel art alanı, kurumsal uyruğu ve alt kültürlerinden oluşmaktadır. Kurum kültürü, "biz bu işi burada nasıl yapıyoruz" ifadesinin altını çizen varsayımlar ve değerler bütününü ifade etmektedir (2013:80). Yeni medya ile kurumun kültürünün, değerlerinin, inançlarının varsayımların, kurumsal yapı ve işleyişin aktarılması hem daha kolay ve hızlı bir iletişim süreciyle olmakta hem de emek ve maliyetten kar elde edilebilmektedir (Vural ve Bat, 2013:189). Böylece yeni medya, mükemmel halkla ilişkilerin vurguladığı stratejik iletişim hususunda kurum ve hedef kitle arasında önemli bir köprü görevi üstlenmektedir.

Yeni medya içerisinde yer alan sosyal medya ortamları ile kurumlar, doğru stratejiyi kullandıkları takdirde kültürlerini, imajlarını ve kimliklerini hedef kitlelerine hızla yayabilme, markalarını anlatabilme ve hatta medya ile ilişkilerini yürütebilme imkânlarına sahip olmaktadır. Bu ortamlarda, kolaylıkla geri bildirim alınmakta ve alınan geri bildirim sayesinde yeni stratejiler hızla oluşturulabilmektedir. Her kurumun kendi sosyal medya ortamlarını oluşturması ve anlamlı içerik üretmesi, hedef kitle ile samimi bir iletişim kurabilmesi açısından önemlidir (Özgen, 2015:194). Ayrıca kurumsal itibarın oluşturulup sürdürülmesi adına da kurumların bu mecralarda olması bir zorunluluk haline gelmiştir. Çünkü kurumlar için itibarın yönetilmesi, ileride karşılaşılabilecek zararların önlenmesi adına su götürmez bir gerçeklik haline gelmiştir (Altincik, 2018:412).

Mükemmel halkla ilişkilerde uygulamaların ölçülmesi, örgüt yapısının ve çevresinin halkla ilişkiler davranışı üzerindeki etkilerini tespit etmenin en kolay ve hızlı yolu yeni medya teknolojilerini düzenli ve aktif kullanmaktan geçmektedir. Halkla ilişkilerde yürütülen faaliyetlerin, hedef kitlede oluşturduğu izlenimin anlaşılması, hedef kitle tarafından doğru anlaşılıp anlaşılmadığının kontrol edilmesi, örgüt çalışanları ile bürokrasiye takılmadan düzenli bilgi akışının sağlanması, rakiplerin strateji ve uygulamalarının kontrol edilmesi ve onlara karşı stratejiler geliştirilmesi, bu süreçlerin hızlı ve reaktif bir şekilde yürütülmesi ancak yeni medya teknolojilerini takip etmek ve kullanmakla mümkün olmaktadır.

Grunig'lerin belirttiği gibi halkla ilişkiler bir bütün olarak oluşturulan bir stratejik yönetim sürecidir. Stratejik halkla ilişkiler, sorunları, kamuları ve gündemleri ortaya koyduktan sonra iletişim programları için hedefler belirler, bu hedefleri kullanarak iletişim programlarını planlar ve bu programın etkilerini yani hedeflere ulaşıp ulaşamadıklarını ve bu yolla örgütsel etkinliğe katkı da bulunup bulunmadığını değerlendirir (2005:24). Bu süreç, sürekli olarak desteklenen alt aşamalardan oluşmakta ve içerisinde birden çok taktiği içeren stratejiler bulunmaktadır. Farklı taktikler, farklı medya ortamları ve farklı yaratıcı stratejilerle donatılan halkla ilişkiler kampanyaları, hem işletme içi hem de işletme dışı halkla ilişkiler amacıyla planlanmaktadır (Alikılıç, 2011:141). Bu noktada yeni medya da kullanılacak stratejiler doğru hedef kitlelere ulaşmada kilit görevi görmektedir. Böylece yeni medya aracılığıyla gönderilen mesajların hedef kitle tarafından anlaşılıp anlaşılmadığının da değerlendirilmesi mümkün olmakta ve faaliyetlerin başarıya ulaşmasına önemli katkılar sunmaktadır.

Mükemmel halkla ilişkiler faaliyetlerinin yeni medya aracılığıyla gerçekleştirilmesinde Yurdakul'un özellikle vurguladığı bazı temel kavramlar bulunmaktadır. Bunlar; çevirim içi izleyici istatistikleri, arama motorunu en iyi şekilde kullanma, çevirim içi medya ilişkileri, çevirim içi kriz iletişimi, sayısal halkla ilişkiler araçlarıdır (2006:209-213). Yurdakul'un belirttiği bu kavramlar halkla ilişkilerde stratejik yönetimin gerçekleştirilmesi ve sürdürülebilmesi için halkla ilişkiler uygulayıcılarının kullanmaları gereken temel faaliyetlerdir.

Ayrıca mükemmel halkla ilişkilerde eylemci gruplara yönelik faaliyetlerde söz konusudur. Bu kapsamda Grunig, eylem gruplarının örgütler için tehdit oluşturabileceklerini ancak bu durumun halkla ilişkiler faaliyetleri açısından bir fırsat olarak değerlendirilebileceğini belirtmektedir. Eylemci grup içerisinde yer alan ilgili kamularının algılarını öğrenmek ve çeşitli iletişim kanalları aracılığıyla onlara ulaşmanın yollarının bulunması gerekmektedir (2005:529). Önder'in belirttiği gibi, günümüzde bunu yapmak halkla ilişkiler uygulayıcıları için daha da kolaylaşmıştır. Sosyal medya, herhangi bir konu, olay karşısında gelişen toplumsal tepkileri, eğilimleri ve kolektif hareketleri çok kısa sürede yansıtmaktadır. Başlatılan herhangi bir imza kampanyası, belli bir sürecin gündemi, bir uygulama, yeni başlayan bir akım, yardım kampanyası, günün en çok konuşulan fotoğrafı gibi konulara sosyal medya üzerinden rahatlıkla hâkim olunmaktadır. Twitter'da trend topic, hashtag (#) sembolleri kullanılarak ana gündem maddesini belirlemek, duyurmak ve bu gündem üzerinden bireyleri harekete geçirmek mümkün olmaktadır (2016:31-32). Ancak bu noktada sosyal ağlarda ve interaktif medyada görevlendirilecek, işin uzmanı olan halkla ilişkiler uygulayıcılarının üstlendiği rolün altını çizmekte fayda bulunmaktadır.

1.2. Halkla İlişkilerde İki Yönlü İletişim

Halkla ilişkilerde iki yönlü iletişim Grunig ve Hunt'un (1984) halkla ilişkiler uygulamalarını sınıflandırırken en ideal olan halkla ilişkiler modeli olarak adlandırdıkları iki yönlü simetrik modele denk düşmektedir. İki yönlü simetrik modelin önermesi kurum ve hedef kitle arasında ortak zeminin yakalanması için diyolog temelli uygulamalardan yararlanılması, yönetimin hedef kitleden alınan geribildirimden etkilenmesi ve uygulayacağı halkla ilişkiler politikalarına buna göre yön vermesini içermektedir (Peltekoğlu, 2016:131). Okay ve Okay'ın belirttiği gibi, iki yönlü simetrik model, hedef kitlenin görüşlerini değerlendirmesi ve kuruluşun sosyal sorumluluğunu uygulaması açısından 21. yüzyılın çağdaş halkla ilişkiler anlayışını ortaya koymaktadır (2014:208).

İki yönlü simetrik model, iletişimin öneminin anlaşıldığı, hedef kitlenin varlığının ve geribildiriminin önem kazandığı bir halkla ilişkiler modelidir. Hedef kitle ile kurum arasında çift yönlü bir ilişki bulunmaktadır. Hedef kitleden alınan geribildirimler kurumun, üretimin ve hizmetin değişimine neden olmaktadır. Dolayısıyla hedef kitle belirlenen ya da ikna edilen olmanın dışında aynı zamanda aktif özneler olarak dinlenen ve fikirleri kale alınan konumdadır (Bekman ve Soncu, 2020:196).

Halkla ilişkilerde bu ideal modelin uygulanabilmesi yani hedef kitle ile iki yönlü iletişimin sağlanabilmesi yeni medya teknolojileri ile mümkün olmuştur. Hedef kitlenin kişi, kurum, kuruluş, ürün hizmet vb. hakkında görüşlerini özgürce ifade edebilmesi ve hatta bu noktada bir kamuoyu oluşturması, kurumlarında buna göre bir cevap oluşturmasını ve kendini savunmasını sağlamıştır.

Yeni medya izleyicileri fiili olarak koltuklarından kaldırmasa bile, çevirimiçi ortamlarda etkileşim sağlayarak sürece dahil eden bir etkiye sahiptir. Dolayısıyla bu özelliği ile halkla ilişkiler uzmanlarının en çok ilgilenmesi ve strateji geliştirmesi gereken alanlardan bir tanesidir (Baban, 2016:295). Yeni medya ile birlikte paydaşlar daha önce sahip olmadıkları kadar büyük bir güç kazanmışlardır. Paydaşlar sanal ortamda sadece kurumla değil, aynı zamanda birbirleriyle de ürünleri ve servisleri konusunda yaşadıkları olumlu ya da olumsuz deneyimleri paylaşabilmektedirler. Zaman zaman kurumların kontrolü dışında gelişen bu diyaloglar kurumları olumsuz yönde etkileyebilmektedir. Kurumlar geliştirecekleri yeni stratejilerle kurumsal paydaş gücüyle yüzleşebilir ve hayatta kalabilmek için doğru yaklaşımlarla, gelecekteki kurumsal itibarlarını sürdürebilmektedir (Güçdemir, 2015:95-96). Bu noktada güçlenen sadece hedef kitle değil aynı zamanda hedef kitleyi izleme fırsatına sahip olan, beklentilerini, eğilimlerini görebilen kurum ve işletmelerdir. Çünkü akıllı telefonlar ile birlikte 7/24 izlenebilen kullanıcıların geçtiği sokaklar, gittiği mekanlar, maaşlarını aldığı tarihler, sevdiği müzikler, tatile gittiği ya da gitmeyi düşündüğü yerler, oteller, internet sitesinde bilinçli ya da yanlışlıkla tıkladığı her şey bir veri olarak toplanarak kurum ve markalar için yeni stratejilere ışık tutmaktadır. İletişimin sürekli olduğu bu yoğun veri akışında, doğru stratejiyi çizmek ve hedef kitleye gerçek anlamda dokunmak da simetrik iletişimi dijital platformlara en iyi şekilde uygulayan kuruluşlara kazanç sağlamaktadır (Baban, 2016:294). Bu noktada kurumların halkla ilişkiler faaliyetlerinde yeni medyayı kullanması, hedef kitlenin görüşlerini öğrenmesi, beklenti ve isteklerini takip etmesi, rakip stratejilerini izlemesi ve anında karşılık vermesi bir zorunluluk haline gelmiştir.

İki yönlü iletişimi sağlamak için yeni medyayı aktif bir şekilde kullanan kurumlar, imaj ve itibar çalışmasında çok daha çabuk hedefine ulaşabilmekte ve çalışan ve müşteri sadakatini sağlayabilmektedir (Baban, 2016:288-289). Hedef kitlenin görüşlerinin önemsendiğini ve stratejilerin bu doğrultuda yönlendirildiğini gösteren kurumlar ile hedef kitleleri arasında bir bağ oluşturulabilmektedir. Dikkate alındığını hisseden hedef kitlenin kuruma, ürüne ya da kişilere ilişkin tutum ve davranışları olumlu olmaktadır.

Halkla ilişkiler açısından çift yönlü iletişim kurmanın yanı sıra, etkileşimli aktiviteler yaratmak ve yönetmek açısından da büyük önem taşımaktadır. Kurumlar yeni medya aracılığıyla, bazı olay ve konulara dikkat çekmekte, kriz yönetmekte, medyaya veri sağlamakta, iletilerin kurumun paydaşları tarafından desteklenip, paylaşılması ve etiketlenmesi ile çok geniş bir ağa yayılmasını sağlamaktadır (Baban, 2016:299). Böylece kurumla ilgili oluşabilecek olumsuz algılara, yanlış anlaşılmalara ve krizlere daha hızlı müdahale etme fırsatı ortaya çıkmakta, kurumun bilinirliliği arttırılabilmekte, paydaşlar ve kurum arasında güven inşaa edilebilmektedir.

İnternette zaman ve mekan gözetmeksizin kendiliğinden oluşan ağlar yani yeni medya mecraları, halkla ilişkilerin kamuoyu oluşturma, güven, onay, ve saygınlık elde etme yöntemlerinin etkin ve ölçülebilir olarak uygulanabildiği iletişim kanalları haline gelmiştir (Ilıcak Aydınalp, 2013:5). Yeni iletişim teknolojileri sayesinde kurumlar ve bireyler kolaylıkla iletişime geçebilmekte, kendilerini tanıtabilmekte ve gerekli bilgileri edinebilmektedirler. Bu noktada, internet en kolay bilgi aktarma yolu olarak gösterilebilmektedir. İnternetin yaygınlığı, kolaylığı ve ucuzluğu halkla ilişkiler için oldukça önemli olan çift yönlü iletişimi maksimum düzeyde gerçekleştirme fırsatı sunmaktadır (Çağlan Birsel, 2019:4715).

Yeni medyanın halkla ilişkiler uygulamalarında bir diğer önemli etkisi de uygulama öncesi ve sonrası yapılan araştırmaların yeni medya araçları aracılığıyla yürütülebilmesidir. Hedef kitlenin kanaatleri, piyasanın yapısı, rakipler, ürünler ve hizmetler, ekonomik, sosyal ve kültürel gelişmeler halkla ilişkiler faaliyetleri açısından oldukça önem taşımaktadır. Yeni medyanın iki yönlü iletişime olanak vermesi sayesinde, hedef kitlelerle ilgili pek çok konuda veri toplanabilmekte, kurumu ilgilendiren konularda kamuoyunun görüşleri öğrenilmekte, hedef kitlenin tutum ve davranışları hakkında bilgi sahibi olunabilmektedir (Budak ve Budak, 2014:302). İki yönlü iletişim sayesinde halkla ilişkiler faaliyetlerinin başarılı olup olmayacağı bu sayede önceden öngörülebilmektedir.

Yeni medya araçları ile hedef kitlesini daha yakından tanıyan, hedef kitlenin beklentilerini, taleplerini hatta rahatsızlıklarını takip edebilen işletmeler stratejilerini de kolaylıkla güncelleyebilmekte ve karşılaşabilecekleri olası krizleri ortaya çıkmadan engelleyebilmektedirler. Ayrıca iç hedef kitle yani çalışanlarla da oluşturulan ilişkilerin yürütülmesi, yönetilmesi ve iletişimin daha profesyonel hale gelmesinde yeni medyanın önemli etkileri bulunmaktadır. Bu noktada kurumsal politikaların belirlenmesinde, yönlendirilmesinde, çalışanlardan alınan geribildirimlerin de oldukça önemli olduğunu belirtmek gerekmektedir. Dindaroğlu ve Peltekoğlu'nun belirttiği gibi geri bildirimler sayesinde diyalog, eşitlik, uzlaşmaya dayalı çatışma çözümü, karşılıklı yarar ve tatmin sağlama prensipleri ortaya çıkmakta ve bu prensipler ise kurumlarda iş birliği ve katılımcı bir kültürü yaratmak konusunda önemli bir işleve sahip olmaktadır (2020:305).

Yeni medyanın sunduğu imkanlar sayesinde hedef kitle ve kurum arasında demokratik bir iletişim söz konusu olmakta ve yeni medyayı yakından takip edip, gerek hedef kitle için gerekse yürütülecek halkla ilişkiler faaliyetleri için stratejiler geliştiren ve kendisini sürekli güncelleyen kurumlar her zaman avantaj sahibi olmaktadır.

1.3. Zamansız ve Mekansız İletişim

McLuhan'ın "küresel köy" ile ifade etmeye çalıştığı, iletişim teknolojilerindeki gelişmelerle birlikte sınırların ortadan kalkması, iletişimin evrenselleşmesi ve tam olarak zamansız ve mekansız bir iletişim söz konusu olmasıdır. Yeni iletişim teknolojilerindeki gelişmeler insanların istedikleri yerde istedikleri kişilere, kurumlara, ürünlere ve hizmetlere zaman ve mekan sınırlaması olmadan erişebilmelerine olanak tanımıştır. Yeni medya ve özellikle sanal ortamlar aracılığıyla bireyler sadece çevrelerinde olup bitenle değil tüm dünyadaki olaylarla "kendi seçtikleri zaman" ve "kendi seçtikleri kaynak" aracılığıyla ulaşma avantajı sağlamışlardır. Bu bağlamda bireyler istedikleri bilgileri istedikleri an edinme olanağı kazanmış ve bilginin bölgesel, siyasal, ekonomik, toplumsal sınırları ortadan kalkmıştır (Özgen, 2010:91).

Yeni medya ile beraber zaman ve mekan sınırının ortadan kalkması kurumların 7/24 erişilebilir hale gelmesini de mümkün kılmıştır. Bu durum kurumların yeni medya uzantılarının sürekli işler halde olmasını ve kurumların bir denetim mekanizması oluşturmasını gerektirmektedir. Bu da halkla ilişkiler çalışanları açısından gece gündüz ekstra mesai demektir. Eskiden yüz yüze medya çalışanı ile kurduğu iletişimi artık blog yazarı ile yapmak durumunda kalan ya da blog yazarına ulaşmak için sosyal medya ajansına ulaşan halkla ilişkiler uygulayıcıları, bu yapay iletişim ortamında daha dikkatli olma gayretine girmektedir (Ilıcak Aydınalp, 2013:6). Halkla ilişkiler uygulayıcıları sadece kurumları ile ilgili yazıların bloglar, online dergiler, gazeteler, sosyal medya mecralarında paylaşılmasını sağlamaya çalışmamakta aynı zamanda kurum hakkında çıkabilecek olumsuz yorumların, oluşabilecek kamuoyunun ve çıkabilecek krizlerinde önüne geçebilmek için yeni medya teknolojilerine 7/24 müdahale edebilir durumda olmak zorundadır. Böylece kurum hakkında çıkabilecek her türlü olumsuz durumlarda "anında" müdahale etme fırsatına sahip olmaktadır.

Yeni medyanın, medya mensupları ve halkla ilişkiler arasındaki iletişime sunduğu en önemli avantaj, karşılıklı kurdukları iletişimin zaman ve mekan kavramından çıkmış olmasıdır. Yeni medyadan önceki dönemde, gazetecilerle ve medya kuruluşlarıyla belirli mesai saati dilimlerinde, yüz yüze ya da telefonla görüşmeler gerçekleştirilmekte, daha resmi bir ortamda mesajlaşma kurulmaktaydı. Bunun bir sonucu olarak halkla ilişkiler uygulayıcıları, genel olarak medya ile arasında istediği iletişimi kurabilmek için randevu talep etmek durumunda kalmakta, yazmış oldukları metinleri yayınlatabilmek için gazetecileri sürekli takip etmek ve onlarla iyi ilişkiler kurmak ve sürdürmek durumundaydı. Ayrıca gazete, dergi veya köşe yazılarında çıkan haberler editöryal süreçlerden geçip halkla ilişkiler uygulayıcısının hazırladığı metinden çok farklı bir hale gelebilmekteydi. Fakat yeni iletişim teknolojilerinin sosyal medya araçlarının kurulmasına olanak tanıması ile artık zaman ve mekan kavramı ortadan kalkmış, daha samimi ilişkiler kurulabilmiş, mesai saati kavramı yerini 7/24 iletişime bırakmıştır (Tokatlı, 2016:885). Yine yeni medya ile birlikte bazı eşik bekçileri ortadan kalmış ve hedef kitleye ulaşılabilirlik kurumlar açısından da artmıştır. Birçok yeni medya mecrasından kurum, kişi, ürün, hizmet hatta olay ya da durum hakkında kurumlardaki birincil şahıslar açıklama yapabilmekte, hedef kitlenin sorunları, soruları, şikâyetleri öncelikli olarak değerlendirilebilmekte ve bu yönde talebi olan hedef kitleye doğrudan yanıt verebilme fırsatı söz konusu olmaktadır. Yeni medya sayesinde halkla ilişkiler, kurum içi çalışanlara, tedarikçilere, bayilere, hammadde üreticilerine vb. tüm paydaşlarla var olan iletişim akışını hızlandırabilmektedir. Yeni medya var olan bu iletişimi hızlandırdığı gibi halkla ilişkiler meslek alanına hareket kabiliyeti kazandırmaktadır (Tokatlı, 2016:883).

Hedef kitlenin ellerindeki cep telefonlarından, tabletlerine, bilgisayarlarına hatta internetle dolayımlanan televizyonlara kadar çeşitli araçlarla kişilere, kurumlara, işletmelere, ürün ve hizmetlere ulaşmaları, iki yönlü iletişim olanaklarına sahip olmaları, kurumlarında aynı şekilde hedef kitleye ulaşmasına imkan vermekte ve kurumlar sadece tek bir mecrada kendini anlatmak, açıklamak, tanıtmak, sorunu çözmek zorunda kalmamaktadır. Bu doğru mesajın doğru kitleye ulaştırılması açısından halkla ilişkiler adına oldukça önemlidir.

2. Yeni Medyanın Halkla İlişkiler Açısından Ortaya Çıkardığı Sorunlar

Yeni medya ile birlikte gündelik yaşantılar sosyal, kültürel ve ekonomik anlamda değişime ve dönüşüme uğramıştır. İnsanlar sokağa çıkmadan online ortamlarda işlerini yürütebilmekte, bankacılık işlemlerini yapabilmekte, eğitimlere katılabilmekte, alışveriş sitelerinden yüzlerce seçenek arasından tercihler yapabilmekte, online kitaplar alıp okuyabilmekte, tüm dünya basınını takip edip, kendi görüş, düşünce, öneri ve itirazlarını online sosyal platformlardan yapabilmekte, sosyalleşebilmekte yani hayatını devam ettirebilecek bütün unsurlara yeni medya teknolojileri sayesinde sahip olabilmektedir. Yeni medyanın sunduğu tüm bu avantajlar bireylerin hayatlarını kolaylaştırdığı gibi beraberinde bir takım sorunları da getirmektedir.

Yeni medyanın doğasından kaynaklanan ve hem bir avantaj hem de zaman zaman dezavantaj haline gelebilen özelliklerden bazıları bu araçlardaki sunucuların ve içeriklerin kontrolünün mümkün olmaması, sunulan bilgilerin serbestliği ve bilgiye rahatlıkla ulaşılabilme imkanıdır. Bilgiler herhangi bir süzgeçten geçmeden doğrudan insanlara ulaşabilmekte, doğru ve yanlış tüm bilgiler aynı potada toplanmakta ve bu bilgilerin doğruluğu kanıtlanmadan insanlar bunları kullanabilmektedir (Okay, 2012:540). Bu durum ortaya bir bilgi kirliliği çıkarmakta, dedikodular, spekülasyonlar ve sansasyonel bilgiler kullanıcıların daha çok dikkatini çekmekte ve kişi, kurum, ürün ya da hizmet hakkında ortaya atılan bu asılsız bilgiler kurumların aniden krize girmesine sebep olmaktadır. Okay'ın belirttiği gibi karşılaşılan en büyük tehlike internette çok hızlı ve kolay bir biçimde yayılan krizler olabilmektedir (Okay, 2012:536).

Yeni medya üzerinden paylaşılan gerçek/gerçek dışı bilgilere zamanında müdahale edilmediği durumlarda, kurumun hedef kitlesi ile arasındaki güven ortamı sarsılmakta ve hedef kitle, kurumun her türlü açıklamasına şüphe ile yaklaşmaktadır. Bu durum kurumun yürüteceği kriz iletişimini de olumsuz etkilemekte ve hedef kitleye yönelik ikna sürecini zora sokmaktadır. Güven ortamının sarsılması kurum imajının zedelenmesi ve dolayısıyla itibarın kaybolması anlamına gelmektedir (Özgen, 2010:100). Halkla ilişkilerin güven temelli bir iletişim biçimi olması ve kurumun hedef kitlesi nezdinde güvenini ve itibarını kaybetmesi, yürütülecek tüm halkla ilişkiler faaliyetlerinin başarısızlıkla sonuçlanmasına neden olacaktır.

Yeni medya ile sadece kurum ve kuruluşlar problemler yaşamamakta aynı zamanda hedef kitleler de ciddi sorunlarla karşı karşıya kalmaktadır. Binark ve Bayraktutan bu sorunların başlıcalarını şu şekilde ifade etmektedir. Bunlar; mahrem alana ilişkin görsel işitsel kayıtların internette forum ve video paylaşım sitelerinde dolaşıma sokulması; sosyal medyada ya da online haber sitelerinde ırkçı, etnik milliyetçi, farklı din ve mezhep aidiyetlerine kızgınlık-küçümseme ve saldırı içeren nefret söylemi üreten ve yayan içeriklerin dolaşımda bulunması; kaynak göstermeden görsel veya yazılı içerik kullanımı; içeriğe ilişkin yanıltıcı etiketleme; internet ortamında bırakılan dijital izlerin kötü niyetle kayıtlanması ve tecimsel amaçlarla kullanılması, kullanıcının yeni medya ortamlarındaki görünümlerinin ve bilgilerinin veri madenciliğinde kullanılması, aşırı ticarileşme ve ticari ikna, telif haklarının ihlali vb. olarak sayılabilmekte ve bunların sayısı arttırılabilmektedir (Binark ve Bayraktutan, 2013:18).

Halkla ilişkiler disiplini açısından bu sorunlar ele alındığında kanıtlanmamış bilginin yayılması, kurum tarafından kullanıcıların olumsuz yorumlarını silinmesi, sahte hesaplar üzerinden kuruma sempati sunan, olumlu mesaj içeriklerini girilmesi gibi davranışlarla karşılaşılabilmektedir (Özgen, 2019:60). Yeni medyanın sınırlı zaman ve hızlı müdahale gerektirmesi ve halkla ilişkiler uygulayıcılarının zaman kazanmak için zaman zaman hedef kitlenin zihnini bulandırması, doğru/yanlışı ayırt edememesini sağlaması, manipüle etmesi ve bunu profesyonel kanallarla ve mesajlarla yapması halkla ilişkilerde etik kaygıları ortaya çıkarmaktadır. Ancak ne yazık ki bu yöntemler halkla ilişkilerde kullanılmaktadır. Bu yöntemlerin kullanılması genel olarak halkla ilişkiler mesleği için bir tehdit oluşturmaktadır. Çünkü halkla ilişkiler mesleği veri dumanı, manipülasyon, spin hatta black pr kavramları ile anılmakta ve halkla ilişkiler mesleğinin itibarı zarar görmektedir. Yeni medya ile birlikte halkla ilişkilerde ortaya çıkabilecek tehditler kapsamında veri dumanı, Mr. Mago etkisi, Manipülasyon ve spin doctor kavramlarının yeni medya ile ilişkisi ele alınacaktır.

2.1. Veri Dumanı ve Mr. Magoo Etkisi

Yeni medyanın halkla ilişkiler için büyük bir güç olduğunu ve halkla ilişkiler faaliyetlerinde başarılı olunması için gerilla stratejilerinin uygulanması gerektiğini belirten Levine, yeni medyayı avantaja çevirirken dikkat edilmesi gereken, halkla ilişkiler faaliyetleri için tehdit oluşturabilecek iki kavramın altını çizmiş ve halkla ilişkiler literatürüne kazandırmıştır. Bu kavramlardan ilki "veri dumanı"dır. Levine veri dumanını aşırı bilgi yüklemesi olarak tanımlamaktadır. Veri dumanının tıpkı normal duman kadar zehirli olduğunu ve zihinleri zehirlediğini belirtmektedir. Veri dumanında televizyon, radyo, yazılı basın ve elektronik ortamdaki bilgiler dev bir veri topu olarak bir araya gelmekte ve toplumun her bir bireyine dakika başı ulaşabilmektedir (2004:74). Her zaman için bu bilgilerin gerçeği yansıtıp yansıtmadığı da belirsizdir. Bu durum veri dumanının daha da zehirli hale gelmesine yani hedef kitlenin bilinçlerinin daha da bulanıklaşmasına sebep olmaktadır.

Levine veri dumanının etkisini şu şekilde açıklamaktadır: bireyler, zamanlarını ve zihinlerini daha fazla iş için kullanması gerekirken gün sona erip beyin kapasitesi aşırı yüklendiğinde ve bedensel olarak yorulduklarında daha yavaş hareket etmeye başlamaktadır. Bu noktada Mr. Magoo etkisi (miyop çizgi film kahramanı) ve veri dumanı birbirine karışmakta artık bireyler hatırlaması gerektikleri şeyleri hatırlayamamakta ya da doğru olduğunu düşündüğü bilgileri aktarmakta veya buna göre hareket etmektedir (2004:75). Bu durum bireylerin hangi mesajı ne kadar aldıkları ve ne oranda doğru hatırladıkları sorunsalını karşımıza çıkarmaktadır.

Levine'nin Mr. Magoo etkisi olarak ifade ettiği kavramda 1960'lı yıllarda Amerika'da televizyonlarda yayınlanan bir çizgi film karakterinin özelliklerini tanımlanmaktadır. Mr. Magoo, sakar, gözleri aşırı miyop bir milyonerdir. Kadınlarla erkekleri, yangın söndürücülerle satıcıları, köpeklerle yeğenini karıştıran bu karakter, aşırı miyop olduğu için gözlerinin önünden geçen görüntüleri az çok seçebilmekte ancak bunları çok sık yanlış yorumlamaktadır. Mr. Magoo etkisi, toplumda görülen, giderek azalan açık seçik düşünme ve yorumlama kapasitesini tanımlamaktadır. Bireyler gün içerisinde binlerce mesaja maruz kalmakta, gün içerisindeki yoğunluk ve zaman baskısı nedeniyle duyduklarının ya da gördüklerinin küçük bir yüzdesini hatırlamakta ve aldığı bilgiyi zihninde tamamıyla yorumlayamamakta, düzenleyememekte, sınıflandıramamakta ve depolayamamaktadır. İletişim araçları çok hızlı olduğu için ve ona uyum sağlamak için düşünmeye daha az, tepki vermeye daha çok zaman harcanmakta ve bu durum yorgun zihinlere kaydedilen bilgi parçasının bireyin hatırladığı ya da hatırlayamadığı kadarını kullanmasına neden olmaktadır (2004:66-67).

Bu durum halkla ilişkiler açısından önemli bir tehdittir. Yeni medya ile ortaya çıkan sayısız bilgi ve bu bilgiler karşısında neyi seçeceğini bilemeyen hedef kitle, kurumun aleyhinde olabilecek enformasyonlara yönelebilmekte, asılsız bilgilere inanabilmekte, daha önce hiç tecrübe etmediği ürün, hizmet ve kurum hakkında ön yargı oluşturabilmekte ve hatta yeni medya uzantılarında (sosyal medya gibi) negatif mesaj ve içerikler yayınlayabilmektedir. Bu veri dumanının içerisinde hedef kitlenin doğru bilgilere ulaşması ve maruz kaldığı yoğun enformasyon içerisinde doğru bilgiyi hatırlayabilmesi için halkla ilişkiler mesajlarının oldukça açık, net, basit ve akılda kalıcı şekilde oluşturulması ve bu mesajların kurumun yeni medya araçlarında sıklıkla tekrar edilmesi gerekmektedir. Böylece zihni bulanıklaşan bir bakıma Mr. Magoo etkisine girmiş hedef kitle bir görselle, bir sesle ya da akılda kalıcı kısa bir mesajla kurumu rahatlıkla hatırlayabilecek ve gerçeği yansıtmayan negatif bilgilere kulak asmayacak ya da kurumla ilgili bilgileri ikinci bir kanaldan değil bizzat kurumu takip ederek öğrenebilecektir.

Halkla ilişkiler uygulayıcılarının rekabet koşulları içerisinde veri dumanından sıyrılabilmek ve hedef kitlelerinin bu veriler arasında neyin gerçek olduğunu algılaması için gösterdikleri çaba, rakipleri için benzer uygulamaları yapmalarına engel olamamaktadır. Rakipleri yıpratmak, kendi kurumunu, ürününü ve hizmetini ön plana çıkarmak için zaman zaman başvurulabilen etik olmayan bu yöntemler halkla ilişkiler mesleğinin yıpranmasına ve manipülasyon, kara propaganda, algı yönetimi gibi uygulamaların mesleğin bir parçası gibi algılanmasına neden olmaktadır. Bu sebeple halkla ilişkiler uygulayıcılarının kendi kurumları için kaçındıkları bu durumu rakipleri adına negatif yönlü kullanmamaları halkla ilişkiler etiği açısından oldukça önemlidir.

2.2. Manipülasyon

Bazen bireyler gerçek ile gerçek olarak sunulan bilgiler arasında kararsız kalabilmektedir. Bu noktada neye inanacağı ve güveneceği konusunda kendi rızası/arzusuyla karar verdiğini düşünen bireyler çoğunlukla manipüle edilmiş olmaktadır. Manipülasyon, yönlendirme, seçme, ekleme ve çıkarma yoluyla bilgileri değiştirmektir. Manipülasyon, bilgileri kendi çıkarı için kullanıp istediği şekilde değiştirerek, hile yaparak (fiyatları), kişi veya kurumun istekleri doğrultusunda davranış ve kanaat oluşturmayı amaçlamaktadır (Özer, 2011:4). Manipülasyon, uzun vadede tutumları değiştirmeyi ve hedef kitlenin istenmeyen inançlarının yerine yenilerini koymayı amaçlayan bir süreçtir (Gültekin, 2020:17).

Schiller, manipülasyonun ancak yarı uyanmış bir kitlenin ortaya çıkması durumunda kullanılabileceğini belirtmektedir (1993:10). Yani gerçekler bireyler tarafından Mr. Magoo gibi belirsiz ve bulanık bir şekilde görüldüğünde ve bireyler kendi rızası ile karar verdiğini düşündüğünde manipülasyon devreye girmektedir. Yeni medya araçları bu noktada manipülasyonu daha da işlevsel hale getirmektedir. Veri dumanı içerisinde zihni bulanıklaşan hedef kitlenin zihninin daha da karışması ve kurumun kendi çıkarları doğrultusunda gerçeklerin çarpıtılması, yer değiştirmesi hatta gerçek olmayan bilgilerin gerçek gibi sunulması yeni medya ile daha hızlı ve kolay olabilmektedir.

Schiller manipülasyon kavramını açıklayabilmek için 5 temel mitin ele alınmasını önermektedir. Bu mitler; bireyselcilik ve kişisel tercih miti, yansızlık miti, değişmeyen insan tabiatı miti, sosyal çatışmanın var olmadığı miti ve medya plüralizmi miti'dir (1993:19-34). Bu noktada yeni medya ile ilişkisi bakımından ele alınabilecek mit, bireyselcilik ve kişisel tercih mitidir. Bireyselcilik ve kişisel tercih mitinde manipülasyon kavramıyla çok tezat olmasına rağmen manipülatörlerin en çok kullandıkları kavram "özgürlüktür". Manipülatörler yaptıkları özgürlük tanımında bireyselliğin önemine değinmektedirler (Özer, 2011:6). Yeni medyanın kullanıcılarına sunmuş olduğu en önemli özelliklerden birisi de özgürlüktür. Bireyler özgürce bilgilere ulaşabilmekte, bir kanaatte bulunmakta, davranış sergilemekte, satın almakta, tercihlerde bulunmakta ya da bulunduğunu düşünmektedir. Bu özgürlük, verilen seçenekler arasında yapılan yani yönlendirilmiş bir özgürlük olarak karşımıza çıkabilmektedir.

Yeni medya ile internette bırakılan bütün dijital izler reklam şirketleri, güvenlik şirketleri, siyasi merkezler vb. tarafından algoritmalarının çıkarılıp kişiye özel reklam ve mesajların oluşturulmasını; sosyal medya da bireyler yakınlarını bulurken aynı zamanda bireylerin yakınlarının başkaları tarafından görülmesi özgürlüğünü; kredi kartlarıyla uzaktan alışveriş imkanı sağlarken harcamaların kurumlar tarafından izlenerek tüketim profilinin başkaları tarafından izlenebilmesini; sosyal medya hesaplarından atılan tweetlerin, paylaşımların, beğenilerin analiz edilerek kişilik haritalarının çıkarılabilmesini sağlayabilmektedir (Gültekin, 2020:122). Yeni medyanın sağlamış olduğu özgürlük bireylerin nereye bakacağını, nasıl düşüneceğini, nasıl karar vereceğini yönlendiren ve manipüle eden bir özgürlük biçimidir. Bu nokta da yeni medya, manipülasyonun ve algıları yönetmenin en kolay araçlarından biri haline gelmektedir.

Halkla ilişkilerde bu noktada özgürlük olarak tanımlanan yönlendirilmiş tercihlerden faydalanmakta ve bireylerin güvenlerini kazanma ve ikna etme yolunda bu faaliyetleri sürdürebilmektedir. Ancak bu noktada bireylerin neyin gerçek neyin doğru olduğu konusunda bir fikri bulunmazken yapılan bu faaliyetler bireyleri savunmasız bırakmaktadır. Gerçek dışı bilgilerle hedef kitlenin –mış gibi algılamasının sağlanması kurumlara kısa vadede fayda sağlasa da uzun vadede güven zedeleyici ve itibar kaybettirici olduğu unutulmamalıdır.

2.3. Spin Doctoring (Hakikat Kurguculuğu)

Yeni medya ile birlikte oluşan bilgi yığının içinde manipülasyonun planlı ve profesyonel bir şekilde yürütülmesini sağlayan iletişim uzmanları bulanmaktadır. Bu kişilerin yürüttüğü işe spin doctoring denilmektedir. Spin doctoring, herhangi bir mesajın iktidar sahiplerinin lehine olacak biçimde kamuoyu nezdinde çarpıtılması, eğri büğrü edilmesidir (Bıçakçı, 2016:120). Bu eğirme yoluyla, liderler, kurumlar, politikalar ve yapılanlar halkın olumlu olarak göreceği imaj-gerçeklere (similasyon) dönüştürülmektedir. Bu sürecin etkin olarak çalışması için olayları yayacak gazetecilerden, halkla ilişkiler uygulayıcılarına, imaj manipülasyonu yapan grafik tasarımcılara kadar birçok kişinin ortak çalışması gerekmektedir (Erdoğan, 2008:36). Gerek yeni medya mecralarına gerekse geleneksel medyaya spini yerleştiren bu medya ve halkla ilişkiler çalışanlarına spin doctor adı verilmektedir. Spin doctor'lar bir olayın olumlu ya da olumsuz yanını, amaca uygun olarak büyütmek ya da küçültmek için bu yöntemi kullanmaktadır. (Bıçakçı, 2016:120). Spin doktorlar özellikle haber yönlendirme uzmanlığına yönelerek manipülasyon sürecini kullanmaktadır (Ustakara ve Aydemir, 2015:78).

Manipülasyonun profesyonel bir şekilde yapılması için kullanılan spin doctoring bireylerin zihnini karıştırıp bulandırarak Mr. Magoo etkisinin ortaya çıkmasına, gerçek olmayan birçok bilgiyi gerçekmiş gibi sunarak ve asıllı asılsız birçok bilginin dolaşıma girmesini sağlayarak bir bakıma da veri dumanının oluşmasına neden olmaktadır. Bu noktada yeni medya araçlarının zamansız ve mekansız bir iletişim sağlaması ve herkesin yeni medyaya rahatlıkla erişebilmesi, spin doctorların işlerini kolaylaştırmaktadır.

Yeni medya teknolojilerinin gelişmesi, artan rekabet koşulları, teknolojik gelişmeler, bilinçli müşteriler, müşteri memnuniyetini sağlama, kurumların rakipler arasında tanınırlığını ve bilinirliğini arttırma çabası spin doctiring'e başvurulmasının temel nedenleri olarak gösterilebilmektedir. Kurumlar spin doctoring ile kendileri için fayda sağlamaya çalışırken bu durum halkla ilişkiler mesleği için birçok etik probleme sebep olmaktadır. Doğruluk, güvenilirlik, anlaşılabilirlik ve etik gibi prensipleri bünyesinde toplayan halkla ilişkiler, başarıyı elde etmek adına her yolu doğru kabul eden spin doctorların etik olmayan faaliyetlerini meşrulaştırmak zorunda kalmaktadır (Özgen ve Bayraktar, 2014:13). Bu durum halkla ilişkiler mesleğinin ve halkla ilişkiler faaliyetlerinin itibarına zarar vermekte aynı zamanda hedef kitlenin doğru bilgiye ulaşmasını engellemektedir.

3. Değerlendirme

Yeni medya teknolojileri kurumlar ve hedef kitlelere bir özgürlük alanı tanımaktadır. Bu özgürlük hedef kitle açısından kuruma ulaşabilme, istek talep ve şikayetlerini iletebilme, diğer kullanıcılarla temasa geçebilme olanağını sunarken; kurumlar açısından da hedef kitleye kendini anlatabilme, hedef kitlenin sorunlarını çözme, beklenti, istek ve şikayetleri değerlendirerek izlenen politikalarda güncellemeler yapabilme yani hareket kabiliyeti kazandırmıştır.

Halkla ilişkiler faaliyetlerinin başarıya ulaşmasındaki önemli engellerden olan tek yönlü iletişim yeni medya teknolojileri sayesinde ortadan kalkmış, karşılıklı anlayış ve işbirliğine dayalı bir iletişim biçimi ortaya çıkmıştır. Ayrıca hedef kitleye ulaşabilmek için zaman, mekan ve medya sınırlaması ortadan kalkmış, krizlere anında müdahale edebilme, sorunları baştan çözebilme gibi fırsatlar ortaya çıkarmıştır.

Yeni medya avantajlarının yanında hem kurumlar hem de hedef kitleler adına bir takım tehditleri de beraberinde getirmiştir. Web 2.0 ve Web 3.0 teknolojileriyle bireylerin kullanıcı geçmişlerinin kayıt altına alınması, kullanıcı ve tüketici profillerinin çıkarılması, veri bankacılığının oluşturulup bu bilgilere birçok kurum ve işletmenin ulaşabilmesi kişisel gizliliği ortadan kaldırmıştır. Bunun yanında kurum, ürün ya da hizmetten memnun olmayan bireyler gerek sosyal medya gerek diğer online mecralarda kamuoyu oluşturarak kurumlar hakkında olumsuz bilgilerin yayılmasını sağlamış ve kurumların kolaylıkla krize girebilmelerinin yolu açılmıştır. Böylelikle kurumlar beklenmedik anlarda çıkabilecek bu krizlerle imaj ve itibar kaybına uğrama riski ile karşı karşıya kalmıştır.

Yeni medyanın sağladığı özgürlük alanından sadece bireyler değil işletmeler ve kurumlar da faydalanabilmiştir. Birbirlerine rakip birçok kurum ve işletme hedef kitlelerin bilgilerine rahatlıkla ulaşabilmekte ve bu durum beraberinde halkla ilişkiler adına etik olmayan yol ve yöntemlere başvurulmasına neden olmaktadır. Gerçek ya da gerçek olmayan birçok bilgi bu mecralarda denetimsiz, serbestçe dolaşabilmekte ve bunu kurumlar çoğu zaman bilinçli olarak yürütmektedir. Hedef kitlenin bilgi ve haber yığınlarıyla zihinleri bulandırılarak neyin doğru neyin yanlış olduğu konusunda kararsız kalmaları sağlanmakta ve hedef kitlenin kurumlar tarafından profesyonelce hazırlanan bilgiler, haberler ve mesajlarla yönlendirilmeleri ve manipüle edilmeleri söz konusu olmaktadır. Bu noktada halkla ilişkilerde manipülasyon ve spin doctoring gibi faaliyetlere başvurulması halkla ilişkiler mesleğinin itibarının zedelenmesine ve hedef kitle nezdinde ciddi bir itibar kaybı yaşanmasına sebep olabilmektedir.

Yeni medyanın halkla ilişkiler için sağlamış olduğu fırsatlar rekabet koşullarında hem rakipleri hem de hedef kitleyi manipüle etme konusunda etik olmayan uygulamaların devreye girmesine ve halkla ilişkiler mesleğinin etik kurallarının dışına çıkılarak tehdit oluşturmasına sebep olmuştur.

Kaynakça

Alikılıç, Özlem Aşman (2011). Halkla İlişkiler 2.0 Sosyal Medyada Yeni Paydaşlar, Yeni Teknikler, Ankara: Efil Yayınevi.

Altincik, Hasan (2018). "İtibar Yönetimi" içinde: Yönetim Genel Esaslar, Ed. Nazım Kartal ve Konur Alp Demir, Ankara: Orion Kitabevi.

Aydoğan Kılıç, Tuğçe (2019). "Halkla İlişkiler Perspektifinden; Yeni Medya Teknolojilerinin Risk Toplumu Kuramı Bağlamında Black Mirror Dizisi Üzerinden İncelenmesi" Yayınlanmamış Yüksek Lisans Tezi, İstanbul: Marmara Üniversitesi, Sosyal Bilimler Enstitüsü.

Baban, Ece (2016). "Dijital Halkla İlişkiler Uygulamalarında Simetrik İletişim" içinde: Halkla İlişkilerde Uzmanlaşma III, Ed. Nihal Paşalı Taşoğlu, Kocaeli: Umuttepe Yayınları, ss. 279-310.

Balta Peltekoğlu, Filiz (2016). Halkla İlişkiler Nedir? (9. Baskı), İstanbul: Beta Yayıncılık.

Berkman, Müge ve Soncu, Ayşegül (2020). "Halkla İlişkiler Modellerinde Yeni İletişim Kanalarının Kullanımı", Ekonomi Maliye İşletme Dergisi, 3(2), ss. 191-203.

Bıçakçı, İlker (2016). Halkla İlişkilerin Kurmaca Dünyası ve Hakikatin Direnişi, Ankara: Ütopya Yayınevi.

Binark, Mutlu ve Löker, Koray (2011). Sivil Toplum Örgütleri İçin Bilişim Rehberi, Ankara: STGM Yayınları.

Binark, Mutlu ve Bayraktutan (2013). Ayın Karanlık Yüzü: Yeni Medya ve Etik, İstanbul: Kalkedon Yayınları.

Budak, Gönül ve Budak, Gülay (2014). İmaj Mühendisliği Vizyonundan Halkla İlişkiler, Ankara: Nobel Yayıncılık.

Çağlan Birsel, Özlem (2019). "Halkla İlişkiler Aracı Olarak Kullanılan Twitter'ın Basın Ajansı/Tanıtım Modeli Bağlamında İncelenmesi" International Social Sciences Studies Journal, 5(43): 4714-4728.

Dalkıran, İrem (2016). "Bir İletişim Aracı Olan Sosyal Medyanın Halkla İlişkiler Ekseninde Türk Markaları Tarafından Kullanımı: Ülker ve Eti Üzerinden Bir İnceleme", İletişim Çalışmaları Dergisi, 2(3), ss. 1-24.

Dindaroğlu, Sezin İlbasmış ve Peltekoğlu, Filiz Balta (2020). "Halkla İlişkilerde Diyalog ve Katılımcı Süreç Araçları" içinde: 4th International Conference on Social Sciences Humanities, Ankara: ISPEC, ss. 305-323.

Dondurucu, Zeynep Benan (2016). "Sivil Toplum Kuruluşlarının Yeni Medyada Halkla İlişkiler Çalışmaları" içinde: Halkla İlişkilerde Uzmanlaşma III, Ed. Nihal Paşalı Taşoğlu, Kocaeli: Umuttepe Yayınları, ss. 171-237.

Erdoğan, İrfan (2008). Teori ve Pratikte Halkla İlişkiler (2. Baskı). Ankara: Erk Yayınları.

Grunig, James (2005). "İletişim, Halkla İlişkiler ve Etkin Örgütler: Kitaba Genel Bir Bakış" içinde: Halkla İlişkiler ve İletişim Yönetiminde Mükemmellik, Ed. James Grunig (Çev.Elif Özsayar), İstanbul: Rota Yayınları, ss. 11-39.

Grunig, James and White, Jon (2005)." Halkla İlişkiler Kuram ve Uygulamasında Dünya Görüşlerinin Etkisi" içinde: Halkla İlişkiler ve İletişim Yönetiminde Mükemmellik, Ed. James Grunig (Çev.Elif Özsayar), İstanbul: Rota Yayınları, ss. 43-78.

Grunig, James and Grunig, Larissa (2005). "Halkla İlişkiler ve İletişim Modelleri" içinde: Halkla İlişkiler ve İletişim Yönetiminde Mükemmellik, Ed. James Grunig (Çev.Elif Özsayar), İstanbul: Rota Yayınları, ss. 307-348.

Grunig, Larissa (2005). "Eylemcilik: Örgütlerin Etkinliğini Nasıl Sınırlıyor ve Mükemmel Halkla İlişkiler Departmanları Nasıl Karşılık Vermeli" içinde: Halkla İlişkiler ve İletişim Yönetiminde Mükemmellik, Ed. James Grunig (Çev.Elif Özsayar), İstanbul: Rota Yayınları, ss. 527-556.

Grunig, James and Grunig, Larissa (2008). "Excellence Theory in Public Relations: Past, Present , and Future" içinde: Public Relations Research Europan and International Perspectives and Innovations , Eds. A. Zerfass, B. V. Ruler ve K. Sriramesh, Wiesbaden: Verlag, ss. 327-347.

Güçdemir, Yeşim (2015). Sanal Ortamda İletişim Bir Halkla İlişkiler Perspektifi, İstanbul: Derin Yayınları.

Gültekin, Mücahit (2020). Algı Yönetimi ve Manipülasyon, Kanmanın ve Kandırmanın Psikolojisi, İstanbul: Pınar Yayınları.

Ilıcak Aydınalp, Ş. Güzin (2013). "Sosyal Medyaya Halkla İlişkiler Perspektifinden Eleştirel Bir Bakış", The Turkish Online Journal of Design, Art and Communication, 3(4), ss. 1-11.

Levine, Michael (2004). Halkla İlişkiler: Bir Gerilla Savaşı (Kablolu Dünyada), İstanbul: Rota Yayınları.

Okay, Ayla (2012). "Halkla İlişkiler ve İnternet", İstanbul Üniversitesi İletişim Fakültesi Dergisi, 2(12), ss. 535-547.

Okay, Ayla ve Okay, Aydemir (2014). Halkla İlişkiler Kavram Strateji ve Uygulamaları (7. Basım). İstanbul: Der Yayınları.

Önder, Hatice Burcu (2016). "Dijital Kültür Ve Dijital Aktivizm Karşisinda Stratejik Halkla İlişkilerin Değişen Durumu", Orta Karadeniz İletişim Çalışmaları Dergisi, 1(1), ss. 29-35.

Özer, Nuri Paşa (2011). "Gazete Haberlerinde Manipülasyon: 28 Şubat Örneği", Yayınlanmamış Yüksek Lisans Tezi, Konya: Selçuk Üniversitesi, Sosyal Bilimler Enstitüsü.

Özgen, Ebru. (2010). "Halkla İlişkiler ve Yeni Meydanın İşaret Ettiği Sorunlar Üzerine Bir Tartışma", Global Media Journal, 1, ss. 81-102.

Özgen, Ebru (2015). "Halkla İlişkiler ve Yeni Medya" içinde: Günümüzde ve Gelecekte Stratejik Halkla İlişkiler Yönetimi, Ed. Saadet Uğurlu, İstanbul: Beta Yayıncılık, ss. 187-203.

Özgen, Ebru (2019). "Yeni Medyada Halkla İlişkiler Etiği Mümkün müdür?", Etkileşim, 2(3), 54-62.

Özgen, Ebru ve Bayraktar, Nurdan (2014). "Spin Doctor Kavramının Tehdidi Altında Halkla İlişkiler", Marmara İletişim Dergisi, 21, ss.1-18.

Schiller, Herbert (1993). Zihin Yönlendirenler (Çev. Cevdet Cerit), İstanbul: Pınar Yayınları.

Tokatlı, Mehmet (2016). "Yeni Medya'nın Geleneksel Medya ve Halkla İlişkiler Meslek Alanı Üzerine Etkileri", Uluslararası Sosyal Araştırmalar Dergisi, 9(45), ss. 877-886.

Ustakara, Fuat ve Aydemir, Mustafa (2015). "Şeytanın Avukatı'ndan Başkanın Adamları'na: Asimetrik İletişim ve Spin Döngüsünde Gerçeklik Üretimi" Selçuk İletişim, 9(1), ss. 72-93.

Vural, Z. B. Akıncı ve Bat, Mikail (2013). Teoriden Pratiğe Kurumsal İletişim, İstanbul: İletişim Yayınları.

Yurdakul, Nilay Başok (2006). "İnternet ve Halkla İlişkiler" içinde: Bilgi İletişim Teknolojileri ve Yansımaları, Der. Zerrin Beril Akıncı Vural, Ankara: Nobel Yayın Dağıtım, ss.187-223.

SES EFEKTLERİNİN SİNEMA YAPIMLARINDA KULLANIMI ÜZERİNE BİR İNCELEME: FOLEY SANATI

Serhat ERDEM[*]

Giriş

Kitlesel bir sanat olan sinemanın kendine özgü yapısı vardır. Sinema etkili anlatım olanaklarıyla toplumsal hayatın yansıtılması açısından en önemli mecralardan biri olarak görülmekte ve insanı anlatmanın en etkili yolu olarak değerlendirilmektedir (Akmeşe, 2020, s.572). Duygu ve düşünce üretimi ve bu üretimlerin yayılmasına aracılık eden sinemanın kendi içerisinde birçok dinamiği vardır. Sinemanın dinamikleri izleyici üzerinde farklı etkilere yol açacak bir potansiyele sahiptir. Üretilen düşüncelerin aktarılması ve tekrar üretilmesi açısından kitle iletişim araçlarını özellikle de sinemayı güçlü ve etkili kılan çeşitli unsurlar bulunmaktadır. Sinemanın görsel ve işitsel öğeleri bir arada kullanması sinemayı güçlü ve etkili kılan unsurların başında gelmektedir. Yönetmen filmini çekerken kurduğu dünyasında bu unsurları belirli teknikler kullanarak gerçeklik etkisini en üst düzeye taşımaya çalışır. Görüntü ve sesin bir arada kullanımının yarattığı etki televizyon yapımları içinde geçerlidir. İçerik üretim sürecinde kullanılan kameranın çekim açılarından, objektif seçimine, kurgu tekniğinden atmosfere uygun renk kullanımına kadar bütün teknik aşamalar senkron bir şekilde tasarlanır ve belli bir amaçla kullanılır, görsel işitsel unsurlarla anlam yaratılır (Bolat, 2018: 52). Teknolojinin gelişmesi ile bir-

* Dr. Öğretim Üyesi, Atatürk Üniversitesi, Güzel Sanatlar Fakültesi, Sinema ve Televizyon Bölümü, Erzurum

likte kitle iletişim araçları ve medya içeriklerinin üretim, dağıtım ve tüketim boyutlarında değişimler yaşanmıştır. İçerik üretiminde görsel işitsel unsurların bir arada kullanılması; yazılı metin, fotoğraf, hareketli imgeler, müzik vd. her türlü içeriğin bilgisayar ve dijital platformlarda bir arada (Yaşar, 2020: 191) kullanılmasına olanak sunmuştur. Bu teknolojilerle birlikte çalışmanın ana konusunu oluşturan ses kullanımı da içerikleri desteklemek, etkiyi artırmak ve gerçeklik duygusunu güçlendirmek amacıyla farklı form ve tekniklerle ön plana çıkmaya başlamıştır.

Sinema ve televizyonda ses, bir anlatıyı, belgeseli, sinema filmini veya televizyon yapımının hikayesini destekleme amaçlı kullanılmaktadır. Ses hikayeyi doğrudan anlatabilir veya dolaylı olarak, hikaye içerisinde yer alan görüntülerin üzerindeki efektlerin daha anlaşılabilir olmasını sağlamaktadır. Ses ve görüntü ayrı ayrı kaydediliyor olsa da, ses, izleyiciler tarafından, görüntü ile birlikte, bir bütün olarak algılanmaktadır. Böyle bir durumda, ses görüntü ile birlikte birleşerek, büyük parçaların içerisinde kaybolmaktadır. Görüntünün anlamını, vermek istediği hissiyatını daha belirgin hale getirse de, birçok unsuru birleştirici bir rol üstlense de hak ettiği önemi görememektedir. Görüntü ve sesin rolleri, hikayenin, senaryonun anlatımına göre, sahneden sahneye bir anda değişebilir. Sinema ve televizyon yapımlarında ses, 'post-production' *(yapım sonrası)* sürecinde birçok parçanın birleştirilmesi ile oluşturulur ve eksiksiz bir bütün oluşturmak için sorunsuz bir şekilde birleştirilir. Bu süreç günümüzde ses tasarımı olarak bilinmektedir.

Ses tasarımı teknik bir alandır. Yaratıcılık gerektirmektedir. Bir yapımı oluşturan tüm parçalarının dış unsurlarını kapsamakta ve bu unsurları birleştirici bir rol üstlenmektedir. Ses tasarımının tarihi uzun yıllara dayanmaktadır. Hindistan ve Çin'de, tiyatro eşliğinde sesin kullanımının M.Ö 3 binli yıllara uzandığı bilinmektedir. (Dakic, 2007:1)

Televizyon ve sinema, görsel ve işitsel bir kitle iletişim aracıdır. Bundan dolayıdır ki en temel malzemeler ses ve görüntüdür. Görüntünün kaydedilmesinin temeli ışığa dayalı iken, sesin kaydedilmesi de elektrik sinyalleri ile gerçekleştirilmektedir. Ses tasarımı, sesin tarihsel gelişimi ile doğrudan bağlantılıdır.

Ses için kullanılan kaynaklar, hem film için üretilen hem de önceden var olan kaynaklardan beslenen, setlerde yapılan kayıtları, ses efektleri kütüphanelerini veya özelleştirilmiş kayıtları ve müziği içermektedir. Ses tasarımı da tüm bunları bir araya getirme çabasıdır. Düz bir anlatı yapısına sahip olan bir görüntüde genellikle diyalog ön plandadır ancak yönetmen, bir görüntü montajına müzik koyabilir veya hikayenin anlatım yöntemini değiştirmek, filme ilgiyi artırmak, izleyiciyi aksiyonun içerisine çekmek için ses efektleri de kullanabilmektedir.

Bir filmin veya televizyon yapımının içerisinde yer alan herkes hem sesi etkiler hem de bu sesten etkilenir. Yazarlar, hikaye anlatımlarında duyulabilecek şeyler için, senaryodaki önerilerle birlikte ses unsurlarını da kullanmaktadır. (Holman, 2010:11)

Foley ses efektleri, foley sahnesi adı verilen bir kayıt stüdyosunda yapılan efektlerdir. Bir foley sanatçısı, görüntüyü izlerken, görüntü ile senkronize bir şekilde hareket ederek sesleri oluşturmaktadır. Bu ses efektleri, yapımların sahnelerinde gerçekleşen hareketleri, gerçek hayatta duyulabilecek ses haline getirmektedir. Foley, Universal Stüdyoları'nda çalışan Jack Foley'in ismi ile anılmaktadır. (filmsound, 2021)

Bu çalışmada, ses efektleri genel hatlarıyla ele aldıktan sonra ses efektleri ve bu efektlerin sinema ve televizyon yapımlarındaki kullanımlarına bakarak, foley sanatının, yapımlarda nasıl bir rol oynadığını, foley üretim sürecini ve bu süreçte nelerden yararlanıldığını, ortaya çıkarılan ses efektlerinin içeriği nasıl etkilediğini örnekler ile açıklamaya çalışacağız.

Ses Kullanımının Tarihsel Serüveni

1930'lu yıllarda sinema gittikçe yaygınlaşmıştı. Sanat olarak kendini geliştiren sinema, daha sonraları propaganda amaçlı kullanıma da maruz kalacaktı. Birinci ve ikinci dünya savaşları sırasında, sinemayı bu amaçla kullanabilmek için çeşitli kuruluşlar ortaya çıkmıştı. Propaganda amaçlı oluşturulan yapımlar kısa zamanda tüm dünya da kendini göstermeye başlamıştı ve 1927 yılında görüntülerle birlikte kullanılmasından sonra bu durum sona erdi. (Abisel, 2003:307)

Bu zamana kadar filmlere, sinema salonlarında çalınan piyano eşlik etmekteydi. Film şeritlerinin üzerine, aynı anda kaydedilen diyalog, ses efektleri, müzik ve dışarıdan eklenen seslerin kullanımı 1930'lu yıllarda çoğaldı. (Montegu, 1964:58) Martinville, 1857 yılında bir icat geliştirdi. Bu icat Fonotograf adını aldı. Fotonograf, sesi görüntülenebilir hale getirdi ancak kullandığı yöntem sadece sesleri dalga şeklinde gösteriyordu. Kaydedilen ses tekrar dinlenemiyordu. Onun kaydettiği ses 2007 yılında, teknolojinin gelişmesi ve bilgisayarların yardımı ile ancak dinlenebilir hale getirildi. (Scott, firstsound.org)

Alan Croslan, 1927'de *"Caz Şarkıcısı"* adlı film ile ses teknolojisinin ilk teknik adımlarını atmayı başardı. Önce de çalışmaları olmasına rağmen, filmde kullandığı ünlü ses sanatçısı filmin ilgi çekmesini sağlamıştır. (Abisel, 2003:308) Bu tarihten sonra sesin kaydedilmesi ile ilgili çeşitli sorunlar ortaya çıkmış, geliştirilen taşınabilir kaydediciler dış çekimlerde pek de iyi bir performans gösteremiyordu. (Monaco, 2005:123-124) 1940'ların sonuna doğru ses kaydedicilerin teknoloji ile birlikte gelişmesi ve transistorun ses teknolojisinde kullanılmasından sonra, önceki sorunlar çözülmeye başlandı. Transistorun küçük yapısı, ses kaydedicilere boyut olarak önemli bir avantaj sağlamıştır.

Son zamanlarda optik ses kuşağı, manyetik ses kuşağından daha fazla kullanılsa da, film setlerinde manyetik ses bantları optik ses kuşaklarından daha yaygın kullanılmaktır. Optik ses kuşağına daha hızlı, aynı anda ses işlenebilirken, manyetik ses kuşağına sesler ayrı ayrı kaydedilmektedir. Teknoloji optik ses kuşaklarına, manyetik ses kuşaklarının sahip olduğu özellikleri taklit edebilme olanağı sağlasa da, manyetik ses kuşaklarının birçok avantajı halen varlığını sürdürmektedir. Optik ses kuşaklarına yapılan çoklu ses kaydı bazen zorluklara yol açmaktadır. Ancak post-production *(yapım sonrası)* aşamasında manyetik bant, laboratuvar ve set ortamında daha fazla tercih edilmektedir. (Monaco, 2005:124)

Ses, sinema sanatına doğrudan etki etmektedir. En iyi filmlerde görüntünün yanında sesin de önem kazandığı görülmektedir. Ses, filmin gerçekliğini arttırmış, filmin kendi gerçekliğinde, izleyiciye dış dünyada görebildiklerinin yanında duyabileceklerini de deneyimleme şansını vermiştir. Konuşmalar, doğal sesler, karışık sesler vb. filmlerde kullanıldığında, izleyici daha gerçek bir dünyanın kapısından içeri girmektedir. (Özön, 2008:143-144)

Ses, yapımlarda genellikle görüntünün gölgesinde kalmaktadır. Özellikle amatör yapımlarda, görüntü üzerine daha fazla zaman harcanırken, ses arka planda bırakılmaktadır. Ancak bu birleştirici unsur, mekanda gerçekleşen oyunun "gerçekliği" konusunda, izleyiciyi ikna edebilir ya da gerçekliği değiştirerek onu yıkabilmektedir. (Edgar, 2012:166)

Ses olmadan, bir yapımın bütünlüğü sağlanamaz. Çünkü ses birleştirici, bütünleyici bir rol üstlenmektedir. Neşe Kars, *"Herkes İzlesin"* kitabında seslerin dramatik olarak kullanılmasının, yapıma kattığı anlamdan bahsederken, sesleri sınıflandırmıştır. Doğal sesi, mesajın doğrudan aktarıldığı yalın ses, yorumlayıcı sesi, anlatının izleyicinin duygularına hitap eden ses olarak nitelendirmiştir. Çevresel sesi, olayın geçtiği mekanı belirtmek için kullanılan ses, simgesel sesi, konuyu zamansal ve mekânsal açıdan açıklayıcı ses ve öykündürücü sesi de nesneyi taklit eden ses olarak tanımlamaktadır. (Kars, 2010:131)

Ses Efekti

"Ses bir filmin en azından %50'sidir, bazen de %100'ü. Bir filme duyguyu en fazla katan şey budur. Tüm atmosferi filme ekleyebilecek, daha büyük bir dünya yaratabilecek bir şey. Tonu belirler, şeyleri harekete geçirir. Ses ile büyük bir dünyaya giriş yapılır. Ses olmaz ise filmin yarısını kaybetmişiz demektir." (Lynch, 2003:52)

Ses efektinin sözlük tanımı; "bir oyunda, filmde veya bir yayın prodüksiyonunda kullanılmak üzere yapay olarak yapılmış konuşma veya müzik dışı sestir" şeklindedir. (New Oxford Dictionary, 1998) Sözlük anlamında en dikkat çeken tanım "yapay olarak yapılmış" açıklamasıdır.

Ses diegetik ve diegetik olmayan ses olarak iki kısma ayrılabilmektedir; Diegetik ses, hikayenin içerisinden gelen tüm sesleri içerisine alır. Karakterlerin sesleri, ses efektleri, dış dünyadan gelen sesler, müzik yada enstrüman ile üretilmiş seslerdir. Diegetik olmayan sesler ise hikaye içerisinde olmayan sesler olarak açıklanabilir. Anlatıcı sesi, dramatikliği arttıran gerçek olmayan sesler ve fon müzikleri. (Barnwell, 2011:167) Diegetik sesler genelde post-production (yapım sonrası) aşamasında yapıma eklenmektedir.

Turner ise efekt türünü üç kısma ayırmıştır. Etki (pekiştirme), foley ve ortam efektleri (sesleri). Etki seslerinin gerçek dünyada işitsel bir kimliği olmayan, cansız nesneler için kullanılan, onlara duygusal etki vermek için yaratılmış seslerdir. Çalışmamızın ana konusunu oluşturan foley ise, adını Jack Foley'in çalışmalarından alan ses efektleridir. Ekrana yansıtılan karakterlerin eylemlerini, eşzamanlı bir biçimde taklit ederek ve filmde karakterde olan malzemelerden farklı bir malzeme ile foley sanatçısının kaydettiği seslerdir. Ortam sesleri ise, belirli konumların seslerinin yeniden oluşturulmasıdır. Stadyum, trafik sesler vb. (Turner: 2003:124)

Ses efektleri, stüdyoda veya dijital olarak yaratılmış ve kaydedilmiş ses kütüphanelerinden elde edilmektedir. Hikaye içerisinde, uygulanmak istenen karaktere duygu katabilmek için görüntü ile birleştirilmektedir. Örneğin ofisinde çalışan bir karaktere, ofis sesleri eklenmektedir. Ormanlık bir alanda gezintiye çıkan karakterle birlikte arka planda kuş sesleri, adım atarken, kurumuş dalların çıkarttığı "çıtırdamalar" vb. Bu tür efektler, izleyici ile karakterin duygusal bir bağ kurmasına yardım etmekte ve görüntünün daha gerçekçi olmasını sağlamaktadır. (Barnwell 2011:167)

Ses ve ses efektleri sahnenin daha inandırıcı olmasını sağlayarak, oyunun amacını izleyiciye aktarmaktadır. Günümüzde sesler teknolojinin yardımı ile bilgisayarlar üzerinde yaratılmaktadır. Artık dışarıda duyabileceğimiz sesler, bilgisayarlar tarafından üretilerek ses kütüphanelerinde karşımıza çıkmaktadır. Hatta yakın tarihimizde, bu seslerin satın alınabileceği ticari internet siteleri de mevcuttur.

En gerçekçi ses gerçek kaydedilmiş seslerdir. Ancak bazı durumlarda bu gerçek seslere ulaşmak imkansızdır. Örneğin bir yaratık filminde, yaratığın çıkardığı sesleri kaydetmek imkansızdır, çünkü yaratığın gerçekliği yoktur. Bu durumda varsayımsal ses efektleri karşımıza çıkmaktadır. Bunu sağlayan en etkili yöntem ise foley sanatçılarının stüdyoda yarattıkları seslerdir.

Foley

Foley ses efektleri, Foley stüdyosu adı verilen bir ses kayıt stüdyosunda, foley sanatçısı tarafından çeşitli malzemeler kullanılarak, görüntü ile eşzamanlı hareket ederek oluşturduğu seslerdir. Ayak sesleri, boyun kırılması, karda üzerinde yürüme sesleri vb. (Turner: 2003:124) Foley ses efektleri, filmin gerçekçi ve inandırıcı olmasını sağlayan en önemli unsurlardan biridir. Ancak foley ses efektleri görüntüye biraz abartılarak yerleştirilmektedir. Uzaktan duyamayacağımız sesleri, görüntüye eklerken sanki hemen yanındaymışız gibi duymaktayız. Örneğin çok geniş açılı bir çekimde, okyanus üzerinde seyreden yelkenlinin çıkarmış olduğu dalga sesleri veya yelkenin sesini, gerçek hayatta duyamamamıza rağmen, görüntüyü izlerken, bu sesleri çok yakın ve çok net bir şekilde duyabilmekteyiz.

Foley kaydının yapılması, Universal Studious'da çalışan Jacke Foley adında bir sanatçı tarafından başarıldı. (filmsound, 2021) O zamana kadar, görüntülerde diyalog ve müzik vardı. Hareketin ortaya çıkardığı gürültü sesi yoktu. Daha sonraları, film yapımcıları oyuncuların ayak seslerini filmden alarak, bu sesleri defalarca başka sahnelerde kullanmaya başladı. Foley, hareketli görüntülerde ki sesleri yansıtmak için farklı yüzeyler kullanmaya başladı ve oyuncuların hareketleri ile eşzamanlı hareket ederek bu sesleri taklit edip kaydetme fikrini geliştirdi. Burada ki ana fikir, birçok eylemin çıkardığı sesi, görüntü ile eşzamanlı gerçekleştirip kaydederek, ekranda göründükleri zamana uyacak şekilde görüntü ile yeniden kaydedilmesiydi.

Foley'in bulduğu bu teknik, bugün teknolojinin de yardımıyla çok kanallı ses kaydı yapabilen kayıt cihazlarına farklı katmanlar halinde kaydedilmektedir. Daha sonra bu katmanlar karıştırılarak eksiksiz bir bütün oluşturmaktadır. (Dakic, 2007:5)

Foley sanatçıları ayak seslerini, nefes sesini, yumruk seslerini vb. görüntüdeki aktörün giysilerinin çıkardığı sesleri stüdyolarında yeniden yaratmaktadır. Foley, ekrandaki kişinin etkileşimde olduğu nesnenin veya yüzeyin hissini hesaplayarak, bu etkileşimde nasıl bir ses çıkması gerektiğini kopyalamaya çalışmaktadır. *"Film-*

deki ağır bir fincan, foley sahnesinde de ağır bir fincandır" (Ament, 2009:28) Oyuncunun vücudu sette ne tür bir etkileşim içerisinde olursa olsun, bu etkileşim bağlamında nasıl ses çıkarması gerektiğini foley sanatçıları bilmektedir. Örneğin, bir oyuncu köpükten yapılmış bir taş bloğa yumruk atarken, çıkacak sesin değişmesi gerektiğini foley sanatçısı bilir ve kendi stüdyosunda, bu etkileşeme karşılık gelebilecek bir taş sesi efekti kaydeder. (Kawin, 1992:466)

Bir anlamda foley, ekrandaki hareketlerin sonucunda ortaya çıkmasını beklediğimiz seslerin ayrıntılarını sağlamakla ilgilidir. Bu nedenle foley, bir dizi ince ses üretmeyi içerir. Smith foley için çağdaş film tarzının duygusal, duyusal ve fenomenolojik boyutlarını yükseltmek için benzer şekilde işlev gördükleri sürece, daha önce ana hatlarıyla belirtilen görsel stratejilerle birlikte çalışan bir grup ses sürecinden biridir demiştir. (Smith, 2013:335) Foleyin başarılı olmasının en temel dinamiği, foley sanatçısının gerçekleştirdiği yorumlayıcı roldür. Foley sanatçılarının, oyunculuk konusunda da kendilerini geliştirmiş olmaları gerekmektedir. Çünkü foley seslerini üretirken, kendilerini görüntüde ki sanatçıların yerine koymak, onlarla eşzamanlı hareket etmek zorundadırlar. Bu da fiziki performansı da beraberinde getirmektedir. Bu durumda foley sanatçılarının çalışmasını işlevsel olmaktan çok dışavurumcu bir süreç haline getirmektedir.

Foleyin fizikselleştirilmiş doğası ve görüntüdeki kişilerle eşleşen sesler yaratmaya giden bedensel çaba ve enerji, bunların ekrandaki yüzeylerle etkileşimi, belki de diğer ses tasarım alanlarına göre fiziksel etki ile ilgili düşüncelerle daha belirgin bir ilişkiye sahiptir.

Foley çalışmasının temel unsurunu sesi ekrandaki eylem için, en uygun eşleşme olarak sunmaktır. Doğru yüzey ve hareket bileşimi seçmek hayati bir önem arz etmektedir. Bu performans ve oyun bileşenlerinin aynen kopyalanmasını içerebilirken bazen başka alternatifler de karşımıza çıkabilmektedir. Özellikle şiddet sahnelerinin yer aldığı bir görüntüde, foley sanatçısı sesleri birebir kopyalayamayacağı için farklı tekniklere başvurabilmektedir. Örneğin, kafa ezilme sesini, bir karpuzun ezilmesi ile eşleyebilmektedir. İşkence gören bir vücutta etin sesi, meyve ve sebzelere yapılan işlemlerle de taklit edilebilir. Marulun bıçaklanması, boğulmakta olan birini taklit edebilmek için marulun suyun içerisinde ezilmesi sonucu ortaya çıkan sesler gibi. Bu tür kullanılan malzemeler, görsel eylem ve ses arasındaki büyük ölçüde değişen uyumluluk problemini ortadan kaldırmakta ve dahası foley işleminin doğrudan hissedilen işitsel dokuyu elde etmek için özel olarak şekillendirildiğini göstermektedir.

İzleyici tarafından algılanan görüntülerin içerisindeki foleyin varlığı dikkat çekmez. Foley sesleri daha çok müziğin ve görüntünün arkasında kalmaktadır. Bu da foleyin bilinilirliğini azaltmaktadır. Ancak foleyin, bir yapımın değişik parçalardan oluşan bölümlerini birleştirici bir yapıda olduğu gerçeğini değiştirmez.

Görsel 1: Foley stüdyosu.

Foley Yapım Süreci

Foleyi kabaca kendi içerisinde üç kategoriye ayırabiliriz. Ekranda hareket eden karakterlerin ayak sesleri (sadece insan ayak sesleri değil); kumaş, karakterler hareket ederken üzerindeki giysinin çıkardığı sesler ve son olarak nesnelerin çıkardığı sesler. (youtube, 2021)

Günümüzde post-production (yapım sonrası) aşamasında yaptığımız bu ses efektlerinin tarihi vodvile *(çok hareketli ve eğlenceli bir konusu olan, şarkılara da yer verilen hafif güldürü)* kadar uzanmaktadır. Bir çeşit tiyatral bir eğlence şovu olan vodvil, toplumda ilk zamanlarında kendine çok güçlü bir yer edinmişti.

1330'lu yıllarda vodvil büyük bir ivme kaybetmeye başlamıştı. Yerini iki yeni icada bırakmaya başlamıştı. Canlı radyo oyunları ve konuşan resimler (görüntü üzerine perfore). Popüler radyo programları vodvil gibi, oyunun önemli noktalarını vurgulamak için ses kullanıyordu. Ancak senaryolu radyo programlarında bundan daha fazlasını yapmaya başladılar. Dinleyicinin zihinlerinde görsel bir resim oluşturabilmek için, ses efektlerini daha fazla kullanmaya başladılar. (Youtube, 2021)

Görsel 2: Radyo oyunları.

Tabi ki bu, ses efektlerinin sadece radyonun kullandığı bir alan olduğunu göstermez. Sessiz filmlerde, daha önceden bahsedildiği gibi, oyunu canlandırmak ve oyuna his katabilmek için büyük orkestralar kullanılmaktaydı. Sinemada hareketi müzikle vurgulama geleneği aslında sabah kuşaklarında çocuklar için yapılmış çizgi filmlerdeki görebileceğimiz bir motifti.

Geleneksel olarak bir stüdyo filminde ses üç farklı miksaj arasında bölünmüştür. Diyalog, müzik ve ses efekti miksajı. Bu işin uzmanları yönetmen ile oturup filmi izlerler. Hangi birleştirme seslerine ihtiyaçları olduklarını tespit ederler. Son kısımdaki ses efekti uzmanı, hangi sesleri kütüphaneden (dijital) alacağını, hangi sesleri de foley ile yapacağını kararlaştırır ve kendisi için, görüntülerin zamanları yazılı bir liste oluşturur.

Jack Foley'in zamanında ses efektleri tek bir çekim ile yapılması gerekliydi. Çünkü çok kanallı bir kaydedici o zamanlar icat edilmemişti. O zamanlar foley sanatçıları 16 veya 24 parça ses ile sınırlıydı. Ancak günümüzde, modern ses istasyonlarında eş zamanlı oynatabilen ses sınırı ortadan kalktı. Modern foley yapımlarında bir çekim birkaç farklı kısma bölünebilmekte ve ayak sesleri, giysi sesleri ve ses efektleri bir arada oynatılabilmektedir.

Görsel 3: Adım ve giysi için foley üretimi.

Profesyonel foley, genellikle özel olarak tasarlanmış bir ses stüdyosunda gerçekleştirilir. Bu stüdyolarda farklı sesleri simüle edebilmek için çeşitli yürüme yüzeyleri, ayakkabılar ve aksesuarlar bulunmaktadır. Kemiklerin kırılma seslerini vermek kereviz dahi bu aksesuarlar arasında yer almaktadır. Bu aksesuarlardan en meşhur olan atın koşmasını taklit etmek için kullanılan yarım hindistan cevizi kabuğudur. Ama bunlar olmadan foley yapamayacağımız anlamına gelmez. Her sanatçı kendine göre farklı malzemeler kullanabilmektedir. Örneğin, atın nal sesi için kabuk, nefesi için insan sesi, eyerinden çıkan sesler için de ipler içerisinde bulunan metal parçaları kullanılabilmektedir.

Görsel 4: At nalı, at nefesi, at eyeri foley yapım süreci.

Başka bir örnekte, şelaleden inmeye çalışan bir kaya tırmanıcısının foleylerinin nasıl yapıldığını görsel 5'te inceleyebiliriz. Tırmanış ekipmanlarından olan ip, foley sanatçısı tarafından eşzamanlı olarak sıkılarak taklit edilmekte, ekipman içerisinde yer alan metallerde bu işlem içerisinde kendi seslerini de kayıt cihazına göndermektedir.

Şelale suyunun akışını taklit edebilmek için de bir kova su, stüdyo içerisinde bulunan alana yüksekten akıtılarak taklit edilmektedir.

Görsel 5: Kaya tırmanıcısı foley yapım süreci.

Aksiyon filmlerinin vazgeçilmez kavga sahnelerinde kullanılan foley teknikleri çok çeşitlidir. Yumruk sahnelerinde veya kemiklerin kırıldığı sahneleri düşünürsek, bu tür sesleri üretmek için, görüntüde ki hareketin aynısını, başka bir insana yapamayız. Bunun için, onların yerine ikame edecek varsayımsal sesler kullanırız. En yakın olabilecek sesleri kaydetmeye çalışırız.

Bu sesleri kaydetmek için ilginç materyaller vardır. Kemik kırılması için kereviz sapı, mikrofona yakın bir şekilde çevrilerek kırılır. Çıkan ses kemik kırılma sesinin yerine görüntü ile eşzamanlanır ve izleyici filmin gerçekliğinde bu sesin 'kemikten çıktığını' düşünerek, zihninde canlandırır.

Yumruk sesleri için, foley sanatçısı, yumruğun şiddetine göre değişik materyaller kullanabilmektedir. Şiddeti az olan sahnelerde, kendi avuç içinden çıkan sesi kaydedebilir. Başka bir sahnede yumruğun şiddeti artarsa veya kavga eden aktörlerin ellerinde eldiven tarzı giysiler var ise, foley sanatçısı da o eldivenlerden giyebilmekte ve tekrar kendi avuç içini yumruklayarak sesi kaydedebilmektedir.

Yumruklama sahnelerinde daha tok ses kullanabilmek için, foley sanatçısı eski bir telefon rehberini katlayarak vücuda yapılan yumruk seslerini taklit edebilmektedir. Yüze, yanağa yapılan yumruk saldırılarının sırrı ise 1 kilo gramlık gerçek bir bonfile ettir. Foley sanatçısı bonfile eti bir elinde tutarken diğer eli ile sert bir şekilde yumruklar. Çıkan ses kaydedilir ve görüntüde ki harekete eşzamanlı olarak entegre edilir. Görsel 6 da bu işlem detaylı bir şekilde incelenebilir.

Görsel 6: Yumruk sesi foley yaratım süreci.

İzleyicinin farkında olmadığı ancak uzun bir foley sürecinden geçen bazı ses efektleri vardır ki, bunlar izleyiciye sahnenin atmosferini yaşatmaktadır. Gerçek dünyada bu sesler, nesneye çok yakın olunmadığı durumlarda duyulamamaktadır. Ancak film yapımcıları sahnenin dramatik gücünü arttırmak için bu sesleri kullanmaktadırlar. Şapkaya damlayan su ve yelkenli sesi gibi.

Görsel 7: Şapkaya damlayan su ve yelkenli foley üretim süreci.

Foley Sesleri İçin Bazı Fikirler

Arı sesi: Yaz aylarında kullandığınız küçük serinletici pervanelerin kanatlarına ara sıra parmağınızla dokunarak çıkan ses işinize yarayabilir.

Ateş sesi: Selofen veya plastik poşetlerin hışırtısı ateşin yanma sesini taklit edebilir.

Ayak sesleri: Mikrofonu ayaklarına yakın bir şekilde konumlandırın. Fayans, halı, beton, çakıl vb. zeminlerde hareket ederek, görüntünüze eşzamanlı bir şekilde yerleştirin. Yürüyüş hızınızı veya ayakkabılarınızı da değiştirirseniz farklı ayak sesleri elde edebilirsiniz.

Bisiklet sesi: Gerçek bir bisikletin temasını yerden kesin. Pedalları çevirin, aynı anda birkaç kez zili çalın aynı anda vitesleri değişin. Tüm bunları yaparken başka bir arkadaşınız deri sele üzerinde ellerini gezdirerek gıcırdatsın.

Buz kırılma sesi: Parmaklarınızı şişirilmiş bir balonun yüzeyinde hareket ettirerek taklit edebilir veya dişlerinizle sert bir kabuğu ısırabilirisiniz.

Çamur sesi: Islak bir süngere hızlıca basarak elde edebilirisiniz.

Damlayan musluk sesi: Bozuk bir musluk bulun veya musluğunuzu damlayacak şekilde açın. Damlama noktasına içi su dolu bir kap yerleştirin ve çıkan sesi kaydedin.

Diş fırçası: Dişlerinizi temizlerken sesi kaydedebilirsiniz.

Düğme sesi: Değişik tarzda açma-kapama düğmelerini bulup, kaydedin.

Et sesi: Bir parça tavuk göğsü veya gerçek sesi bıçak yardımı ile keserek veya delerek bu sesi elde edilirsiniz.

Kan sesi: Konserve (kalın) çorba veya fırında yumuşatılmış, hafif içerisine su katılmış fasulyeleri tabağa vurarak sıçratın.

Kapı sesi: Mikrofonu kapıya yakın bir yere konumlandırıp, değişik hızlarda kapıyı açıp kapatın. Daha sonra menteşelerine yakın bir yere mikrofonunuzu tekrar konumlandırıp işlemi tekrarlayın. Yağsız kalmış, gıcırdayan kapılar da ilgi çekici foley efekti verebilir.

Kaynayan kazan sesi: Bir pipet yardımı ile bir bardak suyun içerisine üfleyin. Baloncuklar çıkartmaya çalışın.

Kemik kırılması sesi: Bir paket çubuk makarna veya kereviz sapını, mikrofona yakın tutun ve yavaşça çevirerek kırın.

Kemirgen ayak sesi: Bir eldivenin ucuna ataşları sıkıştırarak parmak uçlarınızla sert bir yüzeyde hareket ettirin. (lessonbucket, 2021)

Kılıç hareketi sesi: Bir bambu çubuğunu havada hızlıca sallayarak çıkan sesi kaydedebilirsiniz.

Menteşe sesleri: Evinizde bulanan ve her türlü menteşeye sahip eşyalarınızı kullanabilirsiniz. Dolaplar, masa lambaları, sandıklar vb.

Oyuncak sesleri: Çeşitli oyuncak seslerini kaydetmek kütüphanenizi zenginleştirebilir. Kumanda sesleri, müzik çalan arabalar, konuşan oyuncaklar vb.

Robot sesi: Eski DVD tepsilerinin çıkardıkları sesler, robot sesiniz için yardımcı olabilir.

Saat sesi: tik-tak ses çıkaran bir saati 60 saniye boyunca kaydedin.

Silah mekanizması sesi: Bir evrak çantasının kilit sesi veya eski kapılar içerisinde bulunan kilit mekanizmasını hareket ettirin.

Tuvalet sesi: Sifonu çekerek bu sese ulaşabilir, hatta bu sesi canavar sesi olarak yaratmak için üst üste bindirerek oynatabilirsiniz.

Yaratık sesleri: Elektrik tabancasını üzüm tanelerine yaklaştırdınızsa ilginç sesler elde edebilirisiniz.

Yumruk sesi: Bir biftek, kıvrılmış telefon defteri, ıslak bez, marul veya lahana yumruklanarak bu ses elde edilebilir.

Yumurta kabuğu sesi: İçinden civciv çıkan bir yumurta sahneniz varsa, bir dondurma külahı veya waffle parçalarını kırarak bu sesleri elde edebilirsiniz.

Sonuç

Yaşamın her alanında yoğun bir biçimde kullanılan yeni iletişim teknolojileri bütün alanlarda etkisini göstermektedir (Erdem ve Akmeşe, 2015: 1297). Sinema da şüphesiz yeni iletişim teknolojileri ve yaşanan teknolojik gelişmelerden nasibini almış, filmin üretim sürecinden izleyiciyle buluştuğu ana kadar birçok noktada bu yeni teknolojilerden yararlanmaya başlamıştır. Sinemanın doğuş sürecinde ses unsuru yoktu. Filmlerde ses unsurunun kullanılmaması bir boşluk yaratmaktaydı. Bu boşluk, sahnenin arkasında veya ortasında gizlenmiş alanda müzik yapılarak dolduruluyordu. Daha sonraları teknolojinin gelişmesi ile birlikte ses kullanımı farklı teknikler kullanılarak görüntülere dâhil edilmeye başlandı.

Görüntü ve sesin kayda geçmesi arasında fark vardır. Görüntü iyi bir kamera ve kamera operatörü ile istenilen kaliteye yakın bir şekilde oluşturulabilmektedir. Çünkü kayda alınan görüntü 'görülebilmektedir'. Çekim esnasında düzeltilme, tekrarlanabilme şansı vardır. Ancak yapımlarda ses ve renk oluşturmada ki en büyük sorun yapılan işin 'görülememesidir'. Ses frekanslar ve sinyaller aracılığıyla kaydedildiği için, kullanılan ekipmanın kalitesi, yapımın ses olarak ne derecede kaliteli olacağını belirlemektedir.

Ses efekti, canlı gösterimler, filmler, radyo ve televizyon programlarında konunun hissiyatını vurgulamak için kullanılan sonradan yaratılan bir süreçtir. Çekim esnasında, film yapımcılarının en çok dikkat ettikleri 'şey' diyaloglardır. Atmosfer veya hareket sonucu ortaya çıkan seslere çekim esnasında çok önem verilmemektedir. Bunun nedeni, diyalogların tekrar kayda alınmasının oldukça zahmetli bir iş ve ilk çekime alındıkları andaki duyguyu tekrar verememesinden ileri gelmektedir. Çünkü oyuncunun ruh hali, tonlamanın değişmesi vb. gibi nedenler buna izin vermez.

Ancak ses efektleri böyle değildir. Teknolojinin gelişmesi ve dijital teknolojilerin kullanımı ile birlikte özellikle çevresel sesler, ses kütüphanelerinden kolaylıkla elde edilebilmektedir. Örneğin bir ofis sesi, araba kornası, uçak sesi vb. sesler daha sonradan görüntüye eklenebilmektedir. Bu noktada ses efekti sanatçısı, çalıştığı projede hangi sesleri ses kütüphanesinden alacağını, hangilerini tekrar yaratacağının bir listesini hazırlar ve ona göre çalışmalarına başlar.

En gerçekçi sesler sesin kendi kaynağından alınan ve kaydedilen seslerdir. Ancak bazı durumlarda gerçek hayat ve uygulama düşünceleri birbiri ile örtüşemez. Dijital olarak elde edilemeyen görüntülere ait sesler foley sanatçıları tarafından, foley stüdyolarında yeniden yaratılmaktadır. Örneğin, aksiyon filmlerinin vazgeçilmez sahnelerinde yer alan yumruklaşma, kemik kırılması, etin kesilmesi vb. unsurlar gerçek hayatta elde edilemez. Ya da görüntüde ki nesne veya hareketler, uzak plan kullanılmasına rağmen, yanındaymış gibi algılanmasına neden olan yüksek şiddette sesler kayda alınamaz. Bu gibi durumlarda ses efekti sanatçıları foley tekniğine başvurur.

Foley sanatçılarının yaptıkları sanat, görsel medyanın izleyicilerin ve dinleyicilerin anlayacağı, etkileşim kurabileceği inandırıcı bir dünya olarak sunulması için önemlidir. Foley ve ses efektleri her ne kadar görüntünün gölgesinde kalsa da, yapım için birleştirici bir unsurdur. İzleyiciye filmin kendi gerçekliği içerisinde filmi hissedebilme imkanı sağlamaktadır. Örneğin, 'Süpermen' filminin başrol oyuncusunun havada süzülürken, pelerinin çıkardığı ses çoğu zaman izleyici tarafından algılanmaz ancak görüntü izleme sürecinde uçma hissini kendini belli etmeden izleyiciye verebilmektedir.

Bir yapımcı, kuş uçuşu, uzak plandan çekilen bir yelkenlinin, okyanusta seyir halinde olduğunu gerçek görüntülerle vermeye çalışsa, derinden bir uğultu gibi gelen sesleri veya sessizliği izleyici ile buluşturmak zorunda kalabilir. Ancak bu görüntüler üzerine, ses stüdyolarında yaratılmış bir pelerinin sesini ve içi su dolu bir havuzda ellerini hareket ettirerek kaydettiği sesler ile birleştirirse izleyiciye sahnenin duygusunu kolaylıkla yaşatabilir.

Foley ses efekti yaratıcı bir süreçtir. Bu süreçte sanatçı hangi malzemelerin hangi harekete uygun olduğunu tecrübeleri ile bilmektedir. Görüntü ile birlikte eşzamanlı hareket ederek, sahnenin duygusunu izleyiciye hissettirebilmektedir. Görüntü, diyalog ve ses efektleri doğru bir biçimde birleştiğinde ortaya profesyonel yapımlar çıkmaktadır.

Kaynakça

Abisel, Nilgün (2003). Sessiz Sinema, Ankara, De ki Basım Yayım. (s.307)

Ament, Vanessa Theme (2009). The Foley Grail: The Art of Performing Sound for Film, Games and Animation, Boston: Focal Press Print.

Akmeşe, Eşref (2016). Mizantrop Bir Auteur : Zeki Demirkubuz . SineFilozofi , Özel Sayı (2) Mayıs 2020, 570-588 . DOI: 10.31122/sinefilozofi.674970

Barnwell, Jane (2011). Film Yapımının Temelleri, İstanbul, Literatür Yayınları.

Bolat, N. (2018). Gerilim ve Mizahın Mükemmel Uyumu: Alfred Hitchcock, Middle Black Sea *Journal of Communication Studies,* (3(2), 43-53.

Dakic, Vanessa (2007). Sound Desing for Film, Seminar Paper, Hamburg, Verlag für akademische texte.

Edgar Robert, Marland John, Rawle Steven, (2012). Film Dili, İstanbul, Literatür Yayınları. (s.166)

Erdem, Serhat ve Akmeşe, Zuhal (2015). Yeni İletişim Teknolojileri: Sosyal ağların Sosyal Yaşama Etkileri: Facebook Örneği, YBS 2. Ulusal Yönetim Bilişim Sistemleri Kongresi, Erzurum, Türkiye, 8 - 10 Ekim 2015, ss.1297-1301.

Holman Tomlinson (2010). Sound For Film and Television 3rd ed., USA, Focal press.

James, Monaco (2005) Bir film nasıl okunur?, Çev. Ertan Yılmaz, İstanbul Oğlak Yayıncılık.

Kars, Neşe (2010). Herkes İzlesin, İstanbul, Derin Yayınları.

Kawin, Bruce (1992). How Movies Work. Berkeley: Print, London, University of California Press.

Kenny, Tom (1999). Sound for Picture: The Art of Sound Design in Film and Television, Minnesota Usa, Hal Leonard Publ. Corp.

Lynch, David. (2003). Soundscape The School Of Sound Lectures 1998–2001. In L. Sider, Soundscape The School Of Sound Lectures 1998–2001, New York, Wallflower Press. (s. 52).

Montegu, Ivor (1964). Film World, Middlesex, Penguin Books. (s.58)

Özön, Nijat (2008). Sinema Sanatına Giriş, İstanbul, Agora Kitaplığı, (s.143-144)

Smith, Jeff. (2013) "The Sound of Intensified Continuity". The Oxford Handbook of New Audiovisual Aesthetics. Eds. John Richardson, Claudia Gorbman and Carol Vernallis. Oxford: Oxford U.P., (s.331–56)

The New Oxford Dictionary of English (1998). Judy Pearsall, Michigan Universty, Clarendon Press.

Turner P, McGregor I, Turner S, and Carroll F. (2003). Evaluating soundscapes as a means to create a sense of presence, in Proc. Dublin, ICAD.

Yaşar, İ. H. (2020). İletişim tarihine kısa bir bakış: Analogdan dijitale iletişim araçlarının gelişimi ve bireye yansıması. Ufkun Ötesi Bilim Dergisi, 20 (1), 183-207.

İnternet Kaynakları

http://filmsound.org/foley/jackfoley.htm, "Jack Foley", 2021.

http://lessonbucket.com/filmmaking/sound/, "Sound", 2017.

https://www.youtube.com/watch?v=_Jznye0iqYE, "Introduction to Foley and Sound Effects for Film", 2021.

https://www.youtube.com/watch?v=0RjzUbLpaKw, "This Is How Famous Movie Sounds Are Made", 2021.

https://www.youtube.com/watch?v=UO3N_PRIgX0, "The Magic of Making Sound", 2021.

https://www.youtube.com/watch?v=ZMlt-6XUW-U, "How Sounds Are Made For Fight Scenes In Movies And TV Shows", 2021.

www.firstsounds.org, Edouard Leon Scott, "First Sounds", 2019.

DİJİTAL REKLAMLAR VE ÇEVRİMİÇİ MAHREMİYET: PSİKOLOJİK TEPKİ TEORİSİ AÇISINDAN BİR DEĞERLENDİRME

Yusuf Zafer Can UĞURHAN[*]

Giriş

İçinde bulunduğumuz dijital çağda, iletişim teknolojilerinin sağlamış olduğu kolaylıklar ve hız, mevcut iletişim biçimlerini dönüştürürken tüketici beklentilerini de değiştirmiştir. Öyle ki televizyonla birlikte her eve girmeyi başarmış olan kitle iletişimi günümüzde bireylerin cebine kadar girmeyi başarmıştır (Altincik, 2017: 58). Bu değişim hem reklamverenlere hem de tüketicilere birtakım faydalar sağlarken tüketici mahremiyetine ilişkin endişeleri de beraberinde getirmiştir. Genel olarak bireyin kendi haline bırakılması ve özeline karışılmaması hakkı olarak tanımlanan mahremiyetin, tüketicilerin alışveriş işlemlerinin ve tüketim faaliyetlerinin takip edilmesi gibi kişisel verilerinin kullanılarak reklam gibi birtakım faaliyetlerde kullanılmasıyla ihlal edildiğine ilişkin tartışmalar söz konusudur (Foxman ve Kilcoyne, 1993). Buna ilişkin yapılan çok sayıda çalışma, tüketicilerin kişisel mahremiyetleri konusunda çok hassas olduklarını ve mahremiyetlerini koruyabilmenin önemli olduğuna inandıklarını ortaya koymaktadır (Morimoto, 2017; Alakurt, 2017). Söz konusu çalışmalarda tüketicilerin, kişisel verilerini kimlerin toplayabileceği ve kullanabileceği üzerindeki kontrolü, kritik bir konu olarak ortaya çıkarken hangi verilerin kullanılabileceğinin denetimi de başka bir önemli husus olarak dikkat çekmektedir.

---

* Öğretim Görevlisi Doktor, Anadolu Üniversitesi, Açıköğretim Fakültesi, yzcu@anadolu.edu.tr. ORCID ID: 0000-0003-1264-9002

Bundan on yıl önceye kıyasla tüketicilerin internete bağlı mobil ve teknolojik cihazlarının sayısındaki artış, kişisel verilerin ve bilgilerin toplanması adına veri toplama yöntemlerini kullanan reklamverenlerle ilgili endişeleri artırmıştır. Semantik web olarak bilinen Web 3.0 teknolojisinin ortaya çıkışı, internet kullanıcılarının geçmişine, ilgi alanına ve isteklerine göre çevrimiçi aramayı geliştirmiş ve optimize etmiştir. Böylelikle web sayfaları aracılığıyla toplanan veriler ve bilgiler ile kullanıcıların sahip olduğu içeriklere dayalı bir web ortamı ortaya çıkmıştır (Ersöz, 2020). Webin gelişimi ve büyük verinin birikmeye başlaması tüketici memnuniyetini artırmak adına önemli imkânlar sunsa da bir anlamda kişisel bilgiler içeren bu büyük verinin hangi ellerde ve nerelerde depolandığı ile içerdiği riskler açısından tartışma konusu olmaktadır. Tüketicilerin kendileriyle ilgili verilerin ve bilgilerin kontrolüne doğrudan sahip olamama (veya kısıtlı bir şekilde hangi verilerin kullanılacağına karar verme), dijital ortamda karşılaştıkları reklamlara karşı birtakım endişeler ortaya çıkarmıştır. Zira semantik web sayesinde öğrenen internet, çeşitli algoritmalar sayesinde reklamları kişiselleştirerek kullanıcı deneyimini farklı bir boyuta taşımıştır. Artan bir şekilde mobil cihazlardaki uygulamaların tüketici verilerine/bilgilerine doğrudan erişebilmesi ve mobil uygulama sayılarındaki öngörülemez artış ile veri toplama durumunun inanılmaz boyutlara ulaşması, hem yerel hem de küresel anlamda hukuki birtakım düzenlemeleri de gündeme getirmektedir.

Verigüvenliği ve mahremiyete ilişkin tartışmalar sürerken, tüketicilerin dijital reklamlara yönelik potansiyel olumsuz tepkilerini azaltmak için reklamda kişiselleştirmeyi destekleyen araştırmalar da devam etmektedir (Baek ve Morimoto, 2012). Ancak, kişisel verilerinin toplanması ve bunun yol açtığı mahremiyet ihlâli düşüncesini aşmak için yeni yöntemlerin gerekliliği de ortadadır. Bu bağlamda, başarılı dijital reklam kampanyaları oluşturmanın yolu, tüketicilerin kişisel verilerini kontrol edebilmelerini sağlamak ve bu kontrolü kısıtlamayacak biçimde reklamda kişiselleştirme düzeyini belirleyebilmektir.

Psikolojik tepki teorisi, bireylerin özgürlüklerine ve özerkliklerine değer verdikleri savına dayanmaktadır. Buna göre birey, reklam gibi ikna edici bir mesaj algıladığında uyarıcının seçme özgürlüğünü tehdit ettiğini, engellediğini veya ortadan kaldırdığını hissedebilmektedir. Bu durumda psikolojik tepki olarak ifade edilen motivasyonel durumun gerçekleştiği varsayılır. Psikolojik tepki, bireyin seçme özgürlüğü tehdit edildiğinde, bireyde gerçekleşen öfke ve olumsuz öngörülerin bir bileşimi olarak kabul edilebilir. Sonuç olarak tepki verme deneyimi bireyleri, tehdit altındaki ya da kaybedilen özgürlüklerini ya doğrudan (örneğin doğrudan bir davranışta bulunarak) ya da dolaylı (mesajı görmezden gelerek) olarak geri kazanmayı amaçlayan şekilde davranmaya motive etmektedir (Reynolds-Tylus, 2019).

Bu çalışmada, tüketicilerin dijital reklamlar kapsamında mahremiyetlerine ilişkin endişeleri ile dijital reklamlarda karşılaştıklarında verebilecekleri olumsuz tepkiler arasındaki ilişki, psikolojik tepki teorisi bağlamında açıklamaya çalışılmıştır. Nitekim tüketicilerin, geleneksel reklamlarda olduğu gibi dijital reklamları da rahatsız edici olarak hissedebilir ve reklamdan kaçınma davranışını gerçekleştirebilir. Ayrıca, belirli düzeyde reklam kişiselleştirmesi, dijital reklamlara karşı olumsuz tutumu azaltabilir, hatta dijital reklamların etkinliğine de güçlendirebilir. Bu noktadan hareketle bu çalışmada, dijital reklamlarda kişiselleştirme ile tüketicilerin dijital ortamda çevrimiçi mahremiyetinin korunması arasındaki dengenin nasıl kurulabileceği tartışılmaktadır

1. Psikolojik Tepki Teorisi Çerçevesinde Çevrimiçi Mahremiyet

Tüketici mahremiyeti, pazarlama ve reklamcılıkta geçmişten günümüze hep mevcut olan bir konu olarak karşımıza çıkmaktadır. Nitekim pazarlamacıların ve reklamcıların, hedef kitlelerini belirleyebilmeleri için birtakım tüketici verilerine ihtiyaç duyduğu bir gerçektir. Bu sebeple tüketicilere ilişkin anket verilerinden dijital ayak izlerine kadar geniş yelpazede verilerin toplandığı bilinmektedir. Dolayısıyla potansiyel müşteri gruplarını hedeflemek adına doğru tüketici bilgilerini elde etmek, etkili bir pazarlama iletişimi için çok önemlidir. Ancak, daha iyi bir hedefleme stratejisi oluşturabilmek için kişisel verilerin toplanması, tüketicilerin bakış açısından mahremiyetlerinin ihlâli olarak değerlendirilebilir. Bu durum, reklamlara ve böylelikle markalara yönelik olumsuz algılara, olumsuz tutumlara ve olumsuz tepkilere yol açabilir. Tüketicilerin dijital reklamlara karşı olumsuz tepkisinin üstesinden gelebilmek adına psikolojik tepki teorisi, dijital reklamlar ve çevrimiçi mahremiyet arasındaki ilişkiyi açıklamada kullanılabilir. Ancak teori, dijital reklamlar çerçevesinde tartışılmadan önce pazarlama ve reklam alanında yapılmış konuyla ilgili nispeten öncü araştırmaları ele almak konuyu daha anlaşılır kılacaktır.

Mahremiyet diğer bir ifadeyle gizlilik, bir kimsenin gizli özelliği, mahrem olma durumu, sır alanı, kişinin kendine ait olan ve herkese açılmayan biçiminde şeklinde ifade edilebilir. Bununla birlikte, "kişisel özel olan, herkese açık olmayan; duyulması, görülmesi ve bilinmesi istenmeyen, belirli şartlar dışında dâhil olmayan, yabancıya kapalı alan; kişinin kendisine ilişkin bir alanın olması, kendi başına kalabilmesi, yalnız kendisinin bildiği ve sadece kendi istediği kişilerle paylaştığı özel bilgi ya da niteliklerine ilişkin doğal, insani bir hak" olarak da tanımlanmaktadır (İder, 2019). Bu bağlamda mahremiyetin, a) bireye özgü olan bir şeyi izinsiz kullanma, b) bireyin hayatına izinsiz girme, c) bireyin mahrem bilgilerini ifşa etme ve d) bireyi gerçekte olmadığı bir şekilde tasvir etme olmak üzere genel olarak dört alanı kapsadığı söylenebilir (Morimoto, 2017). Bu dört alan içinden bireyin hayatına izinsiz girme unsurunun, dijital reklamlarla daha yakından ilişkili olduğu savunulabilir. Foxman ve Kilcoyne (1993) tarafından tüketici mahremiyeti, tüketici verilerinin kimin kontrolü altında olduğu ve tüketicilerin mahremiyetlerine ilişkin hakları ve toplanılan verilerden haberdar olup olmamaları biçiminde tanımlanmıştır. Bu noktada topluluk sözleşmesi ön plana çıkmaktadır. Topluluk sözleşmesi, tüketicilerin gerek mobil uygulamalarda gerekse de hizmet satın alımlarında markalarla paylaştıkları verilerini (kişisel bilgiler vb.) kapsar. Bu sözleşmeyi onayladıktan sonra ilgili uygulamaların kurulmasına ya da hizmetin gerçekleşmesine izin verilir. Dolayısıyla topluluk sözleşmesi tüketicilerle, tüketicilerin verilerini kullanacak taraf arasında bir mutabakat olarak değerlendirilebilir. Bu sözleşme, tüketici verileri tüketicilerin izni ya da bilgisi olmadan marka dışında üçüncü bir tarafa satıldığında veya kiralandığında ihlâl edilmiş olur (Morimoto, 2017). Phelps ve diğerleri (2000), tüketicilerin kendi kişisel verilerinin markalar tarafından işlendiğinde neler olacağı ve ne düzeyde verilerin işleneceği hususlarında kontrol sahibi olmak istediklerini belirtmiştir. Morimoto (2017) ise tüketicilerin çevrimiçi mahremiyetlerinin a) özel bilgi üzerindeki denetim ve b) dijital platformlarda reklamverenlerin veya markaların etkileşimleri üzerindeki denetim olmak üzere iki başlıkta ele alınması gerektiğini söylemektedir. Bu noktada tüketicilerin dijital reklamlara ilişkin tutumlarının ve davranışsal niyetlerinin iyi bir öngörücüsü çevrimiçi etkinlikleri ve verileri üzerinde sahip olduklarını algıladıkları kontrolün düzeyidir.

Günümüzde her geçen gün bilginin değerinin artması, mahremiyet tartışmalarına da ayrı bir boyut kazandırmaktadır. Bilginin değerinin artması açısından dünyanın en çok kullanılan mobil mesajlaşma uygulaması olmasına karşın gelir kaynağı oldukça sınırlı olan WhatsApp, 2014 yılında Facebook tarafından 19 milyar dolara satın alınmıştır (Yaşar, 2020: 36). Bu noktada kişisel verilerin, karar verme süreçlerinde oldukça önemli olduğunun altı çizilmelidir. Nitekim bu satın alma kararı sonrasında Facebook, WhatsApp kullanıcıların adları, telefon numaraları ve cihaz bilgileri gibi birçok kişisel verisine kolaylıkla ulaşarak bunları depolamaya başlamıştır (Alakurt, 2017). Hatta yakın zamanlarda WhatsApp kullanıcı verilerini reklam amaçlı paylaşma iş modelini öne sürerek gündeme getirdiği yeni sözleşmeyi kabul etmeyen WhatsApp kullanıcılarının bir daha bu uygulamayı kullanamayacaklarını belirten Facebook, kullanıcılar tarafından büyük tepki görmüş ve alternatif mesajlaşma uygulamalarına doğru önemli geçişler söz konusu olmuştur. Bu gerilim sonucunda Facebook geri adım atarak Whatsapp aracılığıyla edindiği kullanıcı verilerini kısıtlı şekilde paylaşacağını belirtmiştir. Ancak, kullanıcılar bu açıklamadan pek tatmin olmamıştır. Öte yandan, içinde bulunduğumuz dijital çağda teknoloji şirketlerinin özellikle iletişim alanında birçok hizmeti kullanıcılarına bedava sunduğu, bunun karşılığında ise birtakım verileri topladığı unutulmamalıdır. Bununla birlikte toplanan bu veriler, çeşitli riskler olmakla beraber kullanıcı veya müşteri memnuniyetini artırmak ve kişinin daha ileri bir deneyim yaşamasına olanak sunmak amacıyla kullanılmaktadır.

Psikolojik tepki, bireylerin davranışsal özgürlüklerine yönelik olası bir tehdit nedeniyle tedirginlik hissettiklerinde ortaya çıkar. Bu durumda bireyler, tehdit altında hissettikleri özgürlüklerini yeniden elde etmek için tutum ve davranışlarını değiştirmeye çalışırlar (Baek ve Morimoto, 2012). Psikolojik tepki, 1) birey tehdit edilen özgürlüğünü kendince önemli gördüğünde, 2) tehdidin düzeyi arttığında, 3) tehdit diğer özgürlükleri kısıtladığında ve 4) birey özgürlüğüne düşkün olduğunda gerçekleşir (Edwards vd., 2002). Dolayısıyla oluşan tepkiyle beraber birey, kendine empoze edilen tutumlardan ve davranışlardan uzaklaşabilir. Bunun sonucundaysa birey, markalar tarafından istenilen ve beklenilen etkinin tersi biçiminde hareket edebilir.

Tüketiciler, kişisel verilerinin denetiminin reklamverenler ile markaların elinde olduğunu fark ettiklerinde, özgürlüklerini yitirdiklerini hissetmeleri doğal karşılanmalıdır. Kişisel verilerin denetiminden daha fazla uzaklaştırılması hissi, psikolojik tepkiyi tetikleyebilir ve bunun sonucunda reklamı yapılan markalara karşı olumsuz tutumlar gelişebilir. Sonuç olarak tüketicilerden istenmeyen olumsuz davranışlar gerçekleşebilir. Tüketiciler, farklı dijital reklam türlerine maruz kaldıklarında hangi verilerin kullanılacağının yanı sıra geçmiş satın almalar, konumlar ve etkinlikler gibi kişisel verilerinin dağıtımında özgür ve serbestçe denetim sahibi olmayı bekleyebilir. Bu doğrultuda psikolojik tepki, dijital reklamların olası sonuçlarını etkili bir şekilde açıklayabilir ve markaların tüketicilerden gelebilecek olumsuz tepkileri anlamasına yardımcı olabilir.

Psikolojik tepki teorisine dayanan ampirik araştırmalar, çevrimiçi mahremiyetle ilgili önemli sonuçlar sunmaktadır. Örneğin Edwards ve diğerleri (2002) pop-up reklamlara zorla maruz kalan tüketicilerin olumsuz tepkiler verdiğini ve reklamdan kaçındığını tespit etmiştir. Tüketicilerin istenmeyen (spam) ticari SMS ve e-posta bildirimlerinden rahatsızlık duydukları da göz önünde tutulduğunda sonucun reklamdan kaçınmaya yol açacağı ve reklamlara yönelik olumsuz tutumu oluşturacağı açıktır. White ve diğerleri ise (2008), tüketicilerin içinde bağlantı bulunduran dijital reklamlara tıklama niyetlerinin, kendilerine bu reklam türevlerinden gelecek ürün/hizmet e-postalarını belirleyebileceğini hissetmelerinden etkilendiğini belirlemiştir. Bleier ve Eisenbeiss (2015), tüketici satın alma ilgilerine bağlı olarak kişiselleştirilmiş banner reklamların tüketicilerin psikolojik tepkisini ve mahremiyet kaygılarını tetiklediğini keşfetmiştir. Youn ve Kim (2019) ise Facebook özelinde yaptıkları çalışmalarında kullanıcıların özerkliklerinin arttığında reklamın müdahaleci olarak algılanma düzeyinin azaldığını tespit etmişlerdir. Bununla birlikte, Facebook reklamlarının müdahaleci olma düzeyinin ve kullanıcıların algıladığı özgürlük tehdidinin beraberinde psikolojik tepkiyi getirdiğini ve sonuç olarak kullanıcıların reklamdan kaçındığını bulmuşlardır.

2. Dijital Reklamlarda Psikolojik Tepkinin Sonuçları

Reklamcılıkta etkiler hiyerarşisi modelleri, tüketicilerin reklamlara yönelik verdiği tepkiler ile reklamda yer alan bilgileri nasıl işlediklerini aşamalı olarak açıklamakta ve bu tepkilerin bilişsel, duyuşsal ve davranışsal düzeyde sonuçlarına odaklanmaktadır. Tüketiciler reklam aracılığıyla bir markaya yönelik bilişsel bilgiye sahip olmakta, daha sonrasında bu bilgi tutumlarını şekillendirmekte ve sonunda davranışsal niyeti oluşturabilmektedir. Bu model, aynı zamanda dijital reklamların tetiklediği psikolojik tepkinin olası sonuçlarını da açıklayabilir.

Psikolojik tepkinin dijital reklamlarda oluşturduğu ilk sonuç, reklam müdahaleciliği (müdahaleci reklam) olarak da bilinen tüketicilerin bilişsel değerlendirmeleridir. Bu değerlendirmeler "tüketicilerin bir reklama maruz kaldıklarında ürettikleri düşünceler" olarak tanımlanmıştır (Yoo ve Kim, 2005, s.21). Reklam müdahaleciliğini oluşturan iki özellik vardır. İlk özellik, müdahaleci reklamın bireyin o anda gerçekleştirdiği işlemi kesintiye uğratmasıdır. Müdahaleci reklamlar, pop-op reklamlar ve istenmeyen ticari e-posta iletileri gibi daha geleneksel formatlardan çevrimiçi videolarda karşılaşılan reklamlar ve konuma dayalı reklamlara kadar çeşitli formatlara kadar değişebilir (Goodrich vd., 2015; Gazley vd., 2014). Reklamın formatına bakılmaksızın birey, karşılaştığı bir reklamı ne kadar çok müdahaleci olarak değerlendirirse psikolojik tepkiyi de beraberinde getireceği ve sonuç olarak bireyin duygularını, tutumlarını ve davranışlarını etkileyebileceği söylenebilir. Baek ve Morimoto (2012), tüketici verilerinin kontrolü ve kişisel verilerin ifşa edilmesi açısından dikkat çekmiştir. Çalışmalarında tüketici mahremiyetinin tehdit edildiği anın tüketicilerin "kişisel verilerinin başkalarına ifşa edilmesi" hususunda endişelendiği an ortaya çıktığını belirtmiştir. Tüketiciler, markalara kullanmaları için izin vermedikleri sürece dijital reklamlarda kişisel verilerinin ve internette tarama verilerinin kullanılmasını müdahaleci bulabilir. Özellikle kişisel verilerin ticari amaçlarla kullanılmasına ya da üçüncü bir tarafa aktarılmasına tüketiciler onay vermemişlerse bu müdahale etme hissinin şiddeti artabilir. Dolayısıyla tüketicilere ait verilerin kullanımını kontrol edebilme hakkı, tüketicilerin psikolojik tepkiye girip girmemelerinde önemli bir rol oynamaktadır.

Dijital reklamlarda reklam müdahaleciliğinin kontrol edilmesi hususunda bazı çalışmalar söz konusudur (Van Doorn ve Hoekstra, 2013; Cortes ve Vela, 2013; Gazley vd., 2014). Bu çalışmalardan biri olan Van Doorn ve Hoekstra (2013), dijital reklamların kişisel kimlik veya yapılan ticari bir işlemin bilgisini gerektirdiğinde müdahaleci reklam olarak algılanması olasılığının yükseldiğini ve reklamda yer alan markaya yönelik tutumun olumsuzlaştığını tespit etmiştir. Cortes ve Vela (2013), SMS reklamları çerçevesinde tüketicilerin cep telefonlarına izinsiz SMS reklamları göndermenin reklamın müdahaleci olarak algılanmasını tetikleyebileceğini göstermiştir. Gazley ve diğerleri (2014) ise müdahaleci reklamların genel olarak tutum değişkenleri de dâhil olmak üzere çeşitli faktörleri ve davranışları olumsuz olarak etkilediği bilinen reklam rahatsız ediciliğini artırdığını ve olumsuz tutumları beraberinde getirdiğini bulgulamıştır.

Tüketicilerin duygularını harekete geçiren reklamlar, rahatsız edicilik hissini ortaya çıkarabilir (Edward vd., 2002). Dijital reklamların ekranda kapladığı alandan dolayı tüketicilerin içerikle etkileşimini kesintiye uğratmalarının yanı sıra tüketicilerin hangi kişisel verilerinin toplandığını bilmemelerinin ya da bunlar üzerinde bir kontrole sahip olmamalarının sonucunda reklamın müdahale etme düzeyi artabilir. Bu bağlamda reklamın müdahaleci olarak algılanmasının reklam rahatsız ediciliğini tetiklediği sonucuna ulaşılabilir. Bu durum reklamın etkililiğini belirleyen önemli bir faktör olarak reklam rahatsız ediciliğinin ön plana çıkmasına yol açmaktadır.

Reklam rahatsız ediciliği, tüketicilerin reklam uyaranlarından dolayı yaşadıkları olumsuz, tahammülsüz ve hoşnutsuz duygular olarak tanımlanabilir. Önceki çalışmalar, reklam miktarının ve görünüşünün rahatsız ediciliğin düzeyini belirleyen önemli değişkenler olduğunu raporlamıştır (Cortes ve Vela, 2013). Bu yönüyle dijital reklamlar düşünüldüğünde tüketicilerden toplanan dijital etkinlik verilerinin platformlar arası tutundurma stratejileri bağlamında değerlendirildiği söylenebilir. Etkili bir medya planlamasında, aynı reklamlar birden fazla dijital cihazda ve sosyal medya platformunda tüketicilerin karşısına çıkabilir. Ancak, aynı reklamlara tekrar tekrar maruz kalmak, tüketicilerde bir rahatsızlığa yol açabilir. Nitekim psikolojik tepki teorisi, bireylerin kendi etkinliklerini kendilerinin kontrol etme ihtiyaçlarından söz ederken; bireylerin kontrolü kaybettiklerini hissettiklerinde ikna edici mesajlara daha olumsuz bir şekilde yanıt verme eğilime girdiklerinin altını çizmektedir (Youn ve Kim, 2019). Dolayısıyla kişisel verilerin kullanılması neticesinde tüketicilere gönderilen reklam mesajları, tüketiciler tarafından istenmeyen bir iletişim biçimi olarak değerlendirilebilir (Baek ve Morimoto, 2012). Sonuç olarak reklam rahatsız ediciliği, reklama yönelik olumsuz tutum, reklama yönelik şüphe ve reklamdan kaçma gibi davranışsal sonuçlara neden olabilir. Reklam rahatsız ediciliği üzerine yapılmış ampirik araştırmalar, reklama yönelik tutumun oluşmasında rahatsız ediciliğin baskın bir role sahip olduğunu tespit ederken (Park ve Salvendy, 2012), geleneksel medyadaki reklam formatlarıyla kıyaslandığında dijital reklamların rahatsız ediciliğinin daha fazla olduğunu belirlemiştir. (Baek ve Morimoto, 2012).

Tüketicilerin reklamlara yönelik olumsuz algıları ve tutumları, beraberinde olumsuz davranışsal çıktıları getirebilir. Bu çıktılardan biri olan kaçınma, tüketici davranışında ortaya çıkan önemli değişkenlerden biridir. Reklamdan kaçınma, medya kullanıcılarının reklam içeriklerine maruz kalmalarını çeşitli düzeylerde azaltan davranış biçimi olarak tanımlanmakta ve kullanıcı-içerik etkileşimini kesintiye uğratan reklamlardan kaçınma olarak kabul edilmektedir (Morimoto, 2017). Dijital reklamlar açısından reklamdan kaçınma bilişsel, duyuşsal ve davranışsal olmak üzere üç faktör altında ele alınmaktadır. Bunlardan ilki olan bilişsel kaçınma, tüketicilerin reklamları kasıtlı olarak görmezden gelmesi olarak ifade edilirken, duyuşsal kaçınma tüketicinin reklamdan hoşlanmaması ve reklamın kaynağından kaçınması anlamına gelmektedir. Son faktör olan davranışsal kaçınma ise reklamlardan kaçınmak için gerçekleştirilen fiziki eylemler olarak açıklanmaktadır (Cho ve Cheon, 2004). Bu nedenle psikolojik tepki teorisine göre tüketiciler, çevrimiçi etkinliklerine devam etme özgürlüğünü yeniden kazanmak için reklamlardan kaçınabilir. Öte yandan, İnternet'in geleneksel medyayla karşılaştırıldığında daha hedef ve görev odaklı bir araç olması dijital reklamlardan kaçınma eğiliminin de daha fazla olmasına yol açabilmektedir. Ayrıca tüketiciler dijital reklamlardan kaçınarak kişisel verilerinin kontrolünü yeniden kazabilirler. Nitekim tüketiciler reklamdan kaçınarak kişisel verilerinin toplanmasını ya da etkinlik kayıtları gibi verilerin toplanmasını en azından o an için sona erdirebilir.

Tüketiciler, rahatsız edici reklamlardan kurtulmak amacıyla e-posta listelerinden vazgeçme, dijital reklamları ad-block gibi eklentiler aracılığıyla engelleyerek reklamları görüntülemek için harcanan zamanı en aza indirmeye çalışma gibi çeşitli kaçınma türlerini gerçekleştirebilir. TV izlerken reklamlardan kaçınmak için kanal değiştirildiği gibi web tarayıcılarında reklam engelleyici eklentileri kullanabilir. Bunun dışında kişi reklamlardan bilişsel olarak da kaçınılabilir, diğer bir ifadeyle reklama dikkat etmeyebilir (Fransen vd., 2015). Sonuç olarak müdahalecilik ve rahatsız edicilik gibi algılar reklamdan kaçınma olasılığını yükseltecektir. Reklama ilişkin geçmiş olumsuz deneyimlerin reklamdan kaçınma olasılığını ayrıca etkileyeceğini de unutmamak gerekir.

Özetle, dijital reklamlarda tüketiciler, reklam engelleme eklentileri kullanarak ya da görüntüleme seçeneklerinden reklamları engelleyerek pop-up reklamlar ya da banner reklamlar gibi dijital reklam biçimlerinden fiziksel olarak kaçınma eğilimdedir. Özellikle genç tüketiciler, dijital reklamları ilgi alanlarıyla alakasız ve/veya sosyal medyayı daha az güvenilir bir kaynak olarak gördüklerinden bilişsel olarak sosyal medyadaki reklamlardan mümkün oldukça kaçınmaya çalışmaktadır. Reklamdan kaçınma genellikle reklamlara verilen olumsuz tepkilerle eşleştirilse de, tüketicilere kendileri tarafından kullanılabilen reklamları devre dışı bırakma seçeneği sunarak onlara daha fazla özgürlük hissi sağlayarak olumsuz yaklaşımları azaltma potansiyeli taşımaktadır. Örneğin, YouTube izleyicileriyle ilgili bir araştırma, izleyicilerin "atlanabilir" reklamları artan bir şekilde tercih ettiğini ortaya çıkarmıştır. Dolayısıyla yayın ortası reklamları atlama seçeneği tüketicilerden gelen olumsuz tepkileri azaltabilir ve izleme deneyimlerini geliştirebilir (Pashkevich vd., 2012). Reklamverenler için, kaçınmanın tercih edilen bir tüketici davranışı olduğu değerlendirildiğinde uygun kitlelere ulaşmak için proaktif stratejiler yoluyla olumsuz tepkiler en aza indirilebilir. Bunlardan biri, tüketicileri etkili bir şekilde hedeflemek için kullanılan reklam içeriklerinin kişiselleştirilmesidir.

3. Kişiselleştirme ve Dijital Reklamlara Yönelik Psikolojik Tepki

Reklamda kişiselleştirme popüler konulardan biri olsa da yapılan çalışmalarda kişiselleştirmenin tüketici tutumlarını ve davranışlarını nasıl etkilediği konusunda elimizde yeterli sayıda somut kanıt olduğunu söylemek güçtür. Kişiselleştirme, "farklı alıcıların kendi tercihlerine ya da özelliklerine göre uyarlanmış mesajlar gönderen özel bir iletişim akışı" olarak tanımlanmaktadır (White vd., 2008). Kişiselleştirilmiş reklamlar ise bireysel tercihlere ve/veya özelliklere göre uyarlanmış ve farklı alıcılara gönderilen ayırt edici ticari mesajlar olarak tanımlanabilir. Bu bağlamda dijital reklamların, iyi tanımlanmış kitleleri hedeflemek için bilgi işleme teknolojisinden yararlandıklarını söylemek mümkündür.

Kişiselleştirilmiş reklamların hem artıları hem de eksileri söz konusudur. En dikkate değer artısı, bireylerin ilgi alanlarına yönelik sonuçlarla hareket etme olanağı sunmasıdır. Bu noktada bireylerin karşısına akış içerisinde kendi ilgi alanlarına yönelik reklamlar çıkar. Dolayısıyla tüketici tercihlerini ve ilgi alanlarını eşleştirmek için kişisel verileri kullanan reklamverenler, reklamları tüketiciler için daha kullanışlı hale getirebilir ve daha yüksek bir satın alma potansiyeli elde edebilir (Wang vd., 2015). Öte yandan, kişiselleştirilmiş reklamlar tüketicilerin kişisel verilerini toplamayı gerektirdiği için bazı endişeleri de beraberinde getirmiştir. Reklamverenler, tüketicilerin tercihlerine ilişkin verileri elde etmek adına çevrimiçi etkinliklerini kayıt altına aldıklarını hissettiklerinde tüketicilerin mahremiyet endişeleri artmaktadır. Bu durum mahremiyetin ifşası olarak algılanmakta ve ifade edilmektedir.

Reklam mesajları kişisel bilgiler içerdiğinde, tüketiciler reklamverenlerin takibinden kaçamayacaklarmış gibi hissedebilmektedir. Bununla birlikte, reklamverenler tarafından yönlendirildiğini düşünen tüketici, karşısına çıkan reklamın kendi tercih veya ilgi alanıyla bağlantılı olduğunu gördüğünde, kişiselleştirilmiş reklamları mahremiyetine yönelik bir tehdit olarak algılayabilmektedir. Buna ilişkin olarak yapılan bazı çalışmalar, reklam etkinliğini üst düzeye çıkarabilecek kişiselleştirme türlerini ve düzeylerini belirlemeye yönelmiştir (Bleier ve Eisenbeiss, 2015).

Demografik ve psikografik bilgiler, kişiselleştirilmiş reklamlarda sıklıkla kullanılan değişkenlerdir. Bu nedenle tüketici tepkileri, kişisel bilgilerini içeren reklamlarla karşılaştıklarında olumsuz olabilir. Reklam mesajlarında yer alan isim, konum ve yaşam tarzı gibi kişiselleştirilmiş bilgiler, tüketicileri açıkça tanımladığında, karakterize ettiğinde veya ön plana çıkardığında, gerçekleşen iletişim çok kişiselleşebileceği için tüketiciler açısından olumsuz çıktılara yol açma ihtimali söz konusudur. Tüketiciler kendi bilgilerinin markaların eline geçtiğinde, markaların söz konusu bilgilere kalıcı olarak erişebileceklerini düşünebilmektedir. Bazı yasal düzenlemeler, tüketicilerin istenmeyen SMS'lerden ya da e-posta listelerinden kolay bir şekilde çıkabilmelerini sağlasa da tüketicilerin kişisel verilerinin markaların elinden tamamen çıkarmalarını garanti ettiği söylenemez. Sonuç olarak kişiselleştirme olumsuz tepkiyi tetikleyebilir dolayısıyla tüketici davranışlarını da olumsuz yönde etkileyebilir.

İkinci tür kişiselleştirme, tüketicilerin alışveriş ve internet etkinlikleri geçmişlerini kullanır. Bu uygulamada reklamlar, örneğin bir çevrimiçi mağazadaki en son alışveriş davranışlarını yansıtacak şekilde uyarlanır (Bleier ve Eisenbeiss, 2015). İnternet tarama geçmişi çerezler aracılığıyla yönetilerek tüketicilerin internet etkinliği kayıt altına alınmaktadır. Tüketiciler çerezleri reddederlerse de reklamverenler tüketicilerin dijital ayak izlerini başka şekillerde (lokasyon vb.) elde edilebildikleri için çevrimiçi etkinliklerini yine de izleyebilirler. Öte yandan, oluşturulan reklamlar tüketicilerin ilgi alanlarına daha yakın olsa bile, kişisel bilgileri içeren kişiselleştirilmiş reklamlar, reklamın müdahaleciliğini tetikleyebilir (Van Doorn ve Hoekstra, 2013). Bu sebeple kişiselleştirilmiş reklamlar, marka iletişimi stratejilerinde çok dikkatli bir şekilde kullanılmalıdır.

Mobil iletişim ve konumlandırma teknolojilerinin gelişmesiyle birlikte konum tabanlı reklamcılık, reklamverenler için önemli bir diğer uygulama alanı haline gelmiştir. Nitekim tüketicilere lokasyon bazlı reklam mesajları gönderilmesi zaman ve mekân ilişkisinin verimli kullanılması açısından olumlu sonuçlar doğurma potansiyeli taşımaktadır. Mobilizasyona dayalı yeni nesil iletişim teknolojilerinin bireyi zaman ve mekân kısıtlaması olmadan erişilir kılması bireyi güçlendirdiği gibi (Yaşar, 2020: 183) markalar ve iletişim profesyonellerinin işini de kolaylaştırmaktadır. Konum tabanlı reklamlar tüketiciler için uygun olmasına ve alışveriş deneyimlerini kolaylaştırmasına rağmen, alıcılar reklamları müdahaleci bulursa ciddi bir mahremiyet endişesi oluşturabilmektedir(Limpf ve Voorveld, 2015). Bu bilgi türü tüketicilerin gerçek davranışları ve fiziksel konumlarıyla yakından ilişkili olduğundan, tüketicinin izni olmadan gönderilen ticari mesajlar, istenmeyen ve/veya mahremiyete yönelik bir tehdit olarak algılanmaktadır.

4. Sonuç

Çalışmada, psikolojik tepki teorisinden hareketle dijital reklamlara karşı olumsuz tepkilerin nasıl olabileceği ve olası sonuçları tartışılmıştır. Yapılmış öncü çalışmalardan hareketle birtakım karşılaştırma ve çıkarımlarda bulunularak psikolojik tepkinin olası olumsuz sonuçlarından kaçınmaya yönelik tavsiyelerde bulunulmuştur. Genel olarak değerlendirildiğinde reklamverenlerin, dolayısıyla markaların, tüketicilerin kişisel verilerini/bilgilerini toplamak ve bunları kullanmak için çeşitli ve etkili yollar aramaya çalıştıkça tüketicilerin de reklamları görmemek, engellemek ve onlardan kaçınmak için daha farklı yollar arayacağı söylenebilir. Bu nedenle reklamverenlerin ve markaların amacı, etkili reklamlar oluşturmak için bir yandan reklamlarda kişiselleştirmeyi kullanırken diğer yandan tüketici mahremiyetinin ihlali arasındaki ince çizgiyi gözetmek olmalıdır. Bu ikisi arasındaki dengeyi anlamak için, araştırmacıların bu konuyu daha fazla araştırmasına ihtiyaç olduğunu belirtmek gerekir. Birçok araştırmacı, tüketici mahremiyetiyle ilgili endişelerin hâlihazırda aktif olarak takip etmekte ve daha fazla araştırma, dijital reklamlar açısından mahremiyet çizgisinin nasıl korunacağı yönünde çıktılara ulaşmaya çalışmaktadır. Olası araştırma alanları arasında, bunlarla sınırlı olmamak üzere, tüketici algıları, tutumları ve davranışları ile kişiselleştirme ve farklı medya formatları ve ürünler arasındaki etkileşim düzeyleri üzerinde farklı kişiselleştirme uygulamalarının test edilmesi yer alabilir. Dijital reklamlar küresel anlamda internet ekosisteminde yer aldığından ötürü küresel bir bakış açısıyla araştırma yapmak faydalı olacaktır. Dijital reklam dünyasının sürekli artan hacmi de göz önünde tutulduğunda hem uygulayıcıların hem de araştırmacıların dijital çağda tüketicilere daha iyi hizmet verebilmek için etkili yolları keşfetmeye devam edeceğini söylemek mümkündür.

Kaynakça

Aguirre, E., Mahr, D., Grewal, D., Ruyter, K. D., &Wetzels, M. (2015). Unraveling the personalization paradox: The effect of information collection and trust-building strategies on online advertisement effectiveness. *Journal of Retailing*, *9*(1), 34–49.

Alakurt, T. (2017). Adaptation of online privacy concern scale into Turkish culture. *Pegem Eğitim ve Öğretim Dergisi*, *7*(4), 611-636, http://dx.doi.org/10.14527/pegegog.2017.022

Altincik, Hasan (2017). "Popüler Kültür Araçlarından Reklamların Gündelik İhtiyaçları Yönlendirmesi Cam Sektörü Reklamları Örneğinde Bir Analiz", *Dicle Üniversitesi Sosyal Bilimler Enstitüsü Dergisi*, 9(18), 52-62.

Baek, T. H., & Morimoto, M. (2012). Stay away from me: Examining the determinants of consumer avoidance of personalized advertising. *Journal of Advertising*, *41*(1), 59–76.

Bleier, A., & Eisenbeiss, M. (2015). The importance of trust for personalized online advertising. *Journal of Retailing*, *91*(3), 390–409.

Cho, C. H., & Cheon, H. J. (2004). Why do people avoid advertising on the internet? *Journal of Advertising*, *33*(4), 89–97.

Cortes, G. L., & Vela, M. R. (2013). The antecedents of consumers' negative attitudes toward SNS advertising: A theoretical framework and empirical study. *Journal of Interactive Advertising*, *13*(2), 109–117.

Edwards, S. M., Li, H., & Lee, J. H. (2002). Forced exposure and psychological reactance: Antecedents and consequences of the perceived intrusiveness of pop-up ads. *Journal of Advertising*, *31*(3), 83–95.

Ersöz, B. (2020). Yeni nesil web paradigması: Web 4.0. *Bilgisayar Bilimleri ve Teknolojileri Dergisi*, *1*(2), 58-65.

Foxman, E. R., & Kilcoyne, P. (1993). Information technology, marketing practice, and consumer privacy: Ethical issues. *Journal of Public Policy & Marketing*, *12*(1), 106–119.

Fransen, M. L., Verlegh, P. W. J., Kirmani, A., & Smit, E. G. (2015). A typology of consumer strategies for resisting advertising and a review of mechanism for countering them. *International Journal of Advertising*, *34*(1), 6–16.

Gazley, A., Hunt, A., & McLaren, L. (2014). The effects of location-based-services on consumer purchase intention at point of purchase. *European Journal of Marketing*, *49*(9), 1686–1708.

Goodrich, K., Schiller, S. Z., & Galletta, D. (2015). Consumer reactions to intrusiveness of online-video advertisements: Do length, innovativeness, and humor help (or hinder) marketing outcomes? *Journal of Advertising Research*, *55*(1), 37–50.

İder, S. (2019). Yetişkinlerde mahremiyet algısının kaynağına ilişkin nitel bir araştırma. *Marife*, *19*(1), 109-122

Limpf, N., &Voorveld, H. A. M. (2015). Mobile location-based advertising: How information privacy concerns influence consumers' attitude and acceptance. *Journal of Interactive Advertising*, *15*(2), 111–123.

Milne, G. R., Culnan, M. J., & Greene, H. (2006). A longitudinal assessment of online privacy notice readability. *Journal of Public Policy & Marketing*, *255*, 238–249.

Morimoto, M. (2017). Personalization, perceived intrusiveness, irritation, and avoidance in digital Advertising. S. Rodgers & E. Thorson (Eds), *In Digital Advertising Theory and Research* (pp. 110-123). NY: Routledge.

Park, T., & Salvendy, G. (2012). Emotional factors in advertising via mobile phones. *Journal of Interactive Advertising*, *28*(9), 597–612.

Pashkevich, M., Dorai-Raj, S., Kellar, M., & Zigmond, D. (2012). Empowering online advertisements by empowering viewers with the right to choose. *Journal of Advertising Research, 52*(4), 451–457.

Renolds-Tylus, T. (2019). An examination of message elaboration as a moderator of psychological reactance. *Communication Research Reports, 36*(2), 158-169.

Tucker, C. E. (2014). Social networks, personalized advertising, and privacy controls. *Journal of Marketing Research, 51*(5), 546–562.

Van Doorn, J., & Hoekstra, J. C. (2013). Customization of online advertising: The role of intrusiveness. *Marketing Letters, 24*(4), 339–351.

Wang, W., Yang, L., Chen, Y., & Zhang, Q. (2015). A privacy-aware framework for targeted advertising. *Computer Networks, 79*, 17–59.

White, T. B., Zahay, D. L., Thorbjørnsen, H., & Shavitt, S. (2008). Getting too personal: Reactance to highly personalized email solicitations. *Marketing Letters, 19*(1), 39–50.

Yaşar, İ. H. (2020). İletişim Tarihine Kısa bir Bakış: Analogdan Dijitale İletişim Araçlarının Gelişimi ve Bireye Yansıması, *Ufkun Ötesi Bilim Dergisi, 20*(1), 183-207.

Yaşar, İ. H. (2020). *Sosyal Medya ve Siyaset*, Ankara: Orion Akademi

Yoo, C. Y., & Kim, K. (2005). Processing of animation in online banner advertising: The role of cognitive and emotional responses. *Journal of Interactive Marketing, 19*(4), 18–34.

Youn, S., & Kim, S. (2019). Understanding ad avoidance on Facebook: Antecedents and outcomes of psychological reactance. *Computers in Human Behavior, 98*, 232-244.

Zajonc, R. (1968). Attitudinal effects of mere exposure. *Journal of Personality and Social Psychology Monographs, 9*(2), 1–27.

DİJİTAL ÇAĞIN SANAL İLİŞKİLERİ: ÇÖPÇATANLIK UYGULAMALARI ÜZERİNE BİR DEĞERLENDİRME

*Zuhal AKMEŞE**

Giriş

Teknolojinin akıl almaz bir hızla gelişmesi, buna paralel olarak kitle iletişim araçlarının gelişimi ve kullanım alanlarının artması, internetin gündelik hayat içerisinde kendine yer bulması, toplumsal hayatı bütün boyutlarıyla etkiledi. Bu gelişmeler yaşamın her alanında kaçınılmaz olarak bazı değişim ve dönüşümleri de beraberinde getirdi. Televizyonun her evin baş köşesinde kendine yer bulmasıyla başlayan süreç akıllı telefonların hayatımıza girmesiyle devam etti. Hatta bununla sınırlı kalmayıp kolumuzda taşıdığımız akıllı saatler ve vücudumuzun bir uzantısı haline gelen mobil iletişim araçlarıyla kuşatıldık. İnternetin gündelik hayatın rutinleri içerisinde kendisine yer bulması, yeni medya olarak ifade edilen dijital platformların yaygınlaşması ve internetin gündelik hayata dahil olmasıyla birlikte toplumsal yapı ve ilişkilerde de değişim ve dönüşüm yaşanmaya başladı. Kitle iletişim araçlarının gelişimi, internetin yoğun kullanımı ve bireyin dijital mecraları etkin bir biçimde kullanmasıyla birlikte tüketim alışkanlıklarından satın alma davranışlarına, iletişim kurma biçimlerinden ilişki biçimlerine değin birçok alanda değişim yaşandı. Sosyal hayat içerisinde gerçekleştirilen birçok eylemin dijital platformlara taşınması ve bu platform-

* Doç.Dr., Dicle Üniversitesi, İletişim Fakültesi, Radyo Televizyon ve Sinema Bölümü, Diyarbakır/zuhal.akmese@dicle.edu.tr/Orcid ID: 0000-0003-3805-8649

larda etkileşimin başlaması siber ilişki olarak ifade edebileceğimiz ilişki biçimlerini ortaya çıkardı.

Geleneksel toplumlarda evlilik sürecinde tarafların bir araya gelmesinde aracılık eden, kimin kiminle evleneceği konusunda tarafları bir araya getiren kişi (sozluk.gov.tr, 2021) için kullanılan çöpçatanın mesleğini ve icra ettiği işi ifade etmek için türetilen çöpçatanlık, toplum içerisinde çiftlerin bir araya getirilmesi, tanıştırılması ve/veya bu tür işler için ortam oluşturulması manasında sıklıkla kullanılan bir terim olarak bilinir. Flört ise kadın ve erkek arasındaki duygusal ilişki (sozluk.gov.tr, 2021) karşılıklı bir etkileşim ve ilgiye dayanan ilişki biçimi "bireysellik, kişisel seçim" (Emiroğlu, 2019: 444) gibi anlamlara gelmektedir. Tarihsel bağlam göz önünde bulundurulduğunda toplumların modernleşme ile birlikte dönüştüğü geleneksel evlilik yöntemi olan görücü usulünün tanışma, görüşme ve karşılıklı ilgiyi temel alan flört kavramıyla yer değiştirdiği, ilişkilerin büyük çoğunluğunun karşılıklı etkileşimle gerçekleştiği kabul edilmektedir. Günümüzde yeni teknolojilerin hayata dahil olması ve siber ilişki kavramının hayatımıza girmesiyle birlikte geleneksel ilişki biçimlerinin aslında yeniden hayat bulduğu şekilsel bir değişimden ziyade araç/aracın mecrasının değiştiğini ifade etmek mümkündür. Bu anlamda dijitalleşmeyle birlikte çöpçatanlık mesleği ve flörtünde mecra değiştirdiğini ve gelişen teknolojilere paralel olarak varlığını sanal platformlarda sürdürdüğünü ancak bu mecra değişikliğinin ilişkilerin doğasını da etkilediğini ifade etmek mümkündür.

Gelişen teknolojilere paralel olarak yaşanan mecra değişikliğinde çöpçatanlık ve flört uygulamaları ilk etapta televizyon programlarına taşındı. Türkiye özelinde düşündüğümüzde Rüya Ersavcı ve Nurseli İdiz'in sunumuyla farklı dönemlerde ekranlarda yer alan Saklambaç programı izdivaç ve çöpçatanlık programlarının başlangıcı olarak kabul edilebilir. 2000'li yıllarda başlayan izdivaç programları ise bir furyaya dönüşmeye başladı. Gelin kaynana programları, sabah programları ve temelde çöpçatanlık ve flörtü esas alan farklı formattaki yapımlar 2017 yılına kadar yoğun bir biçimde ekranlarda yerini almaya ve gündem oluşturmaya devam etti. 2000'li yılların başından itibaren varlık gösteren ve ardı arkası kesilmeden türeyen izdivaç programı furyası yaklaşık 20 yıllık bir dönem varlığını sürdürdü. Şikayet ve tartışmalara konu olan benzer türdeki programlar 690 sayılı kanun hükmünde kararname ile bir yasal düzenlemeye tabi tutulup 29 Nisan 2017 'de resmi gazetede yayınlanarak yayından kaldırıldı (Eroğlu ve Karakoç, 2019: 161). İlgili programların televizyon yayınlarının durdurulması bu furyanın bittiği anlamına gelmediği gibi internet tabanlı siteler ve akıllı telefonların hayatımıza girmesiyle birlikte bu platformlar için benzer amaçlarla geliştirilen uygulamalar çöpçatanlık faaliyetlerini bir anlamda ayyuka çıkardı. Televizyonla başlayan çöpçatanlık ve izdivaç içerikli programlar sosyal medya mecralarında yoğun bir biçimde yer almaya başladı.

Günümüzde çöpçatanlık ve flört amaçlı birçok internet tabanlı uygulama bulunmaktadır. Çöpçatanlık ve flört içerikli sitelerin ortaya çıkmasıyla başlayan bu süreç, akıllı telefonların ve mobilite kavramının gündelik yaşamımızın rutinleri arasına girmesiyle birlikte, her geçen gün yeni uygulama ve stratejilerle varlığını sürdürmeye devam etmekte ve gittikçe yaygınlaşmaktadır. Çöpçatanlık ve flört amaçlı uygulamaların dünya genelinde yaygın bir biçimde kullanılması ve bu uygulamaların sürekli artış göstermesi ikili ilişkilerin doğasında birtakım değişimler yaşandığını, bir anlamda ilişki ve birliktelik kavramlarının değiştiğini göstermektedir. Bu bağlamda yeni ilişki biçimlerinin geleneksel yapıdan uzaklaşarak biçim değiştirdiğini, yeni mecralara taşındığını ve ilişkilerin sanal ortamlarda yeniden şekillendiğini ifade etmek mümkündür.

Türkiye özelinde düşündüğümüzde 90'lı yıllarda Rüya Ersavcı'nın sunumuyla televizyonda yayınlanan Saklambaç programı ve benzeri programlar, sonrasında mantar gibi türeyen izdivaç programları ve internetin toplumsal hayata dahil olmasıyla birlikte ortaya çıkan evlilik siteleri, ilişki doktorları, eşleştirme uygulamaları günümüzde milyonlarca üyesi olan site ve uygulamalarla devam etmektedir.

Geçmişten günümüze çöpçatanlık ve flört uygulamalarını odağına alan bu çalışma, dijitalleşmenin toplumsal hayata ve ikili/özel ilişkilere etkisine odaklanmaktadır. Dijitalleşmenin ilişki biçimlerini, ilişki mecralarını, ilişkilere yüklenen anlamları, tarafların ilişkiden talep ve beklentilerini nasıl etkilediğini sanal mecralara taşınan ilişkiler bağlamında ele almakta ve yaşanan değişimleri sosyolojik bir bakış açısıyla genel bir değerlendirmeye tabi tutmaktadır.

Teknoloji ve Değişen Alışkanlıklar

Teknolojinin gelişmesi, kitle iletişim araçlarının yaygın bir biçimde kullanılması ve yeni medya olarak tanımlanan internetin sosyal hayata adapte olmasıyla birlikte her geçen gün sayıları artan sosyal paylaşım ağlarını gündelik yaşam için vazgeçilmez platformlara dönüştürdü. İnternetin yaygın kullanımı akıllı telefon olarak tanımladığımız fonksiyonel cihazları hayatımıza dahil etti. Akıllı telefon olarak ifade edilen bu komplike cihazlar bir iletişim aracı olmanın yanısıra bütün ihtiyaçlarımızı karşılayan kişisel asistan görevini üstlenerek vücudumuzun bir uzantısına dönüştü. Elde taşınabilen bu akıllı cihazlar bir bilgisayar, fotoğraf makinesi, ses ve görüntü kayıt cihazı, not defteri, yol gösteren bir rehber, yön gösteren bir pusula ve müzik dinleyebildiğimiz fonksiyonel bir araç olarak hayatımızdaki yerini aldı. Mobil teknolojilerin gelişmesi ve bu teknolojilere entegre olmamız neticesinde, firmaların bu cihazlara uygun birçok uygulama geliştirmesini de beraberinde getirdi. Çeviri sözlükler, mobil bankacılık, e-nabız, e-devlet, e-eğitim vd. kamu ve özel kuruluşlarda bu dijital dünyaya entegre olmayı ihmal etmedi.

Mobil teknolojilerdeki bu gelişmelere bütün alanlar hızlı bir biçimde adapte olmaya başladı. Eğitim, sağlık, eğlence, bankacılık vd. bütün alanlara dair uygulamalar her geçen gün daha da geliştirilerek ve artarak devam etmektedir. Bu gelişime ayak uyduran ve dijital aleme entegre olan uygulama alanlarından biri de ikili ilişkiler, aşk, flört ve buluşturma işlevlerine aracılık eden ve uluslararası arenada "dating" olarak ifade edilen çöpçatanlık ve flört uygulamalarıdır. Bilindiği üzere günümüzde geleneksel kitle iletişim araçlarının üstlendiği birçok görev ve işlev, internet tabanlı sosyal medya mecralarına taşınmış, dolayısıyla sosyal medya mecraları günlük hayatın her alanına nüfuz etmiştir. İnternet tabanlı uygulamaların dünyanın bir ucundan öteki ucuna anlık duygu, düşünce ve iletileri aktarmayı olanaklı hale getirmesi, farklı bir dünya düzenini de beraberinde getirmiş zaman ve mekan engelini bir anlamda ortadan kaldırarak, ülkleri ayıran fiziksel sınırların ötesine geçerek uluslararası bir etkileşimin gerçekleşmesine olanak sağlamıştır. Bu noktada internetin insanın iletişimde bulunabilme mekanlarına bir yenisini eklediğini (Timisi, 2003: 147) ifade etmek olanaklıdır.

Son yıllarda internet ve sosyal ağ kullanımına dair yapılan çalışmalar incelendiğinde, internetin yaygın kullanım amaçlarından birinin de sosyal ağ ve internet tabanlı platformlarda iletişim kurma ve ilgili platformlarda duygu ve düşünceleri paylaşma temelli bir yönelimin olduğunu göstermektedir. Kullanıcıların bu ağlarda bir profil oluşturmaları onlara sanal evrenin kapılarını ardına dek aralamaktadır. Sosyal ağlara dahil olan üyeler ağın çalışma prensibine bağlı olarak video, ses, görüntü, mesaj ve benzer dokümanları alma ve gönderme, sesli ve görüntülü konuşma eylemlerini gerçekleştirebilmekte ve etkileşimde bulunabilmektedir. Bu evren bütün sınırları bir anlamda ortadan kaldırarak bireyin bulunduğu yerden aynı ağın içerisinde yer alan kişilerle dilediği gibi etkileşime girmesine olanak sunmaktadır. Bu özgürlük alanı haliyle bireyin geleneksel iletişim biçimlerini değiştirmekle kalmayıp bireyin gündelik yaşam pratikleri, tutum ve davranışlarının şekillenmesinde de belirleyici olmaktadır.

İnternet Tabanlı Çöpçatanlık Sitelerine Bir Bakış

İnternetin sosyal hayata dahil olmasıyla birlikte uluslararası düzeyde arkadaşlık ve chat/sohbet sitelerinin dünyanın hemen hemen bütün ülkelerinde yaygın bir biçimde kullandığını ifade etmek mümkündür. Ülkemizde web tabanlı arkadaşlık sitelerinin 1990'lı yılların sonundan itibaren tercih edilmeye başlandığı ve yayınlaşarak günümüze kadar geldiği gözlenmektedir. Türkiye özelinde düşündüğümüzde çöpçatanlık ve ilişki, çöpçatanlık temalı sanal platformlardan ilkinin 2000 yılında ilaç devi Eczacıbaşı Bilişim (EBİ) tarafından kurulan arkadaşlık ve ilişki sitesi siberalem.com olduğu görülmektedir. Dünya genelinde ve Türkiye özelinde siberalem.com, evlilikmerkezi.com, itiraf.com benzeri siteler ve mIRC, ICQ, yonja.com, orkut.com, Hi5, netlog, MSN (Webtekno, 2021) ile başlayan chat furyası teknolojinin gelişmesi ve akıllı telefonların hayatımıza girmesiyle birlikte değişime ayak uydurmakta zorlanmadı. Android ve IOS tabanlı akıllı telefon uygulamalarını geliştiren firmalar çöpçatanlık ve flört uygulamalarıyla sanal ortamda sosyal hayatın içerisine entegre oldu. Günümüzde tinder, badoo, hot or not, linkedUp, Happ'n, Wakie, okCupid, Tango, Loovo, Blendr, skout, Bonjo.com, Volye, Instamessage (BuldumZ, 2021) gibi uygulamaların yanısıra belirli hedef kitlelere hitap eden ve bu uygulamalara dahil olacak kişileri kategorize eden uygulamalarda mevcut. Örneğin olgun yaş gurubuna hitap eden İDates, VictoriaMilan, Insta-Singles (olgunarkadaşlıksiteleri.com, 2021) bu gruba dahil edilecek uygulamalara örnek verilebilir. Bunun dışında tek gecelik ilişkiler (Tinder), evli kadın ve erkeklerin gizli aşk ve kaçamak için partner bulacağı uygulamalar (gleeden.com) gibi birçok farklı talebi karşılayacak nitelikte tasarlanmış site ve uygulamanın varlığı da dikkat çekmektedir.

Genel olarak bu site ve uygulamaların ortak noktası kadın ve erkeğe aradığı eşi, partneri, sevgiliyi, tek gecelik ilişkiyi, gizli kaçamağı vaat etmesi. Site ve uygulamaların çalışma prensibine baktığımızda yine küçük farklılıklara rağmen benzer ilke ve prensiplerle işledikleri görülmektedir. Gizlilik, güvenlik ve mahremiyeti ön plana çıkaran uygulamalar belirli bir düzeye kadar ücretsiz bir üyelik hizmeti vermekte, sonrasında ise belirli ücretler karşılığında altın üyeliğe varan uygulamalar sayesinde kullanıcısına ilgili platformda daha kapsamlı erişim sağlama olanağı sunmaktadır.

Çalışma kapsamında web tabanlı sitelere örnek olarak Türkiye'nin ilk çöpçatanlık sitesi olan siberalem.com, dünya genelinde en çok kullanıcı sayısına sahip olan uygulamalardan biri olması dolayısıyla Tinder ve hedef kitle açısından gizli kaçamak ve yasak aşk vaad eden gleeden.com incelenmiş ve bu üç örnek üzerinden değerlendirme yapılmıştır.

Siberalem: Yalnızlığın alemi Yok!

Siberalem.com, 2000 yılında Eczacıbaşı Bilişim (EBİ) tarafından İstanbul'da kurulan web tabanlı ilk arkadaşlık ve ilişki sitesidir. Site günümüzde Workbench adında bir çatı şirket altında faaliyetlerini sürdürmektedir İlgili çatı şirket aynı zamanda evlilikmerkezi.com ve itiraf.com sitelerinin de sahibi olarak faaliyetlerini sürdürmektedir (Webtekno, 2021). Siberalemi bu bilgiler doğrultusunda değerlendirdiğimizde Türkiye'de dijital platformda profesyonel olarak çöpçatanlık faaliyetlerini başlatan ilk site olarak tanımlamak mümkündür. Bu uygulama kullanıcıların üyelik oluşturması esasına dayanmakta, site, üye kullanıcılarına birbirleri hakkında kısa bilgiler aldıktan sonra dilerlerse mesajlaşma ve ilerleyen süreçte yüz yüze tanışma olanağı sunmaktadır.

Sitenin web sayfası incelendiğinde *"Türkiye'nin en büyük arkadaş bulma sitesi Siberalem'e ücretsiz üye olun, yakınınızdaki erkek ve kız arkadaşlar ile tanışma fırsatını kaçırmayın. Ücretsiz tanışma sitesi Siberalem ile aradığınız arkadaşı kolayca bulabilirsiniz. Arkadaşlık sitesi Siberalem üzerinden diğer arkadaş veya sevgili arayan bayan ve erkek arkadaşlar ile tanışın.", "Aradığınız arkadaş adayını kolayca bulun", "Aradığınız arkadaş sizi bekliyor", "Arkadaş arayanlar için tek adres", "yalnızlığın alemi yok"* vb. içerikte açıklayıcı iletilerle site hakkında tanıtıcı bilgilere yer verdiği görülmektedir. Ayrıca ana sayfada ilişki rehberi, aşk ve ilişkiler ile ilgili yazılar, ilk buluşma stratejileri ve örnek olaylar, quiz, işe yarıyor başlıklı bir alan, astroloji, mutlu evlilik hikayeleri ve basında çıkan haberlerle ilgili bölümlerde bulunmaktadır. Sayfanın tasarımı incelendiğinde sitenin logosunda kalp simgesinin yer aldığı ve kırmızı rengin hakim olduğu gözlenmektedir. Kullanılan kalp işareti ve kırmızı rengin aşkı sembolize etmek için kullanıldığı ve aşka vurgu yaptığı gözlenmektedir. Sitenin ana sayfasının alt kısmında ise sosyal medya uygulamalarında yer alan site profillerine (Instagram, facebook, twitter, pinterest) ve mobil uygulamalara (itunes, Google Play) erişimi sağlayacak bağlantılar yer almaktadır. Ayrıca alt kısımda iletişim bilgileri ve üyelik sözleşmesine de yer verildiği gözlenmektedir.

Üyelik sözleşmesi incelendiğinde standart üyelik, gold üyelik ve kredi başlıkları altında açıklamaların yer aldığı dikkat çekmektedir. Standart üyelikte mesajlaşma, göz kırpma ve benzeri etkileşimler belirli bir sayıda gerçekleştirilebilirken, gold üyelik bu etkileşimleri sınırsız kullanma olanağı sunmaktadır. Sözleşmede yer alan kredi ise kullanıcıların belli bir ücret ödeyerek uygulama vitrininde öne çıkma, mesajlarına öncelik verme gibi ayrıcalıkları kapsamaktadır.

Akşam gazetesi yazarı Arzu Akyol'un 13 Şubat 2016 yılında siberalem yetkilileri ile yaptığı haber incelendiğinde 2016'da 18 milyon kullanıcıyı aştığı aktif kullanıcı sayısının ise 1,2 milyona ulaştığı, aylık ortalama 100 milyon mesajın gönderildiği, 300 bin yeni fotoğrafın eklendiği ayrıca 55 milyon kez göz kırpma eyleminin gerçekleştiği verilen bilgiler arasında yer alıyor (Akşam, 2016). 2016 yılındaki veriler göz önünde bulundurulduğunda dijital çöpçatanlık uygulamalarının yaygın bir biçimde kullanıldığını ve birçok insanın bu platformda aşk, eş ve partner arayışında olduğunu ifade etmek mümkündür.

Tinder: Sağa Kaydır!

Tinder son dönemlerde dünya genelinde en çok kullanıcı sayısına sahip çöpçatanlık, flört ve arkadaşlık uygulamalarından biri olarak ön plana çıkmaktadır. Kelime anlamı olarak kolayca yanabilen, kuru ve çabuk tutuşan madde, kav (tureng.com, 2021) anlamına gelen "tinder" kelimesinden esinlenerek adını buradan alan uygulama simge olarak kibrit çöpünün yanan görüntüsünü tercih etmiştir.

2012 yılında Sean Rad, Jonathan Badeen ve Justin Maden iş birliğiyle Matchbox uygulaması olarak hayata geçirilen uygulama lokasyon bazlı çalışan ve belli bir mesafe içindeki (2-160 km) kullanıcıları birbiriyle eşleştiren çöpçatanlık uygulamasıdır (sosyalmedyakulubu.com). Match (eşleşme) usulüne dayanan bu mobil uygulamada üye kullanıcılar, profillerini oluşturduktan sonra eşleşme kriterlerini belirleyerek, uygulamanın rastgele bir biçimde kendileri için ideal partneri bulmasını beklemektedir. Uygulamada belirli filtreler yer almaktadır. Kullanıcılar kendi tercihlerine uygun filtreleri seçerek arama yapabilme olanağına sahiptir. Uygulama "iki kişinin de birbirini beğenmesi" temel alınarak oluşturulmuştur. Bu sebeple iki taraf birbirini beğendiği sürece sohbet edebilir, tek tarafın beğenmesi durumunda ise sohbet kutucuğu açılmaz. Şayet iki taraf birbirini beğenirse sohbet kutucuğu devreye girer ve konuşma etkinliği başlar.

Temel kullanımı ücretsiz olsa da uygulamada gelişmiş özellikleri kullanmak ücretli ve üyelik gerektirmekte, abonelik ücretleri ise yaşa ve kullanılan özelliklere göre farklılaşmaktadır. Tinder uygulamasının kullanımına ait veriler incelendiğinde; 2012 eylül ayında kullanıma açılan uygulamanın kullanıcı sayısı Mart 2019 itibari ile 57 milyon kullanıcıya ulaşmış, en popüler ve en çok kar eden dating uygulamaları içerisinde yer almaktadır. Uygulamaya 2015 yılında *"Tinder Plus"*, 2017'de ise *"Tinder Gold"* üyelik statüleri eklenmiş durumda (www.journo.com), verilere göre 4,1 milyon üye uygulamanın ücretli versiyonunu kullanmaktadır (www.odatv.com).

Gleeden: Bir Isırık Al, Kadınlar İçin Kaçamak!

Gleeden evlilik dışı ilişki arayan kişiler için uluslararası düzeyde 2009 yılında faaliyete başlayan ve bu yönüyle diğer çöpçatanlık uygulamalarından farklılaşan bir site olarak ön plana çıkmaktadır. Ana sayfasında "Evli insanlar için en önde gelen kaçamak sitesi", "kadınların tasarlayıp yönettiği tek kaçamak sitesidir", *"Bulunduğunuz şehirde gizli bir aşk yaşamayı ya da uzaklarda bir tatil kaçamağını düşlediğiniz oluyor mu? Sizinle benzer hayâller kuran Türkiye'nin ve Avrupa'nın dört bir yanından milyonlarca seçkin üyemizle tanışmak ve hatırlamaya değer deneyimler biriktirmek için GLEEDEN topluluğuna katılın."* Şeklinde yaptığı kısa açıklamalarla amacını açıkça ifade eden ve diğer arkadaşlık sitelerine oranla daha keskin çizgilere sahip bir çöpçatanlık sitesi olarak faaliyetlerini dünya genelinde sürdürüyor. Site evli kadın ve erkeklerin gizli aşk, heyecan ve macera yaşamasını teşvik eden, mutlu bir evliliğin heyecan yaşamaya engel olmadığını, küçük kaçamakların hayata renk katacağını vurgulayan ve bu bakış açısıyla hizmet veren bir uygulama olarak sanal alemdeki yerini almış durumda.

Hali hazırda 8 milyon 222 bin 520 üyesi bulunan platformun mobil uygulaması da mevcut. Web sayfası incelendiğinde seksi bir kadın tarafından ısırılan kırmızı bir elma dikkat çekmektedir. Sayfa detaylı bir biçimde incelendiğinde ise evli kişilerin kaçamaklarına ait yazıların yer aldığı, uygulamayı kullanırken yakalanmamak için yapılması gerekenlere yer verildiği görülmektedir.

Geleeden "evli ama müsait" kişileri ön plana çıkardığı ve sevginin ya da mutlu bir evliliğin kaçamak ve gizli aşklar için engel oluşturmadığını ifade etmesi ve bir anlamda aldatmayı açık bir şekilde teşvik etmesi gibi özellikleri ile diğer çöpçatanlık ve arkadaşlık uygulamalarından ayrılmaktadır. Uluslararası düzeyde hizmet veren uygulama aldatma eylemini teşvik ettiği ve meşrulaştırdığı gerekçesiyle muhafazakâr kesimlerden ciddi eleştiriler almış ve Fransa'da kamusal alanda yaptığı bazı reklamları geri çekmek zorunda kalmıştır (Posta, 2015).

Sonuç ve Değerlendirme

İnternet ve sosyal ağların sosyal hayata dahil olması toplumsal yapıyı bütün boyutlarıyla etkiledi ve bu değişim/dönüşüm sürecinin yeni uygulamalarla birlikte sürmeye devam edecek dinamik bir yapıda ilerlediğini ifade etmek mümkündür. Toplumsal hayat içerisinde önemli bir yere sahip olan aile kavramı ve aile kurmanın ilk aşaması olarak kabul edilen eş seçimi ve bu ilişkilerin tesis edilme sürecinde tarafları bir araya getirme görevini üstlenen arabuluculuk/çöpçatanlık kurumu da dijital dünyaya entegre olmakta gecikmedi. Televizyonun evlerimize girmesi, özel teşebbüslü televizyon kanallarının yayın hayatına başlaması ile birlikte dijital platformlarda flört ve çöpçatanlık faaliyetlerinin ilk aşaması kabul edilen tanıştırma, buluşturma programlarıyla başlayan yayınlar yerini giderek artan izdivaç ve gelin kaynana programlarına bıraktı. Yaklaşık 20 yıl süren bu tarz programların yoğun tepki ve şikayetler sonucunda yayından kaldırılması bu faaliyetlerin bittiği anlamına gelmemekle birlikte artarak çoğaldıklarını ve sosyal ağlar aracılığıyla çok farklı formatlarda karşımıza çıktığını belirtmek mümkündür. Her ne kadar açık ve net bir biçimde amacını ortaya koymasa da facebook, Instagram, Twitter hatta profesyonel bir meslek platformu olarak ifade edilse de Linkedin dahil birçok uygulamanın belirli bir süre sonra partner arayışı için kullanıldığını yaşadığımız deneyimler ve gözlemlerimiz doğrultusunda söylemek mümkün. Linnkedn, facebook vb ağlarda bu daha örtük bir şekilde gerçekleşse de bu işi profesyonel olarak açık ve net bir biçimde yapan ve temel işlevi eş, partner, sevgili, tek gecelik ilişki, kaçamak arayışı içerisindeki insanları hedef kitle olarak belirleyen arkadaşlık ve çöpçatanlık site ve uygulamaları azımsanmayacak bir sayıda ve dijital alemde ticari anlamda da en çok kazanç sağlayan şirketler içerisinde yer almaktadır. Bu durum bu tür uygulamaların rağbet gördüğünün ve dünya genelinde birçok kişi tarafından kullanıldığının göstergesi. İşin ticari boyutu bir tarafa bırakılırsa sosyolojik açıdan bir değerlendirme yaptığımızda bu tür uygulamaları kullanma eğilimi gösteren milyonlarca insanın varlığı bireyin dijitalleşme süreciyle birlikte tutum ve davranışları ile ilişki kurma ve ilişki beklentilerinde ciddi değişimlerin yaşandığının sinyallerini veriyor.

Genel bir değerlendirme yapıldığında, incelenen üç farklı örnekte de görüldüğü üzere ulusal ve uluslararası düzeyde çöpçatanlık hizmeti sunan uygulamaların benzer bir mantıkla hareket ettiği ve kullanıcısının talep ve beklentilerine uygun bir partner veya ilişki biçimi vaad ettiği gözlenmektedir. Üyelik sistemiyle dahil olunan bu platformlarda kullanıcı kendi beklenti ve taleplerini karşılamak için sanal bir kimlik yaratmakta ve kendisi gibi arayışta olan diğer adaylarla bir eşleşme sürecine girerek duygusal ihtiyaçlarını (sevilme, beğenilme, arzulanma, yalnızlığını giderme vd.) bu mecralarda karşılama çabası içerisine girmektedir. Netice itibari ile sosyal hayatta yüz yüze ve organik bir biçimde (bir doğum günü partisinde, bir otobüs durağında veya bir tanıdığın düğününde) gerçekleşen etkileşimlerin farklı bir boyuta taşındığı tanışma, yakınlaşma ve duygusal birlikteliklerin artık sanal alemde şekillendiği gözlenmektedir. Bu anlamda siber ilişkilerin günümüz ilişkilerinin yeni formu olarak ortaya çıktığını ifade etmek mümkündür.

İlgili platformların dünya genelinde milyonlarca kullanıcısının olması, evlilik, aldatma, küçük bir kaçamak veya tek gecelik ilişki gibi taleplerle milyonlarca insanı bir araya getiren ve milyonlarca insan tarafından kullanılan bu uygulamaların varlığı geleneksel ilişkilerin büyük oranda rafa kaldırıldığını, bütün ihtiyaçlarını dijital platformlarda gideren günümüz bireyinin artık aile kurma, eş bulma veya flört ederek bir birliktelik yaşamak için bile bu sanal alemde varlık gösterdiğini gözler önüne sermektedir.

Kaynakça

Emiroğlu, K. (2019). Gündelik hayatımızın Tarihi, İstanbul: Türkiye İş Bankası Kültür Yayınları.

Eroğlu, E. ve Karakoç, E. (2019). Popüler Kültür Ürünü Olarak Evlilik Programları, *International Journal of Cultural and Social Studies,* Vol:5- Issue:1, e-ISSN:2458-9381.

Timisi, N. (2004) İnternet Toplum Kültür (içinde) "Sanallığın Gerçekliği: İnternetin Kimlik ve Topluluk Alanlarına Girişi, Ankara: Epos

İnternet kaynakları

Akşam Gazetesi, https://www.siberalem.com/siberalem-aksam-gazetesine-konuk-oldu/

Arkadaşlık Siteleri, https://www.olgunarkadaşlıksiteleri.com/

BuldumZ, https://buldumz.com/en-iyi-arkadaslik-siteleri//

Çöpçatan, https://sozluk.gov.tr/?kelime=çöpçatan

Gleeden, https://tr.gleeden.com/

Journo, https://journo.com.tr/tinderda-tesettur-reklamlari-geleneksel-ask-ile-one-night-stand-ic-ice

Oda TV, https://odatv.com/32-kisim-tekmili-birden-tinder-gercegi-17031947.html

Posta Gazetesi, https://www.posta.com.tr/aldatma-sitesi-gleedenin-reklami-fransizlari-kizdirdi-269602

Siberalem, https://www.siberalem.com/

Tinder, https://tinder.com/tr

Tinder, https://tureng.com/tr/turkce-ingilizce/tinder

http://sosyalmedyakulubu.com.tr/uygulama/tinder-nedir.html/

Webtekno, https://www.webtekno.com/

Yazarlar Hakkında

Abdurrahman AKYILDIZ

Lisans eğitimini 2015 yılında Marmara Üniversitesi Radyo Televizyon ve Sinema bölümünde tamamladı. 2018 yılında Marmara Üniversitesi Sosyal Bilimler Enstitüsü Radyo Televizyon bölümünde "Sosyal Ağlarda Fantastik Etkileşimin Sunduğu Olanaklar: Yeni Nesil Şöhretler" başlıklı tezle yüksek lisansını tamamladı. İstanbul Üniversitesi Sosyal Bilimler Enstitüsü (2019) "YÖK 100/2000 Doktora Bursu" kapsamında doktora eğitimine devam etmektedir. Başlıca çalışma alanları; yeni medya, sosyal ağlar ve bellek.

Ece KARAÇAY ARIN

Ece Karaçay Arın, Marmara Üniversitesi Radyo Televizyon ve Sinema bölümünden 2015 yılında mezun oldu. Yüksek lisansını Marmara Üniversitesi Sosyal Bilimler Enstitüsü İletişim Bilimleri bölümünde "Yeni Medya Ortamında Kadına Yönelik Haberlerde Nefret Söylemi" başlıklı tezle 2018 yılında tamamladı. İstanbul Üniversitesi, Radyo Televizyon Sinema doktora programında eğitimine devam etmektedir. Başlıca çalışma alanları; yeni medya ve toplumsal cinsiyet. 2018 yılından beri İstanbul Ayvansaray Üniversitesi Radyo Televizyon ve Sinema bölümünde araştırma görevlisi olarak görev yapmaktadır.

Atalay BAHAR

1971 yılında İstanbul'da doğdu. İlk ve ortaöğrenimini İstanbul'da tamamladı.1989 yılında İstanbul Polis Koleji'nden, 1993 yılında Polis Akademisi'nden mezun oldu. İstanbul, Şırnak, Tekirdağ illerinde değişik rütbelerde görev yaptı. Kadir Has Üniversitesi Sosyal Bilimler Enstitüsü, Uluslararası İlişkiler Bölümünde "Avrupa Polis Teşkilatı (Europol) ve Avrupa Birliği Bütenleşmesi İçindeki Rolü" adlı tez ile 2003 yüksek lisansını tamamladı. Marmara Üniversitesi Sosyal Bilimler Enstitüsü, İletişim Fakültesi, Halkla İlişkiler Bilim Dalı'nda "İletişimin Disiplininin Emniyet Teşkilatının Algılanmasına Etkisi ve Halkla İlişkiler Süreci" adlı tez ile 2008 yılında doktor unvanına hak kazandı. Polis

Başmüfettişi olarak görevini sürdüren Dr. Atalay BAHAR kişilerarası, halkla ilişkiler, kitle iletişimi ve dijital iletişim konularında bilimsel çalışmalarına devam etmektedir.

Deniz YÜCEER BERKER

Marmara Üniversitesi Radyo Televizyon ve Sinema bölümünden 2008 yılında mezun oldu. Yüksek lisansını, Galatasaray Üniversitesi İletişim Fakültesi Halkla İlişkiler ve İletişim Stratejileri bölümünde "Kriz Yönetimi ve Örnek Olay incelemesi; THY" başlıklı tezle 2010 yılında tamamladı. 2018 yılında Yeditepe Üniversitesi, Sosyal Bilimler Enstitüsü, Medya Çalışmaları bölümünde "1980-2012 Yılları Arasında Yayınlanan Çocuk Dergilerinin Eleştirel Söylem Analizi Yöntemi Kullanılarak İncelenmesi" konulu tezi ile doktora eğitimini tamamladı. Başlıca çalışma alanları; medyanın ekonomi politiği, medya ve çocuk, popüler kültür ve medyadır. 2018 yılından beri İstanbul Ayvansaray Üniversitesi Radyo Televizyon Sinema Bölümünde doktor öğretim üyesi olarak görev yapmaktadır.

Emrah AYDEMİR

1986 yılında Elazığ'da doğdu. İstanbul Üniversitesi İletişim Fakültesi'ni bitirdi. 2011 yılında ilk yüksek lisansından mezun oldu ve California State University, San Bernardino'da tez çalışmalarında bulundu. İstanbul Üniversitesi SBE Avrupa Birliği Anabilim Dalında ikinci yüksek lisansını tamamladı. 2014 yılında Nöro Pazarlama üzerine bir projede yer aldı. İstanbul Üniversitesi SBE Gazetecilik Anabilim Dalında başladığı doktoradan sonra tez çalışmalarını Araştırma Görevlisi olarak The State University of New York at Buffalo'da yaptı.

FORTUNE Türkiye ve Media Digest Radio Television Hong Kong'da makaleleri yayımlandı. 2016 yılında Oxford Üniversitesi'nde düzenlenen bir konferansta oturum başkanlığı yaptı. 2018 yılında Harvard Üniversitesi Joseph B. Martin Conference Center'da IJAS tarafından düzenlenen uluslararası konferansta "Üstün Başarı Belgesi"ne layık görüldü.

Oxford Üniversitesi ve dünyanın çeşitli ülkelerinde bildiriler sundu. Genelkurmay Başkanlığı Çok Uluslu Müşterek Harp Merkezi Komutanlığı Birleşik/Müşterek Harp Oyunu'nda Danışmanlık ifa etti.

Uluslararası Gazeteciler ve Televizyoncular Federasyonu Başkan Yardımcısı'dır. Birleşik Krallık'da bulunan Institute of Research,

Learning & Development'in uluslararası ilişkiler alanında Konferans Komitesi ve Yayın Kurulu'nda yer almaktadır.

Radyo ve Televizyon Üst Kurulu (RTÜK) "2020 Medya Mükemmellik Zirvesi ve Ödülleri" Seçici Kurul Üyesi'dir.

Hasan ALTİNCİK

2015 yılından bu yana Dicle Üniversitesi İletişim Fakültesi'nde Öğretim Görevlisi olarak çalışmaktadır. 2010 yılında Erciyes Üniversitesi İletişim Fakültesi'nde Gazetecilik lisans eğitimini tamamlamıştır. Aynı üniversitenin Sosyal Bilimler Enstitüsü'nde 2014 yılında Halkla İlişkiler ve Tanıtım bölümü yüksek lisans programından mezun olmuş ve 2020 yılında ise İletişim Bilimleri alanında "Gündem Belirleme Teorisi Bağlamında Yerel Yönetimler Ve Medya: Kayyum Atanan Belediyeler Üzerine Bir İnceleme" başlıklı teziyle doktorasını bitirmiştir. Altincik, iletişim bilimine giriş, halkla ilişkiler ve tanıtım, halkla ilişkiler kampanyaları, sosyal medya, kurumsal iletişim vb. konularda kurum içinde ve kurum dışında eğitimler vermektedir. Yazarın, popüler kültür, itibar yönetimi, sosyal medya, halkla ilişkiler ve tanıtım konularında ulusal ve uluslararası eserleri bulunmaktadır.

İbrahim Halil YAŞAR

Akademik yaşama 2013 Yılında Dicle Üniversitesi İletişim Fakültesi'nde Araştırma Görevlisi olarak başlayan İbrahim Halil Yaşar, çalışmalarını 2016-2018 Yılları arasında görevli olarak gittiği Anadolu Üniversitesi İletişim Bilimleri Fakültesi bünyesinde sürdürmeye devam etmiştir. Doktorasını Anadolu Üniversitesi Sosyal Bilimler Enstitüsü Halkla İlişkiler ve Reklamcılık Ana Bilim Dalı'nda tamamlamış olan yazar, hâlihazırda D.Ü İletişim Fakültesi Halkla İlişkiler ve Tanıtım Bölümü'nde Doktor Öğretim Üyesi olarak akademik faaliyetlerine devam etmektedir. Dijitalleşme, siyasal iletişim, kamu diplomasisi, uluslararası iletişim ve sosyal medya gibi çalışma alanlarında ulusal ve uluslararası düzeyde yayınlanmış çok sayıda bilimsel makale ve kitap bölümü bulunan yazarın, ayrıca "Sosyal Medya ve Siyaset" başlıklı bir kitabı bulunmaktadır.

Neslihan KILIÇ

1978 yılında babasının görevli olarak bulunduğu Bitlis'te doğdu. 2000 yılında Ankara Üniversitesi İletişim Fakültesi Radyo Televizyon ve Sinema Bölümünden mezun oldu. 2014 yılında Gazi Üniversitesi Sosyal Bilimler Enstitüsü Gazetecilik Anabilim Dalı'nda "Osmanlı Kadın Dergilerine Bir Örnek: Mürüvvet" başlıklı tezi ile yüksek lisansını, 2019 yılında ise aynı enstitü bünyesinde "Abdurrahman Velid Ebüzziya: Dönemi ve Gazeteciliği" başlıklı tezi ile doktorasını tamamladı. Karacadağ Kalkınma Ajansı'nda Basın-Halkla İlişkiler sorumlusu olarak 2009-2010 yılları arasında görev yaptı. 2010 Haziran dönemi öğretmen atamasında Diyarbakır Türk Telekom Mesleki ve Teknik Anadolu Lisesine Radyo Televizyon Meslek Dersi Öğretmeni olarak atandı. 2019 yılından itibaren Dicle Üniversitesi İletişim Fakültesi Gazetecilik Bölümünde Dr. Öğr. Üyesi olarak çalışmaktadır. Evli ve iki çocuk annesidir.

Nursel BOLAT

2006 yılında Kocaeli Üniversitesi Radyo TV ve Sinema Bölümü'nden mezun oldu. Yüksek lisansını aynı üniversitenin Sosyal Bilimler Enstitüsü Radyo-TV Sinema Dalında yaptıktan sonra, 2013 yılında İstanbul Üniversitesi Sosyal Bilimler Enstitüsü Radyo-TV Sinema Dalında doktoraya başladı. 4 Ocak 2017 tarihinde doktorasını tamamladı. 2010-2015 yılları arası İstanbul Arel Üniversitesi Meslek Yüksekokulu'nda öğretim görevlisi ve Meslek Yüksekokulu müdür yardımcısı olarak çalıştı. 2 Eylül 2015 tarihinde Ondokuz Mayıs Üniversitesi İletişim Fakültesi Radyo TV ve Sinema bölümünde uzman olarak göreve başladı ve 2018 yılında aynı bölümde Dr. Öğretim Üyesi olarak görev yaptı. 2019 yılında Doç. Dr. unvanı alan Bolat hala aynı üniversitede Doç. Dr. ve Radyo Televizyon ve Sinema Bölüm Başkanı olarak görev yapmaktadır.

Özge YERLİKAYA

1995 yılında Tekirdağ'da doğdu. Lisans eğitimini 2017 yılında, İstanbul Üniversitesi İşletme Fakültesi İşletme Bölümü'nde tamamladı. 2019 yılında, Galatasaray Üniversitesi Sosyal Bilimler Enstitüsü, Finansal Ekonomi Tezsiz Yüksek Lisans Programında lisansüstü öğrenim gördü. 2020 yılında, İstanbul Üniversitesi Sosyal Bilimler Enstitüsü Radyo Televizyon ve Sinema Anabilim Dalı'nda yüksek lisans öğrenimine başladı. 2021 yılı itibariyle İstanbul Ticaret Üniversitesi, İletişim Fakültesi, Medya ve İletişim Bölümü'nde Araştırma Görevlisi olarak görev yapmaktadır. Araştırma alanları; iletişim çalışmaları, film çalışmaları, medyada temsil türleridir.

Özlem ARDA

2004'te İstanbul Üniversitesi İletişim Fakültesi Radyo Televizyon ve Sinema Bölümü'ndeki lisans öğrenimini; 2005'te ise İstanbul Üniversitesi, Hasan Âli Yücel Eğitim Fakültesi, Yabancı Diller Eğitimi Bölümü İngiliz Dili Eğitimi Anabilim Dalı İngilizce Öğretmenliği Bölümü'ndeki lisans öğrenimini tamamladı. İstanbul Üniversitesi, Sosyal Bilimler Enstitüsü, Radyo Televizyon ve Sinema Anabilim Dalı'nda yüksek lisans ve doktora derecesini aldı. 2020 yılında Sinema alanında doçent unvanını aldı. Belgesel sinema alanında çalışmalar yapan Özlem Arda, 2010 yılından bu yana İstanbul Üniversitesi İletişim Fakültesi Radyo Televizyon ve Sinema Bölümü'nde Öğretim Üyesi olarak görev yapmaktadır.

Pınar GÜNER KOÇAK

1987 yılında İstanbul Üsküdar'da doğdu. 2008 yılında Gazi Üniversitesi İletişim Fakültesi Halkla İlişkiler ve Tanıtım Bölümü'nü bitirdi. Gazi Üniversitesi Sosyal Bilimler Enstitüsü Halkla İlişkiler ve Tanıtım Anabilim Dalı Halkla İlişkiler Bilim Dalı'nda 2011 yılında yüksek lisansını, 2020 yılında da Erciyes Üniversitesi Sosyal Bilimler Enstitüsü Halkla İlişkiler ve Tanıtım Anabilim Dalı Halkla İlişkiler Bilim Dalı'nda doktorasını tamamladı. 2011 yılından 2013 yılına kadar Ondokuz Mayıs Üniversitesi Alaçam Meslek Yüksekokulu'nda Öğr.Gör. olarak çalıştı. 2013 yılında Nevşehir Hacıbektaş Veli Üniversitesi Gülşehir Meslek Yüksekokulu'na atandı. Evli ve iki çocuk annesidir.

Başlıca çalışma alanları halkla ilişkiler, uluslararası halkla ilişkiler, siyasal iletişim, kurumsal iletişim, reklam olup bu alanlarda, uluslararası ve ulusal hakemli dergilerde çeşitli makaleleri, bildirileri ve kitap içinde bölümleri bulunmaktadır.

Serhat ERDEM

1982 Kırıkkale doğumlu olan Serhat ERDEM, lise eğitimini Samsun Ondokuz Mayıs Lisesi'nde tamamladı. 2004 yılında, Atatürk Üniversitesi, İletişim Fakültesi Radyo Televizyon Sinema Bölümü'nden lisans diplomasını almaya hak kazandı. 2005 yılında, Atatürk Üniversitesi Güzel Sanatlar Fakültesi Sinema-Televizyon Bölümü'nde Araştırma Görevlisi olarak akademik hayata ilk adımını attı. 2009 yılında, Atatürk Üniversitesi Sosyal Bilimler Enstitüsü Gazetecilik Anabilim Dalında yüksek lisans eğitimini "Matte Paint Uygulamasının Sinemada Ortaya Çıkardığı Dönüşümler Üzerine Bir İnceleme" tezi ile tamamlayan Erdem, 2010 yılında İstanbul Üniversitesi Sosyal Bilimler Enstitüsü Radyo Televizyon Sinema Anabilim Dalı'nda doktora eğitimine başladı. 2015 yılında "Gerçekliğin Yeniden İnşasında Görsel Efekt Kullanımı: Spartaküs Televizyon Dizisinde Mekan İnşası" adlı Doktora tezini tamamlayarak Doktor unvanını almaya hak kazandı.

Halen Atatürk Üniversitesi Güzel Sanatlar Fakültesi Sinema-TV Bölümünde Dr. Öğr. Üyesi olarak çalışmaya devam eden Erdem, akademik çalışmalarına devam etmektedir.

Yusuf Zafer Can UĞURHAN

Doktorasını Halkla İlişkiler ve Reklamcılık ABD'de tamamlamıştır. İlgi duyduğu çalışma alanları içerisinde reklam teorisi, sosyal medya, tek ve çok değişkenli istatistikler ile veri bilimi yer almaktadır. Halen Anadolu Üniversitesi Açıköğretim Fakültesi bünyesinde akademik çalışmalarına devam etmektedir.

Zuhal AKMEŞE

2005'te Afyon Kocatepe Üniversitesi Sosyal Bilgiler Öğretmenliği, 2010'da ise Ege Üniversitesi İletişim Fakültesi Radyo Televizyon ve Sinema Bölümü lisans öğrenimini birincilikle tamamladı. Ege Üniversitesi Sosyal Bilimler Enstitüsü, Radyo Televizyon ve Sinema Anabilim Dalı'nda yüksek lisans, İstanbul Üniversitesi, Sosyal Bilimler Enstitüsü, Radyo Televizyon ve Sinema Anabilim Dalı'nda doktora derecesini aldı. 2020 yılında iletişim çalışmaları alanında doçent unvanını aldı. Belgesel sinema, yeni iletişim teknolojileri, sosyal medya ve iletişim sosyolojisi alanında çalışmalar yapan Akmeşe, iletişim alanında teorik ve pratik çalışmalarını sürdürmektedir. 2013 yılından bu yana Dicle Üniversitesi İletişim Fakültesi Radyo Televizyon ve Sinema Bölümü'nde akademik çalışmalarını sürdüren Akmeşe, akademik çalışmaların yanı sıra İletişim Fakültesi Dekan yardımcılığı ve Radyo Televizyon ve Sinema Bölüm Başkanlığı görevlerini de yürütmektedir.